謹以此書《惠昕五本六祖壇經校釋》敬獻給

慈母黃鄒玉英女士

慈母生於一九三八年十二月十七日（農曆十月十日），安祥往生於二〇二四年五月九日（農曆四月二日）。

慈母一生至勤至儉，慈悲善心，待人謙和，相夫教子，古道熱腸，經常發心助人，服務鄉里，眾人稱讚。平日誠心念佛，後事即稟承慈訓與佛制，低調樸素，一切從簡。我連忠、妹妹美娟、弟弟連恕至心感恩慈母天高地厚的養育深恩。

黃連忠　編撰

惠昕五本六祖壇經校釋

臺灣萬卷樓圖書股份有限公司　印行

吳孝斌序

近日，黃連忠先生將《惠昕五本六祖壇經校釋》書稿寄給了我，此是先生歷經三年的堅持與艱苦而成之碩果。先生對惠昕系列《壇經》五個古本的校訂，依據信而好古、言必有據、內容統一的原則，做到嚴謹細緻而又順情合宜，還分別附錄五個古本的抄本（刻本）的影圖，並對真福本的影圖進行細緻修復，除去透影，還其真實。看了書稿，我深為感動。

我久聞先生之名，與先生結緣是因研究惠昕本《壇經》之故，兩年多前通過互加微信而常有聯繫與互動。去年（二〇二三）十一月受邀出席首屆粵港澳大灣區禪宗六祖文化節，我與先生在韶關得以第一次正式見面，分外歡喜，相談甚歡，先生說他正對惠昕五本《壇經》進行校訂，希望成書後我為之序。

惠能是中國佛教禪宗的第六代祖師，是中國禪宗文化的真正創始人，記錄了他的一生及主要講法的《壇經》是禪宗的基本經典，是唯一一部由中國人撰說並被稱作「經」的佛教典籍，對中國文化產生了深遠的影響。

作為禪宗的重要經典，《壇經》在流傳過程中曾多次被修改補充，形成十幾種不盡相同的本子。但經分類，真正具有獨立價值的版本只有三種，即敦煌本、惠昕本（兩卷本）及契嵩本，其他本子大體是這三種版本的翻刻本或傳抄本。

惠昕本因其是惠昕禪師所整理編輯而名。此兩卷十一門的《壇經》編者為「依真小師邕州羅秀山惠（慧）進禪院沙門惠昕」，清楚地表明了此部《壇經》出自邕州羅秀山（今廣西南寧市西鄉塘區轄境）惠昕禪師。

但惠昕本《壇經》因之前在中國國內的佚失而缺乏相應的研究，也存在著不少認識上的誤區。一九三三年，中國著名學者胡適得到日本鈴木大拙所贈惠昕之興聖寺本並對其研究，他根據惠昕序中所記而推斷其成書時間的「丁卯」年為宋太祖乾德五年（九六七），並稱其為「是人間第二最古的《壇經》」。其後一般的專家學者基本都認可這一斷代時間，認為其為宋本而加以標注。

但根據我的研究，惠昕禪師是唐代人而非宋代人，因此惠昕本《壇經》其實是唐本！

成書於南宋中期的《輿地紀勝》（王象之編纂）卷一〇六《邕州・仙釋》有載：「正恩大師。羅秀山在宣化縣北。天寶三載正恩大師惠昕於此開山。」因此，惠昕禪師是於唐天寶三載（七四四）開始在邕州羅秀山駐錫建寺修行。

由宋代著名的金石學家趙明誠、李清照夫婦所撰寫《金石錄》中也有唐代惠昕禪師之記，其卷九有載「第一千六百五十五。唐惠昕大師碑。齊推撰。正書。姓名殘缺。貞元十七年。」南宋陳思所編輯《寶刻叢編》亦有此記。經考，齊推為唐代人，工於正書，曾於元和五年（八一〇）為名臣李德裕所撰《圯上圖贊》，為其所書。

在南宋著名目錄學家、藏書家晁公武所著的《昭德先生郡齋讀書志》（南宋淳祐九年至十年黎安朝袁州刊）有載：「《六祖壇經》二卷。右唐僧惠昕撰。記僧盧慧能學佛本末。慧能號六祖。凡十六門。周希後有序。」此亦表明此《六祖壇經》的編輯者惠昕是唐代僧人。

明代萬曆丙午（一六〇六）舉人陳瑾（邕寧縣人）曾寫有《羅秀山紀遊》一詩，在其引言中記有：「且地靈人傑，仙佛同廛。在晉則葛洪覓丹砂而仙跡俱存，在唐則慧（惠）昕開山而佛宇齊煥。」

清代道光《肇慶府志》卷二十一《藝文》中亦載：「《六祖壇經》一卷，唐惠昕撰。按《文獻通考》作惠昐。《讀書志》記僧盧慧能學佛本末。慧能號六祖。凡十六門。周希後有序。」

由以上資料可知，惠昕禪師的確為唐代中期之人！他於唐天寶三年（七四四）到達邕州羅秀山駐錫修行，而後在羅秀山建成惠進禪院。同時，據《金石錄》「唐惠昕大師碑」之記，惠昕禪師圓寂的時間不會晚於唐貞元十七年（八〇一）。而在西元七四四至八〇一年之間，只有唐德宗李適貞元三年（七八七）是「丁卯」年。因此，惠昕所編《壇經》完成於唐貞元三年（七八七）五月二十三日。

另外，按惠昕本《壇經》所記，其傳承世系是：法海→志道（志道是法海的同學，是《壇經》所載惠能的十大弟子之一）→彼岸→悟真→圓會。而敦煌本《壇經》的傳承世系是法海→道際→悟真。兩個版本的傳承都到了「悟真」，惠昕本中只是多了一個「圓會」。因此從傳承世系來看，惠昕本確實也是唐本，其歷史意義與時代價值確實需要進行重新評估。

惠昕本《壇經》在南寧羅秀山誕生後，成為唐代中後期的主要流通本。到了宋代，惠昕本依然是主要的流通本，並作為學禪者正本清源的宗經。宋初名士晁迥二十歲時（九七〇）始看此經，至（一〇三一）八十一歲的時候就共看了十六次。北宋政和六年（一一一六）比丘存中所寫的再刊惠昕本《壇經》序中就講：「今則門風百種，解會千般，努眼撐眉，尋言舉古，忘情絕念，自縛無繩，詆毀明師，紛紜矛盾，豈知有《壇經》之可龜鑑哉！謹再刊傳，庶幾學者悟其本焉。」

《宋史》卷二百五（藝文志第一百五十八・藝文四）中有載：「僧慧能注《金壇經》一卷，又撰《金剛經口訣》一卷；僧慧昕注《壇經》二卷。」只是此處的「惠昕」寫成了「慧昕」。

《壇經》在唐代就已經傳入了日本。日本僧人圓珍（八一四—八九一）曾於唐大中七年（八五三）入唐求法，《日本比丘圓珍入唐求法目錄》中就有「曹溪能大師壇經一卷」，其與惠昕本的名稱基本一致。而日本永超撰寫於日本寬治八年（一〇九四）的《東域傳燈目錄》對《壇經》的著錄中記為「《六祖壇經》二卷（惠能作，疑惠能資惠忻作歟，又下卷可惠昕云云）」，足以證明在此之前惠昕本《壇經》已經傳入了日本。

此外，還有惠昕原本的不同別抄本及刻本也在不同的時期分別傳入日本，此即為至今尚存的日本真福寺本、大乘寺本、天寧寺本、寬永本、興聖寺本，除寬永本外，各刊本都題寫有相應序跋。

惠昕本還流傳到了西夏，並以西夏文進行翻譯。根據劉少華、孫禕達的最新研究成果《西夏文〈六祖壇經〉與漢文本淵源關係新考》（《文獻》二〇二四年一月第一期），黑水城出土的《壇經》楷書譯本並非學界此前認為的敦煌本，而是曾在國內流傳的、僅見的惠昕本。

到了明代，惠昕本《壇經》依然為國內所重視，明代學者黃省曾為此寫下《六祖壇經序一首》（見《五嶽山人集》卷第二十四），其中記有「惟時刺史韋璩，慕其高風，迎居天梵，大轉法輪。緇白千余，常盈繞匝，門人紀錄，目為《壇經》。此則羅秀禪師惠昕刪豐就約，以便後俊者也」。後來因各種原因，惠昕本《壇經》已經在中國國內佚失。直至一九三三年，日本學者將惠昕之興聖寺本進行整理刊行，隨後亦於中國境內翻印發行，惠昕本《壇經》重新引起國人的關注。

二〇二三年十一月，在廣東韶關舉行的首屆粵港澳大灣區禪宗六祖文化節第二屆曹溪禪研討會上，中國社會科學院世界宗教研究所楊曾文教授在其主旨文章《佛教中國化的創新經典〈六祖壇經〉》中，對本人關於惠昕本《壇經》是唐貞元三年（七八七）改編本的研究成果予以高度肯定；黃連忠先生亦在以《惠昕五本〈壇經〉版本校訂及其定慧等學禪法探討》為題的發言中，也進一步肯定了我的研究成果。

黃連忠先生深耕研究《壇經》三十餘年，之前曾有《敦博本六祖壇經校釋》、《敦煌三本六祖壇經校釋》等著作出版，其對惠昕本系列《壇經》的研究更是用心用情。誠如他在本書《自序》中所說：「惠昕本《壇經》有明確的編成年代，亦有明確的編修地點，這已符合『信而有據』的原則，再細觀現存最早惠昕系列之真福本《壇經》內容，不僅結構完整，文字典雅，內容合宜，敘事明析，筆者以為這是現存三大系《壇經》中最好的版本系統，可惜長久以來為學術界所忽視，迄今未見惠昕五本《壇經》校訂本，因此發心校釋之。」

五個古本中文字書寫各有異出，異體旁字又不時出現，世人學之不易。先生將古本逐字逐句進行比較，用功良多，同時更是將其中要句進行校釋，博文廣記，可以使讀者能夠全面而深入理解經文的本來之意。先生還特別整理出了《惠昕五本〈六祖壇經〉校訂標點本》（《韶州曹溪山六祖壇經》），文本斷句及標點精準，文字通暢，為普通民眾學習領悟惠昕本《壇經》提供了極大的方便。諸多種種，無不令人讚歎！

黃連忠先生重於孝親，事母至孝，本書完稿於其母往生前夕，悲願之心躍於字裡行間，令人感動！正如惠昕禪師所言：「諸善要備，非假外求。悟法之人，自心如日，遍照世間，一切無礙。見性之人，雖處人倫，其心自在，無所惑亂矣。」

《壇經》作為中華文化的傳統經典，在世界具有廣泛的影響，惠昕本作為三個具有獨立價值之一的《壇經》版本，在現實仍然具有積極的意義；廣西在唐代與廣東一樣同屬嶺南道，都是六祖大師當年的教化之地，今年又恰值惠昕禪師於南寧羅秀山開山一二八〇周年，廣西乃至於南寧羅秀山在中國禪宗史上的特殊地位應該引起世人足夠的重視，期冀本書能早日公開出版發行。

是為序。

二〇二四年五月二十六日於廣西象州

自序

二〇二一年十二月十九日，在微信上收到楊曾文老師給筆者的留言：「注意，惠昕應是唐代人，改編《壇經》的丁卯，應為唐德宗貞元三年（七八七），參南宋王象之《輿地紀勝》卷一百六：〈廣西南路•邕州•仙釋〉，及宋趙明誠《金石錄》卷九之唐惠昕大師碑。謹告。」筆者收到這則訊息時內心十分感動，想起楊老師慈悲寬厚學養淵博，三十年來待筆者如慈父與終身的指導教授一般，每每耳提面命，殷切指撥。楊老師的留言引起筆者的高度重視，回想胡適於一九三五年十二月初版之《胡適論學近著》第一集卷二中，收錄其〈壇經考之二（記北宋本的《六祖壇經》）〉一文中，提到日本鈴木大拙寄贈給他「京都堀川興聖寺藏的《六祖壇經》的影印本一部」，此影本亦為日本昭和八年（一九三三）印行之影本，因此胡適正式將一九三三年發現的惠昕本定名為「北宋本」。從鈴木大拙到胡適，即將惠昕本斷定為北宋太祖乾德五年而成為「北宋本」，是年為公元九六七年。在此之後，近九十年來學界多因此認定惠昕本《壇經》的編定者，是由五代至北宋初年的惠昕和尚，編定而成立於北宋初年，惠昕被誤判為北宋初年的禪僧。然而筆者後來發現近年依據吳孝斌的考證，惠昕應為中唐時代的僧人。

為何當年鈴木大拙、胡適與學者們會誤判惠昕為北宋初年的禪僧，那是因為胡適誤解了興聖寺本《壇經》短序中的年代問題，其中署題「依真小師邕叾（州）羅秀山惠進禪院沙門惠昕述」的內容：「古本文繁，披覽之徒，初忻後厭。余以太歲丁卯，月在蕤賓，二十三日辛亥，於思迎塔院，分為兩卷，凡十一門，貴接後來，同見佛性者。」其中的「太歲丁卯，月在蕤賓」，胡適說：「鈴木（鈴木大拙）先生推想此『丁卯』應是宋太祖乾德五年（西曆九六七），但他不能證實此說。按蕤賓為五月；二十三日辛亥，則此月朔為己丑。我檢查陳垣的《廿史朔閏表》，只有宋太祖乾德五年丁卯有五月己丑朔，故可斷定惠昕改定二卷十一門是乾德丁卯的事（九六七）。」在現存真福寺本與興聖寺本惠昕兩本之原序中，真福寺本作「韶州曹溪山六祖壇經序」，興聖寺本作「六祖壇經序」，載明此序文為「依真小師邕州羅秀山慧進禪院沙門惠昕述」，其中的「邕州羅秀山慧進禪院」，據吳孝斌〈惠昕本《六祖壇經》略考〉一文中指出：「唐代於今廣西南寧設邕州，屬嶺南道轄地。羅秀山在今南寧市西鄉塘區轄境內。」因此，「邕州羅秀山」，應屬現今廣西省南寧市西鄉塘區所轄境內。至於「慧進禪院」，真福寺本作「慧進禪院」，興聖寺本作「惠進禪院」，在南宋中期王象之（一一六三—一二三〇）編纂的《輿地紀勝•邕州•仙釋》，其中有「正恩大師」條，內容為：「羅秀山在宣化縣北，天寶三載正恩大師惠昕於此開山。」正恩大師即是惠昕和尚，天寶三載為唐玄宗天寶三年，公元七四四年，惠昕已在唐代邕州羅秀山開山建寺。惠昕的生卒年不詳，但在兩宋之間由趙明誠、李清照夫妻撰寫之《金石錄》卷九載有：「第一千六百五十五，唐惠昕大師碑。」在夾注：「齊推撰。正書，姓名殘缺。貞元十七年。」貞元十七年是年為公元八〇一年，從唐玄宗天寶三年於羅秀山慧進禪院開山，至五十七年後，由齊推撰立「唐惠昕大師碑」。另據南宋晁公武（一一〇一—一一八〇）編撰之《郡齋讀書志》亦載：「《六祖壇經》，右唐僧惠昕撰。」因此，《輿地紀勝》、《金石錄》與《郡齋讀書志》等三項資料，終於證明惠昕為中唐時代的禪僧，由此可以推定惠昕活躍時代約為唐玄宗天寶三年至唐德宗貞元年間。

因此，在惠昕之真福寺本《壇經》序言中，提及的「太歲丁卯，月在蕤賓」，時間應是在唐德宗貞元三年農曆五月二十三日，即公元七八七年，距離六祖惠能圓寂之七一三年，時隔七十四年，由此可以推定，惠昕編定惠昕本稿本《壇經》為唐本，而非晚唐五代北宋初年本，故胡適稱惠昕本為北宋本是不正確的。

由於受到楊曾文老師的提點，以及拜讀吳孝斌的論文之後，筆者立即意識到現存五本之惠昕本系列《壇經》的學術價值，特別是形成於北宋初年的真福寺本《壇經》，其象徵的學術意義是惠昕本可能更早於現在的敦煌本。敦煌本比較可信的成立年代在中晚唐到五代時期，但確切的年代已不可考。筆者曾在二〇〇六年五月出版以敦博本及英博本為主的校釋之《敦博本六祖壇經校釋》。由上海古籍出版社於二〇一一年四月正式出版旅博本原圖之後，筆者又在二〇二一年九月時，將敦博本、英博本與旅博本三本《壇經》合併校訂出版《敦煌三本六祖壇經校釋》一書。筆者發現特別是敦博本中對神會的書寫方式，在鈴木大拙所析的五十七折的四十四折中，在神會一詞前三度使用古代書信格式的「挪抬」（挪空一字）的敬稱用法，這就足以證明敦博本《壇經》與神會法系有關。神會生於唐武后光宅元年（六八四），受具足戒於長安四年（七〇四），卒於唐肅宗乾元元年（七五八）五月十三日荊州開元寺。因此，筆者判斷敦博本的原本抄寫的年代有可能在七五八年至八〇〇年間，時間與惠昕於唐德宗貞元三年（七八七）的年代極為相近，目前並無可靠證據可以論斷敦博本與惠昕本編定年代孰先孰後。

因此，現存敦煌系列本、惠昕系列本與從契嵩至宗寶系列本的三大系統之《壇經》，未必是敦煌本在前，惠昕本在後，反而有可能是惠昕本在中原祖本的系統下在前，敦煌本在敦煌祖本的抄寫下於後。依目前可見的文獻來看，可以確定的是敦煌地區流傳有敦煌祖本的系統，在古代中國南方兩廣地區流傳著中原祖本。若依內容字數來看，筆者依拙作《敦煌三本六祖壇經校釋》一書的附錄圖影親自點算，分別是斯坦因本（英博本）《壇經》的全文共一一五四〇字，敦博本《壇經》的全文共一一六七三字，旅博本《壇經》的全文共一一七二四字，以旅博本《壇經》的字數最多，內容也相較完整。至於惠昕本的全文字數，由於惠昕五本皆有出入，筆者經統一校訂後，包含兩篇序文及跋文的後序，共得校訂版本為一四六〇一字。因此，諸多學者轉引稱惠昕本字數約為一萬二千字，並不十分精準，大約有一萬四千字，較為接近。此外，筆者精算從契嵩至宗寶系列本全文校訂後的字數，不含前後之序文及跋文，亦不含附錄之文章，共得二萬〇二字。因此，惠昕本較敦煌本多約三千字的內容，較宗寶本少約五千四百字的內容。雖然如此，但因三個系列本在內容敘述的結構部分，並不一致，文字亦有較多的出入。除此之外，在敦煌、惠昕及契嵩系列本中，除了經題、序跋文、品目名稱之外，內容主題結構及文字部分，仍有很大的不同，讀書可以參見本書附錄的論文。

惠昕五本《壇經》形成的年代及公布圖影的時間，依序說明如下：

其一，真福本《壇經》：惠昕序於唐德宗貞元三年農曆五月二十三日，即公元七八七年。北宋真宗朝時周希古撰有〈後敘〉，撰於大中祥符五年（一〇一二），亦為真福本獨有之後序。真福寺本發現目錄於一九三五年日本，屬於寫本，一九七八年正式發佈為日本名古屋真福寺所藏，二〇一六年四月向外界公布圖影於正式出版集編之著作，編入（日本）中世禪籍叢刊編集委員會編：《中世禪籍叢刊》第九卷《中國禪籍集二》，日本京都臨川書店。現藏於日本真福寺。

其二，大乘本《壇經》：序文〈韶州曹溪山六祖師壇經序〉，此篇序言為大乘本與天寧本兩本之〈存中再刊序〉的原序文，比丘存中序於北宋政和六年（一一一六），屬於寫本，大乘本於一九三五年發現於日本石川縣。正式刊出於柳田聖山主編之一九七六年七月出版之《六祖壇經諸本集成》。此本現藏於日本金澤市石川縣美術館。

其三，天寧本《壇經》：比丘存中序於北宋政和六年（一一一六），屬於寫本，天寧本在經題及此序文前，另有〈題簽〉文字共一五九字。卷末，另有〈刊緣記〉一文。日本昭和年間發現於日本金山，後來收入於柳田聖山主編之一九七六年七月出版之《六祖壇經諸本集成》。然而，在其書第六十八頁與八十三頁兩頁，天寧本其段落貼版時誤植，本書附錄悉以更正，見本書附錄二〇一頁及二一六頁。此本現藏於日本東北大學圖書館。

其四，興聖本《壇經》：序文〈六祖壇經序〉為晁子健書於南宋紹興二十三年（一一五三），屬於刻本，發現於一九三三年日本京都興聖寺，日本鈴木大拙首刊於日本昭和八年（一九三三）印行之影本，一九三四年鈴木大拙與公田連太郎將京都興聖寺發現的《壇經》校訂後，由森江書店出版，題為《興聖寺本六祖壇經》。後來收入於柳田聖山主編之一九七六年七月出版之《六祖壇經諸本集成》。此本現藏於日本京都興聖寺。

其五，寬永本《壇經》：日本寬永八年（一六三一）重刊之寬永本。寬永本應為「慶元本」（一一九五至一二〇〇年間）《壇經》的傳本，「慶元本」現已不存，可見於日本寬永八年與貞享五年（一六八八）再刊的紀錄，但其內容與興聖寺本大抵相同，屬於刻本，因此在版本譜系上，一般亦可以歸類於興聖寺本而不單獨列出，但本文依現存版本系統，故羅列為惠昕本系列之第五份版本。此本現藏於日本駒澤大學圖書館。

三十餘年來，筆者對於《六祖壇經》的各項初淺研究，從論證《六祖壇經》的禪學思想開始，廣泛地協助編集相關研究的書目，並曾於二〇一四年十一月，在廣東人民出版社正式出版了《六祖慧能與壇經研究目錄集成》一書。除此之外，筆者近年也蒐集各種不同譜系的版本探討，筆者協助編輯的《六祖壇經歷代版本集成》，亦將於廣東人民出版社正式出版，內容除了羅列三十七種三大系統《六祖壇經》的版本，筆者也親自校訂了敦煌三本、惠昕五本與從契嵩至宗寶七本《六祖壇經》的三大系統之校訂本，合訂成四十個版本。

自從三年前楊曾文老師提醒筆者惠昕為唐代禪僧後，筆者意識到惠昕本《壇經》有明確的編成年代，亦有明確的編修地點，這已符合「信而有據」的原則，再細觀現存最早惠昕系列之真福本《壇經》內容，不僅結構完整，文字典雅，內容合宜，敘事明析，筆者以為這是現存三大系《壇經》中最好的版本系統，可惜長久以來為學術界所忽視，迄今未見惠昕五本《壇經》校訂本，因此發心校釋之。除了蒐羅惠昕五本《壇經》的序跋文外，也編入附錄文字，經由對相關十六件《壇經》版本互校，參酌敦煌三本、契嵩至宗寶諸本與近代學者錄校等資料，從而校訂惠昕五本《壇經》的經文正文，同時也詳細地著錄「校訂」諸本的內容，以及對各段內容予以「注釋」，特別是對禪法的現代語譯及詮釋。

經過近三年來的梳理與校釋，拙稿初成，同時本書附錄了九項資料，分別說明如下：

其一至其五，分別為日本真福寺抄本《六祖壇經》影圖、日本大乘寺抄本《六祖壇經》影圖、日本天寧寺抄本《六祖壇經》影圖、日本興聖寺刻本《六祖壇經》影圖、日本寬永刻本《六祖壇經》影圖。其中真福寺抄本《六祖壇經》影圖，原圖因正反面墨影互相沁透，以致難以辨識，筆者另經過細緻修圖除去透影，盡可能還其真實。

其六，惠昕五本《六祖壇經》校訂標點本。這是經由本書的校釋後，斟酌用字，力求盡可能保持真福本《壇經》原貌下，達到順情合宜的校訂工作後之成果，亦可以稱為綜合校訂本，形成當代惠昕本一項新的版本。

其七與其八，則是附錄兩篇已公開發表之論文：〈菩提達摩壁觀禪法考究及至六祖惠能核心禪觀之變遷〉與〈惠昕五本《六祖壇經》版本校訂及其定慧等學禪法探討〉。筆者附錄這兩篇論文之目的，主要在於前者可以說明六祖惠能禪法的來源及其核心要領，後者可以詳細說明本書校釋的學術性基礎與定慧等學禪法的思想系統，協助讀者能夠知其來龍去脈與掌握惠能定慧法門的要訣。

其九，本書最後附錄「《六祖壇經》譜系源流與存世版本圖表」，以圖表形式呈現三大系版本前後相承的關係與系統。

本書的校訂與注釋過程中，謹守三大原則：其一，「信而好古」，就是以現存最早之惠昕本系列之真福本為底本，盡量保持文字的原貌為原則，不作過度修訂或文詞上的改動；其二，「言必有據」，就是在校訂過程中，必須是參酌其他《壇經》版本文字為依憑，不作臆斷與私意揣測之詞；其三，「內容統一」，當發生內容中目次與內文的標題不一致時，或是前後異體字或是同意異字時，即作更改，以期符合內容之統一。筆者經過研究後發現，惠昕系列本《壇經》在版本系統中是最佳的版本，值得後續深入的探究，藉此拙著，期能拋磚引玉，期待學界出現更為成熟的校釋本。

本書完稿時慈母黃鄒玉英往生於母親節前夕，筆者至感悲慟，謹以此書功德迴向慈母往生極樂。助理郭明儀全程細心校訂，盡心盡力，發心弘遠，至心感謝。本書雖經多番校正，但錯謬之處必多，尚祈海內外專家學者不吝指正，是幸！

黃連忠寫於二〇二四年五月十二日母親節

惠昕五本六祖壇經校釋

【目次】

【附錄】

凡例與校釋說明

一、本校訂以日本名古屋真福本為底本，以現存惠昕本系列《六祖壇經》之其他四本：大乘本、天寧本、興聖本與寬永本為對校本，另以其他諸本為參校本。本書校釋雖以「真福本」為底本，但在行文解釋時，為方便讀者理解，「真福本」與「底本」的指稱，時有交錯互用情形，但都是同一個版本。底本、對校本與參校本之略稱如下：

㈠**真福本**　日本名古屋真福寺藏寫本（底本）

㈡**大乘本**　日本石川縣大乘寺藏寫本（對校本）

㈢**天寧本**　日本京都福知山市金山天寧寺藏寫本（對校本）

㈣**興聖本**　日本京都興聖寺刊本（對校本）

㈤**寬永本**　日本寬永年間刊本（對校本）

㈥**敦博本**　敦煌市博物館「文書編號〇七七號」禪籍之四的《六祖壇經》

㈦**英博本**　現藏於英國國家圖書館之館藏編號「斯五四七五」之《六祖壇經》

㈧**旅博本**　現藏於旅順博物館之館藏舊編號五一九和登記號一五五一九之《六祖壇經》

㈨**敦煌三本**　指敦博本、英博本與旅博本等三本

㈩**惠昕五本**　指真福本、大乘本、天寧本、興聖本、寬永本等五本

⑾**宗寶諸本**　指永樂本、憨山本、隆慶本、嘉興本、崇禎本、卍正本與大正本等七本

⑿**石井校本**　石井修道撰〈伊藤隆壽氏發見の真福寺文庫所藏の『六祖壇經』の紹介〉

⒀**永樂本**　明代永樂年間刊本

㈣**憨山本**　明代憨山勘校本（明泰倉刻本）

㈤**隆慶本**　明代隆慶三年朝鮮本

㈥**嘉興本**　明版嘉興藏本

㈦**崇禎本**　明代崇禎六年刊本

㈧**卍正本**　日本卍正藏本

㈨**大正本**　日本大正藏宗寶本

㈩**潘校本**　潘重規《敦煌壇經新書》手寫校本

㈡**郭校本**　郭朋校著《壇經校釋》

㈢**楊校本**　楊曾文校寫《新版敦煌新本六祖壇經》

㈢**鋑校本**　鄧文寬、榮新江編著《敦博本禪籍錄校》

二、本書校訂收錄有三篇序文、一篇跋文、一篇〈題簽〉、一篇〈刊緣記〉，分別是：其一，真福本與興聖本兩本之原序。真福本作「韶州曹溪山六祖壇經序」，興聖本作「六祖壇經序」，依底本真福本作「韶州曹溪山六祖壇經序」；其二，大乘本與天寧本兩本之〈存中再刊序〉之原序文；其三，興聖本獨有之序，即為晁子健之序；其四，一篇跋文，為真福本獨有之後敘，即周希古後敘。其五，天寧本另有一篇〈題簽〉與〈刊緣記〉一文。

三、底本之訛、脫、衍、倒，悉以訂正，底本不誤而對校本存在異文，以底本爲主，參校本非必要，不另以說明與出注。底本內容正文中，若有明顯之人名、地名、時代謬誤或誤植時，即以校正，或在注釋中予以詳細說明。本書校訂注釋僅限於底本文字的衍、倒、脫、訛，至於原作者（惠能），或編著者（法海或惠昕），或近代校訂學者對於文字表達，或見解觀念上的不同意見，不出校記糾駁。

四、底本之異體字、俗寫字或古今字，除歧義者外，部分採用原字體，部分逕行改用現行規範之通用體字。

五、本書依真福本等諸本正文中，若有雙行小注或夾注，則改作單行，字號與正文同，並以楷體字加圓括號與正文相區別。

六、本書注釋或採白話翻譯形式，或以論文注釋格式詳列出處，或以論述分析說明，原因是方便讀者按圖索驥，查考原文或增進理解。正文中若遇古代生活用語、禪宗專門術語或古代歷史語詞，悉以加注說明。至於本書中出現之古代語彙而少見於今者，或上下文義晦澀難明處，或意在弦外之音，或文句別有深意時，皆加注釋說明之。

七、本書注釋採用部分原文之翻譯，但與傳統直述翻譯原則略有不同。本書注釋翻譯為力求流暢明白，方便現代讀者閱讀，依據「信」、「通」、「雅」、「宜」四項原則：其一，信，以真實呈現惠能在惠昕本《壇經》的思想原貌及其內容主旨為根本原則，避免過度的誇張說明與虛浮的解釋。其二，通，在翻譯解釋時力求文義通暢而明白易曉，前後思想貫通而無障礙。其三，雅，釋譯文詞力求優美典雅而正確。其四，宜，以最適合當代讀者閱讀之語體文為解釋翻譯的標準，在必要字句上因原典過於簡略時，不得不加上一些文字詞句，以期達到合乎事理與合時適宜的解釋原則。

八、本書附錄共有九件，附錄一至五為真福本、大乘本、天寧本、興聖本、寬永本等五本原文影圖，受限於篇幅，不得不進行縮圖，以茲察考；附錄六為惠昕五本《六祖壇經》校訂標點本；附錄七至八為兩篇論文：〈菩提達摩壁觀禪法考究及至六祖惠能核心禪觀之變遷〉、〈惠昕五本《六祖壇經》版本校訂及其定慧等學禪法探討〉；附錄九為「《六祖壇經》譜系源流與存世版本圖表」。

韶州曹溪山六祖壇經

（唐代惠昕本）

黃連忠校釋

一、韶州曹溪山六祖壇經序①

依真小師②邕州羅秀山慧進禪院③沙門惠昕④述

原夫真如佛⑤性，本在人心。心正即諸境難侵，心邪即眾塵易染⑥。能止心念，眾惡自亡。眾惡既亡，諸善皆備⑦。非假外求。悟法之人，自心如日，遍照世間，一切無礙。見性之人，雖處⑧人倫，其心自在，無所惑亂矣。

故我六祖大師廣為學徒，直說見性法門⑨，總令自悟成佛，目曰《壇經》，流傳後⑩學。古本文繁，披覽之徒，初忻後厭。余以太歲丁卯，月在蕤賓，二十三日辛亥⑪，於思迎塔院，分為兩卷，開十一門⑫，貴接後來，同見佛性者也⑬。

【校釋】

①《韶州曹溪山六祖壇經》經題：真福本、興聖本皆作「六祖壇經」，大乘本、天寧本皆作「韶州曹溪山六祖師壇經」，寬永本作「六祖法寶壇經」，綜合諸本校改作「韶州曹溪山六祖壇經」。韶州：隋時為南海郡之曲江縣。唐高祖武德四年，平蕭銑後置番州，領曲江等五縣。唐太宗貞觀元年，改為韶州。約今廣東省韶關市。傳說古代舜帝登遊附近韶石（山巖之名），因奏《韶》樂，故得此名。曹溪山：曹溪，又名曹侯溪，約在廣東韶關市曲江區東南約二十里之雙峰山下。以禪宗六祖惠能在曹溪寶林寺弘法而得名，後名南華寺。梁武帝天監元年，天竺僧智藥開山建寺，因曹溪而得名曹溪山，代稱南華寺，另稱曹溪寶林寺、法泉寺、中興寺、南華、千佛寶林與寶林山。韶州曹溪山六祖壇經序：此篇序言為真福本與興聖本兩本之原序。真福本作「韶州曹溪山六祖壇經序」，興聖本作「六祖壇經序」，依底本真福本作「韶州曹溪山六祖壇經序」。

②依真小師：尚無法斷定所指何人，（台灣）印順法師在其《中國禪宗史》中提及此事：「興聖寺本序下一行題：『依真小師邕州羅秀山惠進禪院沙門惠昕述』。『依真小師』的意義不明，『小師』或是『門師』的寫訛。」見印順法師：《中國禪宗史——從印度禪到中華禪》，台北：正聞出版社，一九八八年六月，頁二七三。但依筆者推論，可能為惠昕出家時的內號，也就是其法名「依真」，在其寺院系統內的稱號。

③邕州羅秀山慧進禪院：真福本作「邕州」，興聖本作「邕刕」，當作「邕州」。邕州，唐屬嶺南道，約今廣西南寧市。據吳孝斌在其〈惠昕本《六祖壇

經》略考〉文中指出：「唐代於今廣西南寧設邕州，屬嶺南道轄地。羅秀山在今南寧市西鄉塘區轄境內，因昔晉羅秀隱修于此『升仙』而名，古屬邕州宣化縣境，其『羅峰晚霞』為古邕州八景之一。」因此，「邕州羅秀山」，應是指現今廣西省南寧市西鄉塘區所轄境內。「慧進禪院」，真福本作「慧進禪院」，興聖本作「惠進禪院」，依真福本作「慧進禪院」。在南宋中期王象之編纂的《輿地紀勝．邕州．仙釋》，其中有「正恩大師」條，內容為：「羅秀山在宣化縣北，天寶三載正恩大師惠昕於此開山。」天寶三載為唐玄宗天寶三年，公元七四四年，惠昕已在唐代邕州羅秀山開山建寺。

④**惠昕**：生卒年不詳，在兩宋之間由趙明誠、李清照夫妻撰寫之《金石錄》卷九載有：「第一千六百五十五，唐惠昕大師碑。」夾注「齊推撰。正書，姓名殘缺。貞元十七年」，「齊推」另據海鹽張氏涉園藏呂無黨手鈔本《金石錄》，載為「齊惟」，經筆者查考北京中華書局依據《古逸叢書三編》影印而出版的《宋本金石錄》，確定應為「齊推」，（見趙明誠撰：《宋本金石錄》全二冊，北京：中華書局，一九九一年一月，頁二二七。）另，貞元十七年是年為公元八〇一年，從唐玄宗天寶三年於羅秀山慧進禪院開山至五十七年後，由齊推撰立「唐惠昕大師碑」。另據南宋晁公武編撰之《郡齋讀書志》亦載：「《六祖壇經》，右唐僧惠昕撰。」以上三項證據，可以推定惠昕為中唐時佛教僧人，活躍時代約為唐玄宗天寶三年至唐德宗貞元年間。

⑤**佛**：真福本作「佛」，興聖本作「仏」，「仏」為「佛」之俗寫異體字，依現代體例當作「佛」。下不出校。

⑥**心正即諸境難侵，心邪即眾塵易染**：真福本作「心正即諸境難侵，心邪即眾塵易染」，興聖本作「心正則諸境難侵，心邪則眾塵易染」，依底本錄入。

⑦**諸善皆備**：真福本作「諸善皆備」，興聖本在「諸善皆備」下有「諸善要備」四字，石井校本亦補「諸善要備」四字。依底本文義亦通，故未改動。

⑧**處**：真福本作「䖏」，興聖本作「処」，「䖏」與「処」皆為「處」之異體字，依現代體例當作「處」。下不出校。

⑨**直說見性法門**：真福本作「直說見性法門」，興聖本在「說見性法門」下補有「直」字，亦同真福本，故依真福本錄入為宜。下類補字，不另出校。

⑩**後**：真福本作「𢔍」，興聖本作「後」，「𢔍」音緩，係「後」之形近致訛字，當作「後」字。下不出校。

⑪**太歲丁卯，月在蕤賓，二十三日辛亥**：對於「太歲丁卯」年代之斷定問題，胡適說：「鈴木（鈴木大拙）先生推想此『丁卯』應是宋太祖乾德五年（西曆九六七），但他不能證實此說。按蕤賓為五月；二十三日辛亥，則此月朔為己丑。我檢查陳垣的《廿史朔閏表》，只有宋太祖乾德五年丁卯有五月己丑朔，故可斷定惠昕改定二卷十一門是乾德丁卯的事（九六七）。」（見胡適：〈壇經考之二（記北宋本的《六祖壇經》）〉，收錄於柳田聖山主編：《胡適禪學案》，台北：正中書局，一九七五年六月初版，頁七七。）因此，從鈴木大拙到胡適，即將惠昕本斷定為北宋太祖乾德五年而成為「北宋本」，判定是年為公元九六七年。然而，「太歲丁卯，月在蕤賓」，時間應是在唐德宗貞元三年農曆五月二十三日，即公元七八七年，距離六祖惠能圓寂之七一三年，時隔七十四年。

⑫**開十一門**：真福本作「開十一門」，興聖本作「凡十一門」，依真福本作「開十一門」為宜。

⑬**者也**：真福本作「者也」，興聖本作「者」，依底本真福本作「者也」為宜。

二、韶州曹溪山六祖師壇經序①

性體虛空，本無名相，佛祖出興，示以正法者，良由眾生妄失其本也。故初有六佛②，而釋迦紹出焉。釋迦七七年導化③，復憫後五百歲鬪諍堅固，遂以正法付迦葉，授金襴信衣④，俾妙明之種性不滅也。衣衣相授，法法相承，列位西乾二十有八⑤。東土正法，自達磨始興，二祖出於北齊，三四興於唐代，曹溪六祖得衣法於黃梅五祖。是時，刺史、韶牧等⑥，請六祖於大梵戒壇⑦，授無相戒，說摩訶頓法。門人錄其語要，命曰《壇經》。

夫吾祖傳衣，三更受法，命若懸絲，而說是經，則普告僧俗，令言下各悟本心，現成佛道者，何耶？蓋此非吾祖⑧一時之直指，實欲傳乎後鬪諍之歲也。今則門風百種，解會千般，努眼攢眉，尋言舉古，忘情絕念，自縛無繩，詆毀明師，紛紜矛盾，豈知有《壇經》之可龜鑑者哉！謹再刊傳，庶幾學者悟其本焉。

（北宋）政和六年丙申元旦⑨，福唐將軍山隆慶庵比丘存中序⑩並書

【校釋】

①韶州曹溪山六祖師壇經序：此篇序言為大乘本與天寧本兩本之〈存中再刊序〉的原序文。天寧本在經題及此序文前，另有〈題簽〉文字共一五九字。

②初有六佛：指在釋迦牟尼佛出世前，先有六佛，先後為毘婆尸佛、尸棄佛、毘舍浮佛、拘留孫佛、拘那含牟尼佛、迦葉佛。釋迦牟尼佛排在前述六佛之後，故為第七佛。此經後文有：「師（惠能）曰：『初六佛、釋迦第七、……吾今惠能。』」

③導化：大乘本作「導化」，天寧本「道化」，當作「導化」，作「導引教化」解。

④授金襴信衣：授：大乘本、天寧本皆作「受」，當作「授」，作「傳授」解。下不出校。金襴衣，即是以金縷絲線織成的袈裟，又作金襴袈裟、金縷袈裟、黃金氎衣、金色衣與金色氎衣。古印度即已行之，據《賢愚經》卷十二載，佛陀姨母摩訶波闍波提手織金色之氎，贈於如來後轉奉施眾僧。據《大唐西域記》卷九載，佛陀曾以姨母所獻金色袈裟傳於迦葉。金襴信衣的「信」，即指傳法「信物」，或可以成為傳承的證明，故曰「金襴信衣」。

⑤**西乾二十有八**：西乾，即指「西天」。在北宋初年，因避諱「天」字，故改稱「乾」，如北宋贊寧《宋高僧傳》卷五載〈唐京師西明寺慧琳傳〉：「釋慧琳，……嘗謂翻梵成華，華皆典故，典故則西乾細語也。」（見《大正藏》第五十冊，頁七三八上。）另，北宋沙門遵式述〈方等三昧行法序〉載：「山門教卷自唐季多流外國，……雖東國重來，若西乾新譯。」（見《大正藏》第四十六冊，頁九四三上。）二十有八，指禪宗祖統西天二十八祖，此說從元魏譯出之《付法藏因緣傳》以來，即成立西土二十四祖之說，亦成為天台宗與禪宗共同之法統的論述。隋代天台智顗《摩訶止觀》進一步確立了西土二十四祖之說，從禪宗成立以來的惠昕本《壇經》，則是在西土二十四祖的基礎上，加列其他祖師而形成西天二十八祖之論。但值得注意的是，惠昕本與敦煌系列版本《壇經》及《寶林傳》以後對二十八祖的祖序及法名之版本，皆略有不同。

⑥**刺史、韶牧等**：在真福本的二卷十一門標題為「韶州刺史韋據等眾請說法門」，大乘本、天寧本皆作「韶州刺史韋璩等眾請說法」，故知當時刺史為韋璩（韋據）。韶牧，泛指管理韶州的長官，故知「刺史、韶牧等」是指刺史韋璩與管理韶州的長官們。牧，指治理人民的官員，原泛指國君或州郡長官，《漢書・成帝紀》：「十二月，罷部刺史，更置州牧，秩二千石。」設有官職名稱，但後世多以「牧守」代稱州郡的長官。州官稱牧，郡官稱守。在此的「韶牧等」，指管理韶州的地方官員。

⑦**戒壇**：原指舉行佛門授戒儀式與說戒的壇場，古時往往於戒場中製作稍高於平地的土壇，後亦有木製之高台，故又曰「檀」。唐義淨撰《大唐西域求法高僧傳》卷上載：「此是室利那爛陀莫訶毘訶羅様，唐譯云吉祥神龍大住處也。……其次西畔有戒壇，方可大尺一丈餘。即於平地周壘塼牆子，高二尺許。」（見《大正藏》第五十一冊，頁六上至中）此戒壇在平地四周築有塼牆，高度約兩尺，牆內的坐基的高度約為五寸。唐道宣撰有《關中創立戒壇圖經（并序）》：「余以闇昧，……至於戒本壇場，曾未陳廣，雖因事敘，終非錯言。……原夫戒壇之興，所以立於戒也。戒為眾聖之行本，又是三法之命根。……是知比丘儀體，非戒不存，道必人弘，非戒不立。戒由作業而克，業必藉處而生，處曰『戒壇』。……故略位諸門，使曉銳者知非妄立云爾。」（見《大正藏》第四十五冊，頁八〇七上至中。）書中對於「戒壇」的起源、名稱與相狀，皆有詳細的載述。

⑧**吾祖**：大乘本作「吾祖」，天寧本作「五祖」，觀上下文義，當作「吾祖」為宜。

⑨**政和六年丙申元旦**：政和，乃北宋徽宗趙佶的第四個年號。政和六年，即公元一一一六年，歲次丙申。元旦，指農曆（夏曆）正月初一。政和六年丙申元旦，依萬年曆載，實為西曆公元一一一六年一月十七日。

⑩**福唐將軍山隆慶庵比丘存中序**：福唐，地名，約今福建省福州市福清市。唐天寶元年（七四二）時，因取「造福唐朝」之喻意，原稱萬安縣而更名為福唐縣，改福州之名為長樂郡，故福唐隸屬長樂郡。將軍山，位於現今福建省福州市福清市長樂區梅花鎮，因古代時山上多種植梅花因而得名。隆慶庵，寺院道場名，在福清市長樂區梅花鎮將軍山上，今不可考。現代學者因「隆慶」寺名二字，以為是古代吉州仁山隆慶院，吉州指江西省中部之贛江中游，古稱廬陵或吉州，然而古代以「隆慶」為寺名者甚多，比丘法號存中之上冠名「福唐將軍山」，即非他處。

三、六祖壇經序①

子健②被旨入蜀，回至荊南，於族叔公祖位，見七世祖文元公③所觀寫本《六祖壇經》。其後題云：「時年八十一④，第十六次看過。」以至點句標題，手澤具存。公歷事⑤太宗、真宗、仁宗三朝，引年七十。累章求解禁識，以太子少保致仕，享年八十四。道德文章，具載國史，冠歲過高士劉惟一，訪以生還之事。劉曰：「人常不死。」公駭之。劉曰：「形死性不遷。」公始寤其說。自是留意禪觀，老而愈篤。公平生所學，三教俱通。文集外，著《昭德編》三卷、《法藏碎金》十卷、《道院集》十五卷、《耄智餘書》三卷，皆明理性。晚年尚看《壇經》，孜孜如此。

子健來佐蘄春郡，遇太守高公世叟，篤信好佛。一日，語及先文元公所觀《壇經》，欣然曰：「此乃六祖傳衣之地，是經安可闕乎？」乃用其句讀，鏤版刊行，以廣其傳。《壇經》曰：「後人得遇《壇經》，如親承吾教；若看《壇經》，必當見性。」咸願眾生同證此道。

（南宋）紹興二十三年⑥六月二十日右奉議郎權通判蘄州⑦軍州事晁子健謹記

【校釋】

①**六祖壇經序**：此篇序文為興聖本獨有之序文，即為晁子健之序。

②**子健**：即晁子健，生卒年不詳，其父晁公壽（一〇八五—一一〇七），故筆者推測其生年約在公元一一〇五年至一一〇七年間，卒年在一一五五年至一一七五年間。在《宋人傳記資料索引》載：「晁子健，字伯彊，一云強伯，鉅野人，（晁）說之孫。乾道六年知常州，在任轉朝奉大夫。」（見昌彼得等編：《宋人傳記資料索引》，台北：鼎文書局，二〇〇一年六月，頁一九四六。）

③**七世祖文元公**：晁子健的七世祖文元公，即是晁迥，在《宋人傳記資料索引》載：「晁迥（九五一—一〇三四），字明遠，世為澶州清豐人，自父佺

始徙家彭門。太平興國五年進士，真宗時累官工部尚書、集賢院學士。時修禮文之事，詔令多出其手，以太子少保致仕。迥善吐納養生之術，性樂易寬簡，服道履正，歷官莅事，未嘗挾情害物，真宗數稱為好學長者。景祐元年卒，年八十四，諡文元。有《翰林集》三十卷、《道院集》十五卷、《法藏碎金錄》十卷、《耆智餘書》、《隨因紀述》、《昭德新編》各三卷。」（頁一九四六）晁子健的「七世祖」，筆者依晁說之《嵩山集》卷二十後附雜文中，附有一篇《晁氏世譜節錄》，此錄即為晁說之的孫子晁子健所作，文中述及晁說之世系：「文元（晁迥）玄孫，文莊（晁宗慤）曾孫，仲衍孫，端彥子，長說之字以道，一字伯以。」（見晁說之《嵩山文集》卷二十後雜文，頁四〇四，收錄於《四部叢刊廣編》總五十冊之第三十六冊《嵩山文集》與《龜谿集》合訂本，台灣商務印書館印行，一九八一年二月出版。）另依民國二十三年晁氏族人依珍藏昭德版本《晁氏宗乘》（《晁氏宗譜》）編修的石印本，考證出晁子健「七世祖」，若由一世晁迥開始敘及，則分別是：一世晁迥、二世晁宗慤、三世晁仲衍、四世晁端彥、五世晁說之、六世晁公壽、七世晁子健。由於晁公壽為晁子健之父，故晁子健「七世祖」之說，若由晁子健本人為一世，上推時其序則為：二世晁公壽、三世晁說之、四世晁端彥、五世晁仲衍、六世晁宗慤與七世晁迥。

④時年八十一：晁子健的七世祖晁迥於景祐元年卒，年八十四，諡文元。

⑤事：興聖本作「叓」，為「事」之俗寫異體字，依現代體例寫作「事」。下不出校。

⑥紹興二十三年：即公元一一五三年，歲次癸酉。

⑦蘄州：南宋時，蘄州地域約今湖北省黃岡市蘄春縣。

四、日本金山天寧本《壇經》題簽

延享四丁卯七月上澣，再修表帙而備足闕文蝕字。金山天寧常住，現白英惠玉記焉。

此《壇經》全部二卷，出于金山寶藏秘函之中矣，今流布于世。叢林《壇經》，舊刊新削不一，或多或省，分門字數，皆失本經之正者，間有之。末流學者，不能無疑於其間也。特秘賀北洞宗大乘禪寺寫本《壇經》耳，為正本傳焉。今以此二冊考合之，不違一字，只有闕紙數枚，為恨而已。幸得賀北正本寫書，而書加而備足之，永莫廢失。至囑。

《六祖壇經》卷上①

一、眾請說法門②（原作「韶州刺史韋璩等眾請說法門」）

二、悟法傳衣門③（原作「大師自說悟法傳衣門」）

三、為時眾說定慧門④

四、教授坐禪門⑤

五、傳香懺悔發願門⑥（原作「說傳香懺悔發願門」）

六、說一體三身佛相門⑦

【校訂】

①《六祖壇經》卷上：大乘本、天寧本皆作「韶州曹溪山六祖師壇經卷上」，興聖本、寬永本皆作「六祖壇經卷上」，真福本無此句，依興聖本、寬永本作「六祖壇經卷上」六字。天寧本在經題前，另有「金山秘藏」四字冠於「韶州曹溪山六祖師壇經上」經題之上，作雙行小字夾注形式。

②眾請說法門：真福本作「韶州刺史韋璩等眾請說法門」，大乘本、天寧本皆作「韶州刺史韋璩等眾請說法」，興聖本、寬永本皆作「緣起說法門」，但底本真福本在內容作「眾請說法門」，為求目次及內容標題統一，亦較精簡緣故，宜作「眾請說法門」。凡本經上、下卷品目名稱，皆循此例校訂。

③悟法傳衣門：真福本作「大師自說悟法傳衣門」，大乘本、天寧本皆作「大師自說悟法傳衣」，興聖本、寬永本皆作「悟法傳衣門」，依興聖本、寬永本作「悟法傳衣門」為宜。

④為時眾說定慧門：真福本、寬永本皆作「為時眾說定惠門」，大乘本作「為時眾說定慧」，天寧本作「為時眾說定惠」，興聖本作「為時眾說定慧門」，依興聖本作「為時眾說定慧門」為宜。「惠」與「慧」通用，依現代寫例改「惠」為「慧」。

⑤教授坐禪門：真福本、興聖本、寬永本皆作「教授坐禪門」，大乘本、天寧本皆作「教授坐禪」，依底本真福本作「教授坐禪門」為宜。

⑥傳香懺悔發願門：真福本、興聖本、寬永本皆作「說傳香懺悔發願門」，大乘本、天寧本皆作「說傳香懺悔發願」，依底本內容作「傳香懺悔發願門」。

⑦說一體三身佛相門：真福本、興聖本、寬永本皆作「說一體三身佛相門」，大乘本、天寧本皆作「說一體三身佛相」，依底本作「說一體三身佛相門」。

一、眾請說法門①

大師初從②南海上至曹溪。韶州刺史韋璩③等，請於大梵寺講堂中④，為眾開緣⑤，授⑥無相戒，說摩訶般若波羅蜜⑦法。大師是日說頓教⑧，直了見性無疑⑨。普告僧俗，令言下各悟本心，現成佛道。座下僧尼道俗一千餘人，刺史官僚等三十餘人，儒宗學士三十餘人⑩，同請大師說是法門。刺史韋璩，令門人法海抄錄流行，傳示後代，若承彼宗旨⑪，學道者⑫遞相傳授⑬，有所依憑耳。

【校訂】

①**眾請說法門**：大乘本、天寧本皆作「眾請說法」，興聖本、寬永本皆作「緣起說法門」，依底本真福本作「眾請說法門」為宜。

②**初從**：大乘本、天寧本皆作「從」，興聖本、寬永本皆作「唐時初從」，依真福本作「初從」為宜。

③**韋璩**：旅博本、真福本作「韋據」，大乘本、天寧本、興聖本、寬永本皆作「韋璩」，石井校本作「韋璩」，可從。下不出校。韋璩其人身世不詳。

④**講堂中**：真福本、興聖本、寬永本皆作「講堂中」，大乘本、天寧本無此三字，依底本作「講堂中」為宜。

⑤**為眾開緣**：真福本、興聖本、寬永本皆作「為眾開緣」，大乘本、天寧本皆作「開法結緣」，依底本真福本作「為眾開緣」為宜。

⑥**授**：真福本、大乘本、天寧本皆作「受」，興聖本、寬永本皆作「授」，當作「授」，作「傳授」解。

⑦**摩訶般若波羅蜜**：大乘本作「摩訶般若波羅密」，真福本、天寧本、興聖本、寬永本皆作「摩訶般若波羅蜜」，當作「摩訶般若波羅蜜」。下不出校。

⑧**說頓教**：真福本作「說頓教」，大乘本、天寧本皆作「於法座上說摩訶頓法」，興聖本、寬永本皆作「說頓教法」，依真福本錄入為宜。

⑨**直了見性無疑**：真福本作「直了見性無疑」，大乘本、天寧本皆作「直下見性，了然大悟」，興聖本、寬永本皆作「直了見性無礙」，依底本錄入。

⑩**刺史官僚等三十餘人，儒宗學士三十餘人**：大乘本、天寧本皆作「刺史官僚儒宗學士六十餘人」，真福本、興聖本、寬永本皆作「刺史官寮等三十餘人儒宗學士三十餘人」，「寮」與「僚」字義相通，依約定俗成例改為「官僚」，故作「刺史官僚等三十餘人儒宗學士三十餘人」為宜。

⑪**承彼宗旨**：真福本作「承彼宗旨」，天寧本作「承比宗旨」，大乘本、興聖本、寬永本皆作「承此宗旨」，依真福本作「承彼宗旨」為宜。

⑫**學道者**：真福本、興聖本、寬永本皆作「學道者」，大乘本、天寧本皆作「學道之者」，依底本作「學道者」為宜。

⑬**傳授**：真福本作「教授者」，大乘本、天寧本皆作「傳受」，興聖本、寬永本皆作「教授」，敦煌三本皆作「傳授」，底本「者」為衍字，當作「傳授」。

二、悟法傳衣門①

爾時，大師既昇座②已，而示眾言：「善知識❶！總淨心❷念摩訶般若波羅蜜❸。」大師良久不語，自淨其心❹。忽然告言：「善知識！菩提自性，本來清淨，但用此心，直了成佛❺。」大師言③：「善知識，且聽某甲（惠能）④行由❻，得法事意。」某甲嚴父，本貫范陽，左降流于嶺南作新州百姓⑤。此身不幸，父少早亡⑥，老母孤遺，移來南海❼，艱辛⑦貧乏，於市賣柴⑧。時有一客買某甲柴⑨，便令⑩送至官店，客收柴去⑪，某甲得錢。卻出門外，見有一客讀《金剛經》，某甲一聞，心便開悟❽。遂問客言：「從何所來，持此經典？」客云：「我從蘄州黃梅縣東馮茂山⑫來⑬，其山是第五祖弘忍大師⑭，在彼主化⑮，門人一千有餘⑯。我到彼山禮拜⑰，聽受此經⑱，大師常勸僧俗⑲，但持《金剛經》，即自見性⑳❾，直了成佛。」某甲聞說，宿業㉑有緣，乃蒙一客取銀十兩與某甲，令充老母衣糧㉒，教某甲㉓便往黃梅，禮拜五祖㉔。某甲安置母畢㉕，便即辭親㉖，不經三十餘日㉗，便至㉘黃梅，禮拜五祖。

【校訂】

①**悟法傳衣門**：真福本、興聖本、寬永本皆作「悟法傳衣門」，大乘本、天寧本皆作「悟法傳衣」，依底本真福本作「悟法傳衣門」為宜。

②**昇座**：真福本、大乘本、天寧本皆作「昇座」，興聖本、寬永本皆作「升座」，「升」乃「昇」之異體字，依真福本作「昇座」為宜。

③**大師言**：真福本、大乘本、天寧本皆有「大師言」三字，興聖本、寬永本無此三字，依真福本作「大師言」為宜。

④**某甲**：真福本、大乘本、天寧本皆作「某甲」，興聖本、寬永本皆作「惠能」，「某甲」是自稱的一種方式，依底本作「某甲」。下不出校。另外，真福本、天寧本皆使用了側書，即在書信行文中，表示自謙或與自謙相關的事物時，寫在行中右側，並且字體略小，是表示自謙的一種書寫方式。

⑤**左降流于嶺南作新州百姓**：真福本作「降流千南作新州百姓」，大乘本、天寧本皆作「左降嶺南新州百姓」，興聖本、寬永本皆作「左降流于嶺南作新州百姓」，敦煌三本皆作「左降遷流南新州百姓」。「左降」為「降官貶職」之意，石井校本補「左」字，當作「左降」。故依興聖本、寬永本為宜。

⑥**父少早亡**：真福本、大乘本、天寧本皆作「父少早亡」，興聖本、寬永本皆作「父又早亡」，文義皆通，依底本作「父少早亡」為宜。

⑦**艱辛**：大乘本、天寧本、興聖本、寬永本皆有「辛」字，真福本脫，當補之。

⑧**賣柴**：大乘本、天寧本、興聖本、寬永本皆作「賣柴」，真福本作「賣紫」，形近致訛，當作「賣柴」。

⑨**買某甲柴**：大乘本、天寧本、興聖本、寬永本皆作「買柴」，依底本真福本作「買某甲柴」為宜。

⑩**便令**：真福本、大乘本、天寧本皆作「便令」，興聖本、寬永本皆作「使令」，文義皆通，依底本作「便令」為宜。

⑪**客收柴去**：真福本、大乘本、天寧本皆作「客收柴去」，興聖本、寬永本皆作「客收去」，依底本作「客收柴去」為宜。

⑫**馮茂山**：真福本作「憑母山」，大乘本、天寧本皆作「馮茂山」，興聖本、寬永本皆作「馮母山」，敦煌三本皆作「馮墓山」，石井校本作「憑母山」，郭校本以為應是「馮茂山」，在黃梅縣東北境，為五祖駐錫之地，又稱為「五祖山」、「東山」。參閱郭校本頁七。

⑬**來**：真福本、興聖本、寬永本皆有「來」字，大乘本、天寧本皆無，依底本作「來」為宜。

⑭**其山是第五祖弘忍大師**：真福本、興聖本、寬永本皆作「其山是第五祖弘忍大師」，大乘本、天寧本皆作「禮拜五祖和尚」，依底本真福本錄入為宜。

⑮**在彼主化**：真福本作「在彼土化」，大乘本、天寧本皆作「見在彼山」，興聖本、寬永本皆作「在彼主化」，依上下文義，應作「在彼主化」為宜。

⑯**有餘**：真福本、興聖本、寬永本皆作「有餘」，大乘本、天寧本皆作「餘眾」，依底本錄入為宜。

⑰**禮拜**：真福本、興聖本、寬永本皆有「禮拜」二字，大乘本、天寧本皆無此二字，依底本錄入為宜。

⑱**聽受此經**：真福本作「聽受此經」，興聖本、寬永本皆作「聽授此經」，大乘本、天寧本皆作「聽和尚說法」，依底本作「聽受此經」為宜。

⑲**大師常勸僧俗**：真福本、興聖本、寬永本皆作「大師常勸僧俗」，大乘本、天寧本皆作「常勸道俗」，依底本作「大師常勸僧俗」。

⑳**即自見性**：真福本、興聖本、寬永本皆作「即自見性」，大乘本、天寧本皆作「即得見性」，依底本真福本作「即自見性」。

㉑**宿業**：真福本、興聖本、寬永本皆作「宿業」，大乘本、天寧本皆作「宿昔」，當作「宿業」，即為「過去生善業與惡業因緣」之義。

㉒**令充老母衣糧**：真福本、興聖本、寬永本皆作「令充老母衣糧」，大乘本、天寧本皆作「將充老母衣糧」，依底本作「令充老母衣糧」為宜。

㉓**教某甲**：真福本作「教某甲」，大乘本、天寧本皆作「令某甲」，興聖本、寬永本作「教」，依底本作「教某甲」為宜。

㉔**禮拜五祖**：真福本、興聖本、寬永本皆作「禮拜五祖」，大乘本、天寧本皆作「禮拜」，依底本作「禮拜五祖」為宜。

㉕**安置母畢**：真福本、興聖本、寬永本皆作「安置母畢」，大乘本、天寧本皆作「安置母訖」，依底本作「安置母畢」為宜。

㉖**便即辭親**：真福本、大乘本、興聖本、寬永本皆有「便」字，天寧本無，依底本錄入為宜。

㉗**三十餘日**：真福本、大乘本、天寧本、宗寶諸本皆作「三十餘日」，興聖本、寬永本皆作「三二十日」，依真福本作「三十餘日」為宜。

㉘**便至**：真福本、興聖本、寬永本皆作「便至」，大乘本、天寧本皆作「便到」，依底本作「便至」為宜。

【注釋】

❶**善知識**：梵語音譯作迦里也曩蜜怛羅，敬稱具有道德學問或開悟解脫之人。佛教以能夠引領眾生學佛修行的導師或菩薩，尊稱為善知識。此處有恭維稱許聽眾之意，也是對聽眾的禮貌代稱。因此，善知識可以視為「善良的朋友」，或者是「能指引領吾人走向正道的好朋友」，因此高貴如菩薩或一般的學佛朋友，皆可以稱為善知識。然而，在禪宗語錄中常見「大善知識」，則是特指已得解脫而證得果位者，如證阿羅漢果或大乘佛教初地以上之聖賢。在惠昕五本《壇經》的後文中〈七、說摩訶般若波羅蜜門〉載有：「若自不悟，須覓大善知識，解最上乘法者，直示正路。」

❷**淨心**：佛教的「淨」有「清淨自在解脫」與「超越世間善惡」的雙重涵義。淨心，即是清淨自心而超越世俗的分別染濁，亦是心地離開了世間善惡而不受影響。因為對於自己心念的覺察觀照，保持清淨覺性之本心，由此不評論、不造作、不跟隨與不相續，回復到自然純淨的自心，即是淨心。

❸**摩訶般若波羅蜜**：摩訶，梵語音譯又作摩賀、莫訶、摩醯。意譯為「大」，多指超越世俗的大、多、妙、勝之意。摩訶一詞在佛經中，多是指「無上」、「殊勝」或「妙勝一切」的涵義。般若，梵語音譯又作般羅若、波若。意譯是「實相智慧」與「究竟明了」的意思，主要是指解脫生死的「妙智慧」或「解脫大智慧」，此為證得宇宙萬法實相時所得之智慧。波羅蜜，梵語音譯作波羅蜜多、波囉弭多，意譯是「到彼岸」與「事究竟」的意思，主要是指「究竟解脫到彼岸的法門」。因此，摩訶般若波羅蜜，即是指無上殊勝證得實相智慧而究竟解脫的法門。

❹**自淨其心**：指自己不受任何善惡分別影響，進入「無分別」的本然心境。

❺**菩提自性，本來清淨，但用此心，直了成佛**：說明眾生皆具覺悟菩提的本心覺性，本來不受分別的染污，就用這份如如不動與不分別的本心，保持清明的覺性，就可以直了證得佛果。

❻**行由**：指惠能修行禪法的因緣來由，亦說明從初始至今發生的事情緣由。

❼**南海**：南海在林有能〈中國禪宗六祖慧能研究表微〉一文中指出有六種以上的說法，筆者亦曾親訪國恩寺時，住持如禪法師以為惠能從當地夏盧村一條小河的北面移來南面的龍山。

❽**某甲一聞，心便開悟**：惠能說明自己一時聽聞到旅客誦讀《金剛經》，當下心開意解而有所領悟。筆者以為，此時惠能所謂的「悟」，未必是證得初果須陀洹果以上的果位，或有可能初見法性實相而證得初果，但仍須已證得果位的大善知識印證。因此，禪宗所謂的「悟」，意義深廣，在語言文字脈絡中各有涵義，然而真正的「開悟」，筆者以為必是證得初果以上，乃至證得四果阿羅漢果，這才是標準的「悟」。

❾**見性**：即是悟見人人本具的本心佛性，因為佛性本源清淨，不生不滅，是為生命的實相。見性的唯一道路，即是觀照自己身心的實相，這是修習解脫之道的起點、路徑與方法，離此身心實相，別無大道。

問曰①：「汝何方人，來到此山禮拜②？今向吾邊，欲求何物？」某甲對云：「弟子是嶺南人，新州❶百姓③，遠來禮師，唯求作佛❷，不求餘物。」五祖責曰④：「汝是嶺南人，又是獦獠⑤❸，若為堪作佛？」某甲言：「人雖有南北，佛性❹本無南北，獦獠身與和尚不同，佛性有何差別？」大師更欲共某甲久語，且見徒眾總在身邊，乃令某甲⑥隨眾作務。某甲啟和尚言：「弟子自心，常生智慧⑦，不離自性，即是福田⑧。未審和尚教作何務？」五祖言：「這獦獠根性大利！汝更勿言⑨，且去後院。」有一行者❺，差某甲破柴踏碓❻八個⑩餘月。五祖一日忽見某甲言：「吾思汝之明見⑪❼，恐有惡人害汝，遂不與言⑫，汝知之否⑬？」某甲言：「弟子亦知師意，不敢行至堂前，令眾人⑭不覺。」

【校訂】

①**問曰**：真福本、大乘本、天寧本皆作「問曰」，興聖本、寬永本皆作「師問曰」，依真福本作「問曰」為宜。

②**來到此山禮拜**：真福本、興聖本、寬永本皆作「來到此山禮拜」，大乘本、天寧本皆作「來此山中禮拜」，依底本錄入為宜。

③**嶺南人，新州百姓**：真福本、大乘本、天寧本、敦博本、旅博本皆作「嶺南人新州百姓」，興聖本、寬永本皆作「嶺南新州百姓」，依真福本作「嶺南人新州百姓」為宜。

④**五祖責曰**：真福本、大乘本、天寧本皆作「五祖責曰」，興聖本、寬永本皆作「五祖言」，依底本真福本作「五祖責曰」為宜。

⑤**獦獠**：真福本、興聖本、寬永本、敦煌三本皆作「獦獠」，大乘本、天寧本皆作「獵獠」。據潘師重規考證，獦為獵的俗寫字，依底本真福本作「獦」字。下不出校。

⑥**某甲**：真福本、大乘本、天寧本皆有「某甲」二字，興聖本、寬永本皆無，依底本真福本作「某甲」為宜。

⑦**智慧**：真福本、大乘本、天寧本、寬永本皆作「智惠」，興聖本作「智慧」，「惠」與「慧」通用，依現代寫例改「惠」為「慧」。下不出校。

⑧**福田**：真福本、大乘本、天寧本皆作「種田」，興聖本、寬永本皆作「福田」，石井校本改「種田」為「福田」，當作「福田」為宜。

⑨**汝更勿言**：真福本作「更勿言」，大乘本、天寧本、興聖本、寬永本皆作「汝更勿言」，觀上下文義，當作「汝更勿言」為宜。

⑩**個**：惠昕五本皆作「箇」，「箇」為「個」的異體字，今依現代體例改「箇」為「個」。下不出校。

⑪**吾思汝之明見**：真福本、大乘本、天寧本皆作「吾思汝之明見」，興聖本、寬永本皆作「吾思汝之見可用」，依底本作「吾思汝之明見」為宜。

⑫**遂不與言**：真福本、大乘本、天寧本皆作「遂不與言」，興聖本、寬永本皆作「遂不與汝言」，依真福本作「遂不與言」為宜。

⑬**汝知之不**：真福本、大乘本、天寧本皆作「汝知之不」，興聖本、寬永本皆作「知之否」，古時「不」與「否」通用，依真福本作「汝知之不」，並依現代通用例改為「汝知之否」，下不出校。

⑭**眾人**：真福本、大乘本、天寧本皆作「眾人」，興聖本、寬永本皆無「眾」字，依真福本作「眾人」為宜。

【注釋】

❶**新州**：唐代屬嶺南道，約今廣東省雲浮市新興縣。隋代時屬信安郡的新興縣。唐高祖武德四年，平蕭銑後置新州。唐太宗天寶元年，改名為新興郡。唐肅宗乾元元年，復為新州。

❷**唯求作佛**：惠能在此表示不求取世間任何名聲、利益或世俗的價值，只希望能夠證得佛果，得到究竟的解脫。

❸**獦獠**：何謂「獦獠」？近代學術界曾引起深入的討論，如丁福保《六祖壇經箋注》說：「獦者，短喙犬。獠，西南夷。」郭朋《壇經校釋》說：「當是對以攜犬行獵為生的南方少數民族的侮稱。」潘師重規在〈敦煌寫本六祖壇經中的「獦獠」〉一文說：「敦煌六祖壇經寫本的『獦』字，亦應當是『獵』的俗寫字。獠是蠻夷之人，居山傍水，多以漁獵為生。」（載《中國文化》一九九四年第九期）。後來蒙默發表〈壇經中獦獠一詞讀法——與潘重規先生商榷〉，文中以為「獦獠」當為「仡佬」的異寫，不當讀為「獵獠」：「《壇經》之『獦獠』，當亦為『仡佬』之異寫。……《壇經》中之『獦獠』不當讀為『獵獠』，而當讀為『仡佬』，此『獦』字只借其音葛而已。」（載《中國文化》一九九五年第十一期）張新民綜合潘、蒙說法，發表〈敦煌寫本《壇經》「獦獠」辭義新解〉一文，以為：「『獦獠』仍當讀為『獵獠』，殆指『獵頭獠人』，而非『打獵獠人』。」（載《貴州大學學報•社會科學版》，一九九七年第三期，頁八十四。）

❹**佛性**：指眾生本具的覺性，如來不生不滅的體性，眾生成佛的可能性，成佛的種子與基本因素。《大般涅槃經》卷七說：「一切眾生皆有佛性。」

❺**行者**：此名稱有多義。其一，指在禪宗寺院中，尚未落髮出家而入住於寺內幫忙雜務、服侍修行僧眾與承擔各種勞役工作的人。其二，行者亦指行頭陀行的修行者，泛指行腳托缽乞食的苦行僧人。其三，特指寺院方丈的侍者，或因職務不同的出家者，如堂司行者、庫司行者等。其四，泛指一般修持佛法的修行者。

❻**踏碓**：「碓」為舂米的工具，踏碓即是以腳踩碓臼以舂米。

❼**明見**：指高明的見識，此為古人禮貌性尊稱別人看法之說辭。

五祖一日喚諸門人總來。五祖曰①：「吾向汝說，世人生死事大。汝等終日供養，只求福田❶，不求出離生死苦海。汝自性❷迷②，福何可救？汝等各去後院自看，智慧③取自本心般若❸之性，各作一偈，來呈吾看。若悟大意④，付汝⑤衣法，為第六代祖，火急作⑥！不得遲滯，思量即不中用，見性之人，言下須見，若此輪刀上陣，亦不得見⑦。」

【校訂】

①**五祖曰**：惠昕五本皆無「五祖曰」三字，敦煌三本皆有「五祖曰」此句，觀上下文義，為求文句通順及敘述合理緣故，當補之。

②**汝自性迷**：真福本、大乘本、天寧本皆作「汝自性迷」，興聖本、寬永本皆作「自性若迷」，依底本作「汝自性迷」為宜。

③**智慧**：真福本、寬永本作「智惠」，興聖本作「智慧」，大乘本作「有智慧者」，天寧本作「有智惠者」，作「智慧」為宜。

④**若悟大意**：大乘本、天寧本皆在「若悟大意」前有「汝等偈」三字，真福本、興聖本、寬永本皆無，依真福本作「若悟大意」為宜。

⑤**汝**：真福本、天寧本、興聖本、寬永本皆作「汝」，大乘本作「汝等」，當作「汝」為宜。

⑥**火急作**：真福本作「火急」，大乘本、天寧本皆作「火急便作」，興聖本、寬永本皆作「火急速去」，三種表達文義皆可，敦博本作「火急作」，當作「火急作」為宜。

⑦**若此輪刀上陣，亦不得見**：真福本作「若此輪刀上陳，亦不得見」，大乘本、天寧本皆作「若掄刀上陣一般」，興聖本、寬永本皆作「若如此者輪刀上陣，亦得見之」，真福本「陣」誤「陳」，當作「若此輪刀上陣，亦不得見」。

【注釋】

❶**福田**：是以田地為譬喻，指世間法中能夠生起功德福報的心田，意謂世間福報。

❷**自性**：本指宇宙中萬物自體的體性，佛教以為萬法皆無自性，意即沒有永遠不變的本性。如《大般若波羅蜜多經》卷一八一載：「一切法無自性故，當知般若波羅蜜多亦無自性。」但是，到了禪宗五祖弘忍、六祖惠能與後世禪宗祖師所說的「自性」，是指「法自性」，意即「法性」或「覺性」或「佛性」，主要是指眾生不生不滅之本心佛性，亦是本來具足的本心與能夠成佛的覺性。

❸**般若**：梵語漢譯為「妙智慧」，此為觀照洞悉身心實相而產生的解脫智慧，也是眾生成佛的根本。

眾得處分，來至後院，遞相謂曰①：「我等眾人，不須②澄心③用意作偈，將呈和尚，有何所益④？神秀上座❶現⑤為教授師⑥❷，必是他得。我輩⑦謾⑧作偈頌⑨，枉用心力。」諸人聞語，各自息心，咸言：「我等以後⑩，依止神秀即得⑪，何煩作偈⑫？」

【校訂】

①曰：真福本、興聖本、寬永本皆作「曰」，大乘本、天寧本皆作「言」，依底本作「曰」為宜。

②不須：真福本、興聖本、寬永本皆作「不須」，大乘本、天寧本皆作「不用」，依底本真福本作「不須」為宜。

③澄心：真福本、大乘本、天寧本皆作「呈心」，興聖本、寬永本皆作「澄心」，「呈」與「澄」通用，當作「澄心」。

④將呈和尚，有何所益：真福本、興聖本、寬永本皆有「將呈和尚有何所益」八字，大乘本、天寧本皆無，依真福本錄入為宜。

⑤現：真福本、大乘本、天寧本皆作「見」，興聖本、寬永本皆作「現」，「見」與「現」通用，今依現代體例改為「現」。

⑥教授師：真福本、天寧本、興聖本、寬永本皆作「教授師」，大乘本作「教授之師」，依真福本作「教授師」為宜。

⑦我輩：真福本、興聖本、寬永本皆作「我輩」，大乘本、天寧本皆作「我等」，依底本真福本作「我輩」。

⑧謾：真福本寫作「謾」之異體字，大乘本、天寧本、興聖本、寬永本皆作「謾」。在此「謾」字，作「莫」或「不要」解。

⑨偈頌：真福本作「偈誦」，大乘本、天寧本、興聖本、寬永本皆作「偈頌」，兩者意義相同，為全文統一，當作「偈頌」錄入為宜。

⑩以後：真福本作「迤後」，興聖本、寬永本皆作「已後」，大乘本、天寧本無「以後」二字，當作「以後」為宜。

⑪依止神秀即得：真福本作「依止神秀即得」，大乘本、天寧本皆作「自可依止神秀即得」，興聖本、寬永本皆作「依止秀師」，依真福本錄入為宜。

⑫何煩作偈：真福本、大乘本、天寧本、興聖本皆作「何煩作偈」，寬永本作「何須作偈」，依真福本作「何煩作偈」為宜。

【注釋】

❶神秀上座：神秀：神秀即北宗神秀（六〇五—七〇六），禪宗五祖弘忍大師的首座弟子，也是六祖惠能的師兄。神秀博學多聞，精進修持，曾受武則天與唐中宗的禮遇，備極榮寵，唐中宗神龍二年二月圓寂於洛陽天宮寺，世壽一〇二，敕號為「大通禪師」。上座，又稱首座、長老、上臘等，指出家受戒的法臘年紀較高，又居於極上位的僧尼。

❷教授師：又譯作阿闍梨，主要是佛門教授受戒的戒子或新進的僧侶戒律威儀、禪定、佛學與法事的老師。

神秀思惟：「諸人不呈偈者①，為我與他為教授師②，我須作偈，將呈和尚③。若不呈偈④，和尚如何知我心中見解深淺⑤？我呈偈意即善，求佛覓祖即惡，卻同凡心奪其聖位❶無別⑥。若不呈偈，終不得法，大難！大難！」五祖堂前，有步廊三間⑦，擬請供奉❷盧珍，畫《楞伽》⑧變相❸及五祖血脈圖⑨❹，流傳⑩供養❺。神秀作偈成已，數度欲呈，行至堂前，心中恍惚，遍體汗流⑪，擬呈不得，前後經過四日，二十三度，呈偈不得⑫。

【校訂】

①不呈偈者：真福本、興聖本、寬永本皆作「不呈偈者」，大乘本、天寧本皆作「不呈心偈意者」，依底本真福本作「不呈偈者」為宜。

②與他為教授師：真福本、興聖本、寬永本皆作「與他為教授師」，大乘本、天寧本皆作「現作教授之師」，依真福本作「與他為教授師」為宜。

③將呈和尚：真福本、興聖本、寬永本皆作「將呈和尚」，大乘本、天寧本皆作「將呈」，依真福本作「將呈和尚」為宜。

④若不呈偈：真福本、興聖本、寬永本皆作「若不呈偈」，大乘本、天寧本皆作「若不如然」，依真福本作「若不呈偈」為宜。

⑤如何知我心中見解深淺：真福本、興聖本、寬永本皆作「如何知我心中見解深淺」，大乘本、天寧本皆作「那知我見解深淺」，依真福本作「如何知我心中見解深淺」為宜。

⑥我呈偈意即善，求佛覓祖即惡，卻同凡心奪其聖位無別：真福本作「我呈偈意即善，求佛覓祖即惡，卻同凡心奪其聖位無別」，大乘本、天寧本皆作「我將心偈呈師即得，求佛覓祖，卻同凡夫奪其聖位無別」，興聖本、寬永本皆作「我呈偈意，求法即善，覓祖即惡，卻同凡心奪其聖位無別」，敦煌三本皆作「我將心偈上五祖呈意即善，求法覓祖不善，卻同凡心奪其聖位」，依真福本錄入為宜。

⑦步廊三間：真福本、興聖本、寬永本皆作「步廊三間」，大乘本、天寧本皆作「三間步廊」，依真福本作「步廊三間」為宜。

⑧楞伽：真福本、大乘本、天寧本皆作「楞伽」，興聖本、寬永本皆作「楞伽經」，依真福本作「楞伽」為宜。

⑨及五祖血脈圖：真福本、興聖本、寬永本皆作「及五祖血脈圖」，大乘本、天寧本皆作「並五代血脈之圖」，依真福本錄入為宜。

⑩流傳：真福本、大乘本、興聖本、寬永本皆作「流傳」，天寧本作「流轉」，依真福本為宜。

⑪遍體汗流：真福本、大乘本、天寧本皆作「遍體汗流」，興聖本、寬永本皆作「遍身汗流」，依真福本作「遍體汗流」為宜。

⑫經過四日，二十三度，呈偈不得：真福本作「經過四日，二十三度，呈偈不得」，大乘本作「經過二十三度」，天寧本作「經過一十三度」，興聖本

、寬永本皆作「經四日，一十三度，呈偈不得」，依底本真福本錄入「經過四日，一十三度，呈偈不得」為宜。

【注釋】

❶**聖位**：本指證得菩提的果位，就南傳佛教立場而言，是指初果到四果阿羅漢的果位；就大乘佛教立場而言，是指初地以上的十地果位，再加上等覺與妙覺，共十二階位。以上所述南傳佛教與大乘佛教的果位，皆是解脫的聖者，故稱聖位。在此指禪宗代代相傳祖師的祖位，神秀敬稱其為聖位。

❷**供奉**：供奉原為官職名稱，供奉官乃指唐朝中書省與門下省的官員，御史台的官員有時亦稱供奉官。在生活中，供奉本義為供養或侍奉，或以文學、特殊技藝到朝廷供職的人，在此是民間尊稱有特殊才藝的人為供奉。

❸**《楞伽》變相**：「變相」亦簡稱為「變」，是指依據佛經的記載，描繪佛陀本生、莊嚴淨土、經典故事、佛陀說法或恐怖地獄等圖畫，藉以宣傳教義。《楞伽》變相即以《楞伽經》中的故事為主題，所繪製配合傳播佛法的圖畫。在〈敦煌楞伽經變考論〉文中載：「楞伽經變不見於古代印度、中亞以及我國新疆古龜茲地區石窟，當系中原畫師首創。……關於弘忍請盧珍畫楞伽經變的時間，需從慧能參見弘忍的時間說起。慧能參見弘忍的時間，諸家說法不一。據印順法師考證，龍朔元年（六六一）慧能二十四歲時，『去黃梅禮五祖』。杜繼文、魏道儒《中國禪宗通史》亦持此說。」（見賀世哲遺著、王惠民整理：〈敦煌楞伽經變考論〉，《敦煌研究》，二〇一一年第四期，頁三）在《祖堂集》卷十四載：「（江西馬祖嗣讓禪師）達摩大師從南天竺國來，傳上乘一心之法，令汝開悟。又數引《楞伽經》文以印眾生心地。』」（收錄在《大藏經補編》第二十五冊，台北：華宇出版社，一九八五年，頁五五八上）早期禪宗有初祖達摩以《楞伽經》印心之說，因此到了五祖弘忍時即以此經變相圖，說明禪宗祖師血脈相連。

❹**五祖血脈圖**：指中國禪宗初祖菩提達摩傳法至二祖慧可、三祖僧璨、四祖道信與五祖弘忍的師資傳授與祖位相傳的故事，並以圖畫的形式呈現。

❺**供養**：佛教經常以明燈、飲食、香花、寶石等物品，資養佛、法、僧三寶，在此有奉祀及擺設供品處所的意義。

秀乃思惟①：「不如向廊下書著②，彼偈和尚看見③，忽若道好，即出頂禮④，云是秀作⑤；若道不堪⑥，枉向山中數年⑦，受人禮拜，更修何道⑧？」言訖，夜至三更❶，不使人知，自執燈燭⑨，於南廊⑩中間壁上，書無相偈❷，呈心所見⑪。神秀偈曰⑫：

身是菩提樹，心如明鏡臺。

時時勤拂拭，莫使染塵埃。

【校訂】

①秀乃思惟：真福本、興聖本、寬永本皆作「秀乃思惟」，大乘本、天寧本皆作「乃自思惟」，依真福本錄入為宜。

②書著：大乘本、天寧本、興聖本、寬永本皆作「書著」，真福本作「畫著」，當作「書著」。

③彼偈和尚看見：真福本作「彼他和尚看見」，大乘本、天寧本皆作「從和尚見」，興聖本、寬永本皆作「從他和尚看見」，石井校本改真福本「彼他」作「彼偈」，依照上下文義，可從石井校本作「彼偈」。即作「彼偈和尚看見」為宜。

④頂禮：真福本、興聖本、寬永本皆作「頂禮」，大乘本、天寧本皆作「禮拜」，依底本真福本作「頂禮」為宜。

⑤秀作：真福本、興聖本、寬永本皆作「秀作」，大乘本、天寧本皆作「我作」，依真福本作「秀作」為宜。

⑥若道不堪：此句後，大乘本、天寧本皆作「自我性迷宿業障重不合得法」十二字，真福本、興聖本、寬永本皆無，依真福本錄入為宜。

⑦枉向山中數年：真福本、興聖本、寬永本皆作「枉向山中數年」，大乘本、天寧本皆作「枉在山中」，依真福本作「枉向山中數年」為宜。

⑧更修何道：真福本、興聖本、寬永本皆作「更修何道」，大乘本、天寧本皆作「何名修道」，當作「更修何道」為宜。

⑨不使人知，自執燈燭：真福本作「不使人知自執燈燭」，興聖本、寬永本皆作「不使人知自執燈燭」，大乘本、天寧本皆無以上內容，依真福本作「不便人知自執燈燭」為宜。

⑩南廊：真福本、興聖本、寬永本皆作「南廊」，大乘本、天寧本皆作「南廊下」，依底本真福本錄入為宜。

⑪書無相偈，呈心所見：真福本、興聖本、寬永本皆作「書無相偈呈心所見」，大乘本、天寧本皆作「秉燭書題所作之偈人盡不知」，依底本作「書無相偈呈心所見」為宜。

⑫神秀偈曰：真福本、興聖本、寬永本皆在「偈曰」前有「神秀」二字，大乘本、天寧本皆無，依底本真福本錄入為宜。

【注釋】

❶三更：「更」為古代夜間計時的單位名稱，一夜共分為五更，每一更為兩小時，「三更」為夜間十一點至凌晨一點。

❷無相偈：「無相偈」的「無相」二字，主要是代稱禪宗解脫的心法，原意是涵攝一切有相的「戒、定、慧」，進而說明「於相而離相」的不執著。所謂的「無相」，即是「離相」，無相偈是指神秀心中，希望透過離開對一切境界相貌執著的心法與精神，陳述自己領悟的境界。筆者以為，可能當時禪宗風尚流行「無相」一詞，借以代稱禪宗在修持方法上是不執著的，因故引伸出「無相戒」、「無相懺」或「無相頌」等內容。除此之外，在敦煌三本《壇經》作：「秀上座三更於南廊下中間壁上秉燭題作偈，人盡不知。」在後世宗寶本《壇經》此段作：「是夜三更……神秀上座於南廊壁上，書無相偈。」可見從惠昕本到宗寶本，都以「無相偈」代稱神秀的偈頌，同時也未顯示出有刻意貶抑神秀偈頌之意，這一點是值得注意的。

秀書偈了，便卻①歸房，人總不知②。神秀思惟③：「五祖明日，見偈歡喜，出見和尚，即言秀作；若言不堪④，自是我迷，宿業障重，不合得法⑤。聖意難測。」房中思想，坐臥不安，直至五更。五祖即知，神秀入門未得，不見自性⑥。喫粥了，便即天明⑦。五祖方便喚盧供奉來，擬向南廊畫五代血脈供養⑧。五祖⑨忽見其偈，報言供奉⑩：「不畫變相也⑪，輒⑫奉十千❶，勞供奉遠來。《金剛經》云：『凡所有相，皆是虛妄。』不如留⑬此偈，令迷人誦。依此偈修⑭，免墮三惡⑮❷。依此修行⑯，人天大有利益⑰❸。」五祖喚門人，燒香偈前，令凡人見，生敬重心⑱。「汝等盡須誦取⑲。悟此偈者，即得見性。依此修行，必不墮落。」門人盡誦，皆歎善哉。

【校訂】

①**便卻**：真福本、興聖本、寬永本皆作「便卻」，大乘本作「即便」，天寧本作「便」，依底本真福本作「便卻」為宜。

②**人總不知**：在「歸房」二字後，真福本、興聖本、寬永本皆作「人總不知」四字，大乘本、天寧本無，依真福本作「人總不知」為宜。

③**神秀思惟**：真福本、興聖本、寬永本皆作「神秀思惟」，大乘本、天寧本皆作「一心思惟」，依真福本作「神秀思惟」為宜。

④**五祖明日，見偈歡喜，出見和尚，即言秀作；若言不堪**：大乘本、天寧本皆無此句，依真福本、興聖本、寬永本作「五祖明日，見偈歡喜，出見和尚，即言秀作；若言不堪」為宜。

⑤**自是我迷，宿業障重，不合得法**：真福本作「自是我迷，宿業障重，不令得法」，大乘本、天寧本皆作「自我性迷，宿業障重，不合得法」，敦博本作「自是我迷，宿葉障重，不合得法」，旅博本作「自是我迷，宿業障重，不合得法」，故依興聖本、寬永本作「自是我迷，宿業障重，不合得法」為宜。另外，大乘本、天寧本皆將此句置於前文「若道不堪」與「枉向山中數年」之間，依底本真福本之行文順序為宜。

⑥**房中思想……不見自性**：此處大乘本、天寧本皆無「房中思想坐臥不安直至五更五祖即知神秀入門未得不見自性」二十六字。

⑦**喫粥了，便即天明**：真福本、興聖本、寬永本皆作「喫粥了，便即天明」，大乘本、天寧本皆作「五祖喫粥纔了」，「纔」為「才」之異體字，依底本真福本作「喫粥了，便即天明」為宜。

⑧**五祖方便喚盧供奉來，擬向南廊畫五代血脈供養**：大乘本、天寧本皆作「擬喚盧供奉畫」，真福本作「五祖方便喚盧供奉來，擬向南廊畫五代血脈供養」，依興聖本、寬永本作「五祖方便喚盧供奉來，擬向南廊畫五代血脈供養」為宜。

⑨**五祖**：真福本、興聖本、寬永本皆有「五祖」二字，大乘本、天寧本皆無，依真福本錄入為宜。

⑩**報言供奉**：真福本、興聖本、寬永本皆作「報言供奉」，大乘本、天寧本皆作「便謂供奉言」，依底本真福本作「報言供奉」為宜。

⑪**不畫變相也**：大乘本、天寧本皆作「某甲不畫也」，興聖本、寬永本皆作「卻不畫也」，真福本作「不卻畫也」，觀上下文義，本應作「不畫也」，但因語氣未能連貫，筆者以為可以參酌敦煌三本校改作「不畫變相也」為宜。

⑫**輒**：真福本、興聖本、寬永本皆作「輙」，大乘本、天寧本皆作「卻」，「輙」為「輒」之異體字，觀上下文義作「輒」為宜，副詞，作「立即」解。

⑬**留**：真福本、興聖本、寬永本皆作「留」，大乘本、天寧本皆作「但留」，依底本真福本作「留」為宜。

⑭**依此偈修**：真福本、興聖本、寬永本皆作「依此偈修」，大乘本、天寧本皆作「依此修行」，依底本作「依此偈修」為宜。

⑮**三惡**：真福本、大乘本、天寧本皆作「三惡」，興聖本、寬永本皆作「三惡道」，依底本真福本作「三惡」為宜。

⑯**依此修行**：真福本、興聖本、寬永本皆有「依此修行」四字，大乘本、天寧本皆無，依底本真福本錄入為宜。

⑰**人天大有利益**：真福本作「人天大有利益」，大乘本、天寧本皆作「有大利益」，興聖本、寬永本皆作「人大有利益」，依底本真福本錄入為宜。

⑱**敬重心**：真福本、興聖本、寬永本皆作「敬重心」，大乘本作「敬信心」，天寧本作「敬順心」，依底本真福本作「敬重心」為宜。

⑲**誦取**：真福本、大乘本、天寧本皆作「誦取」，興聖本、寬永本皆作「誦此」，依底本真福本作「誦取」為宜。

【注釋】

❶**十千**：在唐朝錢幣的流行中，筆者判斷「十千」的「千」應是指「一千文」之意，意即為當時的「一貫」，約等於一兩銀子，故「十千」約等於十兩銀子，或稱為「十貫」。在敦煌三本中作：「弘忍與供奉錢三十千，深勞遠來，不畫變相也。」在後世宗寶本作：「供奉卻不用畫，勞爾遠來。」並未提弘忍贈于供奉盧珍多少錢。筆者以為「十千」是當時致贈禮金的一個吉祥整數，並且以為惠昕本的「十千」較敦煌三本的「三十千」有更高的可能性。

❷**三惡**：是指地獄道、餓鬼道、畜生道等三惡道的略稱。

❸**利益**：佛教所謂的利益，並非世俗指稱的好處，而是指益世利生的功德，其中又包含了出世的無相功德與入世的有相功德，弘忍此處所指應是表面的讚揚其入世的修持。利益一詞，在佛法中經常以「勸善」的立場提出，即是對佛法的信仰、修行或對佛法僧三寶的供養，可以獲得人天福報的利益。佛法的利益，可以分為「自利」及「利他」兩種，也可以分為「世間法利益」與「出世間法利益」兩類。

五祖三更①，喚秀入堂，問：「是汝作此偈否？若是汝作，應得吾法②。」秀言：「罪過❶，實是秀作，亦不求祖位③，望和尚慈悲，看弟子心中④有少智慧否？」五祖言：「汝作此偈，未見本性，只到門上，未離凡夫愚。依此修行⑤，即不墮落❷。如此見解，覓無上菩提，即不可得。無上菩提，須得言下識自本心，見自本性，不生不滅。於一切時中，念念自見，萬法無滯❸。一真一切真，萬境自如如❹。如如之心，即是真實⑥。汝若如是見者⑦，即是無上菩提之自性也⑧。」五祖言：「汝且去，一兩日思惟，更作一偈⑨，將來呈吾看⑩。汝偈若得入門⑪，見自本性，付汝衣法⑫。吾不惜法，汝見自遲。」秀乃作禮便出⑬，又經數日，作偈不成，心中恍惚，神思不安，猶如夢中，行坐不樂⑭。

【校訂】

①**三更**：真福本、興聖本、寬永本皆作「三更」，大乘本、天寧本皆作「夜至三更」，依真福本作「三更」為宜。

②**應得吾法**：真福本、大乘本、天寧本皆作「應得吾法」，興聖本、寬永本皆作「應得悟法」，當作「應得吾法」。

③**不求祖位**：真福本、興聖本、寬永本皆作「不求祖位」，大乘本、天寧本皆作「不敢求祖位」，依真福本作「不求祖位」為宜。

④**心中**：真福本、興聖本、寬永本皆作「心中」，大乘本、天寧本皆無「中」字，當作「心中」為宜。

⑤**只到門上，未離凡夫愚，依此修行**：真福本作「只到門上，未離凡夫愚，依此修行」，大乘本、天寧本皆作「只到門外，未離凡愚，依此修行」，興聖本、寬永本皆作「只到門上，未入門內，凡愚依此修行」，依真福本錄入為宜。

⑥**一真一切真，萬境自如如。如如之心，即是真實**：真福本、興聖本、寬永本皆作「一真一切真，萬境自如。如如之心，即是真實」，大乘本、天寧本皆作「一真一切真，萬境自如如，即是真實，見自本性」，宗寶系列本作「一真一切真，萬境自如如。如如之心，即是真實」，觀前後文句，依此錄入為宜。

⑦**若如是見者**：真福本、興聖本、寬永本皆作「若如是見者」，大乘本、天寧本皆作「若得如是見者」，依真福本作「若如是見者」為宜。

⑧**之自性也**：真福本、興聖本、寬永本皆作「之自性也」，大乘本、天寧本皆作「自性」。此句後大乘本、天寧本皆有「與體相應乃能度人始得名師」

十二字，真福本、興聖本、寬永本皆無。依真福本錄入為宜。

⑨**汝且去，一兩日思惟，更作一偈**：真福本、興聖本、寬永本、敦博本皆作「汝且去，一兩日思惟，更作一偈」，大乘本、天寧本皆作「汝且更去思惟，作一偈」，依真福本錄入為宜。

⑩**將來呈吾看**：真福本作「將來呈吾看」，興聖本、寬永本皆作「將來吾看」，大乘本、天寧本皆作「來吾看」，依真福本作「將來呈吾看」為宜。

⑪**汝偈若得入門**：真福本作「汝偈若得入門」，大乘本、天寧本皆作「若得入門」，興聖本、寬永本皆作「汝偈若入得門」，依真福本作「汝偈若得入門」為宜。

⑫**付汝衣法**：真福本、興聖本、寬永本皆作「付汝衣法」，大乘本、天寧本皆作「付汝衣法為人天師」，依真福本作「付汝衣法」為宜。

⑬**秀乃作禮便出**：真福本作「秀乃作禮便出」，大乘本、天寧本、興聖本、寬永本皆作「神秀作禮便出」，依真福本作「秀乃作禮便出」為宜。

⑭**猶如夢中，行坐不樂**：真福本作「由如夢中，行坐不樂」，大乘本、天寧本皆作「猶如睡夢之中」，興聖本、寬永本皆作「猶如夢中，行坐不樂」。「由」通「猶」，作「猶如夢中，行坐不樂」為宜。

【注釋】

❶**罪過**：本義為罪行或過失，在此是神秀自謙的意思，表示愧不敢當，受到老師弘忍的詢問，神秀覺得自己追求祖位而於半夜偷偷寫下偈語，這是有過失或有世俗之心的舉措，也顯示出神秀對自己的偈語沒有十足的信心，不能當下地承擔。

❷**墮落**：指在修行上退步，一般乃指墮落至三惡道。

❸**無上菩提，須得言下識自本心，見自本性，不生不滅。於一切時中，念念自見，萬法無滯**：這段話是五祖弘忍對北宗神秀慈悲深切的開示，看得出來弘忍疼護神秀的良苦用心，亦是發自內心的肺腑與般若實相的智慧。然而，千百年來字面上的詮釋與揣測，容易掉入「識自本心，見自本性」的心性哲學之詮解，並對實際修持的具體內容與要領，不得入門。「菩提」即是覺悟，這是眾生本具的覺性，無上菩提即證悟初果至四果，乃至成佛。「須得言下識自本心，見自本性」即當下證得，非由思慮、意識、邏輯推演而得。「本心」與「本性」是同義詞，「明心」即是「見性」，內容性質即是「覺性」。證悟覺性者，必證「無我」之「不生不滅」，即證「涅槃」之「覺性」。「於一切時中，念念自見，萬法無滯」，證悟初果乃至四果阿羅漢之聖賢，在一切時中，不為世法所染，不受善惡分別拘繫，念念自在，「自見」即「自現」也，念念生起而不執著，如《金剛經》言「生心無住」，時時體證「萬法無滯」的無掛無礙。入門方便即在生活中，時時在迴光覺照中培養「覺性」，然後不斷擴大、鞏固與純淨「覺性」，乃至在觀照身心實相中「識自本心，見自本性」而開悟。這是弘忍祖師慈悲偉大的開示，在佛教中國化的歷程中，綻放明晃朗耀的光輝。

❹**一真一切真，萬境自如如**：見性開悟之人，既悟無我之見，亦入法性之流，即見身心之實相，即為一切真實之法性，萬境無礙，融融豁通即如如。

復經兩日①，有一童子，於碓坊過，唱誦其偈。某甲一聞，便知此偈未見本性。某甲未蒙教授②，早識大意③❶。遂問童子言④：「誦者是何偈？」童子曰：「爾這獦獠！不知大師言。世人生死事大，欲得傳付衣法⑤，令門人作偈來看⑥。若悟大意❷，即付衣鉢⑦，為第六祖。神秀上座，於南廊壁上，書無相偈❸。五祖令門人盡誦此偈，若得悟者，即見自性成佛。依此修行，即不墮落。」某甲言：「上人⑧❹！我在此⑨踏碓八個餘月，未曾行到堂前⑩。望上人引至偈前禮拜，亦要誦取⑪，結來生緣，同生佛地。」童子便引某甲到南廊禮拜偈頌⑫，某甲⑬為不識字❺，請一上人為讀。某甲得聞⑭，願生佛會⑮。時有江州別駕，姓張，名日用⑯，便高聲讀⑰。某甲一聞，即識大意。即言⑱：「某甲⑲亦有一偈，望別駕書安壁上⑳。」別駕言：「獦獠！汝亦作偈，其事希有㉑。」某甲啟別駕❻言㉒：「若學無上菩提，不得輕於初學。俗諺云㉓：『下下人有上上智，上上人有沒意智㉔❼。』若輕人，即有無量無邊罪㉕。」張日用㉖言：「汝但誦偈，吾為汝書安西壁上㉗。汝若得法，先須度吾㉘，勿忘此言。」某甲偈曰㉙：

菩提本無樹，明鏡亦非臺。
本來無一物，何處有塵埃？

【校訂】

①**復經兩日**：真福本、興聖本、寬永本皆作「復經兩日」，大乘本、天寧本皆作「後兩日間」，依真福本作「復經兩日」為宜。

②**未蒙教授**：真福本作「教授未蒙」，大乘本、天寧本、興聖本、寬永本皆作「未蒙教授」，作「未蒙教授」為宜。

③**大意**：真福本作「本意」，大乘本、天寧本、興聖本、寬永本皆作「大意」，觀上下文義，依大乘諸本作「大意」為宜。

④**言**：真福本、興聖本、寬永本皆作「言」，大乘本、天寧本皆作「曰」，依真福本作「言」為宜。

⑤**欲得傳付衣法**：真福本作「欲得傳付衣法」，大乘本、天寧本、敦博本皆作「欲傳衣法」，興聖本、寬永本皆作「欲得傳付法衣」，依真福本為宜。

⑥**來看**：真福本作「來者看」，大乘本、天寧本皆作「來呈」，興聖本、寬永本皆作「來看」，觀上下文義，作「來看」為宜。

⑦**衣鉢**：真福本作「衣鉢」，大乘本、天寧本、興聖本、寬永本皆作「衣法」，依真福本作「衣鉢」為宜。

⑧**上人**：真福本、興聖本、寬永本皆有「上人」二字，大乘本、天寧本皆無，「上人」為表示對出家僧眾的尊稱，依底本真福本作「上人」為宜。

⑨**在此**：真福本、興聖本、寬永本皆有「此」字，大乘本、天寧本皆脫，當作「在此」。

⑩**行到堂前**：真福本、大乘本、天寧本皆作「行到堂」，興聖本、寬永本皆作「行到堂前」，當作「行到堂前」為宜。

⑪**誦取**：真福本、大乘本、天寧本皆作「誦取」，興聖本、寬永本皆作「誦此」，依真福本作「誦取」為宜。

⑫**到南廊禮拜偈頌**：真福本、興聖本、寬永本皆作「到南廊禮拜偈頌」，大乘本、天寧本皆作「至偈前禮拜」，依底本作「到南廊禮拜偈頌」為宜。

⑬**某甲**：真福本、大乘本、天寧本皆有「某甲」二字，興聖本、寬永本皆無。另，大乘本、天寧本在「某甲」前皆作「了白言」三字，依真福本錄入。

⑭**某甲得聞**：真福本、大乘本、天寧本皆作「某甲得聞」，興聖本、寬永本皆「若得聞之」，依真福本作「某甲得聞」為宜。

⑮**佛會**：真福本、興聖本、寬永本皆作「佛會」，大乘本、天寧本皆作「佛地」，依底本作「佛會」為宜。

⑯**姓張，名日用**：真福本、興聖本、寬永本皆作「姓張名日用」，大乘本、天寧本皆作「張日用」，依真福本作「姓張名日用」為宜。

⑰**便高聲讀**：天寧本作「便高聲誦」，真福本、大乘本、興聖本、寬永本皆作「便高聲讀」，依真福本作「便高聲讀」為宜。

⑱**即言**：真福本作「即言」，大乘本、天寧本皆作「啟曰」，興聖本、寬永本皆作「因自言」，依真福本作「即言」為宜。

⑲**某甲**：真福本、大乘本、天寧本皆有「某甲」二字，興聖本、寬永本皆無，依真福本作「某甲」為宜。

⑳**書安壁上**：真福本、大乘本、天寧本皆作「書安壁上」，興聖本、寬永本皆作「書于壁上」，依真福本作「書安壁上」為宜。

㉑**獦獠汝亦作偈其事希有**：真福本、興聖本、寬永本皆作「獦獠汝亦作偈其事希有」，大乘本、天寧本皆作「左右盡是公卿王侯名山尊德尚不敢作獦獠爾是何人而欲作偈甚為希有」，當作「獦獠汝亦作偈其事希有」為宜。

㉒**某甲啟別駕言**：真福本作「某甲啟別駕言」，大乘本、天寧本皆作「某甲言」，興聖本、寬永本皆作「惠能啟別駕言」，依真福本作「某甲啟別駕言」。

㉓**俗諺云**：真福本、興聖本、寬永本皆作「俗諺云」，大乘本、天寧本皆作「俗諺言」，依真福本作「俗諺云」為宜。

㉔**上上人有沒意智**：真福本、大乘本皆作「上上人勿意智」，天寧本作「上人無意智」，興聖本、寬永本皆作「上上人有沒意智」，敦煌三本皆無此句，宗寶諸本作「上上人有沒意智」。觀上下文義，當作「上上人有沒意智」為宜。

㉕**若輕人，即有無量無邊罪**：真福本作「即有無量無邊」，興聖本、寬永本皆作「若輕人，即有無量無邊罪」，大乘本在「沒意智」與「別駕」間，補有「若輕人即有無量無邊罪」九字，天寧本無以上文字內容，觀前後文義，依興聖本作「若輕人，即有無量無邊罪」為宜。

㉖張日用：真福本、興聖本、寬永本皆作「張日用」，大乘本、天寧本皆作「別駕」，依真福本作「張日用」為宜。

㉗書安西壁上：真福本作「書安西壁上」，興聖本、寬永本皆作「書于壁上」，大乘本、天寧本皆作「書」，依真福本作「書安西壁上」為宜。

㉘先須度吾：真福本、興聖本、寬永本皆作「先須度吾」，大乘本、天寧本皆作「先度於吾」，依真福本作「先須度吾」為宜。

㉙某甲偈曰：真福本作「某甲偈曰」，大乘本、天寧本皆作「偈曰」，興聖本、寬永本皆作「惠能偈云」，依真福本作「某甲偈曰」為宜。

【注釋】

❶**大意**：原指禪宗心法的大體要領與根本的宗旨，在此指體悟禪宗心法的實證涵義。

❷**悟大意**：在此的「悟」是體證法性的意思，悟大意即是體證禪法的根本要旨。

❸**無相偈**：指神秀前述所作「身是菩提樹」的偈語，在此所謂的「無相」與惠能的定義及說法不同，惠能的「無相」是「離相」不執著的意思；神秀在此所述的「無相」偈語，乃是透過有相的修持欲達到無相的境界。

❹**上人**：本義是指智慧與道德兼備，而能為僧眾與民眾老師的高僧，因其在眾人之上，故曰「上人」。後來也廣泛地尊稱出家僧眾中，具有威德或成就的法師。在古代生活用語中，經常尊稱一般法師為上人，是為禮貌敬語的口語表現形式之一。

❺**不識字**：雖然惠能在此明確表示自己不識字，但是筆者採取保留的態度，因為「識字」與「不識字」之間的判斷標準究竟為何？認識多少字以上是「識字」？相對認識多少字以下是「不識字」？認識一個字，算不算「識字」？再者，惠能能夠深入經藏又旁徵博引，對佛教經論通達與熟悉，開示法語順暢與精要，都很難讓人以為惠能是完全「不識字」。雖說如此，吾人尊重惠能自己陳述的言詞與態度。另一方面，筆者以為惠能多少是「識字」的，但可能未受過完整的教育，識字不多，但他對佛法語言文字了解及運用是能充份掌握。此外，筆者以為惠能自述其「不識文字」，可能有三項深意及影響：其一，惠能本身的修學過程，正是透過真實的體證，並非是從佛教經論中研究得來，所以惠能才說不識文字；其二，惠能一直強調「不執著」，基本上學佛的朋友們，都十分容易執著在佛教經論的文字上，反而忽略生活中的修行，惠能以不識文字來強調不應執著文字，這點對佛教宗派教義十分發達的唐代而言，確是一種強烈的震撼；其三，惠能表示不識文字，可能是一種謙詞，表示自己對文字呈現的語義符號，不甚了解。

❻**別駕**：據邱樹森主編：《中國歷代職官辭典》，江西教育出版社，一九九一年七月，頁三二一載：「別駕，官名。漢代始置，為州刺史佐吏。因隨州刺史出巡時另乘傳車，故稱別駕，亦稱別駕從事史。魏晉南北朝沿置。隋唐曾一度改為長史，後又復原稱。宋以後改置諸州通判，因職守相同，故通判亦別稱別駕。」別駕從事史，亦稱別駕從事，此為州府中總理眾多行政事務又為主官輔佐的官員，因外出巡視時與主官不同乘，故稱別駕。

❼**沒意智**：唐宋禪宗常見用語，因為地方口音的差別，故有「勿意智」、「無意智」或「沒意智」的區別，但其意思相通，即指超越二元對立與思量分別的智慧。

說此偈已，僧俗總驚。山中徒眾，無不嗟訝。各相謂言：「奇哉！不得以貌取人，何得多時，使他肉身菩薩？」五祖見眾人盡怪，恐人損他，向後無人傳法。遂便混破❶，向眾人言：「此偈亦未見性，云何讚歎？」眾便息心，皆言未了❷，各自歸房①，更不讚歎②。

五祖其夜③三更，喚某甲至堂內④，以袈裟遮圍，不令人見，為某甲說《金剛經》。恰至「應無所住，而生其心」，言下便悟❸。一切萬法，不離自性。某甲啟言：「和尚！何期自性本自清淨，何期自性本不生滅⑤，何期自性本自具足，何期自性無動無搖⑥，能生萬法。」五祖知悟本性，乃報某甲言：「不識本心❹，學法無益。言下⑦識自本心，見自本性，即名丈夫、天人師、佛⑧。」三更受法，人盡不知。便傳頓教⑨及衣鉢❺，云⑩：「汝為第六代祖，善自護念，廣度迷人，將衣為信稟⑪❻，代代相承；法即以心傳心⑫❼，皆令自悟自解。自古⑬佛佛唯傳本體，師師默付本心❽，令汝自見自悟。」五祖言：「自古傳法，命似懸絲。若住此間，有人害汝。汝須速去。」某甲言：「某甲是南中人⑭，久不知此山路，如何出得江口？」五祖言：「汝不須憂，吾自送汝。」

【校訂】

①歸房：真福本、興聖本、寬永本皆作「歸房」，大乘本、天寧本皆作「散歸」，依真福本作「歸房」為宜。
②更不讚歎：真福本、興聖本、寬永本皆作「更不讚歎」，大乘本、天寧本皆作「不復稱讚」，依真福本作「更不讚歎」為宜。
③其夜：真福本、大乘本、天寧本皆作「其夜」，興聖本、寬永本皆作「夜至」，依真福本作「其夜」為宜。
④至堂內：真福本、大乘本、天寧本皆作「至堂內」，興聖本、寬永本皆作「於堂內」，依真福本作「至堂內」為宜。
⑤本不生滅：真福本、興聖本、寬永本皆作「本不生滅」，大乘本、天寧本皆作「本不生不滅」，依真福本作「本不生滅」為宜。
⑥無動無搖：真福本、大乘本、天寧本皆作「無動無搖」，興聖本、寬永本皆作「本無動搖」，依真福本作「無動無搖」為宜。
⑦言下：真福本作「言下」，大乘本、天寧本、興聖本、寬永本皆作「若言下」，依底本真福本作「言下」為宜。

⑧丈夫、天人師、佛：真福本作「丈夫、天人師」，大乘本、天寧本、興聖本、寬永本皆作「丈夫、天人師、佛」，觀上下文義，依大乘諸本作「丈夫、天人師、佛」為宜。

⑨頓教：真福本、興聖本、寬永本皆作「頓教」，大乘本、天寧本皆作「心印頓法」，依真福本作「頓教」為宜。

⑩云：真福本、興聖本、寬永本皆有「云」字，大乘本、天寧本皆無此字，依真福本作「云」為宜。

⑪將衣為信稟：真福本、大乘本、天寧本皆作「將衣為信稟」，興聖本、寬永本皆作「衣為信稟」，依真福本作「將衣為信稟」為宜。

⑫以心傳心：真福本、大乘本、天寧本皆作「心傳心」，興聖本、寬永本皆作「以心傳心」，補「以」字作「以心傳心」為宜。

⑬自古：真福本、興聖本、寬永本皆作「自古」，大乘本、天寧本皆作「自性」，當作「自古」。

⑭某甲是南中人：真福本、大乘本、天寧本皆作「某甲是南中人」，興聖本、寬永本皆作「本是南中人」，當作「某甲是南中人」為宜。

【注釋】

❶**混破**：指弘忍故意混淆視聽，以破除眾人對惠能已經開悟的懷疑，此目的即為保護惠能不受世俗利益下造成對他的傷害。

❷**未了**：指尚未得到開悟解脫的意思。了，指開悟解脫。

❸**言下便悟**：「言下」指弘忍說法的當下或頓時的一剎那間，也可以理解為同一時間。言下便悟，指弘忍開示的當時，不經思索的直覺觸悟與體證，惠能在弘忍言說的當下就開悟了，在此悟境應比第一次在旅店聆聽《金剛經》開悟更加深入與確切。

❹**本心**：原是指眾生本來具足的真如本性，也就是佛性，亦是眾生本來具足的覺性。這是無造作、無是非、超越一切的生命本然狀態。禪宗所謂的「本心」是佛性，宋明理學家陸象山與王陽明等亦有「發明本心」之說，兩者的說法及其內涵並不相同，不同點在於禪宗的「本心」是「無我」的，是「緣起性空」的；宋明理學家的「本心」是以「仁」為本體，並以「天道原理」作為精神實體的具體內容。「本心」一詞，在儒家與佛教思想發展史中，皆是常見的術語，但是真實的指涉並不相同，詮釋的路徑亦大異其趣。「本心」一詞，首見於先秦《孟子•告子上》，原文是：「此之謂失其本心。」

❺**頓教及衣鉢**：頓教並非指主張頓悟禪法的教派或宗派，而是指從達摩到弘忍以來定慧等學的法門，這是最快速可以開悟證果的禪法。傳承這項頓悟禪法的宗門心法，即稱為頓教。因此，頓教的定慧法門，正是從佛陀一脈傳承而至惠能的心法，此為頓教真實的涵義。衣鉢，指達摩的袈裟及法缽。

❻**信稟**：「信」指的是作為憑證的物件，「稟」為領受與承受的意思，所以信稟指的是領受外在表徵的信物。

❼**以心傳心**：一為禪宗心法為生命真實的體驗，為現量的境界，故開悟的禪師直接呈示圓滿無礙的境界而印心傳付；二為禪宗定慧等學法門的宗門心法要領，是透過直接的教導所傳授；三為修持者自悟自修而識心見性，禪師印證其心並傳授更高深的禪法。

❽**佛佛唯傳本體，師師默付本心**：佛佛唯傳本體的本體，並非哲學上或佛性的本體，而是涅槃法性；師師默付本心，則是指傳授弟子識心見性的法門。

某甲①領得衣鉢，三更便發歸南②。五祖相送，直至九江驛❶邊。有一隻船③子，五祖令某甲上船，五祖把櫓④自搖。某甲言：「請和尚坐，弟子合搖櫓⑤。」五祖言：「只合是⑥吾度汝，不可汝卻度吾，無有是處。」某甲言：「弟子迷時，和尚須度。今既已悟⑦，過江搖櫓，合是弟子度⑧。度名雖一，用處不同。某甲生在邊方，語又不正，蒙師教旨付法⑨，今已得悟，即合自性⑩自度。」五祖言：「如是如是，但依此見，以後佛法大行矣。汝去後一年⑪，吾即前逝❷。」五祖言：「汝今好去，努力向南⑫，五年佛法難起❸。以後行化，善誘迷人⑬。若得心開，與吾無別。」辭違已了，便發向南。

兩月中間，至大庾嶺❹，不知逐後數百人來⑭，欲趁某甲⑮❺，奪衣取法。來至半路，盡總卻迴⑯。唯一僧，俗姓陳⑰，名惠明⑱，先是四品將軍❻，性行粗⑲惡，直至大庾嶺頭，趁及某甲。便還衣鉢，又不肯取，言：「我欲求法，不要其衣。」某甲即於嶺頭⑳，便傳正法。惠明聞說㉑，言下心開❼。某甲卻令向北接人。

某甲後至曹溪，又被㉒惡人尋逐，乃於四會縣避難。經五年㉓，常在獵中㉔。雖在獵中，每㉕與獵人說法㉖❽。

【校訂】

①某甲：真福本、大乘本、天寧本皆作「某甲」，興聖本、寬永本皆作「其時」，依真福本作「某甲」為宜。

②歸南：真福本、大乘本、天寧本皆作「歸南」，興聖本、寬永本皆作「南歸」，依底本真福本作「歸南」為宜。

③船：真福本、寬永本皆作「舩」，大乘本、天寧本、興聖本皆作「舡」，「舩」與「舡」皆為「船」之異體字，依現代書寫體例改作「船」。下不出校。

④櫓：真福本、大乘本、天寧本皆作「櫓」，興聖本、寬永本皆作「艣」，「艣」為「櫓」之俗寫異體字，依現代書寫體例作「櫓」。下不出校。

⑤弟子合搖櫓：真福本作「弟子令搖櫓」，大乘本、天寧本、興聖本、寬永本皆作「弟子合搖櫓」，宜作「弟子合搖櫓」，釋為「適合讓弟子搖櫓」。

⑥只合是：真福本作「只令」，大乘本、天寧本皆作「只合」，興聖本、寬永本皆作「只合是」，當作「只合是」為宜。

⑦今既已悟：真福本、大乘本、天寧本皆作「今既已悟」，興聖本、寬永本皆作「今吾悟矣」，依真福本作「今既已悟」為宜。

⑧合是弟子度：真福本作「合是弟子度」，大乘本、天寧本皆作「合弟子度」，興聖本、寬永本皆作「合是弟子度之」，依真福本作「合是弟子度」為宜。

⑨**付法**：真福本、大乘本、天寧本皆作「付性」，興聖本、寬永本皆作「付法」，石井校本改「性」為「法」字，綜觀文義，當作「付法」為宜。

⑩**自性**：真福本、大乘本、興聖本、寬永本皆作「自性」，天寧本作「自悟」，依真福本作「自性」為宜。

⑪**一年**：真福本、大乘本、天寧本與興聖本皆作「一年」，寬永本作「三年」，當作「一年」。

⑫**向南**：真福本、興聖本、寬永本皆作「向南」，大乘本、天寧本皆作「南中」，依底本真福本作「向南」為宜。

⑬**五年佛法難起。以後行化，善誘迷人**：真福本、大乘本、天寧本皆作「五年佛法難起。他後行化，善誘迷人」，興聖本、寬永本皆作「五年勿說，佛法難起，已後行化，善誘迷人」，敦煌本系列之敦博本、旅博本皆作「三年勿弘，此法難起，在後弘化，善誘迷人」，英博本作「三年勿弘此法，難去在後弘化，善誘迷人」。綜觀上下文，真福諸本「他後」改作「已後」，又因現代行文之例，錄入為「五年佛法難起。以後行化，善誘迷人」為宜。

⑭**不知逐後數百人來**：真福本作「不知遂後數十人來」，大乘本、天寧本皆作「不知逐後數十人來」，興聖本、寬永本皆作「不知逐後數百人來」，敦煌三本皆作「不知向後有數百人來」，宗寶本作「逐後數百人來」，故依興聖本、寬永本作「不知逐後數百人來」為宜。

⑮**欲趁某甲**：真福本、大乘本、天寧本皆作「欲趁某甲」，興聖本、寬永本皆作「趁欲」，依底本真福本作「欲趁某甲」為宜。

⑯**來至半路，盡總卻迴**：真福本、興聖本、寬永本皆作「來至半路，盡總卻迴」，大乘本、天寧本皆作「來至中路，餘者卻迴」，依底本為宜。

⑰**俗姓陳**：真福本、大乘本、天寧本皆作「姓陳」，興聖本、寬永本皆在「姓陳」字前作「俗」為「俗姓陳」，作「俗姓陳」為宜。

⑱**惠明**：真福本、大乘本、興聖本、寬永本皆作「惠明」，天寧本作「慧明」，敦煌三本皆作「惠順」，依底本真福本作「惠明」為宜。下不出校。

⑲**粗**：惠昕五本皆作俗寫之「麁」字，即為現今常用之「粗」字，據現代通用字例改為現今用字。

⑳**嶺頭**：真福本、興聖本、寬永本皆作「嶺頭」，大乘本、天寧本皆作「嶺上」，依底本真福本作「嶺頭」為宜。

㉑**聞說**：真福本、大乘本、天寧本皆作「聞說」，興聖本、寬永本皆作「聞法」，依底本真福本作「聞說」為宜。

㉒**又被**：真福本、興聖本、寬永本皆作「又被」，大乘本、天寧本皆作「被」，依底本真福本作「又被」為宜。

㉓**經五年**：真福本、興聖本、寬永本皆作「經五年」，大乘本、天寧本皆作「經逾五年」，依底本真福本作「經五年」為宜。

㉔**常在獵中**：真福本、大乘本、天寧本皆作「常在獵中」，興聖本、寬永本皆作「常在獵人中」，作「常在獵中」為宜。

㉕**每**：真福本、興聖本、寬永本皆作「每」，大乘本、天寧本皆作「常」，依底本真福本作「每」為宜。

㉖在「每與獵人說法」後，興聖本作「至高宗朝到廣州法性寺值印宗法師講涅槃經時有風吹旛動一僧云旛動一僧云風動惠能云非旛動風動人心自動印宗聞之竦然」，寬永本作「至高宗朝到廣州法性寺值印宗法師講涅槃經時有風有旛動一僧云旛動二僧云風動惠能云非旛動風動人心自動印宗聞之竦然」，真福本、大乘本、天寧本皆無以上文字內容，依底本真福本錄入為宜。

【注釋】

❶**九江驛**：指九江的渡口。「驛」，原指驛站或驛道或江河的驛渡，這是古代提供行政文書傳遞、來往官員及商旅運輸等中途休息與住宿的地方，關於此點在郭朋《壇經校釋》中有質疑，可參閱其書頁二十一。

❷**汝去後一年，吾即前逝**：這是五祖弘忍對自己圓寂時間的預讖，然而此句在敦煌三本《壇經》皆未提及，真福本、大乘本、天寧本與興聖本皆作「汝去後一年，吾即前逝」，寬永本作「汝去後三年，吾即前逝」。憨山本與崇禎本中皆未提及，另在永樂本、隆慶本、嘉興本、卍正本與大正藏宗寶本皆作「汝去三年，吾方逝世」。因此，在三大系《壇經》中，對於五祖弘忍預言自己圓寂的時間並不一致，這對惠能拜見及離開弘忍的時間產生了差異，也引發另一個重要問題：惠能幾歲時參訪弘忍？在五祖東山道場待了多長的時間？離開弘忍後，在獵人隊或四處躲藏潛修中隱居了多久？這些都是值得後續深入的探討及考證。依真福本暫作「汝去後一年，吾即前逝」，待考。

❸**難起**：弘忍在此預見惠能未來可能會遭遇到法難的障礙，所以特別囑咐將來先隱居修行數年之後再大行弘法。

❹**大庾嶺**：中國五大山嶺之一。古名台嶺、塞上或是又名梅嶺、東嶠，相傳漢武帝有庾姓將軍在此築城，所以有大庾嶺之名。現今為江西、廣東兩省交界處，向為嶺南與嶺北的交通咽喉要塞。

❺**欲趁某甲**：趁，本義為追逐、追趕，或作追求、尋取之意。在地方方言中，或作擁有、把著、抓著之意。某甲是惠能自稱，因此欲趁某甲，即是唐代民間生活的口語，即「準備追趕前來，將我一把捉到」的意思。敦煌三本在下文有「來趁把著」一詞，亦為當時生活口語，即「一把捉到」之意。

❻**四品將軍**：惠昕五本皆作「四品將軍」，在敦煌三本《壇經》中作「三品將軍」，宗寶系列本亦皆作「四品將軍」。四品將軍是古代官吏等級的第四等，始於魏晉九品中正制度，共分為九個等級。在此陳惠明的四品將軍，約等於現代陸軍少將或集團軍副司令，或是相當副部長級的位階，位高權重。

❼**某甲即於嶺頭，便傳正法。惠明聞說，言下心開**：惠昕本之真福本、興聖本、寬永本皆作「某甲即於嶺頭，便傳正法。惠明聞說，言下心開」，在敦煌三本皆作「能於嶺上，便傳法惠順，惠順得聞，言下心開」，但在宗寶系列本多作「惠能云：『不思善，不思惡，正與麼時，那個是明上座本來面目？』惠明言下大悟。復問云：『上來密語密意外，還更有密意否？』惠能云：『與汝說者，即非密也。汝若返照，密在汝邊。』」其中的「汝若返照，密在汝邊」，最為關鍵，因為「還更有密意否」的「密意」，即是指修行的最核心要領，「汝若返照」即是迴光返照自己的身心實相，即能得到究竟的證悟，即此別無其他的妙法或密意。

❽**每與獵人說法**：此句後，在惠昕本之真福本、大乘本、天寧本皆無「風動、旛動」的記載，在敦煌三本《壇經》中亦未提及，但在興聖本與寬永本的後期兩項刻本中，已有此載述，並為後世宗寶系列本所收錄，這也可以看出《壇經》版本內容演進過程之縮影。興聖本作：「至高宗朝，到廣州法性寺。值印宗法師講《涅槃經》，時有風吹旛動，一僧云旛動，一僧云風動，惠能云：『非旛動、風動，人心自動。』印宗聞之竦然。」

某甲東山得法❶，辛苦受盡，命似懸絲❷。今日大眾同會得聞①，乃是過去千生，曾供養諸佛，方始得聞無上自性頓教❸。某甲與使君及官僚道俗②，有累劫❹之因。教是先代聖傳③❺，不是某甲自智。願聞先聖教旨④，各須⑤淨心聞了，各自除疑⑥，如先代聖人無別。大師言⑦：「善知識！菩提般若之智，世人本自有之。只緣心迷，不能自悟。須求大善知識示道⑧❻。愚人⑨智人，佛性本無差別，只緣迷悟不同，所以有愚有智也⑩。」

【校訂】

①**得聞**：真福本、興聖本、寬永本皆作「得聞」，大乘本、天寧本皆作「得聞此法」，依底本真福本作「得聞」為宜。

②**道俗**：真福本、興聖本、寬永本皆作「道俗」，大乘本、天寧本皆作「等」，當作「道俗」為宜。

③**先代聖傳**：真福本、興聖本、寬永本皆作「先代聖傳」，大乘本、天寧本皆作「先聖所傳」，依底本真福本作「先代聖傳」為宜。

④**先聖教旨**：真福本、大乘本、天寧本皆作「先聖教旨」，興聖本、寬永本皆作「先聖教者」，依底本真福本作「先聖教旨」為宜。

⑤**各須**：真福本、大乘本、天寧本皆作「各須」，興聖本、寬永本皆作「各令」，依底本真福本作「各須」為宜。

⑥**各自除疑**：真福本、寬永本皆作「各自除疑」，大乘本、天寧本皆作「願自除疑」，興聖本作「各日除疑」，依底本作「各自除疑」為宜。

⑦**大師言**：真福本、大乘本、天寧本皆作「大師言」三字，興聖本、寬永本皆無此三字，依底本作「大師言」為宜。

⑧**求大善知識示道**：真福本作「求大善知識示道」，大乘本、天寧本皆作「求善知識示導」，興聖本、寬永本皆作「求大善知識示導見性」，依底本真福本作「求大善知識示道」為宜。

⑨**愚人**：興聖本、寬永本皆在「愚人」前有「善知識」三字，真福本、大乘本、天寧本皆無，依真福本錄入為宜。

⑩**有愚有智也**：真福本、大乘本、天寧本皆作「有愚有智也」，興聖本、寬永本皆無「也」字，依真福本作「有愚有智也」為宜。另，在「有愚有智也」一行行末，興聖本作雙行小字夾注「祖謂明曰不思善不思惡正與麼時如何是上座本來面目明大悟」，寬永本作雙行小字夾注「唯謂明曰不思善不思惡正與麼時如何是上座本來面目明大悟」。然而此段夾注「不思善、不思惡」，在敦煌三本《壇經》中皆未提及，惠昕本系列之真福本、大乘本、天寧本亦未有此段，以上皆為寫本，但在惠昕本系列之興聖本、寬永本則出現這段夾注，後來成為宗寶系列本的正文。值得注意的是興聖本、寬永本皆為早期刻本，內容也受到宗寶系列本的承襲。因此，興聖本與寬永本兩本成為《壇經》發展演變中的關鍵與過渡版本，也開展了刻本的時代，這也是惠昕五本獨特的地方，既有早期寫本的風格，亦有後期刻本的內容，值得更為深入的探討。

【注釋】

❶**東山得法**：指惠能於湖北黃梅五祖弘忍的東山法門而得以證悟。此處的東山，代指湖北黃梅五祖寺與弘忍。五祖寺初名東山寺、東山禪寺或東禪寺，建於唐高宗永徽五年（六五四），距今二〇二四年已有一三七〇年的歷史。唐代道宣《續高僧傳》卷二十：「釋道信，……於時山中，五百餘人，……弟子弘忍等，至塔開看，端坐如舊，即移往本處，于今若存。」（見《大正藏》第五十冊，頁六〇六中）由此可知，四祖道信已經創建了五百人的禪宗僧團規模，弘忍繼承祖位，更為擴展其弘化的影響力。筆者以為若從禪宗史實的發展脈絡觀察，不僅道信到弘忍或弘忍到神秀，也包括了弘忍到惠能，都是東山法門的系統之一。至於何謂「東山法門」？在《宋高僧傳．慧能傳》中曾載有：「梁末真諦三藏於壇之畔手植菩提樹，謂眾曰：種此後一百二十年有開士。於其下說無上乘度無量眾。至是能爰宅于茲。（惠能）果於樹陰開東山法門。皆符前讖也。」（《大正藏》第五十冊，頁七五五上）由此可見成書於北宋初年贊寧著的《宋高僧傳》，將惠能傳授的禪法亦視為東山法門。因此，筆者以為「東山法門」在不同的詮釋脈絡意義下，可以包含以下四層意義：其一，專指弘忍的禪法，主要理由為其弘法於東山的馮茂山；其二，從道信的（西山）雙峰山（破額山）到弘忍的（東山）馮茂山，俱稱為東山法門；其三，弘忍及其嫡傳弟子等的傳法世系及其禪法，包括北宗神秀與南宗惠能，乃至於「忍生十子」包含的諸位禪師；其四，包含道信、弘忍、神秀與惠能等整個法系的禪法。

❷**命似懸絲**：惠能在惠昕本《壇經》中三度提到「命似懸絲」（或命若懸絲），表示生命受到嚴重的威脅與隨時可能發生不可測知的危險。在英博本與旅博本皆作「氣如懸絲」，敦博本作「氣如懸茲」，僅提一次。另在宗寶系列本則提到「命如懸絲」與「命似懸絲」兩次。為何看似與人無爭及善良無害的佛門，弘忍及惠能都提到「命似懸絲」？那是因為未得開悟的僧眾或常住，仍有世俗利益的爭奪之心，面對龐大的寺產田租與信徒的供養，難免生起世俗的心念，並在利欲薰心與蒙蔽理智下，有可能做出傷天害理與殘害他人之情事。

❸**今日大眾同會得聞，乃是過去千生，曾供養諸佛，方始得聞無上自性頓教**：惠能闡述解脫生命輪迴的「無上自性頓教」，就是能夠聽到最為究竟明心見性快速解脫生死輪迴的佛陀教法，這是因為「過去千生，曾供養諸佛」的因緣福報，得來不易，應該好好珍惜。

❹**累劫**：指連續積累數劫的時間，比喻時間極長。劫，梵語音譯劫跛、劫簸、劫波、羯臘波。意譯為時、長時、分別時分、分別時節、大時。本為古印度婆羅門教極大時間流變的時間單位。後來，佛教沿續如此的說法，在佛教經論中多半比喻為極長的時間。佛教對於「劫」時間內容的說法，主要是闡述一個世界從生成到毀滅的過程。

❺**教是先代聖傳**：指「頓教」（頓悟的教法）是從久遠劫來的佛陀及歷代的祖師，他們一代又一代地傳授下來的。

❻**大善知識示道**：大善知識，禪宗的專業術語。所謂的「大善知識示道」，主要是特指具備開悟經驗中已經徹悟的禪師，他們必須同時具備世間法與出世間法的教學善巧，能夠導引弟子至出世間開悟的般若智慧與非凡能力。

三、為時眾說定慧門①

師言：「善知識！我此法門，以定慧為本❶。大眾勿迷，言定慧別。定慧一體，不是二②。定是慧體，慧是定用❷。即慧之時定在慧，即定之時③慧在定❸。若識此義，即是定慧等學❹。諸學道人，莫言先定發慧，先慧發定，定慧各別④。作此見者，法即有二相⑤，口說善⑥，心中不善，定慧不等⑦；心口俱善⑧，內外一種，定慧即等❺。自悟修行，不在於諍。若諍先後，即同迷人，不斷勝負，卻增法我，不離四相❻。」

【校訂】

①**為時眾說定慧門**：真福本、寬永本皆作「為時眾說定惠門」，大乘本、天寧本皆作「為時眾說定惠」，興聖本作「為時眾說定慧門」，依興聖本作「為時眾說定慧門」為宜。

②**定慧一體，不是二**：敦博本作「惠定體不一不二」，英博本作「定惠體一不二」，旅博本作「惠定體一不二」，永樂本作「定慧一體本不是二」，憨山本、隆慶本、嘉興本、崇禎本、卍正本與大正本皆作「定慧一體不是二」，但在惠昕五本皆作「定慧一體，不是二」。

③**即定之時**：大乘本、天寧本、興聖本、寬永本皆作「即定之時」，真福本作「即定時」，當作「即定之時」為宜。

④**定慧各別**：真福本、天寧本、敦煌三本皆作「定惠各別」，大乘本作「定慧各別」，興聖本、寬永本皆作「各別」，依大乘本作「定慧各別」為宜。

⑤**法即有二相**：真福本、大乘本、天寧本皆作「法即有二相」，興聖本、寬永本、敦煌三本皆作「法有二相」，依真福本作「法即有二相」為宜。

⑥**口說善**：真福本、大乘本、天寧本、敦煌三本皆作「口說善」，興聖本、寬永本皆作「口說善語」，依真福本作「口說善」為宜。

⑦**定慧不等**：真福本、天寧本皆作「定惠不等」，大乘本作「定慧不等」，興聖本作「空有定慧定慧不等」，寬永本作「空有定惠定惠不等」，敦煌三本皆作「惠定不等」，依大乘本作「定慧不等」為宜。

⑧**心口俱善**：真福本、大乘本、天寧本、敦煌三本皆作「心口俱善」，興聖本、寬永本皆作「若心口俱善」，依真福本作「心口俱善」為宜。

【注釋】

❶**我此法門，以定慧為本**：現存三大系《壇經》版本中，皆提及「我此法門，以定慧為本」，可見惠能是以「定慧等學」為其禪法的核心，其他如一行三昧、頓悟自性與三無思想，皆可視為「定慧等學」思想的延伸。「定慧等學」的「定慧法門」是否為惠能所獨創？還是承襲禪宗初祖達摩以來的修

持傳統？關於此點，筆者在二〇一九年於河南登封少林寺研討會上，發表拙作〈菩提達摩壁觀禪法考究及至六祖惠能核心禪觀之變遷〉一文。（後來正式刊行於二〇二一年十月，收錄於釋永信主編：《菩提達摩研究》，北京：宗教文化出版社，頁三〇五至三二七）在此文中，筆者提出一個新穎的觀點：「真正的達摩禪法，或者說是禪宗的修持核心要領，必然是要回歸到『定慧等學』的基礎來，這也是佛陀禪法的核心要領。換句話說，從釋迦牟尼佛到禪宗西天二十八祖的達摩，再從東土禪宗初祖達摩到六祖惠能之間的禪法核心要領，血脈相傳，無二無別，從來都沒有改變過，即是以定慧的止觀修習為主，進而證入諸法實相而開悟。若以南傳佛教的角度觀察，歷代禪宗祖師所謂的『開悟』，必是真實的證入初果乃至四果（須陀洹果、斯陀含果、阿那含果、阿羅漢果）。」（頁三二一）然而，惠能所謂的「定慧法門」的「定慧」所指為何？筆者以為：「佛陀的證悟乃是在佛陀證悟以前，即有的以印度原始宗教禪定學為基礎，在佛陀於菩提樹下透過某種禪觀法門，而得以大徹大悟為佛陀特有的禪觀或禪悟法門。所以，從南傳佛教修習禪定與禪觀的修持系統而言，有止定的奢摩他與觀慧的毘婆舍那之兩大要項為核心要領。」（頁三一七）因此，惠能所謂的「定」，仍是以奢摩他法門的「止」為「定」的實質內容；至於惠能所謂的「慧」，則是指毘婆舍那的「觀」為「慧」的實質內容。

❷**定是慧體，慧是定用**：惠能的「定慧等學」，符合「定是慧體，慧是定用」及「即慧之時定在慧，即定之時慧在定」的兩項根本原則。「定是慧體，慧是定用」這是強調「體」與「用」的「體用一如」之範疇。

❸**即慧之時定在慧，即定之時慧在定**：惠能在說明如何發揮在禪法的實踐之上的修行。他又強調「即慧之時定在慧」，若以毘婆舍那的觀慧之所以能夠實踐？那是必須具備禪定力量的支持，也就是在奢摩他止定的條件前提下完成。因此，「定在慧」那是將止定的禪定力展現在智慧觀照的作用中，相對的，「即定之時慧在定」則是強調在禪定的當下，智慧觀照之般若實相智慧充極表現出禪定的本體，由此提升生命的維度，開啟自性的禪悟。

❹**定慧等學**：「定慧等學」的「等」字，可以詮釋為「等同」、「等同修持」或「同時修持」之意。惠能的「定慧等學」禪法，則是強調修行者若具備有奢摩他禪定的能量與心力，以及穩定清淨的「增上心」，即能安止於定，即更應該同時發起毘婆舍那的觀照，開發出心靈解脫的智慧，觀照身心的實相。相對的，若沉溺於深刻的禪定而形若木石，或者因為缺乏禪定力的支持而無法升起觀慧的禪觀，則易流於胡思妄想的層次，這並不符合「定」與「慧」平等而相互發明而增上的原則。因此，筆者以為「定」與「慧」之均等並「增上」的開展，實為惠能「定慧等學」禪法的核心要領。

❺**定慧即等**：惠能的弟子永嘉玄覺著有《禪宗永嘉集》一書，著錄了奢摩他頌第四、毘婆舍那頌第五、優畢叉頌第六，這三章正好對應了「定」、「慧」與「定慧等持」三項。在《禪宗永嘉集》載：「偏修於定，定久則沈；偏學於慧，慧多心動。故次第六，明優畢叉頌，等於定慧，令不沈動，使定慧均等，捨於二邊。」（《大正藏》第四十八冊，頁三八八上）此中的「定慧均等，捨於二邊」，即是符合於惠能「定慧等學」的禪法思想。因此，筆者以為永嘉玄覺的《禪宗永嘉集》，即是為惠能《壇經》的「定慧法門」實質的補充與進一步的詮釋，這在中國禪宗史上具有重大的意義。

❻**卻增法我，不離四相**：指增加法執與我執，四相為《金剛經》中的「我相、人相、眾生相與壽者相」，皆為眾生容易執著的四種相貌。

善知識！一行三昧❶者，於一切處，行住坐臥，常行一直心是也①。《維摩詰經》②❷云：「直心是道場，直心是淨土❸。」莫心行諂曲，口但說直，口說一行三昧，不行直心③。但行直心，於一切法，無有執著④。迷人著法相，執一行三昧，直言坐不動⑤，早已執迷悟⑥。除妄不起心⑦，即是一行三昧。此法若同無情⑧，卻是障道因緣。

【校訂】

①**一行三昧者，於一切處，行住坐臥，常行一直心是也**：真福本、興聖本、寬永本皆作「一行三昧者，於一切處，行住坐臥，常行一直心是也」，大乘本、天寧本皆作「一行三昧，常行直心」，敦博本、旅博本皆作「一行三昧者，於一切時中，行住坐臥，常行真心是」，英博本作「一行三昧者，於一切時中，行住座臥，常真真心是」，在敦煌寫本中「真」與「直」往往混用不分，但是相關佛教經論中皆作「直心」，故依真福本錄入為宜。

②**維摩詰經**：真福本、敦煌三本皆作「淨名經」，興聖本、寬永本皆在「淨名經」前作「如」字。「淨名經」即「維摩詰經」，在此統一將「淨名經」改作「維摩詰經」。下不出校。

③**不行直心**：真福本作「不行直」，興聖本、寬永本皆作「不行直心」，敦煌三本皆作「不行真心」。觀上下文義，當補「心」字為「不行直心」。另，此處大乘本、天寧本皆無「淨名經云直心是道場直心是淨土莫心行諂曲口但說直口說一行三昧不行直心」三十三字。

④**無有執著**：真福本、大乘本、天寧本皆作「無有執著」，興聖本、寬永本皆作「勿有執著」，依真福本作「無有執著」為宜。

⑤**坐不動**：真福本、大乘本、天寧本皆作「坐不動是」，興聖本、寬永本、敦博本、旅博本皆作「坐不動」，觀上下文義，當以「坐不動」為宜。

⑥**早已執迷悟**：真福本作「早已執迷悟」，大乘本、天寧本皆作「早已執迷著」，興聖本、寬永本、敦博本、旅博本皆無以上文字內容，依真福本作「早已執迷悟」為宜。

⑦**除妄不起心**：真福本作「即除妄不起心」，大乘本、敦煌三本皆作「除妄不起心」，天寧本作「除妄不赴心」，興聖本、寬永本皆作「妄不起心」，底本「即」字疑為衍字，作「除妄不起心」為宜。

⑧**此法若同無情**：真福本、大乘本、天寧本皆作「此法若同無情」，興聖本、寬永本皆作「作此解者即同無情」，敦博本、旅博本皆作「若如是此法同無情」，依底本作「此法若同無情」為宜。

【注釋】

❶**一行三昧**：「一行三昧」一詞，是從梵語漢譯而得，其別名有一相三昧、真如三昧、一三昧、一相莊嚴三摩地。在漢譯佛典中首次見到「一行三昧」的譯名，是出自於西晉于闐國三藏無羅叉所譯之《放光般若經》，此經現收錄在《大正藏》第八冊，距今已有一千七百多年，並從此在漢譯佛典中佔有一席之地。後來在後秦龜茲國三藏鳩摩羅什譯之《摩訶般若波羅蜜經》卷三及卷五中，亦出現一行三昧之名。一行三昧完整清晰的介紹，乃是出自於梁扶南國三藏曼陀羅仙譯之《文殊師利所說摩訶般若波羅蜜經》卷下。一行三昧的禪法，主要是結合了禪坐與念佛的修持法門，並且是以般若波羅蜜的實相為核心的要領。四祖道信在其著作〈入道安心要方便法門〉中，對「一行三昧」的創造性詮釋及其延伸轉化而為實踐法門，成為中國禪宗初祖到四祖時最大的改變，筆者以為這是中國禪宗修行思想理論真正的建立。在初祖達摩到三祖僧璨之間「教外別傳，以心傳心」的師資傳授，主要是以「非文字」的形態進行。然而，到了四祖道信不僅開創了禪宗的叢林，初步建立了禪門的儀規，更改變了以《楞伽經》為印心驗證與體悟達成的唯一檢證標準，簡化性地提出「一行三昧」禪法為修持的要領，也具體的呈現在〈入道安心要方便法門〉的開示中。四祖道信的一行三昧思想，真正光大弘揚者為六祖惠能，也是因為惠能將一行三昧成功轉化成曹溪禪的修持要領，並且成為頓悟禪實際修行的一環與內容。六祖惠能將《文殊說般若經》之「法界一相，繫緣法界」定義，從四祖道信對一行三昧的「應處空閑，捨諸亂意，不取相貌」與「能於一佛念念相續，即是念中」之詮釋，轉化為具體在現實生活中的修持為「一行三昧者，於一切時中，行、住、坐、臥，常行直心是」。因此，一行三昧從「三昧」的禪定境界，經由四祖道信的詮釋而改變成惠能獨特的觀點，那就是在生活中的行住坐臥裡面「常行直心」，筆者以為這是從一行三昧的禪定本體與境界相貌中，直接以「修行功夫」的作用層次彰顯了一行三昧的意義。六祖惠能頓悟禪的一行三昧禪法，成為南宗禪師資傳授與心法傳承的主要內容，其特點是在現實生活中「常行直心」或「純一直心」，而此方法是「但行直心，於一切法上，無有執著」的要領。筆者注意到惠能基於般若實相法門的深義，秉持在生活中禪修的特質，完全跳脫了事相或義理的探索，而顯現「外離一切相」的主要特質。六祖惠能的頓悟禪是植基於「識自本心，是見本性」的基礎之上，更是以一行三昧的法門為修持的理論根源。惠能強調修行任何法門，都要有不受汙染與超越分別的心念，在一切境界上面，都沒有任何執著，就叫做「一行三昧」。一行三昧主要是指心專注於生活中，在任一行止中修習實相的禪定。可以概分為兩大類，第一：理法上的一行三昧，凡是入此三昧，就會知道一切諸佛法身與眾生身是平等無二與無差別的，所以在行住坐臥等一切處所，能夠直心純一，當下直成淨土；第二：事修上的一行三昧，就是由一心念佛而形成的念佛三昧。三昧：為梵語的音譯，又譯作三摩地，意譯是定、正定、等持等。三昧就是將心安穩於實相智慧禪定的狀態，如此將心安穩於無罣礙境界而不散亂，由定慧等持而解脫。

❷**《維摩詰經》**：梵名意譯為淨名，音譯為維摩詰，故《淨名經》正是《維摩詰經》，或稱《維摩詰所說經》。

❸**直心是道場，直心是淨土**：出自《維摩詰所說經》之〈佛國品第一〉與〈菩薩品第四〉。

善知識！道須通流，何以卻滯？心不住法，道即通流①❶；心若住法，名為自縛。若言坐不動是，只如舍利弗宴坐林中，不合被維摩詰呵❷。善知識！又見有人教坐②，看心看淨③，不動不起④，從此置功❸。迷人不會，便執成顛。即有數百人⑤，如是相教，故知大錯。

善知識！定慧猶如何等？猶如燈光。有燈即光，無燈不光。燈是光之體，光是燈之用。名雖有二，體本同一。此⑥定慧法，亦復如是❹。

善知識！本來正教無有頓漸，人性自有利鈍❺。迷人漸契，悟人⑦頓修。自識本心，自見本性，即無差別，所以立頓漸之假名❻。

【校訂】

①**心不住法，道即通流**：此處大乘本、天寧本皆無「何以卻滯？心不住法，道即通流」十二字。敦煌三本皆作「心在住，即通流」，宗寶系列本皆作「心不住法，道即通流」，當依真福本、興聖本、寬永本錄入。

②**又見有人教坐**：真福本、天寧本、興聖本、寬永本皆作「又見有人教坐」，大乘本脫「有」字，依底本真福本錄入為宜。

③**看心看淨**：真福本、大乘本、天寧本、興聖本皆作「看心看淨」，寬永本作「看心看靜」，當作「看心看淨」為宜。

④**起**：真福本、大乘本、興聖本、寬永本皆作「起」，天寧本作「赵」，當作「起」，下不出校。

⑤**即有數百人**：真福本、大乘本、天寧本皆作「即有數百人」，興聖本、寬永本皆作「如此者眾矣」，依底本真福本作「即有數百人」為宜。

⑥**此**：真福本、興聖本、寬永本皆作「此」，大乘本、天寧本皆作「此是」，當作「此」為宜。

⑦**悟人**：真福本、興聖本、寬永本皆作「悟人」，大乘本、天寧本皆作「悟者」，依底本真福本作「悟人」為宜。

【注釋】

❶**道須通流，何以卻滯？心不住法，道即通流**：道的本體與道的作用必須通暢流動而沒有障礙，為何卻滯礙不通呢？心中不執著任何法門，道的本體與道的作用就通流無礙了。其中的「住」，即是指執著。然而，執著從何而起？那是因為分別心、計較心、造作心，以及以「我」為中心的各種評論。

❷**舍利弗宴坐林中，不合被維摩詰呵**：舍利弗，是佛陀十大弟子之一，被稱譽為智慧第一。維摩詰：梵名漢譯名有淨名、無垢稱、毗摩羅詰、維摩等名稱，是《維摩詰所說經》一書的主角，也是大乘佛教中，最重要的居士之一。維摩詰是釋迦牟尼佛的時代中毗耶離城的一位大長者，他示現居士身，卻時常以各種方便善巧的方法度化眾生。「舍利弗宴坐林中，不合被維摩詰呵」此段故事，原文引自《維摩詰所說經．弟子品第三》，內容主要是說維摩詰呵斥舍利弗禪坐不能通達無礙。意思是說：舍利弗安坐樹林之中，若是長坐不動是對的話，維摩詰居士呵斥舍利弗就是不合道理的。

❸**有人教坐，看心看淨，不動不起，從此置功**：意思是指有些老師教別人禪坐，讓修行者自己看自己的本心與看清淨的境界，刻意維持心中不搖動也不起伏，從此廢棄了正確的修行要領。

❹**定慧猶如何等？猶如燈光。有燈即光，無燈不光。燈是光之體，光是燈之用。名雖有二，體本同一。此定慧法，亦復如是**：此段說明定慧的關係及本質，這也是惠能對奢摩他禪定與毘婆舍那觀照兩項法門體用互顯的情況。意思是說禪定與智慧的關係就好像什麼呢？就有如「燈」與「光」的關係，有了點燃的燈火就有了光亮產生，沒有點燃的燈火就沒有光亮。點燃的燈火是光亮的本體，光亮是燈火的作用。名稱雖然有兩種，但是本體卻沒有兩種的不同。這項禪定與智慧的法門，也是如此的。

❺**本來正教無有頓漸，人性自有利鈍**：正教即是指佛教，或稱禪宗的正法，亦稱法無頓漸，這段意思是說佛法或禪法沒有頓悟或漸修的差別，由於人有利根與鈍根的根器是不相同的。惠能在《壇經》中曾說「頓教法」，在此又說「本來正教無有頓漸」，究竟何者為惠能本懷？筆者以為佛法或禪法原無頓、漸的差別，因為眾生根機或是契悟因緣不同，才說頓漸法門，其實頓法、漸法的產生，並非由禪法本身的性質決定，而是由利根之人能夠快速領悟定慧等學的法門之趣入與實證，但鈍根之人無法理解及實踐定慧等學法門，只能以循序漸進的形式來修行，因此本來就沒有頓悟、漸修的區別，只有人性的利根與頓根的差異而已。相對的，若能在定慧等學的修習中，當下識得本心自性，自然就超越了頓漸法門的差別。此外，「頓」的解釋是「直下承擔」與「正確的理解與實踐」；「漸」的解釋是「循序漸進」與「未能精準掌握核心要領下的修行」，兩者未必是矛盾，可以並存。

❻**迷人漸契，悟人頓修。自識本心，自見本性，即無差別，所以立頓漸之假名**：其中的「悟人」，在此應解釋為「容易領悟佛法的人」，而非「已經覺悟」的人，如此上下文義方能通貫。整段原義是指迷惑而不容易明白佛法的人，就用漸修的法門慢慢勸導他，容易領悟佛法的人就使用定慧等學的法門修持。若能認識自己的本心，就是悟見自己的本性，開悟了就會發現一切萬法原來沒有任何的差別，也因此惠能暫立頓悟與漸修的名稱，稱為「假名」，實則禪法內容是完全相同的，只因為能夠快速實踐定慧等學法門的利根之人，與不容易明白定慧等學法門的頓根之人，根本的內容與性質是完全一致的。禪宗的「悟」，筆者以為是禪宗之所以成立，乃至於佛教之所以成立的最重要基礎。「悟」是禪宗的根本，更是佛教的根本，離開了「悟」，禪宗與佛教都會失去了光亮，更失去了崇高與特殊的價值，淪落為世俗的層次與範疇。所謂「漸悟」，主要是指必須經過階段順序或前後次第的修持，才能進入悟境，這是逐漸深入的路徑，也是循序漸進的覺悟歷程。至於「頓悟」，則是當下即是，未依次第的直下承擔而展現的覺悟。

善知識！我此法門，從上以來，先立無念為宗，無相為體，無住為本❶。

何名無相①？於相而離相；無念者，於念而不念❷；無住者②，人之本性。於世間善惡好醜，乃至冤之與親，言語觸刺欺諍③之時，並將為空，不思酬害❸，念念之中，不思前境❹。若前念、今念、後念④，念念相續不斷，名為繫縛❺。於諸法上，念念不住，即無縛也。是以⑤無住為本❻。

善知識！外離一切相，名為無相，能離⑥即法體清淨，是以⑦無相為體❼。

善知識！於諸境上，心若離萬境常寂⑧，念上⑨常離諸境，不於境上生心❽。莫百物不思，念盡除卻⑩，一念斷即無，別處受生⑪❾。學道者⑫，莫不識法意。自錯猶可，更勸他人；自迷不見，又謗佛經。所以立無念為宗。

【校訂】

①何名無相：真福本、大乘本、天寧本皆作「何名無相」，興聖本、寬永本皆作「無相者」，依底本真福本作「何名無相」為宜。

②無住者：真福本、大乘本、天寧本、興聖本皆作「無住者」，寬永本作「無性者」，當作「無住者」。

③諍：真福本、大乘本、天寧本皆作「諍」，興聖本、寬永本皆作「爭」，依底本真福本作「諍」為宜。

④前念、今念、後念：大乘本、天寧本、興聖本、寬永本、旅博本皆作「前念今念後念」，真福本脫「今念」二字，當補「今念」。

⑤是以：真福本、大乘本、天寧本皆作「是以」，興聖本、寬永本皆作「此是以」，依底本真福本作「是以」為宜。

⑥能離：真福本、大乘本、天寧本皆作「能離」，興聖本、寬永本皆作「能離於相」，依底本真福本作「能離」為宜。

⑦是以：真福本、大乘本、天寧本皆作「是以」，興聖本、寬永本皆作「此是以」，依底本真福本作「是以」為宜。

⑧心若離萬境常寂：真福本作「心若離萬境常寂」，大乘本、天寧本皆作「心若能萬境常寂」，興聖本、寬永本皆作「心不染曰無念」，依真福本為宜。

⑨念上：真福本、大乘本、天寧本皆作「念上」，興聖本、寬永本皆作「於自念上」，依底本真福本作「念上」為宜。

⑩莫百物不思，念盡除卻：真福本作「莫百物不生心，莫思念盡除卻」，大乘本、天寧本、敦煌三本皆作「莫百物不思，念盡除卻」，興聖本、寬永本皆作「若百物不思，念盡除卻」，依大乘本、天寧本、敦煌三本作「莫百物不思，念盡除卻」為宜。

⑪**即無別處受生**：真福本、大乘本、天寧本皆作「即無別處受生」，興聖本、寬永本與宗寶系列本皆作「一念絕即死，別處受生」，敦煌三本皆作「一念斷即無，別處受生」，觀上下文義，依敦煌三本補「一念斷」作「一念斷即無，別處受生」為宜。

⑫**學道者**：真福本、大乘本、天寧本皆作「學道者」，興聖本、寬永本皆作「學道者思之」，敦煌三本皆作「學道者用心」，依真福本作「學道者」。

【注釋】

❶**我此法門，從上以來，先立無念為宗，無相為體，無住為本**：惠能在一行三昧的開示之後，緊接著就說明「三無思想」，筆者以為這是對一行三昧思想具體的補充及說明，惠能說其頓悟的定慧法門，從過去到現在，都是以沒有任何執著的心念為修行的核心宗旨，沒有任何執著的相貌為修行的本體，沒有任何執著的法門為修行的根本。

❷**何名無相？於相而離相；無念者，於念而不念**：為何稱為「無相」呢？所謂的「無相」，是在任何生活相貌境界中，離開對任何相貌的執著與分別心，如此不動於心，便是「無相」。

❸**無住者，人之本性。於世間善惡好醜，乃至冤之與親，言語觸刺欺諍之時，並將為空，不思酬害**：所謂的「無住」，就是吾人眾生的真如本性。在世間生活中，對於善惡美醜，乃至於冤家或親人，都不執著於他們使用言語抵觸、諷刺、欺騙或諍論的時候，全部視為空幻不實的語言符號，心中自然不會心想而生起報復或殘害的心念。

❹**念念之中，不思前境**：在生活中，一念又一念的心念中，不會去思考思量已經發生的境界。

❺**若前念、今念、後念，念念相續不斷，名為繫縛**：若是以前的心念、現在當下的心念、以後的心念，心念都接相連續，執著一件事的心念都沒有斷絕的時候，這就稱為對自己的捆綁束縛。

❻**於諸法上，念念不住，即無縛也。是以無住為本**：在一切的境界上，任何心念都不要執著去分別善惡，亦不造作及相續，自己就不會被煩惱綁住了，所以我的法門是以「一切都不執著」為根本。

❼**外離一切相，名為無相，能離即法體清淨，是以無相為體**：離開一切外在相貌境界的執著，就是「無相」。只要能夠離開對外在相貌境界的執著，當下能保持中立的心而遠離時，佛性本體的清淨就會顯現。所以是以「無相」做為本體。

❽**念上常離諸境，不於境上生心**：修行者在心念上，經常能離開對各種境界的執取，不在境界上生起各種分別或對善惡美醜的評論，才是自由解脫。

❾**莫百物不思，念盡除卻，一念斷即無，別處受生**：不要像木頭般對任何事物都無心念，不要去想斷絕一切心念，若一念心念真的絕斷，即此生因緣斷盡，將往生他處。受生，即是投生或是投胎的意思，亦指往生到某一世界。筆者以為真福本、大乘本、天寧本皆作「即無別處受生」，似有缺文，以致文句未通，但興聖本、寬永本與宗寶系列本皆作「一念絕即死，別處受生」的「一念絕」似又橫空而來，故依敦煌三本補「一念斷」。

善知識！云何立無念❶為宗①？只緣口說，不見本性②，迷人於境上有念，念上便起邪見，一切塵勞妄想③，從此而生❷。自性本無一法可得，若有所得，妄說禍福，即是塵勞邪見④❸。然此⑤法門，立無念為宗。

善知識！無者無何事？念者念何物？無者，無二相，無諸塵勞之心；念者，念真如本性⑥❹，真如即是念之體，念是⑦真如之用❺。真如自性起念，非眼耳鼻舌能念⑧；真如有性，所以起念；真如⑨若無眼耳色聲⑩，當時即壞❻。善知識！真如自性起念，六根雖見聞覺知⑪，不染萬境，真性而常自在⑫。外能分別諸色相，內於第一義⑬而不動❼。

【校訂】

①**立無念為宗**：大乘本、天寧本、興聖本、寬永本皆作「立無念為宗」，真福本脫「立」字，觀前文，當補之。

②**不見本性**：真福本作「不見性」，大乘本、天寧本皆作「不見本性」，興聖本、寬永本皆作「見性」，觀照文義，作「不見本性」為宜。

③**妄想**：真福本、大乘本、天寧本、寬永本皆作「妄想」，興聖本作「妄相」，當作「妄想」。

④**邪見**：真福本、大乘本、天寧本皆作「耶」，興聖本、寬永本皆作「邪見」，當作「邪見」。

⑤**然此**：真福本作「此」，大乘本、天寧本皆作「然此」，興聖本、寬永本皆作「故此」，當作「然此」為宜。

⑥**念真如本性**：真福本、興聖本、寬永本皆作「念真如本性」，大乘本、天寧本皆脫「念」字，當作「念真如本性」。

⑦**是**：真福本、大乘本、天寧本皆作「是」，興聖本、寬永本皆作「即是」，依底本真福本作「是」為宜。

⑧**能念**：真福本、大乘本、天寧本皆作「能」，興聖本、寬永本皆作「能念」，作「能念」為宜。

⑨**真如**：真福本、大乘本、天寧本、寬永本皆作「真如」，興聖本作「其如」，當作「真如」。

⑩**眼耳色聲**：真福本、大乘本、興聖本、寬永本皆作「眼耳色聲」，天寧本作「眼耳鼻聲香」，依真福本作「眼耳色聲」為宜。

⑪**六根雖見聞覺知**：真福本、大乘本、天寧本皆作「六根雖見聞覺知」，興聖本作「六相雖有見聞覺知」，寬永本作「六根雖有見聞覺知」，依底本為宜。

⑫**真性而常自在**：真福本、大乘本、天寧本皆作「真性而常自在」，興聖本、寬永本皆作「而真性常自在」，依真福本作「真性而常自在」為宜。

⑬**第一義**：真福本、大乘本、天寧本、興聖本皆作「第一義」，寬永本作「第一儀」，當作「第一義」。

【注釋】

❶**無念**：所謂的「無」，並非空無一物或完全沒有的意思，更不等同《老子》所謂的「無」。惠能在前後文所強調的「無」，當解釋為「離」或「超越」的意思，所以「無念」即是「離開善惡分別的心念」或是「超越分別的概念」或是「不執著也不分別，只是看清楚」，由此進入一切如如的心念境界。

❷**迷人於境上有念，念上便起邪見，一切塵勞妄想，從此而生**：因為迷惑的人在境界上有執著的心念，心念上就會生起錯誤的觀點，一切人世間的煩惱妄念就會由此而生起。邪見，在此非指世間善惡的正邪的邪見，而是佛教指無視因果道理的謬論，或是違反佛教思想原理的錯誤觀點。

❸**自性本無一法可得，若有所得，妄說禍福，即是塵勞邪見**：眾生的本心自性，原是不生不滅的佛性，亦是無我及無我所的，因此本無一法可得。若有所得，以世間法的禍福而論，這便是自尋煩惱而致身心感到疲憊，又生起了不正確的觀點，即為不如法的邪見。

❹**無者無何事？念者念何物？無者，無二相，無諸塵勞之心；念者，念真如本性**：「無」的是「無」什麼事呢？「念」的又是「念」什麼東西呢？所謂的「無」，是離開與超越生滅、有無、是非等二元對立及分別的各種煩惱；所謂的「念」，是心念契合佛性真如的本性。二相，在此指生滅、有無、是非、對錯等相對觀念所造成的執著與煩惱。

❺**真如即是念之體，念是真如之用**：真如的佛性是心念的本體，心念是真如佛性的作用。因此，惠能的禪法，不是要我們去斷除心念，因為心念是真如佛性的妙用之一。關鍵在於心念若有分別善惡的雜染，便是勞塵妄想，離開妄想分別，便是真如佛性。佛法中的自性，本指萬事萬物自體的本性，而此本性是空幻無常的，所以有「法無自性」的說法，也就是萬事萬物沒有永遠不變的本性。但是禪宗或惠能在此所指的「自性」，主要是指「法自性」或是「真如本性」，或是指眾生本來具足的「佛性」，惠能以為是眾生的「本性」，這是不生不滅的，兩者宜加區別。

❻**真如自性起念，非眼耳鼻舌能念；真如有性，所以起念；真如若無眼耳色聲，當時即壞**：若是在法性上生起清淨真如的心念，這並非是眼耳鼻舌身意六根外在所生起的雜染之心念；因為真如的本體有其法性運作的妙用，所以才會生起純淨的心念。但相對的，真如佛性若無眼耳鼻舌身意六根生起的妙用，當下即已損害而成煩惱的雜染。

❼**真如自性起念，六根雖見聞覺知，不染萬境，真性而常自在。外能分別諸色相，內於第一義而不動**：真如佛性的自性生起心念，眼耳鼻舌身意六根雖然也是可以看見聽聞覺察知道外在的事物，可是身心都不受外在各種境界的影響，也不分別，因而不執著也不會生出任何的煩惱，而能經常解脫自在。外在能夠善於分別各種事物的境界與體用的關係，內心對於解脫超越的見地看法與對實相的體證卻不會因此動搖。第一義，指解脫超越的出世間法，象徵形而上的妙諦，或是涅槃解脫的境界。其中「外能分別諸色相，內於第一義而不動」句，在敦煌三本皆作「《維摩經》云：『外能善分別諸法相，內於第一義而不動。』」宗寶系列本作：「經云：『能善分別諸法相，於第一義而不動。』」這段話出自於《維摩詰所說經•佛國品第一》，但原文並無「外」、「內」二字。

善知識！此門坐禪，亦原不看心，亦不看淨，亦不言不動①❶。若言看心，心原是妄，知如幻故②，無所看也③❷；若言看淨，人性本淨，由妄念故，蓋覆真如❸。但無妄想④，性自清淨，起心看淨，卻生⑤淨妄。妄無處所，看者⑥是妄❹；淨無形相，卻立淨相，言是功夫，作此見者，障自本性，卻被淨縛❺。

善知識！若修不動者，但見一切人時，不見人之是非、善惡、過患，即是自性不動❻。善知識！迷人身⑦雖不動，開口便說他人是非、長短、好惡，與道違背也。若看心看淨者⑧，卻障道也⑨❼。

【校訂】

①**此門坐禪，亦原不看心，亦不看淨，亦不言不動**：真福本作「此門坐禪，亦不不看心，亦不看淨，亦不言不動」，大乘本作「此門坐禪，亦不看心，亦不看淨，亦不言不動」，天寧本作「此法門坐禪，亦不看心，亦不看淨，亦不言不動」，興聖本、寬永本皆作「此門坐禪，元不著心，亦不著淨，亦不是不動」。真福本「亦不不看心」，石井校本改作「亦元不看心」，古「元」、「原」二字通用，故改作「亦原不看心」，即作「此門坐禪，亦原不看心，亦不看淨，亦不言不動」。下「看心」、「看淨」，興聖本、寬永本皆作「著心」、「著淨」，但此為批評北宗之語，故統一校改作「看心」、「看淨」。

②**知如幻故**：真福本作「知如幻故」，大乘本、天寧本、興聖本、寬永本皆作「知心如幻故」，敦博本作「妄如幻故」，依底本真福本作「知如幻故」為宜。

③**無所看也**：真福本、大乘本、天寧本、敦煌三本皆作「無所看也」，興聖本、寬永本皆作「無所著也」，依底本真福本作「無所看也」為宜。

④**但無妄想**：真福本、大乘本、天寧本皆作「但無妄想」，興聖本、寬永本皆作「但元無想」，依底本真福本作「但無妄想」為宜。

⑤**生**：真福本、天寧本、興聖本、寬永本皆作「生」，大乘本衍「生」字作「生生」，當作「生」。

⑥**看者**：真福本、大乘本、天寧本皆作「看者」，興聖本與寬永本皆作「著者」，依底本真福本作「看者」為宜。

⑦**身**：真福本、大乘本、興聖本、寬永本皆作「身」，天寧本作「即身」，當作「身」。

⑧**看心看淨者**：真福本、天寧本皆作「看心看淨者」，大乘本作「看心看淨」，興聖本、寬永本皆作「著心著淨者」，依底本真福本作「看心看淨者」為宜。

⑨**卻障道也**：真福本、興聖本、寬永本皆作「卻障道也」，大乘本、天寧本皆作「即障道也」，依底本真福本作「卻障道也」為宜。

【注釋】

❶**此門坐禪，亦原不看心，亦不看淨，亦不言不動**：在這項法門之中，坐禪原來是不看顧此心，也不看顧清淨的境界，也不是說一切都不動搖。若是看心，尚有一個看心的我；若言看淨，還有一個看清淨的我，兩者都有我的執著，此非修行之道。看心，惠能以「禪不著心」的不執著，批評北宗神秀等人的禪法是生死對立法，以「可看之心」相對於「可看之物」，便截斷兩端，成為二元對立的輪迴生死，不合乎究竟了義的佛法觀念。

❷**若言看心，心原是妄，知如幻故，無所看也**：如果說是看顧本心，本心原來是虛妄的，知道虛妄有如幻化的緣故，就沒有什麼可以看顧的。有關於惠能反對「看心看淨」的坐禪理論，筆者以為並非單獨反對北宗神秀的禪法，而是惠能自身承襲自菩提達摩到五祖弘忍以來的「定慧法門」。如圭峰宗密在《禪源諸詮集都序》曾說：「達摩以壁觀教人安心，外止諸緣，內心無喘。心如牆壁，可以入道。豈不正是坐禪之法？……所言『默』者，唯默『知』字。非總不言，六代相傳，皆如此也。」（見《大正藏》第四十八冊，頁四○三下至四○五中）雖然宗密對「壁觀」的詮釋有些牽強，但是對「默」與「知」的引介，卻說是「六代相傳，皆如此也」，筆者以為這是正中核心的立論。所謂的「默」，是指奢摩他的止定禪法，所謂的「知」是毘婆舍那的觀慧禪法，然後「定慧等學」。因此，看心看淨，必有一個「看」的主體（人），還有一個「被看」的「淨相」（物），這就不是以「定慧等學」中以「定」與「慧」平均開展而培養「覺性」之根本立場。

❸**若言看淨，人性本淨，由妄念故，蓋覆真如**：如果說是看顧清淨的境界，人的本性本來就是清淨的，因為妄念的緣故，覆蓋了真如本性。真如：佛教以為真如為宇宙的實相，也是一切萬法的根源。又作法性、佛性、實相、法身、般若等。在相關《阿含經》的典籍中，也說明緣起性空的原理是永恆不變的真理實相，所以稱為真如。

❹**但無妄想，性自清淨，起心看淨，卻生淨妄。妄無處所，看者是妄**：只要沒有分別的妄想，人的本心自性即是清淨的，起心動念去觀看清淨的境界，反而生起對清淨的執著。虛妄本來是沒有實體處所的，因此觀看自心的心念，本身就是生出了妄想。

❺**淨無形相，卻立淨相，言是功夫，作此見者，障自本性，卻被淨縛**：清淨本身並沒有物質固定的形相，若刻意建立清淨的相貌，卻說這是修行功夫，作如此見解的人，正是障礙自己的本性，反而被自己所立的清淨相貌所綁縛。

❻**若修不動者，但見一切人時，不見人之是非、善惡、過患，即是自性不動**：不動，指佛教中如如不動的般若實相法門，見一切法如如不動。過患，指過失與憂患，在此指一般人的缺點。如果修行不動心的人，在生活中看見一切人類活動時，不會看見一切人的是非對錯、善惡分別、缺點過失，原因就是自己的本性不曾動搖。

❼**迷人身雖不動，開口便說他人是非、長短、好惡，與道違背也。若看心看淨者，卻障道也**：迷惑的人自身雖然不動，開口就說別人的是非對錯、長短優劣、好惡愛恨，這是與大道的佛性相違背的事情。若因此看顧觀照自己的本心，看顧觀照清淨的境界，反而成為障道的因緣。

四、教授坐禪門①

師言：「善知識②！何名坐禪？此法門中，無障無礙，外於一切善惡境界，心念不起，名為③坐；內見自性不亂④，名為⑤禪❶。善知識！何名禪定？外離相為禪，內不亂為定❷。外若著相，內心即亂；外若離相，心即不亂❸。本性自淨自定，只為見境思境即亂❹。若見諸境，心不亂者，是真定也❺。善知識！外離相即禪，內不亂即定⑥。外禪內定，是為真定⑦❻。《維摩詰經》云：『即時豁然，還得本心⑧。』❼《梵網菩薩戒經》⑨云：『本源自性清淨⑩。』❽善知識，於念念中，自見本性清淨，自修自行，自成佛道⑪❾。

【校訂】

①**教授坐禪門**：真福本、興聖本、寬永本皆作「教授坐禪門」，大乘本、天寧本皆作「教授坐禪」，依真福本作「教授坐禪門」為宜。

②**善知識**：真福本、大乘本、天寧本皆作「善知識」，興聖本、寬永本脫「善」字，當作「善知識」。

③**名為**：真福本、大乘本、興聖本、寬永本皆作「名為」，天寧本作「名」，依真福本作「名為」為宜。

④**自性不亂**：真福本作「自性不亂」，大乘本、天寧本皆作「本性不亂」，興聖本、寬永本皆作「自性不動」，依真福本作「自性不亂」為宜。

⑤**名為**：真福本作「為名」，天寧本、大乘本皆作「為」，興聖本、寬永本皆作「名為」，當作「名為」。

⑥**內不亂即定**：真福本、天寧本、興聖本、寬永本皆作「內不亂即定」，大乘本作「內不亂即定也」，依真福本作「內不亂即定」為宜。

⑦**真定**：真福本、大乘本、天寧本皆作「真定」，興聖本、寬永本皆作「禪定」，依真福本作「真定」為宜。

⑧**即時豁然，還得本心**：真福本、大乘本、天寧本皆作「豁然還得本心」，依興聖本、寬永本作「即時豁然，還得本心」為宜。

⑨**梵網菩薩戒經**：真福本作「菩薩經」，大乘本、天寧本、興聖本、寬永本皆作「菩薩戒經」，原文經楊曾文考證，係出自《梵網經》，但為尊重惠能的說法，即採用《梵網經》的另一個名稱《梵網菩薩戒經》的經名。下不出校。

⑩**本源自性清淨**：真福本作「我本自性清淨」，大乘本、天寧本皆作「我本元自性清淨」，興聖本、寬永本皆作「我本元自清淨」，當作「本源自性清淨」。其中「元」與「源」相通，依現代體例改作「源」。下不出校。

⑪**自成佛道**：真福本作「成佛道」，大乘本、天寧本、興聖本、寬永本皆作「自成佛道」，作「自成佛道」為宜。

【注釋】

❶**何名坐禪？此法門中，無障無礙，外於一切善惡境界，心念不起，名為坐；內見自性不亂，名為禪**：如何稱為「坐禪」呢？此項「定慧等學」的法門之中，一切都沒有障礙與執著，對於外在的一切善惡境界上面，心念都無所執著並不加以分別評判稱為「坐」；對內心的觀照中，悟見自己的本性不動搖混亂，就稱為「禪」。惠能在此的敘述十分明確，並非依循傳統經論的闡述模式，將一般對「坐禪」的定義，鎖定在「坐禪」的姿勢與其基本的定義上，結七支跏趺坐或四禪八定，而是依憑「定慧等學」的思路，對於身心的觀照上，同時修持禪定的奢摩他與觀慧的毘婆舍那，在此法門中，自然對於內外境界都不動心、不相續、不執著，即不起心動念，亦不混亂，在生活中時時刻刻培養真實的覺性，這是最快速頓悟的法門，也是惠能禪法真實的涵義。

❷**何名禪定？外離相為禪，內不亂為定**：什麼稱為「禪定」呢？外在超越離開相貌的執著稱為「禪」，內心不動搖混亂稱為「定」。這也是依循「定慧等學」的思路，對於身心的觀照上，超越外在身相的執著，與內心不動搖而安穩於心故不亂，這是明顯的修持法門，而非對「禪定」的定義說明，可見惠能的禪法是完全重視實踐與實修的法門，而非禪學的開示或哲學性質的著作。

❸**外若著相，內心即亂；外若離相，心即不亂**：如果外在離開相貌的執著，內在的自然本性之覺性生起，就不會混亂；意思就是離開對外相善惡分別及執著，內心就不會混亂。

❹**本性自淨自定，只為見境思境即亂**：因為本心法性是本來清淨本來安穩祥和的，只因為看見外在的境界而產生了思慮思維思想，動心之後，心即亂。

❺**若見諸境，心不亂者，是真定也**：若是看到外在的各種境界，內心不亂時，不隨著善惡與分別而不動心時，保持如此的覺性，就是真正的禪定了。

❻**外離相即禪，內不亂即定。外禪內定，是為真定**：外在超越離開分別相貌的執著而不動心，就是「禪」；內心不起妄念分別，亦不相續，即不會混亂就是「定」。外在超越分別執著，而只是看清楚的是「禪」，內心清淨不會因妄念分別而混亂是「定」，因此稱為真正的「禪定」。

❼**《維摩詰經》云：「即時豁然，還得本心。」**：《維摩詰所說經》說：「就在當下開闊暢達而覺悟，回復得到本然的心。」此句引自《維摩詰所說經‧弟子品第三》。在此所謂的「豁然」，主要是形容開悟時心地頓時開闊，而無所拘束的坦蕩無礙的境界。

❽**《梵網菩薩戒經》云：「本源自性清淨。」**：《梵網菩薩戒經》說：「本來根源的自性是清淨無染不執著的。」《梵網經》的原文是：「是一切眾生戒，本源自性清淨。」惠能所說的《菩薩戒經》中的「本源自性清淨」，現收錄於《大正藏》第二十四冊《梵網經》卷二（《盧舍那佛說菩薩心地戒品》）第十卷下，頁一〇〇三下。

❾**於念念中，自見本性清淨，自修自行，自成佛道**：在生活中，每一個心念與心念的連續中，悟見自己的本性本來清淨，自己修持與自己不斷地練習，自己實踐學習佛陀的法門，自然能夠成就證悟佛陀法門的正道。

五、傳香懺悔發願門①

師言：「善知識！某甲②一會在此，皆共有緣。今各胡跪，傳自性五分法身香❶：一、戒香③，即自心中，無非無惡，無嫉無妒④，無貪嗔，無劾害⑤，名戒香⑥❷。二、定香，即觀⑦諸善惡境相，自心不亂，名定香⑧❸。三、慧香⑨，自心無癡⑩，常以智慧觀照自性，不造諸惡，雖修眾善，心不執著，畏上愛下，矜孤恤貧⑪，名慧香⑫❹。四、解脫香，即自心無所攀緣⑬，不思善，不思惡，自在無礙，名解脫香❺。五、解脫知見香⑭，自心既無⑮攀緣善惡，不可沉空守寂，即須廣學多聞，識自本心，達諸佛理❻，言滿天下無口過，行滿天下無怨惡，和光接物，無我無人，直至菩提⑯，真性⑰不易，名解脫知見香❼。

【校訂】

①**傳香懺悔發願門**：真福本、興聖本、寬永本皆作「傳香懺悔發願門」，大乘本、天寧本皆作「傳香懺悔發願」，依底本作「傳香懺悔發願門」為宜。

②**某甲**：真福本、大乘本、天寧本皆作「某甲」，興聖本、寬永本皆無此二字，依真福本作「某甲」為宜。

③**一戒香**：真福本、大乘本、天寧本皆作「一謂戒香」，興聖本、寬永本皆作「一戒香」，為使其與後文結構一致，取「一戒香」為宜。

④**無嫉無妒**：真福本作「無嫉無妒」，大乘本、天寧本皆作「無嫉妒」，興聖本、寬永本皆作「無疾妒」，依真福本作「無嫉無妒」為宜。另，惠昕五本皆作「妒」之異體字「妬」，依現代書寫體例當作「妒」。

⑤**劾害**：真福本作「劾害」，大乘本、天寧本皆作「刻害」，興聖本、寬永本皆作「劫害」，當作「劾害」。「劾害」意指揭人隱私、過失或罪行以相害，使人入於司法訴訟之審理。

⑥**名戒香**：真福本、大乘本、天寧本皆作「名曰戒香」，興聖本、寬永本皆作「名戒香」，作「名戒香」為宜。

⑦**觀**：真福本作「觀」，大乘本、天寧本、興聖本、寬永本皆作「覩」，「覩」為「睹」之異體字，依底本真福本作「觀」為宜。

⑧**名定香**：真福本、大乘本、天寧本皆作「即是也」，興聖本、寬永本皆作「名定香」，作「名定香」為宜。

⑨**三慧香**：真福本、天寧本皆作「三惠香者」，大乘本作「三慧香者」，興聖本作「三慧香」，寬永本作「三惠香」，作「三慧香」為宜。

⑩**自心無癡**：真福本、大乘本、天寧本皆作「自心無癡」，興聖本、寬永本皆作「自心無礙」，依真福本作「自心無癡」為宜。

⑪**矜孤恤貧**：真福本作「預孤恤貧」，大乘本、天寧本、興聖本、寬永本皆作「矜孤恤貧」，當作「矜孤恤貧」。

⑫**名慧香**：真福本、天寧本皆作「此名惠香」，大乘本作「此名慧香」，興聖本作「名慧香」，寬永本作「名惠香」，作「名慧香」為宜。

⑬**無所攀緣**：真福本、興聖本、寬永本皆作「無所攀緣」，大乘本、天寧本皆脫「無」字，當作「無所攀緣」。

⑭**解脫知見香**：真福本、大乘本、天寧本皆作「解脫知見香者」，興聖本、寬永本皆無「者」字，作「解脫知見香」為宜。

⑮**無**：真福本、大乘本、天寧本皆作「無」，興聖本、寬永本皆作「無所」，依底本真福本作「無」為宜。

⑯**菩提**：真福本、大乘本、興聖本、寬永本皆作「菩提」，天寧本疑為「菩提」二字的俗寫連筆書寫「[illegible]」，當作「菩提」。

⑰**真性**：真福本、大乘本、天寧本、興聖本皆作「真性」，寬永本作「真照」，當作「真性」。

【注釋】

❶**自性五分法身香**：源自於大小乘佛教的「五分法身」之概念，這段「自性五分法身香」，未見於敦煌三本《壇經》，但在宗寶系列本亦出現，並歸於「懺悔第六」章節品項，內容相同。在南傳佛教《俱舍論》中載：一、戒身；二、定身；三、慧身；四、解脫身；五、解脫知見身。以上是阿羅漢所具之五種功德。大乘佛教以《大乘義章》思想為依，品目相同，意義增上。

❷**一、戒香，即自心中，無非無惡，無嫉無妒，無貪嗔，無劫害，名戒香**：此戒為心香之戒，於自心中，離開而沒有違背禮法與邪惡行為的心，離開而沒有嫉妒心，離開而沒有貪心與嗔心，離開而沒有刻意揭發別人罪行而傷害別人的心，就稱為「戒香」。

❸**二、定香，即觀諸善惡境相，自心不亂，名定香**：所謂的「定香」，就是在觀照生活中的善惡境界相貌時，不動於心，自心不混亂，就稱為「定香」。

❹**三、慧香，自心無礙，常以智慧觀照自性，不造諸惡，雖修眾善，心不執著，畏上愛下，矜孤恤貧，名慧香**：智慧之香，主要是來自於自心清徹明白而無愚癡，能夠常以智慧觀照自己的身心，以培養覺性，進而觀照法性的不生不滅。不會製造各種惡行，雖然也修習各種善念善行，敬畏有道德學問的人而愛護部下眷屬，哀憐體恤失去父母的幼童與貧窮的人，就稱為智慧之香。

❺**四、解脫香，即自心無所攀緣，不思善，不思惡，自在無礙，名解脫香**：解脫之香，就是內心洞然清徹而無所攀緣，如此不思善與不思惡，不評論與不相續，自由自在，無掛無礙，即名解脫之香。

❻**五、解脫知見香，自心既無攀緣善惡，不可沉空守寂，即須廣學多聞，識自本心，達諸佛理**：解脫知見，即是解脫之後生起的智慧，能夠幫助眾生從迷至悟的知見善巧與智慧，自心沒有攀緣善惡的狀態，也不會執著持守空寂的境界，同時還要增廣學識與多聞多學，如此識自本心，見自本性，通達佛法的原理。

❼**真性不易，名解脫知見香**：真性即是實相，即不變易，因為實修實踐，深知解脫的原理及方法，所以稱為解脫知見之香。

善知識！此香各自內薰，莫於外覓❶。今與善知識授無相懺悔①，滅除心中河沙積劫之罪②❷。善知識③：

前念後念及今念④，念念不被愚迷染。從前惡念一時除，自性自除真懺悔⑤❸。

前念後念及今念，念念不被雜妄⑥染。除卻從前憍慢心，永斷名為自性懺⑦❹。

前念後念及今念，念念不被疽妒染。除卻從前疽妒心，永斷名為自性懺⑧❺。（以上三遍唱）⑨

師言⑩：今既懺悔已⑪，一時遂某甲道⑫，與善知識發四弘誓願，用心正聽⑬：

自心邪迷眾生誓願度⑭，自心煩惱無邊誓願斷，

自性法門無盡誓願學，無上自性佛道誓願成⑮❻。（以上三遍唱）⑯

【校訂】

①**授無相懺悔**：真福本、大乘本、天寧本皆作「無相懺悔」，興聖本、寬永本皆作「授無相懺悔」，觀上下文義，補「授」字為宜。

②**滅除心中河沙積劫之罪**：真福本作「滅除心中河沙積劫之罪」，大乘本、天寧本皆作「滅除心中河沙積劫罪」，興聖本、寬永本皆作「滅三世罪令得三業清淨」，依底本真福本作「滅除心中河沙積劫之罪」為宜。

③**善知識**：興聖本、寬永本皆在「善知識」後作「各隨語一時道」，真福本、大乘本、天寧本皆無，依真福本錄入為宜。

④**前念後念及今念**：真福本、大乘本、天寧本、敦煌三本皆作「前念後念及今念」，興聖本、寬永本皆作「弟子等從前念今念及後念」，依真福本作「前念後念及今念」為宜。下不出校。

⑤**從前惡念一時除，自性自除真懺悔**：真福本、大乘本、天寧本皆作「從前惡念一時除，自性自除真懺悔」，興聖本、寬永本皆作「從前所有惡業愚迷等罪，悉皆懺悔，願一時消滅，永不復起」，依真福本作「從前惡念一時除，自性自除真懺悔」為宜。

⑥**雜妄**：真福本作「雜妄」，大乘本、天寧本皆作「誑妄」，興聖本、寬永本皆作「憍誑」，依真福本作「雜妄」為宜。

⑦**除卻從前憍慢心，永斷名為自性懺**：真福本、大乘本皆作「除卻從前憍慢心，永斷名為自性懺」，天寧本作「除卻從前憍慢心，永斷名為自性懺悔」，興聖本、寬永本皆作「從前所有惡業憍狂等罪，悉皆懺悔，願一時消滅，永不復起」，依真福本作「除卻從前憍慢心，永斷名為自性懺」為宜。

⑧**除卻從前疽妒心，永斷名為自性懺**：真福本、大乘本、天寧本皆作「除卻從前疽妒心，永斷名為自性懺」，興聖本、寬永本皆作「所有惡業疽妒等罪

，悉皆懺悔，願一時消滅，永不復起」，依真福本作「除卻從前疽妒心，永斷名為自性懺」為宜。

⑨**以上三遍唱**：在「永斷名為自性懺」後，真福本、大乘本、天寧本皆作夾注「已上三遍唱」，天寧本作夾注「已上三遍可唱」，興聖本、寬永本皆無以上五字，當作夾注「以上三遍唱」為宜。另，此句後興聖本、寬永本皆作「善知識已上是為無相懺悔云何名懺云何名悔懺者懺其前愆從前所有惡業愚迷憍誑疽妒等罪悉皆盡懺願不復起是名為懺悔者悔其後過從今已後所有惡業愚迷憍誑疽妒等罪今已覺悟悉皆永斷不復更作是名為悔故稱懺悔凡夫愚迷只知懺其前愆不知悔其後過以不悔故前愆不滅後過又生前愆既不滅後過復又生何名懺悔」一百三十五字。

⑩**師言**：真福本、大乘本、天寧本皆作「師言」，興聖本、寬永本皆無「師言」二字，依真福本作「師言」為宜。

⑪**今既懺悔已**：真福本、大乘本、天寧本皆作「今既懺悔已」，興聖本、寬永本皆作「善知識既懺悔已」，依真福本作「今既懺悔已」為宜。

⑫**一時逐某甲道**：真福本、大乘本、天寧本皆作「一時逐某甲道」，興聖本、寬永本皆無此句，依真福本作錄入為宜。

⑬**用心正聽**：真福本作「用心正聽」，大乘本、天寧本皆作「各須用心正聽」，興聖本、寬永本皆作「各次用心正聽」，依底本真福本錄入為宜。

⑭**自心邪迷眾生誓願度**：真福本、大乘本、天寧本皆作「自心邪迷眾生誓願度」，興聖本、寬永本皆作「自心邪迷無邊誓願度」，依底本作「自心邪迷眾生誓願度」為宜。

⑮**無上自性佛道誓願成**：真福本、大乘本、天寧本皆作「無上自性佛道誓願成」，興聖本、寬永本皆作「自性無上佛道誓願成」，依底本真福本作「無上自性佛道誓願成」為宜。

⑯**以上三遍唱**：在「無上自性佛道誓願成」後，真福本、大乘本皆作夾注「已上三遍唱」，天寧本作夾注「已上三遍可唱」，興聖本與寬永本皆無以上文字內容，作夾注「以上三遍唱」為宜。

【注釋】

❶**此香各自內薰，莫於外覓**：以上惠能傳授的「自性五分法身香」，都是向內觀照修息，而非向外求覓的物質之香，依其實踐成就而得之心香。

❷**授無相懺悔，滅除心中河沙積劫之罪**：惠能授與不執著各種形相的懺悔，就是不著一相，便通於最徹底與最究竟的懺悔，當下即滅除河沙般劫數累積的罪業，因為罪業若有物質形象時，遍於虛空不能容受，但若從心底不落於善惡的分別，不落於是非的取捨，當下滅除河沙積劫累積之虛幻罪業。

❸**前念後念及今念，念念不被愚迷染。從前惡念一時除，自性自除真懺悔**：心中前一個念頭、後面一個念頭及當下這個念頭，念念都不會被愚癡迷惑染著而執著，不會因為分別而愚迷，保持如此的覺性。以前的罪惡行為當下一次就徹底滅除，在自己的清淨本性中，自己除滅罪惡的邪念與不動心及善惡分別，就是真正的懺悔。

❹**前念後念及今念，念念不被雜妄染。除卻從前憍慢心，永斷名為自性懺**：前一個念頭、後面一個念頭及當下這個念頭，念念都不會被雜亂與愚癡染

著而執著，滅除以前矯飾虛誑傲慢的心，永遠的斷除分別對立的心，就稱為自己在清淨本性中徹底地懺悔。

❺**前念後念及今念，念念不被疸妒染。除卻從前疸妒心，永斷名為自性懺**：以前的心念、後來的心念及當下的心念，每一個念頭都不會被毒害禍患與妒嫉怨誹所污染，滅除從前種種傷害別人與嫉妒別人及看不得別人好的心理，永遠斷除這些不平衡及除滅所有不好的心念就是發自於清淨本心的懺悔。疸疾，「疸」本為中醫學指皮膚局部腫脹堅硬的一種毒瘡。「疸妒」，意喻見不得別人好而生起毒害與禍患的心理。

❻**自心邪迷眾生誓願度，自心煩惱無邊誓願斷，自性法門無盡誓願學，無上自性佛道誓願成**：惠能將佛教傳統的四弘誓願，深化到自心與本性之中，因此眾生不再只是外在的眾生，而是內化到本心本性之內的眾生；因此，誓願度化自心中邪惡迷惑妄想的無邊眾生，誓願斷除自心中無邊的煩惱，誓願學習本來清淨佛性中無邊的法門，誓願成就本來清淨佛性中無上的佛道。四弘大願，在佛教經論中多有提及類似的願文，《壇經》後世的版本也略有增修。所謂的四弘大願，又作四弘誓願、四弘行願、四弘誓、四弘願、四弘願行與四弘等。是指一切菩薩在因地修行時應該發起的四種廣大誓願，所以又稱為一切菩薩的根本總願。有關四弘大願的內容與解釋，散見於佛教的各種經論之中，但是各經論的內容並不一致。

師言：「善知識！大家豈不道眾生無邊誓願度，恁麼①道？是不是②某甲度？善知識！心中眾生，所謂邪迷心、誑妄心、不善心、疸妒心、惡毒心，如是心者③，盡是眾生❶。各須自性自度，是名真度。何名自性自度？即自心中，邪見煩惱，愚癡眾生，將正見度❷。既有正見，使般若智，打破愚癡迷妄，眾生各各自度。邪來正度，迷來悟度，愚來智度，惡來善度，如是度者④，名為真度❸；又，煩惱無邊誓願斷，自性⑤除卻虛妄思想心是也；又，法門無盡⑥誓願學，須自見性，常行其善法⑦，是名真學❹；又，無上佛道⑧誓願成，即常須下心⑨，行於普敬⑩，離迷離覺，當生般若⑪，除真除妄，即見佛性❺，即言下佛道成。常念修行，是願力法。」

【校訂】

①恁麼：真福本、大乘本皆作「任麼」，天寧本作「任磨」，興聖本、寬永本皆作「恁麼」，當作「恁麼」。

②是不是：真福本、興聖本、寬永本皆作「是不是」，大乘本、天寧本皆作「莫道是」，依底本真福本作「是不是」為宜。

③如是心者：真福本、大乘本、天寧本皆作「如是心者」，興聖本、寬永本皆作「如是等心」，依底本真福本作「如是心者」為宜。
④如是度者：真福本作「如是善度」，大乘本、天寧本、興聖本、寬永本皆作「如是度者」，當作「如是度者」。
⑤自性：真福本、大乘本、天寧本皆作「自性」，興聖本、寬永本皆作「將自性般若智」，依底本真福本作「自性」為宜。
⑥無盡：真福本、大乘本、天寧本皆作「無邊」，興聖本、寬永本皆作「無盡」，觀前文，當作「無盡」為宜。
⑦常行其善法：真福本、大乘本、天寧本皆作「常行其善法」，興聖本、寬永本皆作「常行正法」，依底本真福本作「常行其善法」為宜。
⑧無上佛道：真福本、大乘本、天寧本皆作「佛道無邊」，興聖本、寬永本皆作「無上佛道」，作「無上佛道」為宜。
⑨即常須下心：真福本、大乘本、天寧本皆作「即常須下心」，興聖本、寬永本皆作「既常能下心」，依底本真福本作「即常須下心」為宜。
⑩普敬：真福本、大乘本、天寧本皆作「普敬」，興聖本、寬永本皆作「真正」，依底本真福本作「普敬」為宜。
⑪當生般若：真福本、大乘本、天寧本、興聖本皆作「當生般若」，寬永本作「常生般若」，依底本真福本作「當生般若」為宜。

【注釋】

❶**心中眾生，所謂邪迷心、誑妄心、不善心、疽妒心、惡毒心，如是心者，盡是眾生**：惠能對有情眾生另有定義，目的是將對外攀緣的心，拉回來觀照自己心中的眾生，所以指出各種邪迷、誑妄、不善、疽妒與惡毒之心，都是自己應度之眾生，故曰「如是心者，盡是眾生」。

❷**何名自性自度？即自心中，邪見煩惱，愚癡眾生，將正見度**：如何被稱為在自己清淨本心自性中自己度化自己呢？即在心中，若遇到發覺自己有邪見與煩惱時，發現自己有如愚癡的眾生般，就以正知正見的佛法自己度化自己。

❸**既有正見，使般若智，打破愚癡迷妄，眾生各各自度。邪來正度，迷來悟度，愚來智度，惡來善度，如是度者，名為真度**：既然對佛法有正確的知見，知道修行時時刻刻要迴光返照自己的身心，才能生起覺性，如此擴大覺性後證入實相，得到並使用般若實相的智慧，由此打破愚癡的狀態與迷惑及妄見，因此眾生每個人要回歸到觀照自己的身心而自己度化自己。如此的觀照自己的身心，發現生起邪見時，得當下覺察到，但不去加以評判或相續，這便是邪來正度。當發覺自己迷失疑惑或昏沉無明或惡念叢生時，當下能覺照到，培養覺性與證入身心實相的智慧，即是迷來悟度、愚來智度、惡來善度，如此觀照自己身心而自己度化自己者，就稱為「真度」。

❹**煩惱無邊誓願斷，自性除卻虛妄思想心是也；又，法門無盡誓願學，須自見性，常行其善法，是名真學**：無邊的煩惱誓願斷除，即是在本心自性離開了虛妄及思維的心；還有，無盡的法門誓願修學，在日常生活中修息善法，就稱為「真學」。

❺**無上佛道誓願成，即常須下心，行於普敬，離迷離覺，當生般若，除真除妄，即見佛性**：無上的佛道誓願證成，就必須在日常生活中以謙卑的低下心，實踐修持普遍恭敬一切的行為，離開迷惑與醒悟對立兩邊的分別，離開追求真實與執著虛妄的對立，即此能夠悟見佛性。

師言：「善知識！今發四弘願了，更與善知識授無相三皈依①❶。善知識！皈依覺②，二足尊；皈依正，離欲尊；皈依淨，眾中尊❷。從今日去，稱覺為師，更莫皈依邪迷外道③❸。以自性三寶，常自證明❹。某甲勸善知識④，皈依自性三寶：佛者，覺也；法者，正也；僧者，淨也❺。自心皈依覺，邪迷不生，少欲知足，能離財⑤色，名二足尊❻；自心皈依正，念念無邪見，以無邪見故，即無人我、貢高、貪愛、執著，名離欲尊❼；自心皈依淨，一切塵勞妄念，雖在自性，皆不染著，名眾中尊❽。若修此行，是自皈依，凡夫不會，從日至日⑥，受三皈戒。若言皈佛⑦，佛在何處？若不見佛，憑何所皈❾？言卻成妄。善知識！各自觀察，莫錯用心，經文分明⑧，即言⑨自皈依佛，不言皈依他佛。自性不皈，無所皈處。今既自悟，各須皈依自心三寶，內調心性，外敬他人，是自皈⑩也❿。」

【校訂】

①**三皈依**：真福本、大乘本、天寧本皆作「三皈依」，興聖本作「三皈依戒」，寬永本作「三歸依戒」，石井校本補「戒」字作「三皈依戒」。「歸依」與「皈依」同，依底本作「三皈依」。「歸」與「皈」兩字同義，本文統一用「皈」字，下不出校。

②**覺**：大乘本、天寧本、興聖本、寬永本皆作「覺」，真福本作「學」，當作「覺」。

③**更莫皈依邪迷外道**：真福本、大乘本、天寧本皆作「更莫皈餘邪迷外道」，興聖本作「更莫皈依邪魔外道」，寬永本作「更莫歸依邪魔外道」，敦博本作「更不歸依邪迷外道」，旅博本作「更不歸依餘邪迷外道」，觀上下文義，作「更莫皈依邪迷外道」為宜。

④**某甲勸善知識**：真福本作「某甲勸吾善知識」，大乘本、天寧本皆作「某甲勸善知識」，興聖本、寬永本皆作「勸善知識」，底本「吾」疑為衍字，作「某甲勸善知識」為宜。

⑤**財**：真福本、大乘本、天寧本、興聖本皆作「財」，寬永本作「戝」，「戝」為「賊」之異體字，當作「財」。

⑥**從日至日**：真福本、興聖本、寬永本皆作「從日至日」，大乘本、天寧本皆作「從日至夜」，當作「從日至日」。

⑦**皈佛**：真福本、大乘本皆作「皈佛」，天寧本、興聖本皆作「皈依佛」，寬永本作「歸依佛」，依底本真福本作「皈佛」為宜。

⑧**經文分明**：大乘本、天寧本、興聖本、寬永本皆作「經文分明」，真福本脫「分」字。當補之。

⑨即言：真福本、大乘本、天寧本皆作「即言」，興聖本、寬永本皆作「言」，依真福本作「即言」為宜。

⑩自皈：真福本、大乘本、天寧本皆作「自皈」，興聖本作「自皈依」，寬永本作「自歸依」，依底本真福本作「自皈」為宜。

【注釋】

❶無相三皈依：「無相」，是說明離開外在形式上的執著，故說是「無相三皈依」。

❷皈依覺，二足尊；皈依正，離欲尊；皈依淨，眾中尊：皈命學習佛陀的覺悟，就會成為具備兩足的尊者；皈命學習佛陀的正法，就會成為離開欲望執著的尊者；皈命學習佛陀門下的清淨僧侶，就會成為統領大眾的尊者。覺，即是佛，佛的體性就是覺悟，所以皈依覺即等於皈依佛；正，是指宇宙間正確解脫修行方法與宇宙實相原理，因此皈依正，即是皈依正法；淨，指出家僧眾持戒清淨，因此皈依淨即是皈依守持清淨戒律的出家僧寶。

❸從今日去，稱覺為師，更莫皈依邪迷外道：從今天皈依以後，敬稱覺悟的佛陀為自己的老師，更不會去皈依邪惡迷執的外道。其中的「稱覺為師」，實有兩層涵義：其一，敬稱向覺悟圓滿的佛陀學習，以佛陀為師；其二，以生命中本有的覺性之本心自性為師，以覺性為師。外道，指佛教以外的宗教，或是指因修行而能究竟解脫以外的修持門派。

❹以自性三寶，常自證明：以自己的本心自性具備的覺性、實相、清淨之三寶，時常能夠自我證明正確的解脫之道。證明，吾人皈依三寶，主要是皈依自性中的三寶，十方三世的佛法僧，皆為吾人皈依自性三寶的證明。

❺皈依自性三寶：佛者，覺也；法者，正也；僧者，淨也：皈依自己的本心自性具備的覺性、實相、清淨之三寶：「佛」的意思，就是「覺悟」；「法」的意思，就是「實相」；「僧」的意思，就是「清淨」。

❻自心皈依覺，邪迷不生，少欲知足，能離財色，名二足尊：自心皈依覺悟的佛陀與本心的覺性，邪惡與迷惑就不會生起，欲望減少而知道滿足，能夠離開錢財的追求與離開男女美色的誘惑，就稱為具備兩足的尊者。

❼自心皈依正，念念無邪見，以無邪見故，即無人我、貢高、貪愛、執著，名離欲尊：自心皈依實相的正法，每一個念頭都沒有邪惡見解的緣故，就沒有人我的分別、驕傲自大、愛恨執著，就稱為離開欲望的尊者。

❽自心皈依淨，一切塵勞妄念，雖在自性，皆不染著，名眾中尊：自心皈依清淨，一切塵俗煩惱的妄念，雖然在自性中會顯現，但是清淨的自性是不會執著這些塵勞妄念的，就稱為大眾中的尊者。

❾若言皈佛，佛在何處？若不見佛，憑何所皈：若是說皈依佛陀，那麼「佛」在哪裡呢？若是沒有見到真實佛陀的體性，憑何有皈依的對象？

❿自性不皈，無所皈處。今既自悟，各須皈依自心三寶，內調心性，外敬他人，是自皈也：自己清淨的本性與覺性不去皈依，就沒有可以真正皈依的地方了。如今既然能夠自己覺悟，各位必須皈依本心的自性三寶，向內觀照自己的心性而不去分別，對外恭敬他人，此為自性皈依三寶的要點了。

六、說一體三身佛相門①

師言：善知識！各各至心②❶。某甲與說一體三身自性佛，令善知識見三身，了然自悟自性❷。總隨某甲道：

於自色身，皈依清淨法身佛；

於自色身，皈依千百億化身佛③；

於自色身，皈依圓滿報身佛❸。（以上三遍④唱）

善知識！色身是舍宅⑤，不可言皈，向者三身佛⑥在自性中❹。世人總有為自心迷，不見內性，外覓三身如來，不見自身中有三身佛❺。善知識！聽說令善知識於自身中，見自性有三身佛⑦。此三身佛，從自性生，不從外得❻。

【校訂】

①**說一體三身佛相門**：真福本作「說一體三身佛相門」，大乘本、天寧本皆作「說一體三身佛相」，興聖本、寬永本皆作「說一體三身佛門」，依底本真福本作「說一體三身佛相門」為宜。

②**至心**：真福本、興聖本、寬永本皆作「至心」，大乘本、天寧本皆作「志心」，「至心」與「志心」兩者皆通，依底本真福本作「至心」為宜。

③**於自色身，皈依清淨法身佛；於自色身，皈依千百億化身佛**：真福本作「於自色身，皈依千百億他身佛」，但在此句右側書小字注文「歸依清淨法身佛，於自色身中」，大乘本、天寧本、興聖本皆作「於自色身，皈依清淨法身佛；於自色身，皈依千百億化身佛」，寬永本作「於自色身，歸依清淨法身佛；於自色身，歸依千百億化身佛」，作「於自色身，皈依清淨法身佛；於自色身，皈依千百億化身佛」為宜。

④**三遍**：真福本、大乘本、天寧本皆作「三遍」，興聖本、寬永本皆脫「三」字，當作「三遍」。

⑤**色身是舍宅**：大乘本、天寧本、興聖本、寬永本皆作「色身是舍宅」，真福本脫「是」字，當補之。

⑥三身佛：真福本、大乘本、天寧本皆作「三身」，興聖本、寬永本皆作「三身佛」，觀前後文義，作「三身佛」為宜。

⑦不見自身中有三身佛。善知識！聽說令善知識於自身中，見自性有三身佛：惠昕五本皆作「不見自身中有三世佛。善知識！聽說令善知識於自身中，見自性有三世佛」，敦博本作「不見自色身中三世佛。善知識！聽與善知識說，令善知識於自色身見自法性有三世佛」，英博本作「不見自色身中三性佛。善知識！聽汝善知識說，令善知識衣自色身見自法性有三世佛」，旅博本作「不見自色身中三世佛。善知識！聽與善知識說，令善知識於自色身見自法性有三世佛」，宗寶系列本作「不見自身中有三身佛。汝等聽說，令汝等於自身中，見自性有三身佛」。觀上下文義，佛教言「三世」，乃指過去、現在與未來，與「三身佛」的概念並不等同，因此當作「三身佛」而非「三世佛」，故當作「不見自身中有三身佛。善知識！聽說令善知識於自身中，見自性有三身佛」。

【注釋】

❶各各至心：每個人都以最誠摯的心，追求佛法而希望了解自己的本心。至心，最誠摯的心。

❷一體三身自性佛，令善知識見三身，了然自悟自性：惠能說明眾生在一本體中有「三身」，即法身、報身與化身，在此「三身」中即有本心自性的佛，在此令學習佛法的朋友們悟見自己的三身，徹底明白自己覺悟自己的本性。

❸於自色身，皈依清淨法身佛；於自色身，皈依千百億化身佛；於自色身，皈依圓滿報身佛：在自己物質相貌的身相中，皈依不生不滅清淨的法身佛；在自己物質相貌的身相中，皈依千百億的化身佛；在自己物質相貌的身相中，皈依這個身體圓滿的報身佛。三身佛：又名三身、三佛、三佛身。「身」有聚集的意思，也就是說聚集諸法而成就此「身」，所以不生不滅的實相真理的聚集就被稱為「法身」，有生不滅的功德境界的聚集被稱為「報身」，有生有滅的修行變化作用的聚集稱為「應身」或是「化身」。在佛教各種經論中列舉說明的三身佛的名稱與詮釋並不一致，但大抵以法身、報身與化身為主。皈依：又寫作歸依。指禮敬依止於佛教的佛、法、僧三寶。歸依的本義有救濟、救渡的意義，即是依靠佛、法、僧三寶的威德，能得到生命解脫的方向與目標。皈依亦有依止學習的意思，就是向佛、法、僧三寶學習解脫的法門。

❹色身是舍宅，不可言皈，向者三身佛在自性中：物質的身體是房屋住宅，不可以說是皈依的對象，向來三身佛就在自己的法性之中。色身：主要指有形質的物質身，也就是肉身。其中，「色」含有「有形狀」的意義。廣義的意義，佛教的「色」常指存在物質的總稱。

❺世人總有為自心迷，不見內性，外覓三身如來，不見自身中有三身佛：世間上的人都有的，因為迷惑不能悟見自己身心之中內在的本心自性，向外在追求三身如來，卻沒有悟見自己物質色身中的三身佛。

❻此三身佛，從自性生，不從外得：在自己物質色身中悟見自己的法性有法報化三身佛，這三身佛是從眾生的自性上生出的，並非是向外在追求而得。

何名清淨法身？世人性本清淨，萬法從自性生❶。思量一切惡事，即生惡行；思量一切善事，即生善行❷。如是諸法，在自性中，如天常清，日月常明，為浮雲蓋覆，上明下暗。忽遇風吹，眾雲散盡①，上下俱明，萬象皆現❸。世人性常浮游，如彼雲天❹②，亦復如是③。善知識！智如日，慧如月，智慧常明。於外著境，被妄念浮雲蓋覆，自性不得明朗❺。若遇善知識④，聞真正法，自除迷妄，內外明徹，於自性中，萬法皆現。見性之人，亦復如是❻。此名⑤清淨法身佛❼。

善知識！自心皈依自性，是皈依真佛❽。自皈依者，除卻自性⑥不善心、疽妒心、憍誑心⑦、吾我心、誑妄心、輕人心、慢他心、邪見心、貢高心，及一切時中⑧不善行⑨❾，常自見己過，不說他人好惡❿，是自皈依。常須下心，行於普敬⑩⓫，即是見性通達，更無滯礙，是自皈依⓬。

【校訂】

①**眾雲散盡**：真福本、大乘本、天寧本皆作「眾雲散盡」，興聖本、寬永本皆作「雲散」，依底本真福本作「眾雲散盡」為宜。

②**雲天**：真福本、大乘本、天寧本皆作「雲天」，興聖本、寬永本皆作「天雲」，作「雲天」為宜。

③**亦復如是**：真福本、大乘本、天寧本皆作「亦復如是」，興聖本、寬永本皆無此四字，依底本真福本作「亦復如是」為宜。

④**善知識**：真福本、大乘本、天寧本皆作「知識」，興聖本、寬永本皆作「善知識」，當作「善知識」。

⑤**亦復如是此名**：大乘本、天寧本、興聖本、寬永本皆作「亦復如是此名」，真福本「是」、「此」二字倒置，作「亦復如是此名」為宜。

⑥**自性**：真福本、大乘本、天寧本皆作「自性」，興聖本、寬永本皆作「自性中」，依真福本作「自性」為宜。

⑦**憍誑心**：真福本、大乘本、天寧本皆作「憍誑心」，興聖本、寬永本皆作「憍慢心」，依真福本作「憍誑心」為宜。

⑧**時中**：大乘本、天寧本、興聖本、寬永本皆作「時中」，真福本脫「時」字，當補之。

⑨**不善行**：真福本、大乘本、天寧本皆作「不善行」，興聖本、寬永本皆作「不善之行」，依底本真福本作「不善行」為宜。

⑩**行於普敬**：真福本、大乘本、天寧本皆作「行於普敬」，興聖本、寬永本皆作「普行恭信」，依底本真福本作「行於普敬」為宜。

【注釋】

❶世人性本清淨，萬法從自性生：世間人的本性本來就是清淨與不執著的，世間上所有的境界與覺悟的方法都在自己的本心覺性之中。

❷思量一切惡事，即生惡行；思量一切善事，即生善行：心中思考想念一切不好的事情，就是做了不好的惡行；心中思考想念一切善良美好的事情，就是修持於善良美好的行為。

❸如是諸法，在自性中，如天常清，日月常明，為浮雲蓋覆，上明下暗。忽遇風吹，眾雲散盡，上下俱明，萬象皆現：如此明白實相的一切境界與覺悟方法，都在自己的本性之中，如同天空時常清淨，如同太陽與月亮恆常明亮一般。只是因為被烏雲所覆蓋，烏雲上面是明亮的太陽與月亮，而烏雲下面是昏暗的雲氣。忽然遇到智慧的慧風吹散，捲盡滿天的烏雲濃霧都散盡，整個天空上下都明朗空曠，宇宙間各種影象如森林樹木般地羅列在眼前，同時都顯現出來。

❹世人性常浮游，如彼雲天：世間上的人本心受到烏雲的蒙蔽而浮雲經常浮動漂游，如同雲霧在天空中一般。

❺智如日，慧如月，智慧常明。於外著境，被妄念浮雲蓋覆，自性不得明朗：智慧的光明有如太陽，智慧的性質有如月亮，智慧的本質是恆常光明的。對於外在的境界產生執著，就如同心中的智慧光明就會被有如浮雲的妄念遮蓋覆藏，這是因為自己的本性不能顯明光朗的緣故。

❻若遇善知識，聞真正法，自除迷妄，內外明徹，於自性中，萬法皆現。見性之人，亦復如是：若是遇到真正了解佛法又已經開悟的明眼善知識，聽聞其開示吾人真實正確的佛法，吹散吾人心中的迷惑與妄念，內在的本心與外在的境界就會光明清徹，在自己的本性之中，世間各種的境界與相貌都會清晰地展現。能夠悟見本心自性的修行者，也是如此的。內外明徹，內外是指內心與外境，明徹是指清明透徹。內心外境之所以會清明透徹，主要是因為沒有受到妄念烏雲的覆蓋，也離開了渴望及煩惱，自然呈現萬法洞明的境界。

❼此名清淨法身佛：這就被稱清淨永恆的實相法身之佛。

❽自心皈依自性，是皈依真佛：我們的自心皈依本心自性，就是皈依清淨法身之佛。

❾自皈依者，除卻自性不善心、疽妒心、憍誑心、吾我心、誑妄心、輕人心、慢他心、邪見心、貢高心，及一切時中不善行：若是皈依本心自性中的清淨法身佛，就要除去自己本性中的不善之心念、傷害他人嫉妒別人的心、驕傲欺騙別人的心、以自我為中心的心、欺詐誣妄造假騙人的心、看不起別人的心、輕視怠慢別人的心、錯誤見解的心、驕傲自大的心，以及在生活中一切時刻各種不善良的行為。

❿常自見己過，不說他人好惡：經常看見自己的過失，不去說他人好壞善惡批評的話。

⓫是自皈依。常須下心，行於普敬：這就是自己皈依清淨的本心自性。經常懷抱著謙卑低下的心，實踐行持對任何人及眾生普遍的恭敬。

⓬即是見性通達，更無滯礙，是自皈依：如此即是悟見自己的本性而通暢明達，更是沒有任何停滯掛礙，這就是自己皈依清淨的本心自性。

何名千百億化身？若不思萬法，性本如空。一念思量，名為變化❶。思量惡事，化為地獄；思量善事，化為天堂❷。毒害化為龍蛇，慈悲化為菩薩，智慧化為上界，愚癡化為下方❸。自性變化甚多，迷人不能省覺。念念起惡，常行惡道；迴一念善，智慧即生。此名①自性化身佛❹。

何名圓滿報身？譬如一燈能除千年暗，一智能滅萬年愚❺。莫思向前，已過不可得②；常思於後，念念圓滿明③❻。自見本性，善惡雖殊，本性無二，無二之性，名為實性。於實性中，不染善惡。此名圓滿報身佛❼。

師言④：「自性起一念惡，報滅萬劫善因；自性起一念善，報得河沙惡盡⑤。直至無上菩提⑥，念念自見，不失本念，名為報身❽。善知識！從法身思量，即是化身佛；念念自性自見，即是報身佛❾。自悟自修⑦自性功德，是真自皈依⑧。皮肉是色身，色身是舍宅⑨，不言皈也。但悟自性三身，即識自性大意❿。」⑩

【校訂】

①**此名**：真福本、大乘本、天寧本皆作「此是」，興聖本、寬永本皆作「此名」，作「此名」為宜。

②**莫思向前，已過不可得**：真福本、大乘本、天寧本皆作「莫思向前已過」，興聖本、寬永本皆作「莫思向前，已過不可得」，作「莫思向前，已過不可得」為宜。

③**圓滿明**：真福本作「圓滿明」，大乘本、天寧本、興聖本、寬永本皆作「圓明」，觀上下文義，作「圓滿明」為宜，指圓滿「明」之覺性。

④**師言**：真福本、大乘本、天寧本皆作「師言」，興聖本、寬永本皆作「師又言」，依底本真福本作「師言」為宜。

⑤**自性起一念惡，報滅萬劫善因；自性起一念善，報得河沙惡盡**：真福本、大乘本、天寧本皆作「自性起一念惡，報滅萬劫善因；自性起一念善，報得河沙惡盡」，興聖本、寬永本皆作「自性起一念惡，滅萬劫善因；自性起一念善，得恆沙惡盡」，依真福本錄入為宜。

⑥**無上菩提**：真福本、大乘本、天寧本皆作「無上」，興聖本、寬永本皆作「無常」，宗寶諸本皆作「無上菩提」，當作「無上菩提」為宜。

⑦**自修**：真福本、大乘本、興聖本、寬永本皆作「自修」，天寧本脫「自」字，當作「自修」。

⑧**自皈依**：真福本、大乘本、天寧本皆作「自皈依」，興聖本作「皈依」，寬永本作「歸依」，依真福本作「自皈依」為宜。

⑨**舍宅**：真福本、大乘本、天寧本皆作「舍宅」，興聖本、寬永本皆作「宅舍」，作「舍宅」為宜。

⑩此為上卷之末，真福本、天寧本、興聖本、寬永本皆作「六祖壇經卷上」，大乘本作「韶州曹溪山六祖師壇經卷上」並側書「施主尼無求」，皆刪。

【注釋】

❶**若不思萬法，性本如空。一念思量，名為變化**：若是不思量萬法，眾生本性本來就是空幻寂滅的。一念思考想念分別的思量，就是自己的修持變化。

❷**思量惡事，化為地獄；思量善事，化為天堂**：思考想念邪惡的境界與方法，當下就化現出地獄的悲慘恐怖；思考想念良善的境界與方法，當下就化現成為天堂的快樂無憂。

❸**毒害化為龍蛇，慈悲化為菩薩，智慧化為上界，愚癡化為下方**：思考想念惡毒傷害的境界與方法，當下就化現成為龍蛇的殘忍與暴力；思考想念慈悲的境界與方法，當下就化現成為菩薩的慈愛關懷。思考想念智慧的境界與方法，當下就化現成為色界與無色界等天界的清淨光明；思考想念愚癡的境界與方法，當下就化現成為地獄、惡鬼與畜生道的境界。上界，主要是指色界與無色界等上界天，一般是與欲界對稱，或是與下界對稱。又可稱天上界，屬於六道之一，即包括無色界、色界、欲界等諸天。惠能在此說明的上界，應是指修持五戒十善之後，又修持了四禪八定而得往生的天界，統稱為上界。下方，指地獄、惡鬼與畜生道三惡道。

❹**自性變化甚多，迷人不能省覺。念念起惡，常行惡道；迴一念善，智慧即生。此名自性化身佛**：眾生自己的本性變化很多，迷惑的人自己不知道也不能看見而反省明覺。若是念念之間生起惡心，就是經常行惡法而產生罪惡的行為；若是迴照心光，心中一念發出善心，智慧當下就會產生。這是被稱為自己本性化身的佛陀。

❺**譬如一燈能除千年暗，一智能滅萬年愚**：例如一盞燈火的光明能夠滅除千年的昏暗，一個心念開啟的智慧能夠滅除萬年的愚癡。

❻**莫思向前，已過不可得；常思於後，念念圓滿明**：不要經常想到以前的舊事而執著，過去的事情已經過去了而不可再得；要經常想到以後要做什麼，在念念之間去圓滿「明」之覺性。

❼**自見本性，善惡雖殊，本性無二，無二之性，名為實性。於實性中，不染善惡。此名圓滿報身佛**：若是能夠自己悟見本心自性，就會發現善惡雖然有所不同，但是其本性卻無二致，因此沒有分別的本性，就稱為實相的本性。在實相本性中，不執著善惡，就稱為圓滿報身佛。

❽**念念自見，不失本念，名為報身**：在每個心念之間可以悟見本心自性時，就不會失去本來清淨無掛無礙的心念，就稱為「報身」。

❾**從法身思量，即是化身佛；念念自性自見，即是報身佛**：從不生不滅的法身來思考衡量，就是化身佛；每一個心念都見到本心，就是報身佛的境界。

❿**但悟自性三身，即識自性大意**：只要覺悟本心自性中法、報、化三身的境界與意義，當下就能體驗與認識本心自性的宗旨大意。

《六祖壇經》卷下①

七、說摩訶般若波羅蜜門②
八、現西方相狀門（武帝問功德附）③
九、諸宗難問門④
十、南北二宗見性門⑤
十一、教示十僧傳法門⑥（示寂年月附）⑦

【校訂】

①《六祖壇經》卷下：真福本、興聖本、寬永本皆作「六祖壇經卷下」，大乘本作「韶州曹溪山六祖師壇經下」，天寧本作「韶州曹溪山六祖師壇經卷下」，依底本作「六祖壇經卷下」為宜。卷題左側下，真福本作「依真小師邕州羅秀山惠進禪院沙門惠昕述」，大乘本、天寧本、興聖本、寬永本無。

②說摩訶般若波羅蜜門：真福本、興聖本、寬永本皆作「說摩訶般若波羅蜜門」，大乘本作「說摩訶般若波羅密」，天寧本作「說摩訶般若波羅蜜」，依底本真福本作「說摩訶般若波羅蜜門」為宜。

③現西方相狀門（武帝問功德附）：真福本作「現西方相狀門（武帝問功德附）」，大乘本作「現西方相狀（武帝功德附）」，天寧本作「現西方相狀（武帝問功德）」，興聖本、寬永本皆作「問答功德及西方相狀門」，依底本真福本作「現西方相狀門（武帝問功德附）」為宜。

④諸宗難問門：真福本、興聖本、寬永本皆作「諸宗難問門」，大乘本、天寧本皆作「諸宗難問」，依底本真福本作「諸宗難問門」為宜。

⑤南北二宗見性門：大乘本、天寧本皆作「南北二宗見性」，興聖本、寬永本皆作「南北二宗見性門」，真福本脫「性」字作「南北二宗見門」，當作「南北二宗見性門」。

⑥教示十僧傳法門：真福本作「教示僧門」，大乘本、天寧本皆作「教示十僧」，興聖本、寬永本皆作「教示十僧傳法門」，石井校本作「教示十僧門」，但底本真福本在內容作「教示十僧傳法門」，故依興聖本、寬永本作「教示十僧傳法門」。

⑦示寂年月附：「門」字下，真福本、大乘本、天寧本皆作夾注「示寂年月附」，興聖本、寬永本皆無，依真福本作夾注「示寂年月附」為宜。

七、說摩訶般若波羅蜜門①

師言：「善知識！既識三身佛了，更為善知識②說摩訶般若波羅蜜法❶，各各至心③諦聽❷。世人終日口念，本體④不識自性，猶如誦食不飽⑤。口但說空，萬劫不得見性⑥❸。某甲與說⑦，善知識！摩訶般若波羅蜜是梵語，此言大智慧到彼岸❹。此須心行，不在口說⑧。口念心不行，如幻如電⑨❺；口念心行，即心口相應❻。本性是佛，離性無別佛❼。何名摩訶？摩訶是大。心量⑩猶如虛空，無有邊畔，亦無方圓大小，亦非⑪青黃赤白，亦無上下長短，無⑫嗔無喜，無是無非，無善無惡，無有頭尾❽。諸佛剎土，盡同虛空。世人妙性本空，無有⑬一法可得。喻此大空⑭，自性真空，亦復如是❾。善知識！今聞某甲說空，便即著空。第一莫著空⑮，若空心淨坐⑯，即落無記空，終不成佛法❿。善知識！世界虛空，能含萬物色象，日月星宿，山河泉源溪澗，一切樹木，惡人善人，惡法善法，天堂地獄，一切大海，須彌諸山，總在空中。世人性空，亦復如是⓫。」

【校訂】

①**說摩訶般若波羅蜜門**：真福本、興聖本、寬永本皆作「說摩訶般若波羅蜜門」，大乘本作「說摩訶般若波羅密」，天寧本作「說摩訶般若波羅蜜」，依底本真福本作「說摩訶般若波羅蜜門」為宜。

②**善知識**：真福本、大乘本、天寧本皆作「善知識」，興聖本、寬永本皆無「善知識」三字，依底本真福本錄入為宜。

③**至心**：真福本、興聖本、寬永本皆作「至心」，大乘本、天寧本皆作「志心」，依底本真福本作「至心」為宜。

④**本體**：真福本、大乘本、天寧本皆作「本體」，興聖本、寬永本皆無「本體」二字，依底本真福本作「本體」為宜。

⑤**誦食不飽**：真福本、大乘本、天寧本皆作「誦食」，興聖本、寬永本皆作「誦食不飽」，作「誦食不飽」為宜。此段至宗寶諸本改作「世人終日口念般若，不識自性般若，猶如說食不飽」。

⑥**萬劫不得見性**：真福本、大乘本、天寧本皆作「萬劫不得見性」，興聖本、寬永本皆作「萬劫不得見性，終無有益」，依底本作「萬劫不得見性」。

⑦**某甲與說**：真福本、大乘本皆作「某甲與說」，天寧本在「說」字下衍「ㄙ」，興聖本、寬永本皆無此四字，依真福本作「某甲與說」為宜。

⑧**不在口說**：真福本、大乘本、天寧本皆作「不在口說」，興聖本、寬永本皆作「不在口念」，依底本真福本作「不在口說」為宜。

⑨**如幻如電**：真福本、大乘本、天寧本皆作「如幻如電」，興聖本、寬永本皆作「如幻如化，如露如電」，依底本作「如幻如電」為宜。

⑩**心量**：真福本、大乘本、天寧本皆作「心量」，興聖本、寬永本皆作「心量廣大」，依底本真福本作「心量」為宜。

⑪**亦非**：真福本、大乘本、天寧本皆作「非」，興聖本、寬永本皆作「亦非」，但觀前後文，作「亦非」為宜。

⑫**無**：真福本、大乘本皆作「無」，天寧本、興聖本、寬永本皆作「亦無」，依底本真福本作「無」為宜。

⑬**無有**：真福作「無」，大乘本、天寧本、興聖本、寬永本皆作「無有」，作「無有」為宜。

⑭**喻此大空**：真福本、大乘本、天寧本皆作「喻此大空」，興聖本、寬永本皆無此四字，依真福本作「喻此大空」為宜。

⑮**著空**：真福本、大乘本、天寧本皆作「空」，興聖本、寬永本皆作「著空」，觀前後文義，作「著空」為宜。

⑯**淨坐**：真福本、大乘本、天寧本皆作「淨坐」，興聖本、寬永本皆作「靜坐」，依真福本作「淨坐」為宜。下不出校。「淨坐」一詞，原出於《佛說大安般守意經》卷一：「何謂為淨坐？謂不念為淨坐。」其中的「淨坐」，指心念不動之意。

【注釋】

❶**摩訶般若波羅蜜法**：無上殊勝證得實相智慧而究竟解脫的法門。

❷**志心諦聽**：至心，最誠摯的心。諦聽，原是指受持佛教經典的十種法行之一，即是從心中深處清楚明白地聽聞佛法。如《長阿含經》卷一：「佛告諸比丘：『諦聽！諦聽！善思念之，吾當為汝，分別解說。』時，諸比丘受教而聽。」諦，有注意、細察、仔細、確實、領悟、真實諸義，即是注意聆聽與仔細聆聽之意。志心諦聽，即是以最真摯的誠心與信心，真實仔細聆聽惠能的開示。

❸**世人終日口念，本體不識自性，猶如誦食不飽。口但說空，萬劫不得見性**：世間上的人整日口上念著摩訶般若波羅蜜，但是生命的本體卻不認自己的本心法性，這就如同誦念食物的名單而終究不能吃飽的道理一樣。嘴巴裡只是說萬法空幻，但是萬劫的時光依然不能悟見自己的本性。

❹**摩訶般若波羅蜜是梵語，此言大智慧到彼岸**：摩訶般若波羅蜜這句話，是西方印度國的梵語發音，唐代的漢語翻譯是大智慧到清淨解脫的彼岸。到彼岸：梵語音譯為波羅蜜、波羅蜜多、波囉弭多。意譯為度、度無極、事究竟等。意思是指由生死的此岸到涅槃解脫的彼岸，或者直譯為大乘解脫的法門，同時有達到目的及路徑方法的雙重意義。

❺**此須心行，不在口說。口念心不行，如幻如電**：這項摩訶般若波羅蜜法門必須用心修行實踐行持，不是在口中誦念就可以達到與證成其境界。口中誦念摩訶般若波羅蜜法門而不去用心修行實踐行持，如同虛無幻化，如同一閃即逝的電光，並無真實的利益。

❻**口念心行，即心口相應**：若是口中誦念摩訶般若波羅蜜法而心中也是實踐行持摩訶般若波羅蜜法，這就是心中行持與口中誦念兩者相應了。

❼**本性是佛，離性無別佛**：眾生的本心覺性就是佛性，離開本心的覺性而去修習佛法是無法成佛的。

❽**何名摩訶？摩訶是大。心量猶如虛空，無有邊畔，亦無方圓大小，亦非青黃赤白，亦無上下長短，無嗔無喜，無是無非，無善無惡，無有頭尾**：如何稱為「摩訶」？「摩訶」的意思是「大」。一個人心量廣大，有如虛空一般，如虛空般大到沒有邊際，大到也沒有長方圓形的形式上的大小，也不是青色、黃色、紅色、白色的顏色可以區分，也沒有上方下方或是長短距離可以度量或限制，沒有嗔恚，沒有喜愛，沒有正確，沒有錯誤，沒有善良與罪的區別，沒有開始與結束的分別。摩訶：梵語音譯摩賀、莫訶、摩醯。漢譯為大或超級大之意。有甚多、殊勝、超大、甚妙的意思，大乘佛教將此語有延伸至「甚大」或「超級大」的含義，藉以表示出世間法的殊勝。在今天印度、斯里蘭卡、馬來西亞等地仍以此語說明「大」的意義。

❾**諸佛剎土，盡同虛空。世人妙性本空，無有一法可得。喻此大空，自性真空，亦復如是**：諸佛的清淨佛土，全部都如同虛空一般。世間的人微妙的本心自性本來也是空幻的，實際上並沒有任何一個境界或方法可以得到擁有。以此比喻「摩訶」，本心自性本來就是不生不滅的真空，也是如此的。

❿**今聞某甲說空，便即著空。第一莫著空，若空心淨坐，即落無記空，終不成佛法**：如今聽聞惠能解說「空」的相貌，若是因此執著了「空」，就是不對的。首要的第一件事，就是不要執著「空」，若是執著「空」而心念不動不起的禪坐，就會落入不能分析辨別善惡的空幻中，也就類似進入深度的昏沉與無明裡，如此終究是無法證悟而成就佛法的。無記：佛法將世間一切法分為善、不善與無記三類性質，無記就是非善與非不善者，因為不能被歸類為善性或者惡性，所以稱為無記。雖然是無記的非善與非不善，但仍是輪迴中的有漏法，依然會受到因緣果報的束縛與產生執著，並不能解脫生死輪迴的痛苦。

⓫**世界虛空，能含萬物色象，日月星宿，山河泉源溪澗，一切樹木，惡人善人，惡法善法，天堂地獄，一切大海，須彌諸山，總在空中。世人性空，亦復如是**：宇宙世界的虛空，能夠包含天下萬物的物質表象，能夠包含日月星辰大地，能夠包含山川河流泉水小溪與山中的流澗，能夠包含一切小草樹木，能夠包含邪惡的人與善良的人，能夠包含不好的境界與好的境界，能夠包含天堂與地獄，乃至於能夠包含一切的大海與須彌山等諸座大山，這些都在虛空之中，世人的本性空幻不實，也是如此的。惠能在此解說「摩訶般若波羅蜜法」的進路有四項：其一，重視實踐行持為第一優先，不能只是聽聞、解析及誦念而已，故曰：「摩訶般若波羅蜜是梵語，此言大智慧到彼岸。此須心行，不在口說。」其二，說明「摩訶是大」並且等同虛空的道理，故曰：「摩訶是大。心量猶如虛空，無有邊畔，……諸佛剎土，盡同虛空。」其三，惠能以「摩訶是大」的虛空，比喻眾生的本性亦是如虛空一般，無有一法可得，也就是沒有任何以執著的地方，故曰：「世人妙性本空，無有一法可得。喻此大空，自性真空，亦復如是。」其四，在實踐行持時，亦要不執著「空」，保持心中清明的覺性，無掛無礙，即能體證本心自性猶如虛空而開悟，故曰：「第一莫著空，若空心淨坐，即落無記空，終不成佛法。……世人性空，亦復如是。」

師言①：「善知識！自性能含萬法是大②，萬法在善知識性③中。若見一切人④，惡之與善⑤，盡皆不捨⑥，亦不染著，心如虛空，名之為大⑦❶。善知識！迷人口說，智者心行。又有迷人，空心淨坐，百無所思，自稱為大。此一輩人，不可共說，為邪見故❷。善知識！心量廣大，廓周法界，用即了了分明，應用遍知一切❸。一切是⑧一，一即一切，去來自由⑨，心體無滯❹，此是善知識⑩。一切般若智心⑪，皆從自性而生，不從外入，莫錯用意，名真自用⑫❺。一真一切真，心量大事，不行小道。口莫終日說空，心中不修行此行，恰似凡人自稱國王，終不可得，非吾弟子❻。」

善知識！何名般若？般若是智慧⑬，一切處所，一切時中，念念不愚，常行智慧，即是般若行❼。一念愚即般若絕，一念智即般若生。世人愚迷，不見般若，口說般若，心中常愚，自言我修般若，念念說空，不識真空❽。般若無形相，智慧心即是，若作如是解，即名般若智❾。

【校訂】

①**師言**：真福本、大乘本、天寧本皆作「師言」，興聖本、寬永本皆無此二字，依真福本作「師言」為宜。

②**自性能含萬法是大**：真福本、興聖本、寬永本皆作「自性能含萬法是大」，大乘本、天寧本皆作「自性能含萬法是名為大」，依底本真福本為宜。

③**善知識性**：真福本、寬永本皆作「善知識性」，大乘本、天寧本皆作「自性」，依真福本作「善知識性」為宜。

④**一切人**：真福本、天寧本、寬永本皆作「一切人」，大乘本作「一切」，依底本真福本作「一切人」為宜。

⑤**惡之與善**：真福本作「惡與善」，大乘本、天寧本、寬永本皆作「惡之與善」，作「惡之與善」為宜。

⑥**不捨**：真福本、大乘本、天寧本皆作「不捨」，寬永本作「不取不捨」，依底本真福本作「不捨」為宜。

⑦在「名之為大」後，寬永本作「故曰摩訶」四字，真福本、大乘本、天寧本皆無，依底本真福本錄入為宜。

⑧**是**：真福本、大乘本、天寧本皆作「是」，寬永本作「即」，依底本真福本作「是」為宜。

⑨**去來自由**：大乘本、天寧本、寬永本皆作「去來自由」，真福本作「去來」，石井校本補「自由」二字，可從，即作「去來自由」。

⑩**此是善知識**：真福本、大乘本、天寧本皆作「此是善知識」，寬永本作「此即是善知識」，依真福本錄入為宜。

⑪**般若智心**：真福本、大乘本、天寧本皆作「般若智心」，寬永本作「般若智」，依真福本作「般若智心」為宜。

⑫**名真自用**：真福本、大乘本、天寧本皆作「名真自用」，寬永本作「名為真性自用」，依底本真福本作「名真自用」為宜。

⑬**智慧**：真福本作「知惠」，大乘本作「智惠」，天寧本作「智慧」，寬永本作「智惠也」，「知」與「智」二字古代通用，依現代書寫體例，當作「智慧」。

【注釋】

❶**自性能含萬法是大，萬法在善知識性中。若見一切人，惡之與善，盡皆不捨，亦不染著，心如虛空，名之為大**：自性包含宇宙萬法就是「大」（摩訶），萬法都是自性的顯現。看見一切人類與非人類，邪惡的與善良的，惡法與善法，都不會捨棄，也不可以執著，正有如虛空一般，就稱之為「大」。

❷**迷人口說，智者心行。又有迷人，空心淨坐，百無所思，自稱為大。此一輩人，不可共說，為邪見故**：迷惑的人口中誦念，智慧的修行者心念實踐行持。又有迷惑的人，認為心中放空而心念不動不起，心中執著「空」而不去思維，自己稱此狀態為「大」。這一類的人，不可以與他討論佛法，因為他心中充滿了錯誤的見解。

❸**心量廣大，廓周法界，用即了了分明，應用遍知一切**：真正的修行者是心量極為廣大，包含了整個法界，在生活中的日用平常動作中是了了分明的，應用覺性也是知道一切細微的分別而得到相應的智慧。

❹**一切是一，一即一切，去來自由，心體無滯**：在華嚴思想中，一切本體與妙用相融為一，一心融攝萬法，於是心無掛礙而自由，心的本體無滯礙。

❺**一切般若智心，皆從自性而生，不從外入，莫錯用意，名真自用**：一切般若實相的智慧本心，都是從眾生自性中生出的，不是從外在生出，不要誤會原來的本義，如此就能明白真正般若實相本身妙用的智慧。

❻**一真一切真，心量大事，不行小道。口莫終日說空，心中不修此行，恰似凡人自稱國王，終不可得，非吾弟子**：一法真實一切法真實，如此心量成就解脫大事，不執著微小法門。嘴上不要整天說空，心裡卻不去實修空幻，就像凡夫百姓自稱是國王，終究不是真實，這種人不是我惠能的弟子。

❼**何名般若？般若是智慧，一切處所，一切時中，念念不愚，常行智慧，即是般若行**：什麼稱為「般若」呢？般若就是妙智慧。在生活中的一切處所，生活中的一切時間內，每一個心念都不是愚癡的，保持清明的覺性，經常修行明明白白的妙智慧，就稱為般若修行的法門。

❽**一念愚即般若絕，一念智即般若生。世人愚迷，不見般若，口說般若，心中常愚，自言我修般若，念念說空，不識真空**：一個心念愚癡就是般若滅絕，一個心念智慧就是般若生起。世間的人心中經常愚癡，並未悟見般若實相，口中說般若實相，心中經常愚癡，自己告訴自己我是修持般若法門，口中一直反覆說「空」，卻不能認識自己本心自性的「真空」。

❾**般若無形相，智慧心即是，若作如是解，即名般若智**：般若實相並無形相，智慧本心也是如此的，若作如是的理解及體證，就稱為般若實相的智慧。

何名波羅蜜？此是西國語，漢言到彼岸①。解義離生滅，著境生滅起❶。如水有波浪，即是於此岸，睹境無生滅②，如水常通流，即名為彼岸，故號波羅蜜❷。

善知識！迷人口念，當念之時③，有妄有非，念念若行，是名真性❸。悟此法者，是般若法；修此行者④，是般若行。不修即凡，一念修行⑤，法身等佛❹。

善知識！煩惱即是菩提⑥。前念迷即凡⑦，後念悟即佛。前念著境即煩惱，後念離境即菩提❺。善知識！摩訶般若波羅蜜，最尊⑧最上最第一，無住無往來⑨，三世諸佛，皆從中出❻。用⑩大智慧，打⑪破五蘊煩惱塵勞。若人修行⑫，定成佛道，變三毒為戒定慧❼。

【校訂】

①漢言到彼岸：真福本、大乘本、天寧本皆作「漢言到彼岸」，寬永本作「此言到彼岸」，旅博本作「唐言彼岸到」，依底本真福本作「漢言到彼岸」為宜。

②睹境無生滅：真福本、大乘本、天寧本皆作「睹境無生滅」，寬永本、敦煌三本皆作「離境無生滅」，依底本真福本作「睹境無生滅」為宜。

③當念之時：大乘本、天寧本、寬永本皆作「當念之時」，真福本脫「念」字，石井校本補「念」字，當補「念」字作「當念之時」。

④修此行者：真福本作「修行此行者」，大乘本、天寧本、寬永本皆作「修此行者」，作「修此行者」為宜。

⑤一念修行：真福本、寬永本皆作「一念修行」，大乘本、天寧本皆作「一念相應」，依底本真福本作「一念修行」為宜。

⑥煩惱即是菩提：真福本、大乘本皆作「煩惱即是菩提」，天寧本作「煩惱即菩提」，寬永本作「凡夫即佛，煩惱即菩提」，依底本真福本作「煩惱即是菩提」為宜。

⑦前念迷即凡：真福本、大乘本、天寧本、敦煌三本皆作「前念迷即凡」，寬永本作「前念迷即凡夫」，依底本作「前念迷即凡」為宜。

⑧最尊：真福本、大乘本、寬永本皆作「最尊」，天寧本脫「最尊」二字，依真福本作「最尊」為宜。

⑨無住無往來：真福本、大乘本、天寧本皆作「無住無往來」，寬永本作「無住無往無來」，依真福本作「無住無往來」為宜。

⑩用：真福本、大乘本、天寧本皆作「用」，寬永本作「當用」，依底本真福本作「用」為宜。

⑪興聖本原闕一頁，相對於真福本缺漏「知識性中若見一切人……用大智惠打」等四四二字。

⑫若人修行：真福本、大乘本、天寧本皆作「若人修行」，興聖本、寬永本皆作「若此修行」，依真福本作「若人修行」為宜。

【注釋】

❶**何名波羅蜜？此是西國語，漢言到彼岸。解義離生滅，著境生滅起**：什麼稱為「波羅蜜」呢？這是西方印度國的梵語，唐代的漢語翻譯稱為「到彼岸」。應當瞭解「波羅蜜」其中的意義，就是超越離開生滅的對立，若是執著外在的境界，生滅的對立就會生起。波羅蜜，指從生死煩惱的此岸而達到解脫涅槃的彼岸。梵語音譯又作波囉弭多、波羅蜜多。梵語意譯為度、事究竟、到彼岸、度無極等。通常指菩薩的修行能究竟一切自覺覺他的情事，所以稱為「事究竟」。同時，能夠依持這種修行的法門，由生死的此岸到達解脫涅槃的彼岸，因此稱為「到彼岸」。此外，波羅蜜也有到達彼岸、修行圓滿、事情終了與最上終極等多種涵義。

❷**如水有波浪，即是於此岸，睹境無生滅，如水常通流，即名為彼岸，故號波羅蜜**：如同河水中有沉浮的波浪，就是在生死輪迴的「此岸」；離開外相境界的執著，只是客觀的「看著」，就沒有生起與滅絕的對立，有如河水經常的流動，因此稱為解脫生死輪迴的「到彼岸」，又因此稱為「波羅蜜」。

❸**迷人口念，當念之時，有妄有非，念念若行，是名真性**：迷惑的人口中誦念，當心念發動的時候，有妄念執著，也有是非對錯的兩端，若是每一個心念都在真正地修行，就是真正顯現了般若的本心自性。

❹**悟此法者，是般若法；修此行者，是般若行。不修即凡，一念修行，法身等佛**：領悟這項頓悟法門的修行者，即是覺悟般若的法義；修持般若無掛無礙的法門，即是修持般若實相的實踐行持。不去修行即是凡夫，發起一個心念修持般若法門，修行者開顯的法身與佛陀的法身即是平等不二的。

❺**煩惱即是菩提。前念迷即凡，後念悟即佛。前念著境即煩惱，後念離境即菩提**：即這個煩惱就是菩提覺悟。前面一個心念迷惑就是凡夫，後面一個心念覺悟就如同證悟的佛陀。前面一個心念執著境界的好壞即是煩惱，後面一個心念離開對境界的執著即是菩提覺悟。「煩惱即是菩提」主要的思想，是指煩惱的體性與菩提覺悟的體性是一致的，若能不執著與不分別，萬法就能回復到本心，將一切法的清淨本性彰顯起來。因此不必害怕煩惱，或生起對煩惱的對立心，在煩惱的當下轉化，即能呈現菩提覺悟的清淨本性。

❻**摩訶般若波羅蜜，最尊最上最第一，無住無往來，三世諸佛，皆從中出**：摩訶般若波羅蜜的修行法門，是最為尊貴、至高無上、究竟第一的法門，沒有執著、沒有去處、沒有來源。過去、現在與未來的諸佛，都是從摩訶般若波羅蜜的法門中覺悟出來的。

❼**用大智慧，打破五蘊煩惱塵勞。若人修行，定成佛道，變三毒為戒定慧**：以覺悟實相的大智慧，打破了五蘊色受想行識的煩惱與塵俗勞務。若人依此定慧等學的頓悟法門修持佛法，一定能夠證悟佛果而成就佛道，轉變貪嗔癡三毒為清淨的戒律、深穩的禪定與解脫的智慧。

善知識！我此法門，從一般若生八萬四千智慧。何以故？為世人有八萬四千塵勞。若無塵勞，智慧常在①，不離自性❶。悟此法者，即是無念、無憶②，無著、無妄③，莫④起誑妄。用自真如性，以智慧觀照，於一切法，不取不捨，即是見性⑤成佛道❷。

善知識！若欲入甚深法界，入般若三昧者⑥，須修般若行，持誦《金剛般若經》，即得見性❸。當知此功德無量無邊，經中分明讚歎，不能具說。此法門是最上乘，為大智人說，為上根人說。小根小智人聞，心生不信❹。何以故？譬如大龍下雨於閻浮提，城邑部落悉皆漂流，如漂棗葉⑦。若雨大海，不增不減❺。若大乘人，若最上乘人，聞說《金剛經》，心開悟解。故知本性自有般若之智，自用智慧常觀照⑧，故不假文字❻。譬如雨水，不從天有，原是龍王於江海中將身攬上⑨，令一切眾生，一切草木，有情無情，悉皆蒙潤。諸水眾流，卻入大海，合為一體。眾生本性般若之智，亦復如是❼。

【校訂】

①**智慧常在**：真福本、大乘本皆作「智惠常在」，天寧本作「智慧常在」，興聖本作「智慧常現」，寬永本作「智惠常現」，敦煌三本皆作「般若常在」，依天寧本作「智慧常在」為宜。

②**無憶**：真福本作「無境」，大乘本、天寧本、興聖本、寬永本皆作「無憶」，石井校本作「無憶」，觀前後文義，作「無憶」為宜。

③**無著無妄**：真福本、大乘本、天寧本皆作「無著無妄」，興聖本、寬永本、敦煌三本皆作「無著」，依底本真福本作「無著無妄」為宜。

④**莫**：真福本、大乘本、天寧本皆作「莫」，興聖本、寬永本皆作「不」，依底本真福本作「莫」為宜。

⑤**見性**：真福本、大乘本皆作「性」，天寧本、興聖本、寬永本皆作「見性」，石井校本補「見」字，當作「見性」。

⑥**入般若三昧者**：真福本、大乘本、天寧本、敦煌三本皆作「入般若三昧者」，興聖本、寬永本皆作「及般若三昧者」，依底本真福本作「入般若三昧者」為宜。

⑦**譬如大龍下雨於閻浮提，城邑部落，悉皆漂流，如漂棗葉**：真福本、大乘本、天寧本皆作「譬如大龍下雨於閻浮提，漂流棗葉」，興聖本、寬永本皆

作「譬如大龍下雨於閻浮提，城邑部落，悉皆漂流，如漂棗葉」，旅博本作「譬如大龍若下大雨，雨於閻浮提，如漂草葉」，宗寶本作「譬如大龍下雨於閻浮提，城邑聚落，悉皆漂流，如漂棗葉」。綜觀前後文義，依興聖本、寬永本作「譬如大龍下雨於閻浮提，城邑部落，悉皆漂流，如漂棗葉」。

⑧觀照：真福本、大乘本、天寧本、興聖本皆作「觀照」，寬永本訛作「勸照」，當作「觀照」。

⑨龍王於江海中將身攪上：真福本、大乘本、天寧本皆作「龍王於江海中將身攪上」，興聖本、寬永本皆作「龍能興致」，敦煌三本作「龍王於江海中，將身引此水」，依底本真福本作「龍王於江海中將身攪上」為宜。

【注釋】

❶**我此法門，從一般若生八萬四千智慧。何以故？為世人有八萬四千塵勞。若無塵勞，智慧常在，不離自性**：我的這項法門摩訶般若波羅蜜是從一個般若實相生出八萬四千個智慧。為什麼會如此呢？因為世間的人有八萬四千種煩惱，若是沒有煩惱，般若實相的妙智慧依然恆常存在，從來都沒有離開自己的佛性。塵勞，佛教認為世俗事務的煩惱，即是塵勞。其中，「塵」是指六根相對應的法塵，泛指一切世俗之事。

❷**悟此法者，即是無念、無憶，無著、無妄，莫起誑妄。用自真如性，以智慧觀照，於一切法，不取不捨，即是見性成佛道**：覺悟這項法門的人，就是不執著分別於心念、不執著於憶想，沒有執著、沒有妄想，心中不要生起欺詐誣妄而雜亂不真實的妄念，這個就是真如的佛性。使用般若實相的妙智慧觀察照見，在一切的境界與修行法門上，都不執取也不捨棄，即此法門即可悟見自己的真如本性，並且成就無上的佛果。無憶，惠能所謂的無憶，並非沒有任何意念或是憶想，而是「於念而離念」的「離開憶念的執著」，換句話說是「有憶念的生起而無憶念的執著」。

❸**若欲入甚深法界，入般若三昧者，須修般若行，持誦《金剛般若經》，即得見性**：若是希望進入極為深入的法界實相，悟入般若三昧的人，應當修持般若波羅蜜法門，只要修持《金剛般若波羅蜜經》一卷，就能悟見自己的本性。

❹**此法門是最上乘，為大智人說，為上根人說。小根小智人聞，心生不信**：這項定慧等學的實相法門是最高無上的修行方法，是為具備大智慧上根的人解說的法門。小根器的人若是聽聞到這個法門，心中不會生起信心。

❺**譬如大龍下雨於閻浮提，城邑部落悉皆漂流，如漂棗葉。若雨大海，不增不減**：譬如有條大龍，若是降下大雨，雨水落於人間的世界，城市村落都隨著急流飄浮，就如同草葉漂浮在水面上。若是降下大雨，雨水落於大海，不會增加也不會減少大海的容量。這是譬喻法性的不生不滅，不增不減。

❻**若最上乘人，聞說《金剛經》，心開悟解。故知本性自有般若之智，自用智慧常觀照，故不假文字**：若是修學大乘佛教的人，聽聞到《金剛經》的經句道理，心地就會開發明朗而覺悟佛法的覺性與妙義。因此知道眾生的本性中自然有般若的智慧，自己使用智慧觀察照見，不憑藉文字的表義功能而直接證入般若實相。

❼**譬如雨水，不從天有，原是龍王於江海中將身攪上，……眾生本性般若之智，亦復如是**：這段話是譬喻眾生的本心中，含藏萬法，具有覺性妙智慧。

善知識！小根之人，聞此頓教，猶如草木根性自小，若被大雨，悉皆①自倒，不能增長。小根之人，亦復如是❶。還有般若之智②，與大智之人③更無差別。因何聞法，不自開悟④？緣邪見障重，煩惱根深。猶如大雲覆蓋於日，不得風吹，日光不現❷。般若之智，亦無大小，為一切眾生自心迷悟不同，迷心外見，修行覓佛，未悟自性，即是小根❸。若聞頓教⑤，不執外修，但於自心，常起正見，邪見煩惱塵勞，常不能溢⑥，即是見性❹。善知識！內外不住，去來自由，能除執心，通達無礙，能修此行，與《般若經》本無差別❺。

善知識！一切經書及諸文字，大小二乘⑦，十二部經，皆因人置，因智慧性，方能建立❻。若無世人，一切萬法本自不有，故知萬法本因人興。一切經書，因人說有❼。緣其人中，有愚有智。愚為小人，智為大人⑧。愚者問於智人，智者與愚人說法⑨，令其悟解心開❽。愚人若悟心開⑩，即與智人無別❾。

【校訂】

①**悉皆**：真福本、大乘本、天寧本皆作「皆悉」，興聖本、寬永本皆作「悉皆」，依興聖本作「悉皆」為宜。

②**亦復如是，還有般若之智**：真福本作「亦復如是，還有般若之智」，大乘本、天寧本皆作「亦有般若之智」，興聖本、寬永本皆作「亦復如是，元有般若之智」，依底本真福本作「亦復如是，還有般若之智」為宜。

③**大智之人**：真福本、大乘本、天寧本皆作「大智之人」，興聖本、寬永本皆作「大智人」，依底本真福本作「大智之人」為宜。

④**因何聞法，不自開悟**：真福本、大乘本、天寧本皆作「因何聞法，亦有悟不悟」，興聖本、寬永本皆作「因何聞法，不自開悟」，依興聖本、寬永本作「因何聞法，不自開悟」為宜。

⑤**若聞頓教**：真福本作「若聞頓教」，大乘本、天寧本皆作「聞其頓法」，興聖本、寬永本皆作「若開悟頓教」，依底本真福本作「若聞頓教」為宜。

⑥**邪見煩惱塵勞，常不能溢**：真福本、大乘本、天寧本皆作「邪見煩惱塵勞，常不能溢」，興聖本、寬永本皆作「煩惱塵勞，常不能染」，依真福本錄入為宜。

⑦**二乘**：真福本、大乘本、興聖本、寬永本皆作「二乘」，天寧本作「一乘」，當作「二乘」。

⑧**愚為小人，智為大人**：真福本作「愚為小故，知為大人」，大乘本、天寧本、敦博本皆作「愚為小故，智為大人」，大乘本在「故」字旁書刪除符號並書「人」字，依興聖本、寬永本作「愚為小人，智為大人」為宜。

⑨**智者與愚人說法**：真福本、興聖本、寬永本皆作「智者與愚人說法」，大乘本、天寧本皆作「智者為愚人說法」，依底本作「智者與愚人說法」為宜。

⑩**若悟心開**：真福本、大乘本、天寧本皆作「若悟心開」，興聖本、寬永本皆作「忽悟解心開」，依底本真福本作「若悟心開」為宜。

【注釋】

❶**小根之人，聞此頓教，猶如草木根性自小，若被大雨，悉皆自倒，不能增長。小根之人，亦復如是**：根機遲鈍的人，聽聞惠能頓悟的教義，就有如大地花草樹木中，根部本來就比較小的植物，若是經過滂沱大雨的雨水澆灌，都會自然地倒下，不能夠繼續增高長大。根機遲鈍的人，也是如此的。

❷**還有般若之智，與大智之人更無差別。因何聞法，不自開悟？緣邪見障重，煩惱根深。猶如大雲覆蓋於日，不得風吹，日光不現**：若是擁有般若的智慧，愚人就與大智慧的人是是沒有差別的。根機遲鈍的人為何聽聞到佛法卻不能開悟呢？因為錯誤的見解障礙深重，煩惱的根結很深。這就有如天空中的廣大雲霧，覆蓋了太陽，沒有經過大風吹散雲霧，太陽無法出現。

❸**般若之智，亦無大小，為一切眾生自心迷悟不同，迷心外見，修行覓佛，未悟自性，即是小根**：般若的智慧，也沒有大小的分別，只因為一切的眾生自己心裡迷惑或是體悟而有所不同，自己受到迷惑的心，如果透過執著外相的修行尋覓佛果，不能夠覺悟自己的本性，就是小根器根機遲鈍的人。

❹**若聞頓教，不執外修，但於自心，常起正見，邪見煩惱塵勞，常不能溢，即是見性**：聽聞到頓悟的教義，不執著外相的修行方式，就在自己的心中，讓自己經常生起正確的見地，一切錯誤見解而產生的煩惱，塵俗勞務纏身的現象，不會滿溢出現，這就是悟見到自己的本性。

❺**內外不住，去來自由，能除執心，通達無礙，能修此行，與《般若經》本無差別**：對於內心的心念與外相的變化都不會執著，心念來往都是任其自由自在，如此就能夠除去執著的妄心，通明廣達而沒有障礙，心中能夠修持這項法門，就與《金剛經》開示的般若實相，沒有任何的差別了。

❻**一切經書及諸文字，大小二乘，十二部經，皆因人置，因智慧性，方能建立**：佛法的一切佛經典籍及文字記載，小乘與大乘佛教，釋迦牟尼佛講演的十二種不同的敘述形式與說法內容的佛經，都是為了渡化眾生所設置的，因為眾生具備了覺悟智慧本性的緣故，因此能夠建立佛法的體系。

❼**若無世人，一切萬法本自不有，故知萬法本因人興。一切經書，因人說有**：我們心中若是沒有我相與眾生相的區別，世間的一切萬法本來也是虛幻不實的。所以知道各種佛法的法門，本來也是跟從眾生的須求而產生。一切佛教的經典書籍與內容，那是因為眾生的煩惱而有相應解脫的法門。

❽**緣其人中，有愚有智。愚為小人，智為大人。愚者問於智人，智者與愚人說法，令其悟解心開**：因為在人類眾生中，有愚癡的人與有智慧的人。愚癡的人有較小心量，有智慧的人有較大心量與格局。愚癡的人向有智慧的人請教，有智慧的人向愚癡的人說明佛法，讓愚癡的人開悟解脫心地開通。

❾**愚人若悟心開，即與智人無別**：愚癡迷惑的人若是開悟解脫心地開通，就與大智慧的證悟者沒有差別了。

善知識！不悟即佛是眾生，一念悟時，眾生是佛。故知萬法盡在自心，何不從自心中，頓見真如本性❶？《梵網菩薩戒經》云：「本源自性清淨。」識心見性①，皆成佛道，《維摩詰經》云②：「即時豁然，還得本心。」

❷

善知識！我於忍和尚處，一聞言下便悟，頓見真如本性③。是以將此教法流行，令學道者頓悟菩提，各自觀心，自見本性❸。若自不悟，須覓大善知識，解最上乘法者，直示正路。是善知識有大因緣，所謂化導④，令得見性，一切善法，因善知識能發起故❹。

三世諸佛，十二部經，在人性中，本自具有，不能自悟，須求善知識示導方見❺。若自悟者，不假外求，若須要善知識望得解脫者，無有是處⑤❻。自心內知識，自悟即是。自心若起邪迷⑥，妄念顛倒，外善知識，雖有教授，救不可得。自心若正，起般若觀照⑦，一剎那間妄念俱滅。若識自性，一悟即至佛地⑧❼。

【校訂】

①**識心見性**：真福本、大乘本、天寧本皆作「識心見性」，興聖本、寬永本皆作「若識自心見性」，依底本真福本作「識心見性」為宜。

②**維摩詰經云**：興聖本、寬永本皆作「淨名經云」，真福本、大乘本、天寧本皆脫此句，當補下述引用經句的出處，即「維摩詰經云」。

③**真如本性**：真福本、大乘本、興聖本、寬永本皆作「真如本性」，天寧本作「本性」，脫「真如」二字，當作「真如本性」。

④**化導**：真福本作「他導」，大乘本、天寧本、興聖本、寬永本皆作「化導」，當作「化導」。

⑤**若自悟者，不假外求，若須要善知識望得解脫者，無有是處**：真福本、大乘本、天寧本皆作「若自悟者，不假外善知識望得解脫，無有是處」，興聖本、寬永本皆作「若自悟者，不假外求，若須要善知識望得解脫者，無有是處」，敦博本作「若自悟者，不假外求善知識，若取外求善知識望得解脫，無有是處」，宗寶本作「若自悟者，不假外求，若一向執謂須他善知識方得解脫者，無有是處」，依興聖本、寬永本錄入為宜。

⑥**自心內知識，自悟即是。自心若起邪迷**：真福本、天寧本皆作「自心內知識，自悟即是，自心若起邪迷」，大乘本作「自心內知識，自悟即是，自若心若起邪迷」，興聖本、寬永本皆作「何以故？自心內有知識自悟，若起邪迷」，依真福本錄入為宜。

⑦自心若正，起般若觀照：真福本、大乘本、天寧本皆作「自心若正，起般若觀照」，興聖本、寬永本皆作「若起正真般若觀照」，依真福本為宜。

⑧一悟即至佛地：真福本、大乘本、興聖本、寬永本皆作「一悟即至佛地」，天寧本脫「一悟」二字，當作「一悟即至佛地」。

【注釋】

❶**不悟即佛是眾生，一念悟時，眾生是佛。故知萬法盡在自心，何不從自心中，頓見真如本性**：沒有開悟時，本性是解脫的佛卻成為煩惱眾生，一個心念若是開悟，原本是煩惱的眾生而當下解脫成佛。所以知道一切萬法，都在自己的身心之中，為何不從自己的本心中，頓時當下悟見真如的本性？

❷**《梵網菩薩戒經》云：「本源自性清淨。」識心見性，皆成佛道，《維摩詰經》云：「即時豁然，還得本心。」**：《梵網菩薩戒經》中說：「眾生心識的本源是清淨沒有汙染執著的。」認識本心悟見本性，自然成就證悟菩提的佛果。《維摩詰所說經》說：「當下心地開闊坦然沒有任何執著罣礙，回復得到本來清淨無礙的心地。」

❸**我於忍和尚處，一聞言下便悟，頓見真如本性。是以將此教法流行，令學道者頓悟菩提，各自觀心，自見本性**：我惠能在五祖弘忍和尚的道場那裡，一時聽聞弘忍和尚講解《金剛經》的言語當下就大徹大悟，頓時悟見自己的真如實相與本來自性。因此我將這個定慧等學之頓悟教學法門流傳到後代，讓學習佛法的人頓時覺悟菩提，各自觀照自己的本心，讓自己的本性頓時覺悟。

❹**若自不悟，須覓大善知識，解最上乘法者，直示正路。是善知識有大因緣，所謂化導，令得見性，一切善法，因善知識能發起故**：若是不能自己覺悟的人，必須尋覓具備大智慧開悟解脫的聖者，「大善知識」能夠悟解體證最高無上法門，開示直接正確直達佛果的法門進路與實相境界，「大善知識」必須具足很大的世間善法與出世間解脫因緣，具備大智慧開悟解脫的聖者，因為開示修持的正確方向，讓眾生得以悟見自己的本性。一切美善良好的法門，都會因為大善知識的指點，進而能夠發起成立善法的因緣。大因緣，又作一大事因緣，惠能引用《妙法蓮華經》中的經文，指佛陀出現於世間的最重大意義，就是為眾生開示悟入佛的知見與諸法的實相，是為一大事因緣。

❺**三世諸佛，十二部經，在人性中，本自具有，不能自悟，須求善知識示導方見**：過去、現在、未來的三世諸佛，與十二種形式內容的佛經，在眾生的本性之中，是本來自然具備擁有的。不能夠自己開悟的人，必須得到具備開悟經驗與體悟實相智慧的善知識，開示修持的正道以悟見自己的本性。

❻**若自悟者，不假外求，若須要善知識望得解脫者，無有是處**：若是能夠自己開悟的人，不用憑藉外在以懇求覺悟的聖者指點。若是執著外相而懇求解脫的聖者指點希望得到解脫，這是沒有道理的。

❼**自心內知識，自悟即是。自心若起邪迷，妄念顛倒，外善知識，雖有教授，救不可得。自心若正，起般若觀照，一剎那間妄念俱滅。若識自性，一悟即至佛地**：自己內心有善知識，自己開悟就是。若是內心生起邪念與迷惑，虛妄心念前後倒置，縱使有外在的覺悟聖者教導，依然無法拯救。若自心有正見，生起般若實相的觀察照見，在最短時間裡，虛妄心念都會消失除滅，若是能夠悟見認識自性本心，一下開悟就直達佛的覺悟境界。

善知識！智慧觀照，內外明徹，識自本心。若識本心①，即本解脫②。若得解脫③，即是般若三昧，即是無念❶。何名無念？若見一切法，心不染著，是為無念❷。用即遍一切處，亦不著一切處。但淨本心，使六識從六門走出，於六塵中無染無雜，來去自由，通同無滯，即是般若三昧，自在解脫，名無念行❸。莫百物不思④，當令念絕，即是法縛，即名邊見⑤❹。善知識！悟無念法者，萬法盡通；悟無念法者，見諸佛境界；悟無念法者，至佛位地⑥❺。

善知識！後代得吾法者，常見吾法身，不離汝左右❻。善知識！將此頓教法門，同見同行⑦，發願受持，如事佛故❼。終身受持⑧而不退者，欲入聖位，然須傳授。從上以來，默傳分付，不得匿其正法❽。若不同見同行，在別法中，不得傳付。損彼前人，究竟無益❾。恐愚人⑨不解，謗此法門，百劫千生，斷佛種性❿。

【校訂】

①**若識本心**：真福本、大乘本、興聖本、寬永本皆作「若識本心」，天寧本在「若識本心」下衍「若識本心」四字，當作「若識本心」。

②**即本解脫**：真福本、大乘本、天寧本皆作「即本解脫」，興聖本、寬永本皆作「即求解脫」，依底本真福本作「即本解脫」為宜。

③**若得解脫**：大乘本、天寧本、興聖本、寬永本皆作「若得解脫」，真福本脫，石井校本補「若得解脫」，文義通順，當補之。

④**莫百物不思**：真福本、大乘本、天寧本、敦煌三本皆作「莫百物不思」，興聖本、寬永本皆作「若百物不思」，依真福本錄入為宜。

⑤**即名邊見**：大乘本、天寧本、興聖本、寬永本皆作「即名邊見」，真福本脫「即」字，當補之。

⑥**至佛位地**：真福本、大乘本、興聖本、寬永本皆作「至佛位地」，天寧本作「至佛地位」，當作「至佛位地」。

⑦**同見同行**：真福本、大乘本、天寧本皆作「同見同行」，興聖本、寬永本皆作「於同見同行」，作「同見同行」為宜。

⑧**受持**：真福本、大乘本、天寧本皆作「受持」，興聖本、寬永本皆無「受持」二字，依真福本作「受持」為宜。

⑨**愚人**：真福本、大乘本、天寧本皆作「愚」，興聖本、寬永本皆作「愚人」，補「人」字作「愚人」為宜。

【注釋】

❶**智慧觀照，內外明徹，識自本心。若識本心，即本解脫。若得解脫，即是般若三昧，即是無念**：自己本性的心地，以智慧來觀察照見，內心與外相都通明清徹，全然認識了自己的本心。若是全然認識與真實悟見了本心，就是解脫。既然得到解脫，就是覺悟般若智慧的三昧境界，就是「無念」。

❷**何名無念？若見一切法，心不染著，是為無念**：為何稱為「無念」呢？若是看見一切萬法時，內心都不執著，就是稱為「無念」。

❸**用即遍一切處，亦不著一切處。但淨本心，使六識從六門走出，於六塵中無染無雜，來去自由，通用無滯，即是般若三昧，自在解脫，名無念行**：在生活中修持時，生起覺性遍滿一切的地方，但又不執著一切的地方。經常清淨而回復自己的本心自性，使得心中六種由眼、耳、鼻、舌、身、意六根接觸六塵而產生的種種貪欲的惡賊，從眼、耳、鼻、舌、身、意六個門徑走出去，不受接觸的六識受到束縛，在眼、耳、鼻、舌、身、意六種世俗塵境中不受汙染也不會執著而混雜，自心來往去處都是自由的，一切通達而沒有任何滯礙，就是般若智慧的三昧，身心都自在而得到解脫，稱為無念的修行。

❹**莫百物不思，當令念絕，即是法縛，即名邊見**：不要任何事物都不去思量如同木石一般，這會讓心念斷絕，就是執著在方法上而被其綁縛，就是稱為斷滅的邊執見解。邊見，又作邊執見。是指見解偏執於極端的一邊，例如認為人死後仍然會常住不滅，這稱為常見（又稱有見），或是說人死後則斷滅一切，這稱為斷見（又稱無見）。邊見為五見之一，屬於眾生根本煩惱的五種錯誤執著見解之一，也是眾生輪迴生死的主要原因之一。

❺**悟無念法者，萬法盡通；悟無念法者，見諸佛境界；悟無念法者，至佛位地**：覺悟無念法門與境界的人，各種境界與方法都通達無礙；覺悟無念法門與境界的人，能夠悟見十方諸佛的境界；覺悟無念頓悟法門與境界的人，可以達到佛果的地位。

❻**後代得吾法者，常見吾法身，不離汝左右**：在我往生以後覺悟我的頓教法門的修行者，就會經常悟見我不生不滅的法身，從來都沒有離開你們。

❼**將此頓教法門，同見同行，發願受持，如事佛故**：請將這個定慧等學之頓悟佛法教義的法門，秉持相同的見地與相同的行持，發起大願領受修持，如同誠心供養與面對佛陀一般。同見同行，指師徒之間或眾人之間，擁有共同的見地與見解，也共同地發起誓願力並努力實踐修行。

❽**終身受持而不退者，欲入聖位，然須傳授。從上以來，默傳分付，不得匿其正法**：終身領受修持而不會退轉的人，希望覺悟進入聖賢的果位，然而還必須得到覺悟的大善知識傳授心法。從過去到現在，覺悟的祖師以默然的行持傳授付託佛陀心法與修行者，不能夠隱匿這項定慧等學的頓悟教法。

❾**若不同見同行，在別法中，不得傳付。損彼前人，究竟無益**：若是遇到對頓悟法門有不同見解的人，在其他任何地方與任何處所，不要隨便地傳授付予頓悟法門。若不能同見同行就會損傷共同求法的情誼，如此行為究竟是沒有益處的。

❿**恐愚人不解，謗此法門，百劫千生，斷佛種性**：若是愚笨的人不能理解這項法門的真實意義，誹謗這項頓悟的法門，就是經過久遠時間的百劫與上千次的輪迴轉生，都會失去成佛的根本因緣。種性，佛教成立後將印度「種性」觀念轉化為成佛的根本可能性或成佛的本性，亦為「佛性」代稱。

善知識！吾有一〈無相頌〉❶，汝等①誦取，言下令汝迷罪消滅❷。頌曰：

迷人修福不修道，只言修福便是道②。布施供養福無邊，心中三惡原來造。❸
擬將修福欲滅罪，後世得福罪還在。但向心中除罪緣，各自性中真懺悔③。❹
忽悟大乘真懺悔，除邪行正即無罪。學道常於自性觀，即與諸佛同一例④。❺
五祖⑤唯⑥傳此頓法，普願見性同一體。若欲當來覓法身，離諸法相心中洗。❻
努力自見莫悠悠，後念忽絕一世休。若悟大乘⑦得見性，虔恭合掌至心求。❼

師言：「今於大梵寺中，說此頓教，普願法界眾生，於此言下，見性成佛❽。」師說法了，韋使君與官僚⑧道俗，一時作禮，無不悟者❾，皆歎⑨：「善哉⑩！何期嶺南有佛出世❿！」

【校訂】

①**汝等**：真福本、大乘本、天寧本皆作「汝等」，興聖本、寬永本皆作「若能」，依底本真福本作「汝等」為宜。

②**只言修福便是道**：真福本作「口言修福便是道」，大乘本、天寧本、興聖本、寬永本皆作「只言修福便是道」，旅博本作「謂言修福而是道」，依大乘本、天寧本、興聖本、寬永本作「只言修福便是道」為宜。

③**各自性中真懺悔**：真福本作「名自性中真懺悔」，大乘本、天寧本、興聖本、寬永本皆作「各自性中真懺悔」，當作「各自性中真懺悔」。

④**即與諸佛同一例**：真福本、大乘本、天寧本皆作「即與諸佛同一例」，興聖本、寬永本皆作「即與諸佛同一類」，敦煌三本皆作「即與悟人同一例」，「例」與「類」皆通，依底本真福本作「即與諸佛同一例」為宜。

⑤**五祖**：真福本、大乘本、天寧本皆作「五祖」，興聖本、寬永本皆作「吾祖」，依底本作「五祖」為宜。

⑥**唯**：真福本、大乘本、天寧本皆作「唯」，興聖本、寬永本皆作「惟」，「惟」通「唯」字，依底本真福本作「唯」為宜。

⑦**大乘**：真福本作「本乘」，大乘本、天寧本、興聖本、寬永本皆作「大乘」，當作「大乘」。

⑧**官僚**：真福本、興聖本、寬永本皆作「官員」，大乘本、天寧本皆作「官僚」，依大乘本、天寧本作「官僚」為宜。

⑨皆歎：大乘本、天寧本、興聖本、寬永本皆作「皆歎」，真福本脫「皆」字，當補之。

⑩善哉：真福本、興聖本、寬永本皆作「善哉」，大乘本、天寧本皆作「善哉希有」，依真福本作「善哉」為宜。

【注釋】

❶**無相頌**：前文述及，約在禪宗四祖及五祖前後時期，早期禪宗流行「無相」一詞，取求無所掛礙之意，因此神秀有「無相偈」，惠能亦使用「無相」一詞，故有無相戒、無相頌、無相懺悔、無相三皈依。

❷**汝等誦取，言下令汝迷罪消滅**：你們好好誦讀並修持〈無相頌〉，言語的當下能夠讓你們迷惑的人罪業消滅。

❸**迷人修福不修道，只言修福便是道。布施供養福無邊，心中三惡原來造**：愚笨的人修持福報而不去修持解脫的正道，卻只是說修持福報就是修道。就算布施眾生與供養三寶的福報是無量無邊的，但是心中原有的由身口意造作的貪嗔癡三惡業仍然存在。三惡，是指由身、口、意造作而產生的貪、嗔、癡三惡業。

❹**擬將修福欲滅罪，後世得福罪還在。但向心中除罪緣，各自性中真懺悔**：若是準備以修持福報而希望滅除罪業的果報，然而以後轉生出世得到福報而罪業果報依然存在。只要能夠明白觀照自己身心而除去罪業的果報因緣，便能在各自的本心自性中發露真正的懺悔。

❺**忽悟大乘真懺悔，除邪行正即無罪。學道常於自性觀，即與諸佛同一例**：忽然覺悟大乘佛法中真誠懺悔的意義，除滅邪惡而修持正道就是離開了罪業。學習佛道的人如果能夠時時自我觀照自我身心中的本心自性，就是與開悟的諸佛屬於同一類的人。一例，指一律、同等與平等的意思。《公羊傳・僖公元年》：「臣子一例也。」惠能在此是指學道的人如果能夠時時自我觀照自己身心，就是與開悟的諸佛屬於同一類的人。

❻**五祖唯傳此頓法，普願見性同一體。若欲當來覓法身，離諸法相心中洗**：我惠能現今傳授禪宗初祖到五祖以來這項定慧等學的頓悟教法，普遍希望學習頓悟教法的人，都能悟見本心自性而與諸佛法性同一法體。若是希望將來能夠體證法身實相的境界，就要將貪嗔癡三種毒害的惡業法相因緣，在自己心裡洗滌清淨。

❼**努力自見莫悠悠，後念忽絕一世休。若悟大乘得見性，虔恭合掌至心求**：努力修持佛法不要游蕩懶散而凡事不盡心地過日子，忽然間後面一個心念斷絕而虛度過完了這一次的輪迴轉世。若是希望體證大乘佛法中頓悟的教法而明心見性，就要十分虔誠合掌地以至誠之心來追求。

❽**今於大梵寺中，說此頓教，普願法界眾生，於此言下，見性成佛**：今天在大梵寺的講堂中，說明這些定慧等學的頓悟教法，普遍祈願法界的眾生，在聆聽的當下，就能明心見性而成佛。

❾**師說法了，韋使君與官僚道俗，一時作禮，無不悟者**：惠能說法完畢，韋璩等官員及僧俗眾人，都向惠能行禮，當場沒有不開悟的人。

❿**皆歎：「善哉！何期嶺南有佛出世！」**：大家心中都讚嘆地說：「太好了！沒想到嶺南地區也有如同佛陀出世的聖人！」

八、現西方相狀門（武帝問功德附）①

爾時，韋使君②再肅容儀禮拜，問曰：「弟子聞和尚說法，實不可思議❶。今有少疑，欲問和尚，願大慈悲，特為解說。」師曰：「有疑即問，何須再三。」使君③曰：「和尚所說，可不是達磨大師宗旨④？」師言⑤：「是。」❷使君曰⑥：「弟子聞說⑦，達磨初化梁武帝，帝問云⑧：『朕一生以來⑨，造寺供僧，布施設齋，有何功德？』達磨言：『實無功德。』武帝悵快⑩，不稱本情，遂令達磨出境。弟子未達此理，願和尚為說，達磨意旨⑪如何？」❸師曰⑫：「實無功德，勿疑先聖之言。武帝心邪，不知正法，造寺供養，布施設齋，名為求福，不可將福便為功德。功德⑬在法身中，不在修福。」❹

【校訂】

①**現西方相狀門（武帝問功德附）**：真福本作「示西方相狀門（武帝問功德附）」，大乘本、天寧本皆作「示西方相狀（武帝問功德附）」，興聖本、寬永本皆作「問答功德及西方相狀門」，本應依底本真福本作「示西方相狀門（武帝問功德附）」。然而，在「《六祖壇經》卷下」的品目的目次中，卻作「現西方相狀門」，內容卻作「示西方相狀門」，觀上下文義，兩者宜統一，故改作「現西方相狀門（武帝問功德附）」。

②**韋使君**：真福本作「韋氏君」，大乘本、天寧本、興聖本、寬永本皆作「韋使君」，當作「韋使君」。

③**使君**：真福本、大乘本、天寧本皆作「使君」，興聖本、寬永本皆作「韋公」，依底本真福本作「使君」為宜。

④**宗旨**：真福本、大乘本、天寧本皆作「宗旨」，興聖本、寬永本皆作「宗旨乎」，依真福本作「宗旨」為宜。

⑤**師言**：真福本、大乘本、天寧本皆作「師言」，興聖本、寬永本皆作「師曰」，依真福本作「師言」為宜。

⑥**使君曰**：大乘本、天寧本皆作「使君曰」，興聖本、寬永本皆作「公曰」，真福本脫以上諸文字內容，依大乘本、天寧本作「使君曰」為宜。

⑦**聞說**：真福本、大乘本、天寧本皆作「聞說」，興聖本、寬永本皆作「聞」，依底本作「聞說」為宜。

⑧**達磨初化梁武帝，帝問云**：真福本、大乘本、天寧本皆作「達磨初梁朝武帝問」，興聖本、寬永本皆作「達磨初化梁武帝，帝問云」，觀前後文義，依興聖本、寬永本作「達磨初化梁武帝，帝問云」為宜。

⑨**一生以來**：真福本作「一生迤來」，大乘本、天寧本皆作「一生已來」，興聖本、寬永本皆作「一生」，作「一生以來」為宜。

⑩**悵怏**：真福本、興聖本、寬永本皆作「悵怏」，大乘本、天寧本皆作「悵悒」，依真福本作「悵怏」為宜。

⑪**意旨**：真福本、興聖本、寬永本皆作「意旨」，大乘本、天寧本皆作「意言」，依真福本作「意旨」為宜。

⑫**曰**：真福本、興聖本、寬永本皆作「曰」，大乘本、天寧本皆作「言」，依真福本作「曰」為宜。

⑬**功德**：大乘本、興聖本、寬永本皆作「功德」，真福本、天寧本皆脫，石井校本補「功德」二字。觀前後文義，當補「功德」二字。

【注釋】

❶**弟子聞和尚說法，實不可思議**：韋璩（韋使君）謙稱自己是弟子，聞說惠能和尚說法，感到「實不可思議」，這是因為從達摩到弘忍以來，禪宗尚未普遍弘傳，在當時嶺南之地，社會上對於佛法的印象，尚且停留在大乘佛教經典的表層，世俗大眾仍以因緣果報或是福報功德或是轉世輪迴來看待，聽到能夠經由定慧等學的頓悟法門，即能證悟而解脫，實際上感到不可思議。因此，韋璩在聆聽惠能對禪宗要旨的闡述而有所驚嘆及懷疑，也是很自然的事情，這也是有其深刻的時代背景及禪宗文化歷史意義的詢問。

❷**使君曰：「和尚所說，可不是達磨大師宗旨？」師言：「是。」**：韋璩說：「惠能和尚您所說的禪法，是不是達磨大師的禪法宗旨？」惠能回答：「是的。」達磨：全名為菩提達摩，亦譯作達摩，意譯作「覺法」。達摩是禪宗西天第二十八祖，中國禪宗初祖。關於達摩的禪法及相關文獻，頗有爭議與假託之可能，尚待考證。達摩事跡散見於相關史籍，頗具傳奇性質。梁武帝（四六四至五四九）南朝蘭陵（現江蘇武進）人，姓蕭名衍，字叔達。原是南齊雍州的刺史，於中興二年篡位，改國號為「梁」。在位四十八年期間，大力整飭文教，國勢日盛。武帝篤信佛教，有「皇帝菩薩」的譽稱。

❸**使君曰：「弟子聞說，達磨初化梁武帝，帝問云：『朕一生以來，造寺供僧，布施設齋，有何功德？』達磨言：『實無功德。』武帝悵怏，不稱本情，遂令達磨出境。弟子未達此理，願和尚為說，達磨意旨如何？」**：韋璩問惠能：「弟子聽說達磨祖師曾經化導梁武帝。梁武帝詢問達磨祖師：『我這一輩子以來，建造佛教寺院，供養僧人，布施財物給別人，備辦素食齋宴向僧尼施食，有什麼樣的功德呢？』達磨祖師回答說：『實際上沒有功德。』武帝感到惆悵失望而不快樂，不稱自己的心，於是遣送達磨祖師離開國境。我韋璩不能夠詳細瞭解這些事情的道理，請和尚為我說明解釋，達磨祖師真實的想法是如何的？」悵怏，因為過度期待而感到惆悵失望而不快樂。在此說明梁武帝內心對達磨這位遠地而來的高僧有所期待，希望達磨能夠肯定他的弘法成就及貢獻，未料達磨直心快語，不作人情。

❹**師曰：「實無功德，勿疑先聖之言。武帝心邪，不知正法，造寺供養，布施設齋，名為求福，不可將福便為功德。功德在法身中，不在修福。」**：六祖惠能答覆韋璩說：「實在並沒有任何功德，請勿懷疑達磨祖師所說的話。梁武帝執著錯誤的見解，不能夠認識正確的佛法。建造佛教寺院，供養僧人，布施財物給別人，備辦素食齋宴向僧尼施食，這是求取福報的意思，不可以將求取福報便以為是解脫的功德。真正的解脫功德在證悟不生不滅的法身之中，不是在人天的福報。所謂的「心邪」，並不能解釋為心裡藏著邪惡的心念，而應解釋為無益於解脫的觀念或是錯誤的見解。

師曰①：「見性是功，平直是德②，念念無滯，常見本性，真實妙用，名為功德❶。外行禮敬③是功，內心謙下是德；自性建立萬法是功，心體離念④是德；不離自性是功，應用無染是德❷。若覓功德法身，但依此作，是真功德。若修功德之人，心即不輕，常行普敬也❸。」

師曰：「心常輕人⑤，吾我不斷，即自無功；自性虛妄不實，即自無德❹。無功德之人⑥，為吾我自大，常輕一切故❺。善知識！念念無間是功，心行平直是德；自修身是功，自修性是德。德即不輕，常行普敬❻。」韋使君默然作觀。師言⑦：「善知識！功德須自性內見⑧，不是布施供養之所求也，是以福德與功德別。武帝不識理⑨，非我祖師有過⑩。」使君頂禮，願為弟子❼⑪。

【校訂】

①**曰**：真福本、天寧本皆作「曰」，大乘本作「言」，興聖本、寬永本皆作「又曰」，依真福本作「曰」為宜。

②**平直是德**：真福本、大乘本、天寧本皆作「平直是德」，興聖本、寬永本皆作「平等是德」，依真福本作「平直是德」為宜。

③**外行禮敬**：真福本、大乘本、天寧本皆作「外行禮敬」，興聖本、寬永本皆作「外行於禮」，依底本真福本作「外行禮敬」為宜。

④**心體離念**：真福本作「心體離心念」，大乘本、天寧本、興聖本、寬永本皆作「心體離念」，作「心體離念」為宜。

⑤**心常輕人**：真福本、大乘本、興聖本、寬永本皆作「心常輕人」，天寧本脫「心」字，當作「心常輕人」。

⑥**無功德之人**：真福本、大乘本、天寧本皆作「無功德之人」，興聖本、寬永本皆無此五字，依真福本作「無功德之人」為宜。

⑦**德即不輕常行普敬韋使君默然作觀師言**：興聖本、寬永本相對於真福本，皆脫此十七字，依真福本、大乘本、天寧本作「德即不輕常行普敬韋使君默然作觀師言」為宜。

⑧**功德須自性內見**：真福本作「功德源自性內見」，大乘本、天寧本、興聖本、寬永本皆作「功德須自性內見」，當作「功德須自性內見」。

⑨**不識理**：真福本、大乘本、天寧本皆作「不識理」，興聖本、寬永本皆作「不識真理」，敦煌三本皆作「不識正理」，依真福本作「不識理」為宜。

⑩**非我祖師有過**：真福本、興聖本、寬永本皆作「非我祖師有過」，大乘本、天寧本皆作「非我祖師人在過」，敦煌三本皆作「非祖大師有過」，依真福本作「非我祖師有過」為宜。

⑪**使君頂禮，願為弟子**：真福本、大乘本、天寧本皆作「使君頂禮，願為弟子」，興聖本、寬永本皆無此八字，依底本真福本錄入為宜。

【注釋】

❶**見性是功，平直是德，念念無滯，常見本性，真實妙用，名為功德**：悟見自己的本性是「功」，平等心、平常心的直心是「德」，每一個心念與每一個心念之間沒有任何停滯與掛礙，經常悟見自己的本性，能夠顯現佛性真實的妙用，就是稱為「功德」。

❷**外行禮敬是功，內心謙下是德；自性建立萬法是功，心體離念是德；不離自性是功，應用無染是德**：對於外在的一切保持禮貌與恭敬的心是「功」，內心保持謙卑低下的心是「德」；從本心自性中建立無掛無礙的萬法是「功」，自己在生活中的自心本體離開分別與執著的心念是「德」；時時刻刻的心念沒有離開本心自性的清淨與自在是「功」，在生活中應用在每一件事情上面都沒有執著是「德」。

❸**若覓功德法身，但依此作，是真功德。若修功德之人，心即不輕，常行普敬也**：若是尋覓具備有解脫功德的法身，就應該依此方式修行，這就是真正的功德。若是真正修持自性法身功德的人，內心就不會輕視別人與外在的一切，時常實踐恭敬一切的修持。

❹**心常輕人，吾我不斷，即自無功；自性虛妄不實，即自無德**：若是心中經常輕視一切身旁的人，就不能斷除我執，那就是自己沒有得到真正的功德，稱為「無功」；若是心中經常幻想虛妄不實的心念，那就是自己沒有得到真正的功德，稱為「無德」。吾我不斷，指執著於「我」的觀念而不去斷除而離開如此的心念，也就是所謂的「我執」。

❺**無功德之人，為吾我自大，常輕一切故**：若是內心沒有平常心與謙卑低下的心，又沒有實踐修持不執著而沒有解脫功德的人，就是內心懷有傲慢自大而以自我為中心的人，就是會時常輕視一切眾生的原因。

❻**念念無間是功，心行平直是德；自修身是功，自修性是德。德即不輕，常行普敬**：若是每一個心念與心念之間，都沒有任何執著，沒有分別心，如此而沒有間斷或間隙時是「功」，只要我們身心念念行持平等真誠無偽無分別而不執著的本心是「德」。如此的功德自然是很具有份量的，就是經常實踐行持恭敬一切的修持。常行普敬：指經常實踐修行恭敬一切的法門。「敬」有專一的意思，佛教以「敬」詮釋眾生平等的意涵，也說明專注與平等的心，禮敬眾生如諸佛的心，這是平等的真心，這與儒家以禮說敬，道家以道說敬是有很大不同的。

❼**韋使君默然作觀。師言：「善知識！功德須自性內見，不是布施供養之所求也，是以福德與功德別。武帝不識理，非我祖師有過。」使君頂禮，願為弟子**：韋璩聆聽惠能的開示時，沉默地自我迴視返照自己的身心。惠能說：「各位學習佛法的善知識朋友們！真正的法性功德必須是在本心自性中悟見，不是經由一般布施及供養三寶可以求取得來的，因此人天的福德因緣與法性解脫的功德是有很大不同的。梁武帝不能理解及認識這些道理，並非是達磨祖師的回答有過錯。」韋璩聞聽惠能開示後誠心頂禮，發起心願而願意成為佛門的弟子。

又問：「弟子常見僧俗念《阿彌陀經》①，願生西方。請和尚說，得生彼否？願為破疑②❶。」師言：「使君善聽，某甲與說。世尊在舍衛城中，說《西方引化》，經文分明，去此不遠❷。若論相說里數③，即有十萬八千。若說身中④，十惡八邪便是⑤。說遠只為⑥下根，說近為其上智❸。人有兩種，法無兩般。迷悟有殊，見有遲疾。迷人念佛生彼⑦，悟人自淨其心。所以佛言：『隨其心淨，即佛土淨。』」❹

師言⑧：「東方人但淨心無罪，西方人心不淨有愆⑨。東方人造罪，念佛求生西方；西方人造罪造愆，彼土念生何國⑩❺？凡愚不了自性，不識身中西方⑪，願東願西，悟人在處一般。所以佛言：『隨所住處常安樂⑫。』❻使君！心地但無不善，西方去此不遙。若懷不善之心，念佛往生⑬難到。今勸善知識，先除十惡，即行十萬⑭；後除八邪，乃過八千。念念見性，常行平直，到如彈指，便睹彌陀❼。能淨能寂，即是釋迦；心起慈悲，即是觀音；常行喜捨，名為勢至⑮❽。使君！但行十善，何須更願往生？不斷十惡之心，何佛即來迎請？若悟無生頓法⑯，見西方只在剎那；不悟，念佛欲往⑰，路遙如何得達⑱❾？」師言⑲：「某甲與諸人移西方如剎那間，目前便見，各願見否⑳？」❿使君㉑頂禮言：「若此處見，何須更願往生？願和尚慈悲，便現西方，普願得見。」⓫師言：「徒眾用心，一時若見西方，無疑即散㉒。」⓬

【校訂】

①阿彌陀經：真福本、大乘本、天寧本皆作「阿彌陀經」，興聖本、寬永本、敦博本、旅博本皆作「阿彌陀佛」，依真福本作「阿彌陀經」為宜。

②破疑：真福本作「破礙」，大乘本、天寧本、興聖本、寬永本皆作「破疑」，當作「破疑」。

③里數：真福本、大乘本、天寧本皆作「里數」，興聖本、寬永本皆作「理」，當作「里數」。

④身中：真福本、大乘本、興聖本、寬永本皆作「身中」，天寧本脫「身」字，當作「身中」。

⑤便是：大乘本、天寧本、興聖本、寬永本皆作「便是」，真福本脫「是」字，石井校本補「是」字，當作「便是」。

⑥**只為**：真福本、大乘本、天寧本皆作「只為」，興聖本、寬永本皆作「為其」，依底本真福本作「只為」為宜。

⑦**念佛生彼**：真福本、大乘本、天寧本皆作「念佛生彼」，興聖本、寬永本皆作「念佛求生於彼」，依底本真福本作「念佛生彼」為宜。

⑧**師言**：真福本、大乘本、天寧本皆作「師言」，興聖本、寬永本皆無此二字，依真福本作「師言」為宜。

⑨**東方人但淨心無罪，西方人心不淨有愆**：真福本、大乘本、天寧本皆作「東方人但淨心無罪，西方人心不淨有愆」，興聖本、寬永本皆作「使君！東方人但淨心即無罪，雖西方人心不淨亦有愆」，敦煌三本皆作「東方但淨心無罪，西方心不淨有愆」，依底本真福本錄入為宜。另，真福本在此句後衍「東方人但淨心無罪，西方人心不淨有愆」，重複，當刪。

⑩**西方人造罪造愆，彼土念生何國**：真福本、大乘本、天寧本皆作「西方人造罪造愆，彼土念生何國」，興聖本、寬永本皆作「西方人造罪，念佛求生何國」，依底本作「西方人造罪造愆，彼土念生何國」為宜。

⑪**西方**：真福本、大乘本、天寧本皆作「西方」，興聖本、寬永本皆作「淨土」，依底本真福本作「西方」為宜。

⑫**隨所住處常安樂**：真福本、大乘本、天寧本皆作「隨所住處常安樂」，興聖本、寬永本皆作「隨所住處常安常樂」，當作「隨所住處常安樂」，語出自《佛說無常經》卷一：「菩提妙華遍莊嚴，隨所住處常安樂。」

⑬**念佛往生**：大乘本、天寧本、興聖本、寬永本皆作「念佛往生」，真福本作「念往」，脫「佛」與「生」二字，當補之。

⑭**十萬**：真福本、大乘本、天寧本皆作「十萬」，大乘本「萬」字旁書「善」字，興聖本、寬永本皆作「十善」，依底本真福本作「十萬」為宜。

⑮**能淨能寂，即是釋迦；心起慈悲，即是觀音；常行喜捨，名為勢至**：興聖本、寬永本皆無此二十四字，依真福本、大乘本、天寧本作「能淨能寂，即是釋迦；心起慈悲，即是觀音；常行喜捨，名為勢至」為宜。

⑯**無生頓法**：真福本作「眾生頓法」，大乘本、天寧本、興聖本、寬永本皆作「無生頓法」，當作「無生頓法」。

⑰**念佛欲往**：真福本、大乘本、天寧本皆作「念佛欲往」，興聖本、寬永本皆作「念佛求生」，依底本真福本作「念佛欲往」為宜。

⑱**得達**：大乘本、天寧本、興聖本、寬永本皆作「得達」，真福本脫「得」字，當補之。

⑲**師言**：真福本、大乘本、天寧本皆作「師言」，興聖本、寬永本皆無此二字，依真福本作「師言」為宜。

⑳**各願見否**：真福本作「不願」，大乘本、天寧本皆作「願不願」，興聖本、寬永本皆作「各願見否」，敦煌三本皆作「使君願見否」，故依興聖本、寬永本作「各願見否」為宜。

㉑**使君**：真福本、大乘本、天寧本皆作「使君」，興聖本、寬永本皆作「皆」，當作「使君」。

㉒**師言徒眾用心一時若見西方無疑即散**：興聖本、寬永本皆無此十六字，大乘本、天寧本皆作「師言徒眾用心一時得見西方無疑即散」，依底本真福本作「師言徒眾用心一時若見西方無疑即散」為宜。

【注釋】

❶**弟子常見僧俗念《阿彌陀經》，願生西方。請和尚說，得生彼否？願為破疑**：韋璩向惠能發問，說經常看見出家的僧眾與居家的佛教徒，念誦《阿彌陀經》，希望往生西方極樂世界。恭請和尚解說，這些念誦阿彌陀佛的人，得以往生西方極樂世界嗎？希望您能為我們破除疑惑。僧俗常念《阿彌陀經》，指出家人與在家居士都經常念誦阿彌陀佛，可見惠能當時的淨土念佛法門已經十分興盛。

❷**使君善聽，某甲與說。世尊在舍衛城中，說《西方引化》，經文分明，去此不遠**：韋使君（韋璩）你仔細聆聽與善解，我惠能在此向你說明。釋迦牟尼佛在舍衛城中的時候，開示佛法引領化導眾生往生西方極樂世界的《阿彌陀經》，佛經中的文字記載清楚分明，西方極樂世界距離這裡並不太遠。《西方引化》，這一段是惠能引用《阿彌陀經》來說明釋迦牟尼佛於舍衛國城中，講授往生西方極樂世界的典故。所謂的《西方引化》，其實就是《阿彌陀經》的別稱。

❸**若論相說里數，即有十萬八千。若說身中，十惡八邪便是。說遠只為下根，說近為其上智**：若是討論到外在的相貌解說距離，就有十萬八千佛土般的遙遠。但若說是自己的身心之中，就是十惡八邪的種種惡行與錯誤的見解。將西方極樂世界說得比較遠，只是因為接引與開示給低下根器的眾生。將西方極樂世界說得比較近，只是因為開示給具備較高智慧的眾生。《佛說阿彌陀經》載：「佛告長老舍利弗：『從是西方過十萬億佛土，有世界名曰極樂。其土有佛，號阿彌陀，今現在說法。』」見《大正藏》第十二冊，頁三四六下。

❹**人有兩種，法無兩般。迷悟有殊，見有遲疾。迷人念佛生彼，悟人自淨其心。所以佛言：「隨其心淨，即佛土淨。」**：人本來就有兩種，但是佛法並沒有兩種的不同。迷惑與覺悟是有差別的，對於禪法的見解與見地也有遲慢與快速的不同。迷惑的人念誦佛號往生西方極樂世界，頓悟的人自己清淨自己的心地，當下即是西方極樂世界。所以佛陀說：「跟隨自己的本心清淨，當下就是清淨的佛土。」「隨其心淨，即佛土淨」這段經文引自《維摩詰所說經》卷上，收錄於《大正藏》第十四冊，頁五三八下。這段經文說明「三界唯心」的道理，也說明這個宇宙世界是主觀認知與建構的短暫現象，而非永恆客觀的實有。

❺**東方人但淨心無罪，西方人心不淨有愆。東方人造罪，念佛求生西方；西方人造罪造愆，彼土念生何國**：住在東方世界的人只要秉持清淨的心就沒有罪愆，住在西方世界的人心中不清淨仍然是有過錯的。東方世界的人造作罪惡之事，念佛求生西方；西方世界的人若是造作罪惡錯誤之事，在其國度又要心念往生何國呢？

❻**凡愚不了自性，不識身中西方，願東願西，悟人在處一般。所以佛言：「隨所住處常安樂。」**：迷惑的人不能明了自己的本心覺性，不能認識身心中的西方極樂世界，因此才會有願意往生東方或往生西方的執念及幻想，但是覺悟本心的人所在之處全部都是一樣的。所以佛陀才會說：「隨所居處的地方，若是證悟到本心自性，到哪裡都是時常安樂無憂的。」

❼**使君！心地但無不善，西方去此不遙。若懷不善之心，念佛往生難到。今勸善知識，先除十惡，即行十萬；後除八邪，乃過八千。念念見性，常行平直，到如彈指，便睹彌陀**：韋使君（韋璩）！心地只要沒有不清淨的地方，西方極樂世界離此就不會太遠。若是心中生起不清淨的心念，就算念佛祈求往生依然很難往生極樂世界。如今奉勸諸位學習佛法的朋友們，先在自己身心之中，除去十種惡行，即是修行十萬佛土距離的功德；接著去除心中八種邪惡的心念及行為，就是超越了八千里佛土距離的障礙。只要每一個心念與心念之間都能悟見自己的本性，只要行持真誠、無偽、無分別與不執著的本心，往生到西方極樂世界就有如彈指般快速，便能親眼目睹阿彌陀佛。十惡，即十不善業道，指眾生由身口意造作的十種罪惡行為，分別是殺生、偷盜、邪淫、妄語、兩舌、惡口、綺語、貪欲、嗔恚與邪見。八邪，指八邪法或八邪支，是「八正道」的對稱，指眾生由身口意造作的八種謬行，分別是邪見、邪思惟、邪語、邪業（業力）、邪命（職業）、邪精進、邪念與邪定。

❽**能淨能寂，即是釋迦；心起慈悲，即是觀音；常行喜捨，名為勢至**：能夠清淨自心，能夠萬法寂滅，即是如同釋迦牟尼佛的證悟一般；若是心中生起慈悲的心念，這就是與觀世音菩薩的慈悲願力相應了；時常實踐行持喜捨之心，就如同大勢至菩薩的圓通與光明了。

❾**使君！但行十善，何須更願往生？不斷十惡之心，何佛即來迎請？若悟無生頓法，見西方只在剎那；不悟，念佛欲往，路遙如何得達**：韋使君（韋璩）！只要不間斷修行十善法門，何必須要更加發願往生西方極樂世界呢？若是不去斷除十種惡行的身心行為，哪一個世界的佛陀會來迎接邀請你往生佛國呢？若是覺悟本來不生本來不滅的定慧等學之頓悟法門，覺悟而親見西方極樂世界只在眼前剎那之間；若是不能覺悟頓悟教理的本心自性，即使憑持念佛而想往生西方極樂世界，十萬億佛土的遙遠路途，如何才能到達呢？十善，即十善業，又作十善業道，是十不善業道（十惡）的相對面，分別是不殺生、不偷盜、不邪淫、不妄語、不兩舌、不惡口、不綺語、不貪欲、不嗔恚與不邪見（正見）。

❿**師言：「某甲與諸人移西方如剎那間，目前便見，各願見否？」**：六祖惠能說：「如果惠能為韋使君（韋璩）你及諸位朋友，在極短的時間內，遷移西方極樂世界到這裡，當下眼前便能看見，諸位朋友你們是否希望看見呢？」

⓫**使君頂禮言：「若此處見，何須更願往生？願和尚慈悲，便現西方，普願得見。」**：韋使君（韋璩）禮拜惠能說：「若是能夠在這裡就看得見西方極樂世界，哪裡還須要發願往生呢？希望惠能和尚您發慈悲心，為我們呈現西方極樂世界，願我們所有在場的朋友們，都能夠現場看得見西方極樂世界。」

⓬**師言：「徒眾用心，一時若見西方，無疑即散。」**：惠能大師說：「各位僧眾與在家居士們各自用心，若是能在當下這一剎那，看見西方極樂世界！若是沒有疑問，就各自散去吧！」惠能在前述引出《維摩詰經》的「直心是道場，直心是淨土」與「隨其心淨，即佛土淨」的觀念，重點在於悟見本心自性的清淨，便是當下佛土的展現。後來在惠昕本、宗寶本出現「但心清淨，即是自性西方」的理念，可以看出惠能的淨土觀與傳統觀念中的淨土法門有很大的區別。或許，在禪言禪，兩者並不衝突矛盾，惠能強調的是《金剛經》與《維摩詰經》的思想來源之頓悟法門，依此立場以「定慧等學」接合「念念見性」的頓悟教法。同時，也肯定「行十善」、「除八邪」的功用，在「常行普敬」中，賦予修持淨土新的詮釋與實踐的新方向。

師言：「大眾世人①！自色身是城，眼耳鼻舌是城門②，外有五門，內有意門③❶。心為④地，性是王，王居心地上。性在王在，性去王無。性在身心存，性無身心壞⑤❷。佛向性中作，莫向身外求⑥。自性迷，即是眾生；自性覺，即是佛⑦❸。慈悲即是觀音，喜捨名為勢至，能淨即⑧釋迦，平直即彌陀。人我是⑨須彌，邪心⑩是海水，煩惱是波浪，毒害是惡龍，虛妄是鬼神，塵勞是魚鱉，貪嗔是地獄，愚癡是畜生❹。善知識！常行十善，天堂便至。除人我，須彌倒；無邪心，海水竭；煩惱無，波浪滅；毒害除，魚龍⑪絕❺。自心地上，覺性如來，放大光明，外照六門清淨，照破六欲諸天⑫。內照三毒若除，地獄一時消散⑬。內外明徹，不異西方。不作此修，如何到彼❻？」大眾聞說，俱歎善哉⑭，但是迷人，了然見性⑮，悉皆禮拜，唯言：「善哉⑯！普願法界眾生，聞者一時悟解。」❼

【校訂】

①**大眾世人**：真福本、興聖本、寬永本皆作「大眾世人」，大乘本、天寧本皆作「世人」，依底本真福本作「大眾世人」為宜。

②**城門**：真福本、大乘本、天寧本皆作「城門」，興聖本、寬永本皆作「門」，依底本真福本作「城門」為宜。

③**意門**：真福本、大乘本、天寧本皆作「意識」，興聖本、寬永本皆作「意門」，觀上下文義，作「意門」為宜。

④**為**：真福本、大乘本、天寧本皆作「為」，興聖本、寬永本皆作「是」，依底本真福本作「為」為宜。

⑤**性無身心壞**：真福本、大乘本、天寧本皆作「性無身心壞」，興聖本、寬永本皆作「性去身心壞」，敦煌三本皆作「性去身壞」，依真福本為宜。

⑥**身外求**：真福本、大乘本、天寧本皆作「外求」，興聖本、寬永本皆作「身外求」，補「身」字作「身外求」為宜。

⑦**自性迷，即是眾生；自性覺，即是佛**：真福本作「自性迷，即是眾生；離迷覺，即是佛」，大乘本、天寧本皆作「自性迷，即是眾生；離迷即覺，覺即是佛」，興聖本、寬永本皆作「自性迷，即是眾生；自性覺，即是佛」，敦博本作「自性迷，佛即是眾生；自性悟，眾生即是佛」，依興聖本、寬永本作「自性迷，即是眾生；自性覺，即是佛」為宜。

⑧**即**：真福本、大乘本、興聖本、寬永本皆作「即」，天寧本作「是」，依底本真福本作「即」為宜。

⑨**是**：真福本、大乘本、天寧本皆作「是」，興聖本、寬永本皆作「即」，依真福本作「是」為宜。

⑩**邪心**：大乘本、天寧本、興聖本、寬永本皆作「邪心」，真福本作「邪心邪水」，衍「邪水」二字，當刪。

⑪**魚龍**：真福本、大乘本、天寧本皆作「魚鱉」，興聖本、寬永本、敦煌三本皆作「魚龍」，作「魚龍」為宜。

⑫**照破六欲諸天**：真福本、大乘本、天寧本、旅博本皆作「照破六欲諸天」，興聖本、寬永本皆作「能破六欲諸天」，依真福本作「照破六欲諸天」為宜。

⑬**內照三毒若除，地獄一時消散**：真福本、大乘本、天寧本皆作「內照三毒若除，地獄一時消散」，大乘本在「內照」旁書「自性」二字，興聖本、寬永本皆作「自性內照三毒即除，地獄等罪一時消散」，敦煌三本皆作「下照三毒若除，地獄一時消滅」，依真福本錄入為宜。

⑭**俱歎善哉**：真福本、大乘本、天寧本皆作「俱歎善哉」，興聖本、寬永本皆作「俱歎善哉曰」，依真福本作「俱歎善哉」為宜。

⑮**了然見性**：真福本作「了照見性」，大乘本、天寧本、興聖本、寬永本皆作「了然見性」，當作「了然見性」。

⑯**善哉**：真福本、大乘本、天寧本皆作「善哉」，興聖本、寬永本皆無此二字，依真福本作「善哉」為宜。

【注釋】

❶**自色身是城，眼耳鼻舌是城門，外有五門，內有意門**：世間的人自以為物質的身體是城堡，眼睛、耳朵、鼻子、舌頭、身觸就是城門。城堡的外面總共有五個城門，其中內部另有一個意門。

❷**心為地，性是王，王居心地上。性在王在，性去王無。性在身心存，性無身心壞**：心靈就是大地，本心自性就是國王，國王居住在心靈大地之上。本性彰顯就是國王存在，本性離去就是沒有國王。本性存在就是身心都存在，本性離去身體心靈就會毀壞。

❸**佛向性中作，莫向身外求。自性迷，即是眾生；自性覺，即是佛**：覺悟的佛陀是眾生本來具足的佛性與覺性所成就的，不要向自己佛性覺性以外的事物去追求。本性若是迷惑了，本來具足佛性覺性可以成佛的人，就成為迷惑的眾生；本性覺悟了，本來迷惑的眾生，就能成為覺悟的佛陀了。

❹**慈悲即是觀音，喜捨名為勢至，能淨即釋迦，平直即彌陀。人我是須彌，邪心是海水，煩惱是波浪，毒害是惡龍，虛妄是鬼神，塵勞是魚鱉，貪嗔是地獄，愚癡是畜生**：慈悲愛護眾生之心，能夠給眾生快樂，大悲之行能夠拔除眾生的痛苦，這就是觀世音菩薩精神的化現。隨喜與精進的功德與放下執著的心，這就是大勢至菩薩精神的化現。清淨身心是釋迦牟尼佛的行持，平等的直心就是阿彌陀佛的智慧與光明。自己與別人的分別心，就是高聳的須彌山互相阻隔，邪惡的心念就是大海中的海水。煩惱如同大海中的波浪，毒害別人的心念與思維，就是大海中邪惡的蛟龍。世俗的煩惱執著，就是大海中的魚蝦鱉類，貪欲與嗔恨的毒害就會形成地獄，愚笨癡惑就是畜生道的特質。

❺**常行十善，天堂便至。除人我，須彌倒；無邪心，海水竭；煩惱無，波浪滅；毒害除，魚龍絕**：時常實踐行持十種善業，天堂便會顯現在眼前。除去自己對別人的分別心，互相阻隔而高聳的須彌山自然會倒下；除去與離開自己心中邪惡的心念，象徵生死輪迴的海水就會枯竭；離開煩惱的執著，象徵情緒起伏的波浪就會消滅；除去惡毒與傷害眾生的心念，象徵世俗煩惱的魚蝦蛟龍就會滅絕。

❻**自心地上，覺性如來，放大光明，外照六門清淨，照破六欲諸天。內照三毒若除，地獄一時消散。內外明徹，不異西方。不作此修，如何到彼**：在本心自性的心地上，本來擁有覺性的如來佛性，施放廣大的智慧與光明，向外照耀眼門、耳門、鼻門、舌門、身觸與意想六門清徹明淨，觀照破除六種欲望天界的福報執著，包含了破除對四大王天、三十三天、焰摩天、兜率天、化自在天與他化自在天等六天的欲界天的欲樂想望。再向內心觀照除去與離開自己貪嗔癡的三種毒害心念與行為，眼前的地獄就會一剎那間消失滅除。身心世界的內在與外相，都會明亮清徹通透無礙，不會與西方極樂世界有任何不同的地方。不去作這樣的修行，如何才能往生到西方極樂世界呢？

❼**大眾聞說，俱歎善哉，但是迷人，了然見性，悉皆禮拜，唯言：「善哉！普願法界眾生，聞者一時悟解。」**：在法座下的僧俗大眾，聽聞惠能的開示，大家共同發出讚嘆善哉的音聲，但凡原來是迷惑的人，心中清楚明白地悟見與理解惠能所說的道理而明心見性，大家異口同聲讚嘆地說：「真是太好了！普遍全面地祝願十方法界一切宇宙的眾生，聽聞到惠能大師的開示，都能在一剎那間覺悟解脫。」

師言：「善知識，若欲修行，在家亦得，不由在寺。在家能修①，如東方人心善；在寺不修，如西方人心惡。但心清淨，即是自性西方❶。」使君又問②：「在家如何修行？願為教授。」師言：「吾③與大眾④作〈無相頌〉，但依此修，常與吾同處無別。若不修行⑤，雖在吾邊，如隔千里❷。」頌曰：

說通及心通，如日處虛空。唯傳見性法，出世破邪宗。❸
法即無頓漸，迷悟有遲疾。只這見性法⑥，愚人不可悉。❹
說即雖萬般，合理還歸一。煩惱暗宅中，常須生慧日。❺
邪來煩惱至，正來煩惱除。邪正俱不用，清淨至無餘。❻
菩提本自性，起心即是妄。淨性在妄中⑦，但正無三障。❼

世人若修道，一切盡不妨⑧。常自見己過，與道即相當。❽
色類自有道，各自不相妨⑨。離道別覓道，覓道不見道⑩。❾
欲得見真道，行正則是道⑪。自若無道心，暗行不見道。❿
若真修道人，不見世間過。若見他人非，自非卻在左⑫。⓫
他非我不非，我非自有過。但自卻非心，打除煩惱破。⑬⓬
欲擬化他人，自須有方便。勿令彼有疑，則是自性見⑭。⓭
法原在世間⑮，於世出世間⑯。一切盡打卻⑰，菩提性宛然。⑱⓮

師言：「善知識！總須誦取，依此偈修⑲，言下見性，雖去吾千里，如常在吾邊；於此言下不悟，即對面千里⓯。各各自修，法不相待⑳。眾人且散，吾歸曹溪山㉑，眾若有疑，卻來相問，為眾破疑，同見佛性㉒⓰。」時，在會道俗㉓，豁然大悟，咸讚善哉，俱明佛性⓱。

【校訂】

①**在家能修**：真福本、大乘本、天寧本皆作「在家能修」，興聖本、寬永本皆作「在家能行」，依底本作「在家能修」為宜。

②**使君又問**：真福本作「韋氏曰」，大乘本、天寧本皆作「使君又問」，興聖本、寬永本皆作「韋公又問」，依大乘本、天寧本作「使君又問」為宜。

③**吾**：大乘本、天寧本、興聖本、寬永本皆作「吾」，真福本脫「吾」字，當補之。

④**大眾**：真福本、大乘本、天寧本、興聖本皆作「大眾」，寬永本作「大家」，依底本真福本作「大眾」為宜。

⑤**若不修行**：真福本作「若不修行」，大乘本、天寧本、興聖本、寬永本皆作「若不依此行」，依底本真福本作「若不修行」為宜。

⑥**只這見性法**：真福本作「只這見法性」，大乘本、天寧本皆作「只這見性法」，興聖本、寬永本皆作「只此見性門」，敦博本、旅博本皆作「若學頓法門」，依大乘本、天寧本作「只這見性法」為宜。

⑦**淨性在妄中**：真福本、大乘本、天寧本皆作「淨性在妄中」，興聖本、寬永本皆作「淨心在妄中」，敦煌三本皆作「淨性於妄中」，依真福本錄入為宜。

⑧**一切盡不妨**：真福本、興聖本、寬永本、敦煌三本皆作「一切盡不妨」，大乘本、天寧本皆作「一切不相妨」，依底本真福本作「一切盡不妨」為宜。

⑨**各自不相妨**：真福本、大乘本、天寧本皆作「各自不相妨」，興聖本、寬永本皆作「各不相妨惱」，依底本真福本作「各自不相妨」為宜。

⑩**覓道不見道**：真福本、大乘本、天寧本皆作「覓道不見道」，興聖本、寬永本皆作「終身不見道」，依真福本作「覓道不見道」為宜。另，在此句後，大乘本、天寧本皆加一句「到頭還自懊」，興聖本、寬永本皆另加「波波度一生，到頭還自懊」兩句，真福本無，依底本真福本錄入為宜。

⑪**行正則是道**：真福本、大乘本、天寧本皆作「行正則是道」，興聖本、寬永本、敦煌三本皆作「行正即是道」，依底本真福本作「行正則是道」為宜。

⑫**自非卻在左**：真福本、大乘本、天寧本皆作「自非卻在左」，興聖本、寬永本、敦煌三本皆作「自非卻是左」，依底本真福本作「自非卻在左」為宜。

⑬在「打除煩惱破」後，興聖本、寬永本皆加兩句作「憎愛不關心，長伸兩脚臥」，真福本、大乘本、天寧本無，依底本錄入為宜。

⑭**則是自性見**：真福本、大乘本、天寧本皆作「則是自性見」，興聖本、寬永本皆作「即是自性現」，敦煌三本皆作「即是菩提見」，「現」與「見」古時通用，依底本真福本作「則是自性見」為宜。

⑮**法原在世間**：真福本、大乘本、天寧本、敦煌三本皆作「法元在世間」，興聖本、寬永本皆作「佛法在世間」，作「法原在世間」為宜。

⑯**於世出世間**：真福本、大乘本、天寧本、敦煌三本皆作「於世出世間」，興聖本、寬永本皆作「不離世間覺」，依底本真福本作「於世出世間」為宜。另，此句後興聖本、寬永本皆作「離世覓菩提，恰如求兔角。正見名出世，邪見是世間」，真福本、大乘本、天寧本無，依底本錄入為宜。

⑰**一切盡打卻**：真福本、大乘本、天寧本皆作「一切盡打卻」，興聖本、寬永本皆作「邪正盡打卻」，英博本、旅博本皆作「邪正悉打卻」，依底本真福本作「一切盡打卻」為宜。

⑱在「菩提性宛然」後，興聖本、寬永本皆加四句作「此頌是頓教，亦名大法船。迷聞經累劫，悟則剎那間」，敦博本作「此但是頓教，亦名為大乘。迷來經累劫，悟即剎那間」，真福本、大乘本、天寧本無，依底本錄入為宜。

⑲**依此偈修**：真福本、大乘本、天寧本皆作「依此偈修」，興聖本、寬永本皆作「依偈修行」，依底本真福本作「依此偈修」為宜。

⑳**法不相待**：大乘本、天寧本、興聖本、寬永本皆作「法不相待」，真福本脫「相」字，當補之。

㉑**曹溪山**：真福本、大乘本、天寧本皆作「曹溪山」，興聖本、寬永本皆作「曹溪」，敦煌三本皆作「漕溪山」，依真福本作「曹溪山」為宜。

㉒**同見佛性**：真福本、大乘本、天寧本、敦博本、旅博本皆作「同見佛性」，興聖本、寬永本皆作「各見本心」，依底本作「同見佛性」為宜。

㉓**時，在會道俗**：真福本、大乘本、天寧本皆作「時，在會道俗」，興聖本、寬永本皆作「時會僧俗」，依真福本錄入為宜。

【注釋】

❶若欲修行，在家亦得，不由在寺。在家能修，如東方人心善；在寺不修，如西方人心惡。但心清淨，即是自性西方：若是希望修行佛法，在家居士在家中也可以修持，不一定在佛寺中修行才可以。在家居士若是能夠好好修行，正如同身在東方的人修持善行。在佛寺中不去好好修行，如同身在西方世界而內心懷抱惡念的人；但願是在自己的家中修行清淨的法門，就是本心自性中的西方極樂世界當下的展現。「若欲修行，在家亦得」的說法，主要是惠能的定慧等學之頓悟禪法，除了帶給中國佛教很大的震撼之外，更重要的是將印度的佛學中國化，其中的關鍵，即是強調在家居士修持禪法的可能性，這是禪宗或說是中國佛教具備大乘佛教特質的根本要素之一。

❷吾與大眾作〈無相頌〉，但依此修，常與吾同處無別。若不修行，雖在吾邊，如隔千里：惠能給修行的僧侶與世俗的大眾作了一首〈無相頌〉的偈頌，只要依此原則修持，就是經常與惠能在一起討論修持佛法而沒有分別。若是不在生活中修行，縱使人在惠能的身邊，也如同相隔千里一般如此遙遠。

❸說通及心通，如日處虛空。唯傳見性法，出世破邪宗：我（惠能）解說佛教教義的說法通達及實證徹悟境界的心地開通，有如太陽在虛空中而了無障礙。只有傳授頓悟本心自性的定慧等學法門，才能出現世間勘破不究竟解說佛法的宗派思想。說通及心通，所謂「心通」，是指悟徹本心而開悟的通達，又稱宗通；所謂「說通」，又稱教通，是指能夠在大眾中說法自在，顯示教理圓融與世間法、出世間法都能通達的意思。邪宗，惠能指以非正道或非究竟或錯誤見解的觀點，詮釋佛法的宗派或義理系統，因此並不能解釋為邪惡的宗派。

❹法即無頓漸，迷悟有遲疾。只這見性法，愚人不可悉：佛教的解脫法門本身就是沒有頓悟與漸修的分別，只有眾生的迷惑與覺悟有快速與遲緩的差別。若是學習頓悟本心自性的定慧等學法門，愚癡的人是無法了解的。「法即無頓漸，迷悟有遲疾」此句的意思，惠能強調的是頓悟本心自性的定慧等學之教法，而非強調頓悟的宗派，因此迷執或開悟是因為根性與機緣的關係，可見惠能是反對有「頓悟頓修」與「漸悟漸修」的分別，因為這不是「法門優劣」的問題，而是「利根鈍根」的區別。

❺說即雖萬般，合理還歸一。煩惱暗宅中，常須生慧日：說明佛法解脫法門的角度與方法雖然有各種的不同，但是合於佛法真實的道理還是回歸在一個生起覺性與徹底覺悟的根本上。在充滿煩惱昏暗的心靈屋宅中，經常必須生起如太陽光明般的智慧。

❻邪來煩惱至，正來煩惱除。邪正俱不用，清淨至無餘：邪惡的到來是因為煩惱執著的生起，正法的覺悟到來煩惱就消除了。破除邪惡與堅守正道的法門都不必使用，就保持定慧等學法門的修習，就能得到清淨超越的見地與體證，直到無餘涅槃的體證。

❼菩提本自性，起心即是妄。淨性在妄中，但正無三障：菩提的本心自性是清淨而沒有任何執著煩惱的，起動心意的念頭就是妄念。清淨的本性在妄念之中，只要正確地去除煩惱障、業障和果報障等三種障礙，當下就會呈現清淨的佛性。起心即是妄，惠能以為凡是所有起心動念，皆是虛幻不實不能長久的妄念，並由此呈顯菩提本性是清淨無雜染的。三障，在佛教經論中有多種說法，惠能在此處應是指煩惱障、業障和果報障。

❽**世人若修道，一切盡不妨。常自見己過，與道即相當**：世間上的人，若是真心與正確地修習佛法的解脫法門，那對世間上的一切得失榮辱，都不會感到妨礙與無所謂了。因為定慧等學的法門，就是迴光返照自己的身心實相，所以會經常看見自己的過失，若有如此的見地與行持，就在佛法解脫的體證開悟上差不多快達到了。

❾**色類自有道，各自不相妨。離道別覓道，覓道不見道**：在各種物質的現象中，自然有其不同的層次與佛法的內涵，由於是有不同的範疇，所以物質的色類與色類之間，彼此並不會互相妨礙。離開現實生活中自己的身心實相，而另外去尋覓佛法的解脫之道，再怎麼去尋覓與追求，也無法悟見真正的佛法解脫之道。色類，原指種類或類別，惠能是藉此說明物質世間的各種種類的事情，都有其不同的層次與深奧的道理。

❿**欲得見真道，行正則是道。自若無道心，暗行不見道**：若是希望尋覓到真正的佛法解脫之道，行持正確的定慧法門就是修持佛道。若是自己沒有追求正確的定慧法門之決心，就算在暗地裡努力修行，仍然無法悟見佛法解脫之道。

⓫**若真修道人，不見世間過。若見他人非，自非卻在左**：若是真正修行佛法解脫之道的人，不會看見世間一切的過失，因為其注意力會放在觀照自己身心實相上面。若是看見世間上他人的是非，自己的是非判斷卻又是偏頗不正確的。自非卻在左，「非」在此是批評或判斷的意思；「左」，是違背、相反或是偏頗的意思。因此這句話應該是說自己的是非判斷卻又是偏頗的。

⓬**他非我不非，我非自有過。但自卻非心，打除煩惱破**：別人的過錯與是非，並不是自己的過錯而不會受到罪罰，但是我們自己的是非執著與過錯，卻是自然要受到因為執著及過錯而產生的過失。但是只要除去與離開是非執著與對立分別的心念，就會打碎破除生死煩惱的障礙。

⓭**欲擬化他人，自須有方便。勿令彼有疑，則是自性見**：若是希望化導愚癡迷惑的他人，這件事情必須要有善巧方便的法門。不要讓他們心中產生疑惑，這就是本心自性智慧的展現。方便，指以靈活、巧妙安排等方式對不同根器的人施以善巧的教化，使其能夠領悟佛法的真義。

⓮**法原在世間，於世出世間。一切盡打卻，菩提性宛然**：佛法的實相原本就在這個生活的人世間，在人世間生活而超越世間煩惱的束縛。邪惡錯誤的見解與正確無誤的知見之對立都跳離出來，菩提的覺悟本性依然真切清晰而不曾動搖。宛然，在此指真切清晰不動搖的樣子。

⓯**總須誦取，依此偈修，言下見性，雖去吾千里，如常在吾邊；於此言下不悟，即對面千里**：你們都竭盡用心去誦讀這首偈語，依照這首偈語的要訣修行佛法，若是能夠言語的當下悟見自己的本心自性，即使離開我惠能有千里的遙遠，就好像經常在我惠能的身邊；若是依照這首偈語修行而無法領悟時，即使與我惠能面對面，反而有如千里般的遙遠。

⓰**各各自修，法不相待。眾人且散，吾歸曹溪山，眾若有疑，卻來相問，為眾破疑，同見佛性**：你們各自去修行，佛法是不會因為你等待而自動呈現。你們大家暫且都解散回去，我惠能歸返曹溪山以後，你們若是有疑惑，就來那座山中找我，我會為你們破除疑惑，與我一同悟見佛性。

⓱**時，在會道俗，豁然大悟，咸讚善哉，俱明佛性**：當時，參加這場法會的僧人居士們，心意開闊而覺悟，大家都讚嘆太好了，大家也悟見了佛性。

九、諸宗難問門①

大師出世，行化四十餘年②，諸宗難問。僧俗約千餘人，皆起惡心，欲相難問③❶。師言：「一切盡除，無名可名④，名於自性。無二之性，是名實性。於實性上，建立一切教門，言下便須自見❷。」諸人聞說，總皆頂禮，請事為師，願為弟子。如此之徒，說不可盡。若論宗旨，傳授《壇經》者，即有稟承⑤所付，須知去處、年月、時代、姓名，遞相付囑。若無《壇經》稟承者，即非南宗弟子❸。緣未得所稟，雖說頓法，未契本心，終不免諍❹。但得法者，只勸修行。諍是勝負之心⑥，與道相違矣❺。

【校訂】

①諸宗難問門：真福本、興聖本、寬永本皆作「諸宗難問門」，大乘本、天寧本皆作「諸宗難問」，依底本真福本作「諸宗難問門」為宜。

②四十餘年：真福本、大乘本、天寧本皆作「四十餘年」，興聖本、寬永本皆作「四十年」，依真福本作「四十餘年」為宜。

③欲相難問：真福本、大乘本、天寧本皆作「欲相難問」，興聖本、寬永本皆作「難問」，依真福本作「欲相難問」為宜。

④無名可名：真福本作「無名」，大乘本、天寧本、興聖本、寬永本皆作「無名可名」，當作「無名可名」。

⑤稟承：真福本作「品承」，大乘本、天寧本、興聖本、寬永本皆作「稟承」，當作「稟承」。

⑥勝負之心：真福本、興聖本、寬永本皆作「勝負之心」，大乘本、天寧本皆作「勝負」，依真福本作「勝負之心」為宜。

【注釋】

❶大師出世，行化四十餘年，諸宗難問。僧俗約千餘人，皆起惡心，欲相難問：惠能大師出現於世，弘法利眾四十餘年，佛教各宗各派提出質疑刁難與詢問。如此的出家法師與居士大眾約有千餘人，都起了不好的心念，準備提出質疑與詢問。此段在宗寶本的內容作：「師見諸宗難問，咸起惡心，多集座下。」但在敦煌三本《壇經》，未見類似載錄，可見惠昕本《壇經》提示了惠能在世時，受到的質疑不少，這是值得注意的一件事。

❷**一切盡除，無名可名，名於自性。無二之性，是名實性。於實性上，建立一切教門，言下便須自見**：惠能說一切善惡分別對立的心念，都要全部除去與離開，沒有任何名稱可以形容自性是什麼。因為沒有任何分別的實相之本性，就是稱為本心自性的實相。在本心自性實相的基礎上，就可以建立一切禪法教授的法門，當然這必須是言語的當下就能自己悟見本心自性的實相。

❸**若論宗旨，傳授《壇經》者，即有稟承所付，須知去處、年月、時代、姓名，遞相付囑。若無《壇經》稟承者，即非南宗弟子**：若是討論到頓悟禪法的宗門要旨，就要提到這部《壇經》的傳承教授，以及傳授這部《壇經》的來龍去脈，所以必須知道得到傳授頓悟禪法的地點、哪一年、哪一月、哪一日、詳細姓名，交替順次付託囑咐的紀錄。沒有得到這部《壇經》的承接與傳授紀錄，就不是南宗惠能的弟子。

❹**緣未得所稟，雖說頓法，未契本心，終不免諍**：原因是因為若是沒有得到這部《壇經》的付託囑咐的紀錄，雖然也是解說頓悟的禪法，但是沒有契合徹悟自己的本心，終究不能免除諍訟。諍，在此指爭訟與爭奪，這是世間法的輪迴主因之一，與究竟的佛法真義相違背。

❺**但得法者，只勸修行。諍是勝負之心，與道相違矣**：然而得到定慧等學頓悟教法的人，只是勸化別人老實修行，其中諍訟是執著誰勝誰負的心理，這是與佛法的解脫之道互相違背的。

十、南北二宗見性門①

世人盡言南能北秀，未知事由，且秀大師在南都荊州江陵府當陽縣②玉泉寺住，能大師在韶州城東四十五里③曹溪山住。法本一宗，人有南北❶。何名頓漸？法即一種，見有遲疾，法無頓漸，人有利鈍，故名頓漸❷。

秀聞師說法④，徑⑤疾直指見性。遂命門人志誠❸曰：「汝聰明多智，可與吾到曹溪山禮拜。但坐聽法，莫言吾使汝去⑥❹。汝若聽得，盡心記取，卻來與說⑦。吾覓⑧彼所見，誰遲誰疾。火急早來，勿令吾怪❺。」志誠唱喏，禮拜便行⑨，經二十五日⑩，至曹溪山，禮師坐聽⑪，不言來處❻。志誠一聞，言下便悟，即起禮拜❼。白言⑫：「和尚！弟子在玉泉寺⑬秀和尚處，學道九年，不得契悟。今⑭聞和尚一說，忽然悟解，便⑮契本心。和尚慈悲⑯，弟子生死事大，又悲輪迴⑰，願當教示。」❽師曰：「汝從玉泉⑱來，應是細作？」對曰⑲：「不是。」師曰：「何得不是？」對曰⑳：「未說即是，說了不是。」師曰：「煩惱菩提，亦復如此㉑。」❾

【校訂】

①**南北二宗見性門**：真福本、興聖本、寬永本皆作「南北二宗見性門」，大乘本、天寧本皆作「南北二宗見性」，依底本作「南北二宗見性門」為宜。

②**南都荊州江陵府當陽縣**：真福本、大乘本、天寧本皆作「荊南府當陽縣」，興聖本、寬永本皆作「荊南當陽縣」，敦博本作「南荊府堂楊懸」，英博本作「南荊苻堂陽縣」，旅博本作「南荊府堂陽縣」。據錄校本考證，「南荊府」三字疑為「南都荊州江陵府」的省稱，考證詳實，可從。另「堂楊懸」，錄校本舉《唐書．地理志》為證，以為當作「當陽縣」，參閱錄校本，頁三五七。故經多方考證，當作「南都荊州江陵府當陽縣」。

③**四十五里**：真福本作「西十五里」，大乘本、天寧本、興聖本、寬永本皆作「四十五里」，當作「四十五里」。

④**秀聞師說法**：真福本作「秀聞師說法」，大乘本、天寧本皆作「秀聞能說法」，興聖本、寬永本皆作「秀聞能師說法」，依底本作「秀聞師說法」為宜。

⑤**徑**：真福本作「任」，大乘本、天寧本、興聖本、寬永本皆作「徑」，當作「徑」，作直接、捷速解。

⑥**去**：真福本、大乘本、天寧本皆作「去」，興聖本、寬永本皆作「來」，依底本真福本作「去」為宜。

⑦**卻來與說**：真福本、大乘本、天寧本皆作「卻來與說」，興聖本、寬永本皆作「卻來說」，依底本真福本作「卻來與說」為宜。

⑧**覓**：真福本作「覔」，大乘本、天寧本、興聖本、寬永本皆作「看」，依底本真福本作「覓」為宜。

⑨**志誠唱喏，禮拜便行**：真福本作「志誠唱喏，禮拜便行」，大乘本作「志誠唱諾，禮辭便行」，天寧本作「志誠唱諾，禮拜便行」，興聖本、寬永本皆作「志誠禮拜便行」，依底本真福本作「志誠唱喏，禮拜便行」為宜。

⑩**經二十五日**：真福本作「侄二十五日」，大乘本、天寧本皆作「經二十五日」，興聖本、寬永本作「經五十餘日」，依大乘本、天寧本作「經二十五日」。

⑪**禮師坐聽**：真福本、興聖本、寬永本皆作「禮師坐聽」，大乘本、天寧本皆作「禮拜坐聽」，依真福本作「禮師坐聽」為宜。

⑫**白言**：真福本、大乘本、天寧本皆作「白言」，興聖本、寬永本皆作「自言」，當作「白言」。

⑬**玉泉寺**：真福本、興聖本、寬永本皆作「玉泉寺」，大乘本、天寧本皆作「玉泉」，依底本真福本作「玉泉寺」為宜。

⑭今：真福本、大乘本、天寧本、興聖本皆作「今」，寬永本作「令」，當作「今」。

⑮便：真福本、大乘本、興聖本、寬永本皆作「便」，天寧本作「使」，當作「便」。

⑯慈悲：真福本作「慈悲」，大乘本、天寧本皆作「大慈悲」，興聖本、寬永本皆作「大慈」，依底本真福本作「慈悲」為宜。

⑰又悲輪迴：真福本作「又悲輪迴」，大乘本、天寧本、興聖本、寬永本皆作「又恐輪迴」，依底本真福本作「又悲輪迴」為宜。

⑱玉泉：真福本、大乘本、天寧本皆作「玉泉」，興聖本、寬永本皆作「玉泉寺」，依底本真福本作「玉泉」為宜。

⑲對曰：真福本、興聖本、寬永本皆作「對曰」，大乘本、天寧本皆作「志誠曰」，依底本真福本作「對曰」為宜。

⑳對曰：真福本、興聖本、寬永本皆作「對曰」，大乘本、天寧本皆作「志誠曰」，依底本真福本作「對曰」為宜。

㉑亦復如此：真福本、大乘本、天寧本皆作「亦復如此」，興聖本、寬永本皆作「亦復如是」，依底本真福本作「亦復如此」為宜。

【注釋】

❶**世人盡言南能北秀，未知事由，且秀大師在南都荊州江陵府當陽縣玉泉寺住，能大師在韶州城東四十五里曹溪山住。法本一宗，人有南北**：世間上的人都傳說禪宗有南宗惠能與北宗神秀，這是不知道禪宗教義的根本宗旨與原理，況且神秀禪師在南都荊州江陵府當陽縣的玉泉寺住持修行，惠能大師在韶州城東方四十五里的曹溪山住持修行。根本的禪法只有一宗，修行的人卻有南北之分，因此才建立南北二宗的區別。南能北秀，指南宗的惠能與北宗的神秀。從上下文義觀察，惠能似乎相當在意當時佛教界說「南能北秀」的一種分類或看法，惠能或許以為這只是兩人因身處地域的不同而形成的現象，他無意造成對立或是爭奪禪宗法統的意思，所以下文會說「法即一種，見有遲疾，法無頓漸，人有利鈍，故名頓漸」等話，表示「法本一宗」，這似乎也間接承認與北宗神秀的禪法同出一源，只是「見遲」或「見疾」而已，或許也是惠能為了化解徒眾們對北宗的對立心態。

❷**何名頓漸？法即一種，見有遲疾，法無頓漸，人有利鈍，故名頓漸**：為何又區分漸悟的禪法與頓悟的禪法呢？事實上禪法只有一種，悟見佛性的見地有遲緩與快捷的區別，禪法本身並沒有頓悟或漸悟的區別，只是因為修行的人有利根與鈍根的不同，因此稱為漸修漸悟的禪法與頓悟頓修的禪法。利鈍，指眾生中有利根與鈍根的眾生。根，是指根性、根機、根器的意思。利根，指能快速敏銳正確理解佛法的人，進而達到解脫境界。鈍根，指不能快速敏銳正確理解佛法的人，即根機遲鈍者。

❸**秀聞師說法，徑疾直指見性。遂命門人志誠**：神秀大師經常聽聞別人說惠能大師的說法情況，說惠能大師的頓悟法門快速敏捷，直指人心能夠悟見本心自性。因此，神秀大師召命門下的出家徒眾志誠法師準備交付任務。

❹**汝聰明多智，可與吾到曹溪山禮拜。但坐聽法，莫言吾使汝去**：神秀大師說志誠法師你很聰明而且很有智慧，你代替我到南方曹溪山的道場禮拜惠

能大師，只要安坐在法堂中聽聞惠能大師開示，靜靜聆聽就好，不要說是我指使你前去的。

❺**汝若聽得，盡心記取，卻來與說。吾覓彼所見，誰遲誰疾。火急早來，勿令吾怪**：你若聽到的惠能頓悟法門宗旨大意可以了解的話，盡量牢記住他所說的話，回來向我說明。我想看看惠能的見地與我的見解，誰的禪法比較遲緩，誰的禪法比較簡捷明快。你要盡快地回來，不要讓我感到懷疑與奇怪。勿令吾怪，這段記載顯然有貶低北宗神秀的意圖，也強烈暗示了神秀仍有競爭勝負的世俗心志，以及顯示了神秀對自己領悟並傳授的禪法沒有絕對的信心。

❻**志誠唱喏，禮拜便行，經二十五日，至曹溪山，禮師坐聽，不言來處**：志誠法師滿口答應就接下了這個使命，禮拜了神秀大師就出發了，經過二十五天，就到了曹溪山，禮拜惠能大師後就安靜地聆聽，不說自己從哪裡來。

❼**志誠一聞，言下便悟，即起禮拜**：志誠法師聽聞惠能大師開示的禪宗心法，在說法言語的當下，就開悟了本心自性，當下就起立並禮拜惠能大師。惠昕五本皆作「言下便悟」，英博本、旅博本皆作「言下便悟，即契本心」。

❽**白言：「和尚！弟子在玉泉寺秀和尚處，學道九年，不得契悟。今聞和尚一說，忽然悟解，便契本心。和尚慈悲，弟子生死事大，又悲輪迴，願當教示。」**：志誠法師向惠能大師坦白誠懇地說：「和尚！弟子我從北方玉泉寺道場來到這裡，在神秀大師座下學習佛法解脫之道已經九年了，沒有得到開悟。如今聽聞和尚您的說法，忽然間就開悟了解，馬上就契合了本來具足的本心自性。和尚您是很慈悲的，弟子志誠的生死之事是人生大事，又悲嘆輪迴的可怖，希望您能對我教誨開示。」便契本心，指志誠在聽聞惠能說法的當下就開悟了，就契合並達到實現了眾生本來具備的本心佛性。契，原有憑證、符節、字據等信物的意思，古代的「契」分為左右各半，甲乙雙方各執一半，使用時將兩半合對，藉以為徵信。再者，「契」有「合」的意思，亦可解釋為達到或完成實現之意。

❾**師曰：「汝從玉泉來，應是細作？」對曰：「不是。」師曰：「何得不是？」對曰：「未說即是，說了不是。」師曰：「煩惱菩提，亦復如此。」**：惠能大師說：「你從神秀大師那裡來到這邊，應該是間諜了？」細作，指間諜或是暗探，此語流行於唐代。志誠法師回答說：「不是的！」惠能大師說：「為什麼說不是呢？」志誠法師回答說：「還沒說的時候就是了，坦白承認說了之後就不是了。」惠能大師說：「煩惱的障礙即是覺悟的菩提，也是如此的！」煩惱即是菩提，此句首見於吉藏法師所撰之《仁王般若經疏》卷中四，收錄於《大正藏》第三十三冊，頁三四一中。後亦見於《法華玄義》、《法華文句》與《摩訶止觀》等書。若以「煩惱即菩提」的觀念出現，則首見於世親菩薩造、隋天竺三藏笈多共行矩等譯之《攝大乘論釋論》卷十，《大正藏》第三十一冊，頁三一六上。煩惱的現象與菩提悟境呈現的現象是不同的，然而「現象」是生滅的，是虛幻的，是短暫的，是無常的，是不究竟的；相對的，煩惱的本質與菩提的本質是一致的，是不生不滅的，是實相的，是不變的，是恆常的，是究竟的。因此，煩惱即是菩提。再者，煩惱的能量是具有雜質的，但加以轉化就會成為清淨的菩提。

師問志誠曰：「吾聞汝禪師①教示學人，唯傳戒定慧，未審汝師說戒定慧，行相如何？與吾說看。」❶志誠曰：「秀和尚②說：『諸惡不作③名為戒，諸善奉行名為慧，自淨其意名為定。此是戒定慧。』彼說如此，未審和尚所見如何？願為解說。」❷師曰：「秀和尚所見④，實不可思議。吾所見戒定慧又別。」志誠啟和尚⑤：「戒定慧只合一種，如何更別？」❸師曰：「汝師說戒定慧⑥，接大乘人。吾戒定慧，接最上乘人。悟解不同，見有遲疾。汝聽吾說，與彼⑦同否？吾所說法，不離自性，離體說法，自性常迷⑧。須知一切萬法，皆從自性起用，是真戒定慧等法。常見自性自心⑨，即是自性等佛。」❹

【校訂】

①禪師：真福本、興聖本、寬永本皆作「禪師」，大乘本、天寧本皆作「師」，依真福本作「禪師」為宜。

②秀和尚：大乘本、天寧本、興聖本、寬永本皆作「秀和尚」，真福本在「秀和尚」上衍「誠」字，當刪。

③諸惡不作：真福本、興聖本、寬永本、敦煌三本皆作「諸惡不作」，大乘本、天寧本皆作「諸惡莫作」，依真福本作「諸惡不作」為宜。

④所見：真福本、大乘本、興聖本、寬永本皆作「所見」，天寧本作「見」，依真福本作「所見」為宜。

⑤志誠啟和尚：真福本、興聖本、寬永本皆作「志誠啟和尚」，大乘本、天寧本皆作「志誠啟曰」，依真福本作「志誠啟和尚」為宜。

⑥汝師說戒定慧：真福本、大乘本、天寧本皆作「汝師說戒定惠」，興聖本作「汝師戒定慧」，寬永本作「汝師戒定惠」，作「汝師說戒定慧」為宜。

⑦彼：真福本、大乘本、興聖本、寬永本皆作「彼」，天寧本作「彼說」，依底本真福本作「彼」為宜。

⑧自性常迷：真福本、大乘本、天寧本皆作「自性常迷」，興聖本、寬永本皆作「名為相說，自性常迷」，依真福本作「自性常迷」為宜。

⑨自心：真福本作「心」，大乘本、天寧本、興聖本、寬永本皆作「自心」，作「自心」為宜。

【注釋】

❶師問志誠曰：「吾聞汝禪師教示學人，唯傳戒定慧，未審汝師說戒定慧，行相如何？與吾說看。」：惠能大師詢問志誠法師說：「我聽聞你的禪法教授

老師神秀大師教導學人，只有傳授戒律、禪定與智慧的修持方法，不知道你的教授和尚教導學人戒律、禪定與智慧，主要進行的方法與相貌作用是如何呢？請你為我說明！」行相，原指心（心王）及心所兩者所具有的認識作用，或是所映現的行為影像狀態。以「心」及「心所」所對應的行為境界，以及對境生起的相貌狀態，因此稱為行相。在原始佛典經常見有「四諦十六行相」，即是原始佛教觀悟四諦過程中，各自浮現對應四種影像於心的理解及觀念之狀態。未審的「審」是仔細、詳細之意，唐朝口語上說「未審」，就是很客氣又謙虛的表示「不太清楚明白詳細情況如何」，因此可以簡譯為口語的「不知道」（詳細情況如何）的疑問詞。

❷**志誠曰：「秀和尚說：『諸惡不作名為戒，諸善奉行名為慧，自淨其意名為定。此是戒定慧。』彼說如此，未審和尚所見如何？願為解說。」**：志誠法師說：「神秀和尚解說戒律、禪定與智慧的修持方法是：各種惡念惡行不去思念及作為就稱為戒律的修持，各種善念善行奉持及修行就稱為智慧的修持，自己清淨自己心中的意念就稱為禪定的修持，這就是稱為戒律、禪定與智慧的修持方法。神秀大師他是如此說明戒律、禪定與智慧的修持方法，不知道惠能大師您的見地又是如何呢？我希望您為我解釋說明。」

❸**師曰：「秀和尚所見，實不可思議。吾所見戒定慧又別。」志誠啟和尚：「戒定慧只合一種，如何更別？」**：惠能大師回答說：「神秀和尚這樣的說法與見地，實在是無法想像的。我惠能對持戒、禪定、智慧的見地又與神秀大師的看法不一樣。」志誠法師詢問：「持戒、禪定、智慧不是只有一種，還有什麼樣的差別嗎？」其中的「不可思議」，本來是指諸佛菩薩徹悟的妙境，並不能以世俗思維或討論研究而得到，但惠能在此說北宗神秀的禪法觀念是「不可思議」，似乎是一語雙關，表面上是讚嘆神秀的禪法觀念是高明的，但實際的指涉內容卻是暗諷與嘲貶，以為神秀的禪法觀念是不究竟的。然而，神秀所言的戒、定、慧，其實就是佛陀教法傳播世間的基本說法，這是符合佛法原則的內容之一。由此亦可看出，惠能強調禪法要能適應眾生的根機，要有創新的活力，不可拘泥在僵化的文字詮釋中，這也是惠能禪法的特質之一。同時，佛法在證悟者與未證悟者之間，存在著體證理解及思維詮釋的不同，因此如何正確地理解、精準的表達與達到實際證悟的目標，就顯得十分重要了。

❹**師曰：「汝師說戒定慧，接大乘人。吾戒定慧，接最上乘人。悟解不同，見有遲疾。汝聽吾說，與彼同否？吾所說法，不離自性，離體說法，自性常迷。須知一切萬法，皆從自性起用，是真戒定慧法。常見自性自心，即是自性等佛。」**：惠能回答說：「你的老師神秀大師解說戒律、禪定與智慧的修持方法，主要是接引修持大乘的行者。我惠能傳授的戒律、禪定與智慧的修持方法，主要是接引最上乘的行者。因為我惠能與神秀大師的證悟與解釋並不相同，對於禪法修持的見地有遲緩與敏捷的差異。你聽我惠能為你解說，我惠能與神秀大師的觀念及見地是否相同。我惠能所說的法門，沒有離開本心的覺性，若是離開覺性的本體而演說妙法，眾生覺悟的本性就會經常迷惑。必須知道宇宙間一切的萬法，都是從覺性生起作用的，這才是真正修持戒律、禪定與智慧等法門。修行者若能夠經常悟見覺性的本心，就是實踐彰顯了覺性如同佛陀一般。筆者以為，惠能所謂的「自性」，就是眾生本來具足的覺悟本性，亦可簡稱為「覺性」。因此覺性未彰顯時即是眾生，覺性完全彰顯時即如同佛陀，覺性要在日常生活中培養。

師言：「志誠！聽吾說①，心地無非自性戒，心地無癡自性慧，心地無亂自性定。」❶師言②：「汝師戒定慧，勸小根智人③；吾戒定慧，勸大根智人。若悟自性，亦不立菩提涅槃，亦不立④解脫知見，無一法可得，方能建立萬法，是真見性❷。若解此意，亦名佛身，亦名菩提涅槃⑤，亦名解脫知見，亦名十方國土，亦名恆河沙數⑥，亦名三千大千，亦名大小藏十二部經⑦❸。見性之人，立亦得，不立亦得，去來自由，無滯無礙，應用隨作，應語隨答，普見化身⑧，不離自性，即得自在神通遊戲三昧之力，此名見性❹。」志誠再啟和尚：「如何是立、不立⑨義？」師曰：「自性無非、無癡、無亂，念念般若觀照，常離法相，自由自在，縱橫盡得，有何可立？自性自悟，頓悟頓修⑩，亦無漸次，所以不立⑪一切法。佛言：『寂滅有何次⑫？』」❺志誠禮拜，便住曹溪，願為門人，不離左右❻。

【校訂】

①**師言志誠聽吾說**：真福本、大乘本皆作「師言志誠聽吾說」，天寧本作「師曰志誠聽吾說」，興聖本、寬永本皆作「吾」，依真福本錄入為宜。

②**師言**：真福本、大乘本、天寧本皆作「師言」，興聖本、寬永本皆無此二字，依真福本作「師言」為宜。

③**小根智人**：真福本、大乘本、天寧本皆作「小根人」，興聖本、寬永本、敦博本皆作「小根智人」，依興聖本、寬永本作「小根智人」。

④**不立**：真福本、大乘本、興聖本、寬永本皆作「不立」，天寧本脫「立」字，當作「不立」。

⑤**涅槃**：真福本作「涅般」，大乘本、天寧本、興聖本、寬永本皆作「涅槃」，當作「涅槃」。

⑥**恆河沙數**：真福本、大乘本、天寧本皆作「恆河沙數」，興聖本、寬永本皆作「恆沙數」，當作「恆河沙數」。

⑦**大小藏十二部經**：真福本、大乘本、興聖本、寬永本皆作「大小藏十二部經」，天寧本衍「三」字作「三大小藏十二部經」，當作「大小藏十二部經」。

⑧**化身**：真福本作「他身」，大乘本、天寧本、興聖本、寬永本皆作「化身」，當作「化身」。

⑨**立不立**：真福本、大乘本、天寧本皆作「立不立」，興聖本、寬永本皆作「不立」，觀上下文義，當作「立不立」。

⑩**頓修**：真福本、大乘本、興聖本、寬永本皆作「頓修」，天寧本脫「頓」字，當作「頓修」。

⑪不立：真福本、大乘本、天寧本皆作「能立」，興聖本、寬永本皆作「不立」，觀上下文義，當作「不立」。

⑫寂滅有何次：真福本作「寂滅有何次」，大乘本、天寧本皆作「寂滅有何漸次」，興聖本、寬永本皆作「寂滅有何次第」，依真福本作「寂滅有何次」為宜。《入楞伽經》卷七：「唯心無所有，諸行及佛地；去來現在佛，三世說如是。……二地為三地，四地為五地；三地為六地，寂滅有何次？」見《入楞伽經》卷七，收錄於《大正藏》第十六冊，頁五五五下。

【注釋】

❶**師言：「志誠！聽吾說，心地無非自性戒，心地無癡自性慧，心地無亂自性定。」**：惠能大師說：「志誠法師！你聽我惠能說明，眾生的心地沒有是非的對立分別，是自心覺性的根本戒律；眾生的心地沒有昏沉無明的愚癡，是自心覺性的智慧；眾生的心地沒有紛亂的煩惱，是自心覺性的禪定。」

❷**汝師戒定慧，勸小根智人；吾戒定慧，勸大根智人。若悟自性，亦不立菩提涅槃，亦不立解脫知見，無一法可得，方能建立萬法，是真見性**：你的老師神秀大師對戒律、禪定與智慧的修持方法，主要是勸導較小根器智慧的人；我惠能對戒律、禪定與智慧的修持方法，主要是勸導上乘智慧的人。一個人可以得到開悟自己的本性，也就不用建立戒律、禪定與智慧的修行次第，也不用建立如何解脫佛法的知識與見地，因為沒有任何一法可以得到，如此才能建立萬法的安頓，這就是真正的悟見自己的本心覺性了。

❸**若解此意，亦名佛身，亦名菩提涅槃，亦名解脫知見，亦名十方國土，亦名恆河沙數，亦名三千大千，亦名大小藏十二部經**：若是明白這個意義，也稱為佛身，也稱為菩提涅槃，也稱為解脫的知識與見地，也稱為十方國土，也稱為恆河沙數，也稱為三千大千世界，也稱為大小藏十二部經。

❹**見性之人，立亦得，不立亦得，去來自由，無滯無礙，應用隨作，應語隨答，普見化身，不離自性，即得自在神通遊戲三昧之力，此名見性**：悟見本心覺性的人，可以建立佛法次第法門，也可以不建立佛法次第法門，在心中來去自由而不受煩惱執著，內心沒有停滯沒有障礙，應用生活事物隨所作意，應答生活語言隨問隨答，任何人都能見到他智慧的化身，沒有離開本心的覺性，得到自在神通遊戲三昧的心力，這就稱為悟見自己的覺性。

❺**志誠再啟和尚：「如何是立、不立義？」師曰：「自性無非、無癡、無亂，念念般若觀照，常離法相，自由自在，縱橫盡得，有何可立？自性自悟，頓悟頓修，亦無漸次，所以不立一切法。佛言：『寂滅有何次？』」**：志誠法師再度請問惠能和尚：「怎樣是建立、不建立法門次第，其意義是如何？」惠能大師說：「自心本性沒有是非的對立、沒有紛亂的煩惱、沒有昏沉的愚癡，每一個接續的心念都是般若智慧的觀照，經常超越各種境界的相貌與執著，心中自由自在，完全得到無所顧忌的心，又有哪一種修行階段次第可以建立呢？自心覺性的頓悟，頓時領悟頓時修持，是沒有漸進次第的，所以不去建立修行法門的次第。佛陀說：『證悟的涅槃有何次第呢？』」

❻**志誠禮拜，便住曹溪，願為門人，不離左右**：志誠法師向惠能大師頂禮朝拜，就住在曹溪山，發願成為門人弟子，再也沒有離開惠能的身邊。

復有一僧，名曰法達，常誦《法華經》七年，心迷不悟正法，來詣曹溪❶。禮拜問曰：「和尚！弟子誦《法華經》①，心常有疑，又不知正法之處，和尚智慧②廣大，願為決疑。」❷師曰：「法達！法即甚達，汝心不達。經上無疑③，汝心自疑。汝心邪，而求正法；吾心正，則是持經④。吾不識文字，汝取經來誦⑤，誦之一遍，吾聞即知⑥。」❸法達取經，便誦⑦一遍，師知佛意，乃與說經。❹

師言：「法達！經無多語，七卷⑧盡是譬喻因緣，如來廣說三乘，只為世人根鈍。經文分明，無有餘乘，唯一佛乘。❺汝聽一佛乘，莫求二乘，迷卻汝性。且經中何處是一佛乘？吾聞汝誦經云：『諸佛世尊，唯以一大事因緣故，出現於世❻。（正法有十六字）⑨』，此法如何解？如何修？汝用心聽，吾為汝說❼。」

【校訂】

①**常誦《法華經》七年，心迷不悟正法，來詣曹溪。禮拜問曰：和尚！弟子誦《法華經》**：真福本作「常誦《法花經》七年，心迷不悟正法，來詣曹溪。禮拜問曰：和尚！弟子誦《法花經》」，大乘本、天寧本皆作「常誦《法華經》」，脫「七年」至「法華經」二十四字，依興聖本、寬永本作「常誦《法華經》七年，心迷不悟正法，來詣曹溪。禮拜問曰：和尚！弟子誦《法華經》」為宜。

②**智慧**：真福本作「惠」，大乘本、天寧本、寬永本皆作「智惠」，興聖本作「智慧」，當作「智慧」。

③**經上無疑**：真福本、大乘本、天寧本皆作「經上無疑」，興聖本、寬永本皆作「經本無疑」，依底本真福本作「經上無疑」為宜。

④**汝心邪，而求正法；吾心正，則是持經**：真福本、大乘本、天寧本皆作「汝心邪，而求正法；吾心正，則是持經」，興聖本、寬永本皆作「汝心自邪，則求正法；吾心本正，則是持經」，依真福本錄入為宜。

⑤**來誦**：真福本作「來誦」，大乘本、天寧本、興聖本、寬永本皆作「來」，依真福本作「來誦」為宜。

⑥**吾聞即知**：真福本、大乘本、興聖本、寬永本皆作「吾聞即知」，天寧本脫「聞」字，當作「吾聞即知」。

⑦**誦**：真福本、寬永本皆作「誦」，大乘本、天寧本、興聖本皆作「讀」，「誦」與「讀」皆通，依底本真福本作「誦」為宜。

⑧**七卷**：真福本、大乘本、天寧本、寬永本皆作「七卷」，興聖本作「十卷」，當作「七卷」。

⑨**正法有十六字**：在「出現於世」下，真福本、興聖本、寬永本皆作夾注「正法有十六字」，大乘本、天寧本皆作夾注「正法唯有一十六字」，敦博本、旅博本皆作夾注「已上十六字是正法」，依底本真福本作夾注「正法有十六字」為宜。

【注釋】

❶**復有一僧，名曰法達，常誦《法華經》七年，心迷不悟正法，來詣曹溪**：另外又有一位出家僧人，法號為法達，經常誦念《妙法蓮華經》已經有七年的時間，心中迷惑而不知道宇宙人生究竟的實相與佛教正確的修行方法，他來到曹溪山頂禮拜訪惠能大師。《妙法蓮華經》，後秦鳩摩羅什譯，共有七卷二十八品，收於《大正藏》第九冊，此經是大乘佛教天台宗的根本經典，此經亦簡稱為《法華經》或《妙法華經》。

❷**禮拜問曰：「和尚！弟子誦《法華經》，心常有疑，又不知正法之處，和尚智慧廣大，願為決疑」**：法達法師頂禮惠能大師並發問說：「和尚！弟子經常誦念《妙法蓮華經》，心中迷惑而經常生起疑問，又不知道宇宙人生究竟的實相在哪裡，惠能和尚您智慧廣大，希望您為我解決疑難問題除去疑惑。」

❸**師曰：「法達！法即甚達，汝心不達。經上無疑，汝心自疑。汝心邪，而求正法；吾心正，則是持經。吾不識文字，汝取經來誦，誦之一遍，吾聞即知。」**：惠能大師說：「法達！佛法本身就是很通達的，你的心地並不通達。佛經內容上並沒有任何疑問，是你的心中自己產生了不正確的懷疑。你的心以這樣不正確的見解，而來追求正確的佛法是不對的；我們眾生的心中如果是正確深入地了解本心的覺性，就是持誦修行這部經典。我不認識文字，你去將《法華經》取來，對我讀誦一遍，我聽聞佛經的內容，就會知道《法華經》的宗旨大意。」其中「法即甚達，汝心不達」這句話，筆者以為這是惠能用一語雙關的語氣，調侃法達法師不能通達佛法，但惠能用心良善，著眼在「心地」上面，希望法達法師能夠在自心上用功夫。

❹**法達取經，便誦一遍，師知佛意，乃與說經**：法達法師取經來到惠能面前，對著惠能大師讀誦了一遍《法華經》，惠能大師聽聞《法華經》的內容後，就洞悉了佛陀的心意與《法華經》的內涵，便向法達法師說明《法華經》的大意。

❺**經無多語，七卷盡是譬喻因緣，如來廣說三乘，只為世人根鈍。經文分明，無有餘乘，唯一佛乘**：《法華經》並沒有太多囉嗦的話，經文七卷都是在講譬喻與因緣的佛法。佛陀廣大的解說聲聞、緣覺與菩薩三乘的法門，只是因為世間的人根器遲鈍。《法華經》的經文內容明白地說明著，沒有其他多餘的法門，只有眾生皆可成佛，匯聚萬法而成為菩薩修持的唯一成佛法門。三乘，原意指三種載人的交通工具，佛教則將此比喻為眾生越渡生死輪迴到達彼岸涅槃的三種法門。分別是：聲聞乘、緣覺乘與菩薩乘。

❻**汝聽一佛乘，莫求二乘，迷卻汝性。且經中何處是一佛乘？吾聞汝誦經云：諸佛世尊，唯以一大事因緣故，出現於世**：你仔細聽清楚是總歸一種成佛的法門，不要去追求有階段性的兩種成佛的法門，迷惑的時候就會蒙蔽你的本性。而且在《法華經》的經文中哪裡提到是總歸一種成佛的法門呢？我聽聞你誦經時佛經中說：十方過去、現在與未來的諸佛世尊，都是只有因為一項渡脫眾生大事之因緣的緣故，出現在人世間。

❼**此法如何解？如何修？汝用心聽，吾為汝說**：此句佛法應該如何解釋呢？這項法門又是如何修持呢？你用心聽我說明，我為你來解說。

師言：「法達！人心不思①，本來寂靜，離卻邪見，即②大事因緣。內外不迷，即離兩邊。外迷著相，內迷著空。於相離相，於空離空，即是不迷③。若悟此法，一念心開，出現於世❶。心開何事？開佛知見。佛猶覺也，分為四門：開覺知見，示覺知見，悟覺知見，入覺知見，此名開、示、悟、入。從上一處入④，即覺知見，見自本性，即得出現❷。」

師言：「吾勸一切人，於自心地，常開佛知見。世人心邪，愚迷造罪，口善心惡，貪嗔嫉妒，讒佞侵害，自開眾生知見；世人心正，常起智慧觀照，自心正行善，自開佛知見⑤❸。汝須念念開佛知見，莫開眾生知見。開佛知見，即是出世⑥❹。」

【校訂】

①**人心不思**：真福本、大乘本皆作「人心不思」，天寧本作「心人不思」，興聖本、寬永本皆作「人心何不思」，依底本真福本作「人心不思」為宜。

②**即**：真福本、大乘本、天寧本皆作「即」，興聖本、寬永本皆作「即是」，依底本真福本作「即」為宜。

③**不迷**：真福本、大乘本、天寧本皆作「不迷」，興聖本、寬永本皆作「內外不迷」，依底本真福本作「不迷」為宜。

④**從上一處入**：真福本、大乘本、天寧本皆作「從上一處入」，興聖本、寬永本皆作「從一處入」，敦煌三本皆作「上一處入」，依真福本錄入為宜。

⑤**自心正行善，自開佛知見**：真福本作「自心正行善，自開佛知見」，大乘本、天寧本皆作「自開佛之知見」，興聖本、寬永本皆作「自心止惡行善，自開佛知見」，依真福本錄入為宜。

⑥**開佛知見，即是出世**：真福本作「開佛知見，即是出世」，大乘本、天寧本皆作「即是出世」，興聖本、寬永本皆作「開佛知見，即是出世。開眾生知見，即是世間」，依真福本作「開佛知見，即是出世」為宜。此外，「開佛知見，即是出世」的「出世」，與前文的「從上一處入，即覺知見，見自本性，即得出現」的「出現」，筆者勘校後發現皆是指《法華經》中「諸佛世尊，唯以一大事因緣故，出現於世」的「出現於世」之意。因此，這段《壇經》的「出世」與「出現」，皆是指諸佛世尊唯以一大事因緣故「出現於世」的意思。

【注釋】

❶**人心不思，本來寂靜，離卻邪見，即大事因緣。內外不迷，即離兩邊。外迷著相，內迷著空。於相離相，於空離空，即是不迷。若悟此法，一念心開，出現於世**：（這項法門又是如何修持呢？惠能為法達法師說明）眾生的心不去作意與思維，眾生本心覺性的心源是空幻寂滅的，因此離開錯誤的見解，就是諸佛出現在世間的一項大事因緣。內心的意念與外在的行為都不被迷惑，就離開及超越了是非對錯與生死兩邊的對立。外在的行為受到內心的疑惑而執著外在的相貌，內心的意念受到迷惑而執著空虛的相貌。外在的行為上離開及超越了相貌的執著，在空虛的意念裡，離開及超越了空虛的執著，就是不被迷惑了。若是覺悟這項總歸一切成佛的法門，在一念間心地開通，就是如同諸佛出現在世間一般。

❷**心開何事？開佛知見。佛猶覺也，分為四門：開覺知見，示覺知見，悟覺知見，入覺知見，此名開、示、悟、入。從上一處入，即覺知見，見自本性，即得出現**：心地開通是什麼狀況呢？開啟佛陀覺悟的智慧見地。「佛」的意思如同「覺悟」，可以分為四項門類：開啟佛陀覺悟的智慧見地，呈顯佛陀覺悟的智慧見地，徹悟佛陀覺悟的智慧見地，契入佛陀覺悟的智慧見地，這是稱為開啟、呈顯、徹悟與契入佛陀覺悟的智慧見地。從以上四處中一處進入佛陀覺悟的智慧見地，就是進入了佛陀覺悟的智慧見地，悟見自己的本性，就能超越世間的輪迴而如同佛陀出現於世一般。開佛知見的「佛知見」，是指十方三世諸佛如來徹悟諸法實相所得的知見。開佛知見，即覺悟成佛的意思，也是開啟諸佛與眾生共通的佛性及覺悟生命終究的實相。有關「見自本性，即得出現」一句，應是指「見自本性，即得出現於世」的簡省，敦煌三本作「見自本性，即得出世」，宗寶諸本作「本來真性，而得出現」，筆者經反復勘校，決定維持惠昕五本原文作「見自本性，即得出現」，但觀上下文義，應是指「見自本性，即得出現於世」，意指「見自本性，即得如諸佛世尊，唯以一大事因緣故，出現於世」。因此，「即得出現」意為「即得出現於世」，雖然下文亦有「即得出世」，筆者以為其義亦是指「見自本性，即得如諸佛世尊，唯以一大事因緣故，出現於世」。

❸**吾勸一切人，於自心地，常開佛知見。世人心邪，愚迷造罪，口善心惡，貪嗔嫉妒，讒佞侵害，自開眾生知見；世人心正，常起智慧觀照，自心正行善，自開佛知見**：我經常勸導一切學佛的朋友，在自己心地中，開啟佛陀覺悟的智慧見地。世間的人充滿錯誤的見解，因為愚癡迷惑而造作惡念惡行，嘴裡說得很好又善良，心中卻充斥惡念，貪欲嗔恚忌妒而看不得別人的好，善於花言巧語諂媚而又傷害別人，自己因此開啟了眾生輪迴煩惱的知識觀念與見解；若是世間的人心念正直，經常生起智慧的觀照，自心有正確的觀念見地又積極行善而清淨自心，自己就會開啟佛陀覺悟的智慧見地。

❹**汝須念念開佛知見，莫開眾生知見。開佛知見，即是出世**：你須要每一個心念都開啟佛陀覺悟的智慧見地，不要開啟眾生輪迴煩惱的知識觀念與見解。若是能夠開啟佛陀覺悟的智慧見地，即是如同「諸佛世尊，唯以一大事因緣故，出現於世」一般，因此開啟了佛陀覺悟的智慧見地，就超越了輪迴的世間。

師言①：「法達！此是《法華經》一乘義②，向下分三，為迷人故③，汝但依一佛乘④。」❶師言⑤：「法達！心行轉《法華》，不行《法華》轉⑥。心正轉《法華》，心邪《法華》轉。開佛知見轉《法華》，努力依法修行，即是轉經。自心若不念念修行，即常被經轉。」❷法達一聞，言下大悟，涕淚悲泣⑦。白大師言：「實未曾轉《法華》，七年被《法華》轉，念念願修佛行⑧。」❸師言：「行佛行，是佛！」其⑨在會者，各得⑩見性❹。

【校訂】

①**師言**：真福本、大乘本、天寧本皆作「師言」，興聖本、寬永本皆作「師又言」，依底本真福本作「師言」為宜。

②**一乘義**：真福本、大乘本、天寧本皆作「一乘義」，興聖本、寬永本皆作「一乘之義」，依底本真福本作「一乘義」為宜。

③**向下分三，為迷人故**：真福本、大乘本、天寧本皆作「向下為迷人故」，興聖本、寬永本皆作「向下分之為三乘者，蓋為迷人」，敦博本、旅博本皆作「向下分三，為迷人故」，綜觀上下文義，依敦博本、旅博本作「向下分三，為迷人故」為宜。

④**依一佛乘**：真福本、大乘本、天寧本皆作「依一佛乘」，興聖本、寬永本皆作「依一佛乘修行」，依真福本作「依一佛乘」為宜。

⑤**師言**：真福本、大乘本、天寧本皆作「師言」，興聖本、寬永本皆作「師又言」，依底本真福本作「師言」為宜。

⑥**心行轉《法華》，不行《法華》轉**：真福本作「心行轉《法花》，不行《法花》轉」，大乘本、天寧本、敦煌三本皆作「心行轉《法華》，不行《法華》轉」，興聖本作「心行即是汝轉《法華經》，不行即是被《法華經》轉」，寬永本作「心行即是汝轉《法花經》，不行即是被《法華經》轉」，作「心行轉《法華》，不行《法華》轉」為宜。

⑦**涕淚悲泣**：真福本、大乘本、興聖本、寬永本皆作「涕淚悲泣」，天寧本作「涕泣」，依底本真福本作「涕淚悲泣」為宜。

⑧**念念願修佛行**：真福本作「念念願修行佛」，大乘本、天寧本皆作「念念願修佛行」，興聖本、寬永本皆作「自今方修佛行」，底本「行佛」當為「佛行」倒寫，作「念念願修佛行」為宜。

⑨**其**：真福本、大乘本、天寧本皆作「其」，興聖本、寬永本皆作「時」，依底本真福本作「其」為宜。

⑩**各得**：大乘本、天寧本、興聖本、寬永本皆作「各得」，真福本脫「各」字，當補之。

【注釋】

❶**師言：「法達！此是《法華經》一乘義，向下分三，為迷人故，汝但依一佛乘。」**：惠能大師說：「法達！這項法門是《法華經》總歸一乘成佛的法門，在此向下分為三乘的階段，是因為要教化迷惑眾生的緣故，你只要依照唯一佛乘的修持法門就可以了。」向下分三，惠能說「一佛乘」是唯一成佛的法門，但為了廣大迷惑的眾生，於是由一佛乘向下分出三乘，分別是聲聞乘、緣覺乘與菩薩乘。一佛乘，即是佛乘，梵語譯作大乘、如來乘、菩薩乘。在《妙法蓮華經•方便品》中說：「如來但以一佛乘故，為眾生說法。」這是指一切眾生唯一成佛的法門，這項法門不去分別二乘或是三乘，而說唯一成佛的法門，所以稱為唯一佛乘，或作一乘。有關於禪宗對「一佛乘」的見地與禪法的傳授，從達摩到慧可的傳法文獻中，即可見到早期文獻中《續高僧傳》的「齊鄴中釋僧可傳」載有：「釋僧可，一名慧可。……年登四十，遇天竺沙門菩提達摩遊化嵩洛，(慧)可懷寶知道一見悅之，奉以為師，畢命承旨。從學六載，精究一乘。」(見唐道宣：《續高僧傳》卷十六，《大正藏》第五〇冊，頁五五一下至五五二上)可見達摩傳授給慧可的禪法中，慧可「從學六載，精究一乘」的法門，其中「一乘」的實踐修持，即可視為禪宗禪法中「一佛乘」的最早載述。

❷**師言：「法達！心行轉《法華》，不行《法華》轉。心正轉《法華》，心邪《法華》轉。開佛知見轉《法華》，努力依法修行，即是轉經。自心若不念念修行，即常被經轉。」**：惠能大師說：「法達！心地開通覺悟的時候是實際轉動了《法華經》，心地不能開通覺悟的時候是被《法華經》所轉動。心地開通正念清淨的時候，是實際轉動了《法華經》，心地有邪惡與錯誤見解觀念的時候，是被《法華經》所轉動。開啟佛陀智慧見地的時候，是轉動了《法華經》，努力依照頓悟的唯一佛乘的法門修行，就是轉動佛經。自己心中若不是每一念都在修持頓悟的佛法時，就是經常被《法華經》所轉動。」轉經：即讀誦佛教經典，原義為諷詠經論，又稱為轉讀，若以歌讚的方式則用梵音。另在西藏或韓國高麗朝時的轉經，則分別是修行方式及法會儀式的一種。惠能將讀誦佛教經典的層次，提昇到修持與實證佛教經典的層次，所以轉經即是修行此部經典的意思。惠能的說法，即是回歸於本心自性，當下一念無住通達，便是轉動諸經與通達萬法了。

❸**法達一聞，言下大悟，涕淚悲泣。白大師言：「實未曾轉《法華》，七年被《法華》轉，念念願修佛行。」**：法達法師一時聽聞惠能大師的開示，言語的當下就猛然省悟，流下眼淚悲傷地哭泣。法達法師坦誠地對惠能大師說：「我實際上從來沒有轉動過《法華經》，這七年來都是被《法華經》所轉動，以後在念念中修行佛陀的法門，我要實際去轉動《法華經》。」

❹**師言：「行佛行，是佛！」其在會者，各得見性**：惠能大師說：「當下實踐行持佛陀定慧等學的頓悟法門，就是掌握了佛法最重要的要領，將來必定成佛！」當時在場聽講的眾人，各自覺悟到自己的本心覺性。「行佛行，是佛」，敦煌三本皆作「即佛行是佛」，錄校本以為「寫本誤，當據改」，但觀「行」字作「當下實踐」解，「即」字作「當下」解，筆者以為「行」字，才是真正符合頓悟法門的意旨。

復有僧①，名曰智常，禮拜問四乘義②，啟和尚③：「佛說三乘法，又言最上乘。弟子不解，願為教授。」

❶師曰：「汝向自心見，莫著外法相，法無四乘④，人心自有四等❷。見聞轉讀是小乘，悟法解義是中乘，依法修行是大乘。萬法盡通，萬行俱備，一切不染，離諸法相，作無所得⑤，名最上乘行也⑥，不在口諍⑦，汝須自修，莫問吾也。一切時中，自性自知⑧，是四乘義❸。」

【校訂】

①**復有僧**：真福本、興聖本、寬永本皆作「復有僧」，大乘本、天寧本皆作「復有一僧」，依底本真福本作「復有僧」為宜。

②**問四乘義**：真福本作「問四乘義」，興聖本、寬永本皆作「問四乘之義」，大乘本、天寧本無以上文字內容，依底本真福本作「問四乘義」為宜。

③**啟和尚**：真福本作「啟和尚」，大乘本、天寧本皆作「啟和尚曰」，興聖本、寬永本皆作「云啟和尚」，依真福本作「啟和尚」為宜。

④**法無四乘**：真福本作「法無四乘」，大乘本、天寧本、興聖本、寬永本皆作「無四乘法」，依底本真福本作「法無四乘」為宜。

⑤**作無所得**：真福本、大乘本、天寧本皆作「作無所得」，興聖本、寬永本皆作「一無所得」，依底本真福本作「作無所得」為宜。

⑥**名最上乘行也**：真福本作「名最上乘行也」，大乘本、天寧本、興聖本、寬永本皆作「名最上乘，乘是行義」，敦煌三本皆作「是最上乘，乘是最上行義」，依底本真福本作「名最上乘行也」為宜。

⑦**不在口諍**：真福本作「不在口諍」，大乘本、天寧本皆作「不在口誦」，興聖本、寬永本皆作「不在口爭」，依真福本作「不在口諍」為宜。

⑧**自性自知**：真福本作「自性自知」，大乘本、天寧本皆作「自性自知，自悟自行」，興聖本、寬永本皆作「自性自如」，依真福本作「自性自知」為宜。

【注釋】

❶**復有僧，名曰智常，禮拜問四乘義，啓和尚：「佛說三乘法，又言最上乘。弟子不解，願為教授。」**：當時還有一位出家僧人，法名智常法師，來到曹溪山頂禮朝拜並詢問惠能大師，有關「四乘」解說聲聞乘、緣覺乘、菩薩乘與最上乘等四乘的佛法教義。智常法師請問惠能大師說：「佛陀原本解說聲聞乘、緣覺乘、菩薩乘的三乘法義，另外又說最上乘，弟子我並不了解其中的意思，希望大師為我教誨開示。」四乘的「乘」，是指能夠載運眾

生從生死輪迴的此岸，到達清淨解脫彼岸的法門。四乘在佛教中有多種說法，但此處應指聲聞乘、緣覺乘、菩薩乘三乘，再加下文所謂的「最上乘」。

❷**汝向自心見，莫著外法相，法無四乘，人心自有四等**：惠能大師說：「你只要在自己的身心世界中觀察，不要執著外在的各種相貌，原本就沒有所謂的四乘法門。因為眾生的心量有四種狀況，所以佛法才有四乘法門的說法。」

❸**見聞轉讀是小乘，悟法解義是中乘，依法修行是大乘。萬法盡通，萬行俱備，一切不染，離諸法相，作無所得，名最上乘行也，不在口諍，汝須自修，莫問吾也。一切時中，自性自知，是四乘義**：看見聽聞與讀誦佛教的經論是小乘的佛法，覺悟佛法而了解意義是中乘的佛法，依照佛法修行是大乘的佛法。所謂萬種法門都能通達，萬種修行實踐都能俱備，在一切的法門與境界上都不執著，也就是離開對各種法相境界的執著，各種修行作為都是無所求與無所得，這就是最上乘的修行法門，這個道理不在口頭諍訟辯論，你必須自己修持，不要來問我。在生活中的任何時候，自己的本心覺性自己觀照得知，這就是四乘法門的意義。最上乘行，這是指最上乘修行法門的意義，也是指至高無上法門的意思。

又，玉泉寺有一童子，年十三歲，襄陽①人，名曰神會②，禮師三拜❶。問曰：「和尚坐禪，還見不見？」師以柱杖③打三下，卻問：「吾打汝，還痛不痛④？」對云⑤：「亦痛，亦不痛。」師曰：「吾亦見，亦不見。」❷神會問：「如何是亦見亦不見？」師曰⑥：「吾之所見，常見自心過愆，不見他人是非好惡，所以⑦亦見亦不見。汝言亦痛亦不痛，如何？汝若不痛，同其木石；若痛，即同凡夫，即起於恨⑧。」❸師言⑨：「神會小兒，向前！見不見是二邊，痛不痛屬生滅。汝自性且不見，敢來弄人！」❹神會禮拜悔謝⑩，更不敢言❺。師曰⑪：「汝心迷不見⑫，問善知識覓路；汝心悟⑬，即自見性，依法修行。汝自迷，不見自心⑭，卻來問吾見與不見。吾見自知，代汝迷不得⑮；汝若自見，不代吾迷⑯。何不自知見，問吾見不見⑰？」❻神會禮百餘拜⑱，求謝愆過，請事為師，不離左右。❼

【校訂】

①襄陽：真福本、大乘本、天寧本皆作「南陽縣」，興聖本、寬永本皆作「當陽縣」，惠昕五本皆誤。在《宋高僧傳》卷八〈神會傳〉載為「襄陽人」。

②**名曰神會**：真福本、興聖本、寬永本皆作「名曰神會」，大乘本、天寧本皆在「名曰神會」下作「來至曹溪」，依真福本作「名曰神會」為宜。

③**柱杖**：真福本、大乘本、天寧本、興聖本皆作「柱杖」，寬永本作「拄杖」，依底本真福本作「柱杖」為宜。

④**還痛不痛**：真福本、大乘本、天寧本皆作「還痛不痛」，興聖本、寬永本、敦煌三本皆作「痛不痛」，依底本真福本作「還痛不痛」為宜。

⑤**對云**：真福本、興聖本、寬永本皆作「對云」，大乘本、天寧本皆作「答曰」，依底本真福本作「對云」為宜。

⑥**師曰**：真福本、大乘本、天寧本皆作「師曰」，興聖本、寬永本皆作「師言」，依底本真福本作「師曰」為宜。

⑦**所以**：真福本、大乘本、天寧本皆作「所以」，興聖本、寬永本皆作「是以」，依底本真福本作「所以」為宜。

⑧**即起於恨**：真福本作「即起恨」，大乘本、天寧本皆作「應生嗔恨」，興聖本、寬永本、敦煌三本皆作「即起於恨」，作「即起於恨」為宜。

⑨**師言**：真福本、大乘本、天寧本皆作「師言」，興聖本、寬永本皆作「師曰」，依底本真福本作「師言」為宜。

⑩**悔謝**：真福本、天寧本皆作「誨謝」，大乘本、興聖本、寬永本皆作「悔謝」，當作「悔謝」。

⑪**師曰**：真福本、大乘本、天寧本皆作「師曰」，興聖本、寬永本皆作「師又曰」，依底本真福本作「師曰」為宜。

⑫**汝心迷不見**：真福本、大乘本、天寧本、敦煌三本皆作「汝心迷不見」，興聖本、寬永本皆作「汝若心迷不見」，依底本作「汝心迷不見」為宜。

⑬**汝心悟**：真福本、大乘本、天寧本皆作「汝心悟」，興聖本、寬永本皆作「汝若心悟」，依底本真福本作「汝心悟」為宜。

⑭**汝自迷，不見自心**：真福本作「汝不見自心」，大乘本、天寧本皆作「汝迷不見自心」，興聖本、寬永本、敦博本、旅博本皆作「汝自迷，不見自心」，作「汝自迷，不見自心」為宜。

⑮**吾見自知，代汝迷不得**：真福本作「自知，代汝迷不得」，大乘本、天寧本皆作「吾見自知，代汝迷不得」，興聖本、寬永本皆作「吾見自知，豈代汝迷」，敦煌三本皆作「吾不自知，代汝迷不得」，依大乘本、天寧本作「吾見自知，代汝迷不得」為宜。

⑯**不代吾迷**：真福本、大乘本、天寧本皆作「不代吾迷」，興聖本、寬永本皆作「亦不代吾迷」，依底本真福本作「不代吾迷」為宜。

⑰**何不自知見，問吾見不見**：真福本、大乘本、天寧本皆作「何不自知見，問吾見不見」，興聖本、寬永本皆作「何不自知自見，乃問吾見與不見」，依底本真福本作「何不自知見，問吾見不見」為宜。

⑱**神會禮百餘拜**：真福本、大乘本、天寧本皆作「神會禮經百拜」，興聖本、寬永本皆作「神會禮百餘拜」，敦煌三本作「神會作禮」，宗寶諸本作「神會再禮百餘拜」。觀上下文義，「神會禮經百拜」義為神會頂禮經過百拜，「神會禮百餘拜」義為神會頂禮百餘拜，兩者文字意義略有不同，佛教頂禮多作一拜、三拜、一百〇八拜，此處百餘拜較合於慣例，故依興聖本、寬永本作「神會禮百餘拜」為宜。

【注釋】

❶**又，玉泉寺有一童子，年十三歲，襄陽人，名曰神會，禮師三拜：**另外，湖北荊州江陵府當陽縣的玉泉寺中有名年輕的少年，年僅十三歲，屬於湖北襄陽人，法號名稱為神會，到曹溪山頂禮三拜惠能大師。神會是惠能的弟子，出生與圓寂的時間有多種說法，筆者曾在拙作《宗密的禪學思想》中有詳細的討論及說明，請參看其書頁一一二至一一四，若依一九八三年十二月在洛陽出土的神會塔銘原文記載，神會生於武后光宅元年（六八四），卒於肅宗乾元元年（七五八）。神會是南宗禪荷澤宗的祖師，故又稱荷澤神會，從現存的歷史文獻中，以及近代學者從現存的敦煌三本《六祖壇經》的記載裡，推論《六祖壇經》是神會或神會徒眾修改以後的版本，此說值得注意及後續的研究。

❷**問曰：「和尚坐禪，還見不見？」師以柱杖打三下，卻問：「吾打汝，還痛不痛？」對云：「亦痛，亦不痛。」師曰：「吾亦見，亦不見。」：**神會詢問惠能大師說：「和尚您的坐禪，是看見還是沒看見呢？」惠能大師抓著手杖打了神會三下，反而問神會說：「我打你，你是會痛還是不會痛？」神會回答說：「我會痛也不會痛。」惠能大師說：「我也是看見也沒看見。」

❸**神會問：「如何是亦見亦不見？」師曰：「吾之所見，常見自心過愆，不見他人是非好惡，所以亦見亦不見。汝言亦痛亦不痛，如何？汝若不痛，同其木石；若痛，即同凡夫，即起於恨。」：**神會又詢問惠能大師：「您如何是看見也沒看見呢？」惠能大師說：「我之所以看見，那是經常看見自己的過失與錯誤，所以說是有看見。也有沒看見的情況，那是因為看不見別人的對錯與喜好嫌惡，所以說是看見也沒看見。你說也會痛也不會痛是如何的情況呢？若是你不會感覺到疼痛，就是如同沒有情感的木頭石頭；若是感到會疼痛，就是如同凡夫一般，就會生起怨恨。」

❹**師言：「神會小兒，向前！見不見是二邊，痛不痛屬生滅。汝自性且不見，敢來弄人！」：**惠能大師說：「神會小朋友，到前面來！看見與沒看見是對立的兩邊，會感到疼痛與不會感到疼痛是生滅的境界。你對自己的自心覺性尚且看不見，卻敢來這裡捉弄別人？」見不見是兩邊，惠能指出「看見」或是「沒看見」，其中有一個「我」及「我所看到的事物」或「我所沒看到的事物」的相對立的兩邊，自然不是解脫的境界。痛不痛是生滅，惠能大師指出「會痛」或是「不會痛」，其中有一個「我」及「我已感受到的疼痛」或「我已感受不到的疼痛」的生出與除滅的對立，自然不是解脫的境界。

❺**神會禮拜悔謝，更不敢言：**神會向惠能大師頂禮與悔過謝罪，就不敢再多說什麼了。

❻**師曰：「汝心迷不見，問善知識覓路；汝心悟，即自見性，依法修行。汝自迷，不見自心，卻來問吾見與不見。吾見自知，代汝迷不得；汝若自見，不代吾迷。何不自知見，問吾見不見？」：**惠能大師說：「你的本心覺性尚且被迷惑，而你自己看不見，只好詢問具有證悟經驗的善知識尋覓解脫的道路；如果你的本心覺性能夠覺悟，而自己悟見本心覺性，就依照這個法門修行。你自己被迷惑，而看不見自己的本心，反而來這邊詢問我惠能，是否能看得見或看不見？我能不能悟見了知實相，我自己知道，就無法替代你在迷惑中讓你覺悟；反過來說，你若是能夠自己覺悟見性，也無法代替我的迷惑。因此，你為何不自己好好修持而自修自證，卻來我這裡詢問我是否看見或沒看見呢？」

❼**神會禮百餘拜，求謝愆過，請事為師，不離左右：**神會向惠能頂禮一百多拜，請求禮謝自己的罪過，禮請惠能為自己老師，不再離開惠能的左右。

十一、教示十僧傳法門①（滅度年月附）

爾時，師喚門人法海、志誠、法達②、神會、智常③、智通、志徹、志道、法珍、法如等，報言④：「吾滅度後，凡為人師，改易者多⑤。汝等十人向前，汝等⑥不同餘人。吾滅度後，各為一方師。❶吾今教汝，說法⑦不失本宗。先須舉三科法門，動用三十六對，出沒即離兩邊，說一切法，莫離自性。忽有人問⑧，出語盡雙，皆取對法⑨，來去相因，究竟二法盡除，更無去處。❷三科者，陰、界、入⑩；五陰者，色、受、想、行、識⑪；十二入者⑫，外六塵，內六門。❸六塵者，色、聲、香、味、觸、法；六門者，眼、耳、鼻、舌、身、意⑬❹；十八界者，六門、六塵、六識為之十八⑭❺。自性含萬法⑮，名含藏識。若起思量，即是轉識，生六識⑯，出六門，見六塵，三六十八⑰，由自性⑱❻。用自性邪，起十八邪；合自性正，起十八正⑲。惡用即眾生，善用即是佛⑳。用由何等？由自性對㉑，解用即通一切法，自身是佛㉒❼。

【校訂】

①**教示十僧傳法門**：真福本、興聖本、寬永本皆作「教示十僧傳法門」，大乘本、天寧本皆作「教示十僧傳法」，依真福本作「教示十僧傳法門」為宜。

②**志誠、法達**：真福本、天寧本、興聖本、寬永本皆作「志誠、法達」，大乘本作「志達」，當作「志誠、法達」。

③**智常**：真福本作「知常」，大乘本、天寧本、興聖本、寬永本皆作「智常」，當作「智常」。

④**報言**：真福本、大乘本、天寧本皆作「報言」，興聖本、寬永本皆作「言」，依底本真福本作「報言」為宜。

⑤**吾滅度後，凡為人師，改易者多**：興聖本、寬永本皆無此十二字，依真福本、大乘本、天寧本作「吾滅度後，凡為人師，改易者多」為宜。

⑥**汝等**：大乘本、天寧本、興聖本、寬永本皆作「汝等」，真福本脫「汝」字，當補之。

⑦**說法**：真福本、大乘本、天寧本皆作「諸法」，興聖本、寬永本、英博本、旅博本皆作「說法」，作「說法」為宜。

⑧忽有人問：真福本、大乘本、天寧本皆作「忽有人問」，興聖本、寬永本皆作「忽有人問汝法」，依底本真福本作「忽有人問」為宜。

⑨對法：大乘本、天寧本、興聖本、寬永本皆作「對法」，真福本脫「法」字，當補之。

⑩三科者，陰、界、入：真福本、大乘本、天寧本皆作「三科者，陰、界、入」，興聖本、寬永本皆作「三科法門者，陰、界、入也」，敦煌三本皆作「三科法門者，蔭、界、入」，依底本真福本作「三科者，陰、界、入」為宜。

⑪五陰者，色、受、想、行、識：真福本、大乘本、天寧本皆作「五陰者，色、受、想、行、識」，興聖本、寬永本皆作「陰是五陰，色、受、想、行、識是也」，依底本真福本作「五陰者，色、受、想、行、識」為宜。

⑫十二入者：真福本、大乘本、天寧本皆作「十二入者」，興聖本、寬永本皆作「入是十二入」，依底本真福本作「十二入者」為宜。

⑬外六塵，內六門。六塵者，色、聲、香、味、觸、法；六門者，眼、耳、鼻、舌、身、意：真福本、大乘本皆作「外六塵，內六門。六塵者，色、聲、香、味、觸、法；六門者，眼、耳、鼻、舌、身、意，各有一識」，天寧本作「外六塵，內六門。色、聲、香、味、觸、法；六門者，眼、耳、鼻、舌、身、意，各有一識」，興聖本、寬永本皆作「外六塵，色、聲、香、味、觸、法；內六門，眼、耳、鼻、舌、身、意是也」，「各有一識」疑為衍文，致使上下文義不通，刪「各有一識」四字為宜。

⑭十八界者，六門、六塵、六識為之十八：真福本、大乘本、天寧本皆作「十八界者，六門、六塵、六識為之十八」，興聖本、寬永本皆作「界是十八界，六塵、六門、六識是也」，依真福本作「十八界者，六門、六塵、六識為之十八」為宜。

⑮含萬法：真福本、大乘本、天寧本、敦煌三本皆作「含萬法」，興聖本、寬永本皆作「能含萬法」，依底本真福本作「含萬法」為宜。

⑯生六識：真福本、大乘本、天寧本皆作「轉識生六識」，敦煌三本、興聖本、寬永本、宗寶諸本皆作「生六識」，作「生六識」為宜。

⑰十八：真福本、大乘本、天寧本皆作「十八」，興聖本、寬永本皆作「一十八」，依底本真福本作「十八」為宜。

⑱由自性：真福本、大乘本、天寧本皆作「由自性」，興聖本、寬永本皆作「由自性起用」，依底本真福本作「由自性」為宜。

⑲用自性邪，起十八邪；合自性正，起十八正：真福本、大乘本、天寧本皆作「用自性邪，起十八邪；合自性正，起十八正」，興聖本、寬永本皆作「自性若邪，起十八邪；自性若正，起十八正」，依底本作「用自性邪，起十八邪；合自性正，起十八正」為宜。

⑳惡用即眾生，善用即是佛：真福本作「合惡用即眾生，善用即是佛」，大乘本作「惡用即眾生，善用即是佛」，天寧本作「惡用即是眾生，善用即是佛」，興聖本、寬永本皆作「含惡用即眾生用，善用即佛用」，依大乘本作「惡用即眾生，善用即是佛」為宜。

㉑由自性對：真福本、大乘本、天寧本皆作「由自性對」，興聖本、寬永本皆作「由自性」，依底本真福本作「由自性對」為宜。

㉒解用即通一切法，自身是佛：興聖本、寬永本皆無此十一字，依真福本、大乘本、天寧本作「解用即通一切法，自身是佛」為宜。

【注釋】

❶**爾時，師喚門人法海、志誠、法達、神會、智常、智通、志徹、志道、法珍、法如等，報言：「吾滅度後，凡為人師，改易者多。汝等十人向前，汝等不同餘人。吾滅度後，各為一方師**：當時（約於惠能晚年），惠能大師召喚門下弟子法海法師、志誠法師、法達法師、神會法師、智常法師、智通法師、志徹法師、志道法師、法珍法師、法如法師等十人。惠能大師告訴他們說：「我將來滅度圓寂以後，凡是成為住持寺院或是成為僧眾居士老師的法師，改變我惠能教授禪法原則的人很多。你們這十位我惠能的弟子們靠近前面來，你們不同於其他的人。我滅度圓寂以後，你們各自將成為住持一方道場的教授法師。」值得注意的是，在這十位法師之中，敦煌三本將神會排在末位，同時唯獨敦博本在「法如」與「神會」挪空一個字，但在惠昕五本與宗寶諸本則是將神會排在第四位。此外，敦博本在「神會」一名的書寫位置是特別的，採用了古代書信行文中「挪抬」（挪空一字）的用法，這也是古代對自己師長表達尊重的書寫方式之一。因此，可以推論敦博本的來源系統，可能是出自神會法系的傳人，這是重要的參考依據。另外，在胡適〈荷澤大師神會傳〉文中指出神會是「南宗的急先鋒，北宗的毀滅者，新禪學的建立者，《壇經》的作者」的看法（見胡適《胡適文存》第四集第二卷），引發了近代對敦煌本《壇經》作者的探討。若以神會一系與《壇經》的關係考察，筆者以為敦博本《壇經》的出現，卻提供了一個重要的線索，胡適提出神會是《壇經》作者或神會一派所作的論斷，可是胡適只看到英博本《壇經》，他未看到敦博本，因為在敦博本中提到神會的地方並且使用挪抬書寫方法有三處，分別是第四十四折（鈴木大拙所析）的原文在「神會」一詞前竟然三度使用了應用文書信中的「挪抬」的敬稱用法，此用法也用在對「六祖」、「大師」的尊稱手法上，可見在抄手或原文本中「惠能大師」與「神會」是等同地位對待的。在第四十五折中，神會排在「十弟子」的最後，或許是因為年資最淺，也可能本身是神會法脈傳人立場的關係，但是在此使用了明顯的「挪抬」的敬稱用法。到了敦博本第四十八折更為明顯，書及「神會」時竟使用了「平抬」（另起一行）的敬稱用法，同時耐人尋味說了一句：「神會小僧，卻得善不善等，毀譽不動。餘者不得，數年山中，更修何道？」這是敦博本《壇經》中惠能「唯一」明確對弟子的稱讚與肯定，所以令人不禁懷疑敦博本《壇經》的作者，是否與神會本人或神會法系有密切的關係？另外有關十弟子的緣由，惠能的老師五祖弘忍，就有「忍生十子」的說法，在《楞伽師資記》、《曆代法寶記》與宗密《圓覺經大疏鈔》中皆有記載，《壇經》可能受到「忍生十子」說法的影響，敦煌三本尤其將神會排列在最後，這一點值得注意。

❷**吾今教汝，說法不失本宗。先須舉三科法門，動用三十六對，出沒即離兩邊，說一切法，莫離自性。忽有人問，出語盡雙，皆取對法，來去相因，究竟二法盡除，更無去處**：我惠能要教導你們解說佛法的原則，解說佛法時不要失去頓教本宗定慧等學的宗旨與心法。首先提出列舉「三科」的五蘊、十二處、十八界的法門，使用三十六對範疇的相對概念，言語的顯出與隱沒，就要離開是非對立的兩邊，以此原則解說一切的佛法，解說佛法時不要離開本心覺性的開啟與修習的要領。若是有人忽然向你們詢問佛法，你們解說的時候，講出的語言都要兩兩雙對，都要取用相對應的佛法來解釋，討論的轉來推去，互相因襲相承，而顯示其中的相關性，討論到究竟的佛法實相，而破除全部相對觀念的對立，讓討論的焦點，集中到解脫

的目標上，而更加不會偏執在某個地方。」三科法門，佛教以為一切諸法可以分為蘊、處（入）、界三類，稱為三科。其中，蘊為五蘊，處為十二處（又作十二入），界為十八界，修行這三類的法門，即是三科法門。

❸**三科者，陰、界、入；五陰者，色、受、想、行、識；十二入者，外六塵，內六門**：所謂的「三科法門」，主要是指「陰（蔭）、界、入」；所謂的五陰（五蔭或五蘊）、（五蘊）主要是指物質的色蘊、感受的受蘊、想念的想蘊、流動的行蘊與意識集合的識蘊；所謂的「十二入」，是指身心以外的六種塵境（色塵、聲塵、香塵、味塵、觸塵、法塵），身心內有六種根門（眼根門、耳根門、鼻根門、舌根門、身根門、意根門）。

❹**六塵者，色、聲、香、味、觸、法；六門者，眼、耳、鼻、舌、身、意**：為何稱為六種法塵？主要是指物質的色塵、音聲的聲塵、鼻嗅的香塵、味覺的味塵、身觸的觸塵、意念的法塵；為何稱為六種根門？具備看見東西能力的眼根、能夠聽到聲音的耳根、能夠嗅聞到各種氣味的鼻根、可以辨別各種味道的舌根、可以觸摸與感受冷暖的身根與具備思念分別功能的意根。

❺**十八界者，六門、六塵、六識為之十八**：為何稱為「十八界」，主要是由六種根門、六種法塵與六種意識所組成，所以稱為「十八界」。所謂的「十八界」，「界」為種類、分類的意思。十八界是六根（眼、耳、鼻、舌、身、意）對應六塵（色、聲、香、味、觸、法）而產生的六識（眼、耳、鼻、舌、身、意），故為三六十八界。所謂的「根」，是指「具備能夠認識萬法的功能與本質」；所謂的「塵」（又稱為「境」），是指「認識的客觀對象」；所謂的「識」，是指「具備記憶與識別分析的資料庫功能」。

❻**自性含萬法，名含藏識。若起思量，即是轉識，生六識，出六門，見六塵，三六十八，由自性**：眾生的本心覺性中，含藏著宇宙萬法，名稱為含藏萬法心識的第八識阿賴耶識。若是動念思維第七識的分別考量，就能轉動第八識，從其中生出眼識、耳識、鼻識、舌識、身識與意識六識，再轉動生出眼根、耳根、鼻根、舌根、身根與意根六種根門，與相對應的色塵、聲塵、香塵、味塵、觸塵與法塵六種塵境，所以是六根、六塵與六識等三六一十八種法界，稱為十八界，這些都是出自於本心覺性的作用。有關「自性含萬法」，惠能說從法自性或是覺性中是「含藏」萬法的，這與法自性或是佛性「生起」萬法的說法是截然不同的。前者，只在說明萬法存在的實相；後者，卻是有創生宇宙的意思，佛教原理並無創生萬物的思想。有關「含藏識」，指眾生的本心覺性中，含藏著宇宙的萬法。此處所指應是第八識的「阿賴耶識」，因為含藏宇宙萬法，所以被稱為「藏識」或「種子識」。有關「若起思量，即是轉識」的緣由，主要是因為思量是第七識「末那識」的分別功能，因此經由思量分別就轉動了第八阿賴耶識。

❼**用自性邪，起十八邪；含自性正，起十八正。惡用即眾生，善用即是佛。用由何等？由自性對，解用即通一切法，自身是佛**：由於使用本心覺性上被蒙蔽而生起邪念，就會生起十八界的惡行；若是本心覺性的見地清淨正確，就會生起十八界的正念正行。錯誤地使用十八界而蒙蔽本心覺性就是眾生，正確地使用十八界而不被蒙蔽本心覺性就是成佛。這種種的使用是因為何種因素呢？就是由於正確使用眾生人人本具的本心覺性，見解的見地與修持就能通達一切法門，因為自身已經體悟了佛陀的本心覺性。

外境無情五對①：天地對，陰陽對，日月對，明暗對，水火對②❶。法相語言十二對：語法③對，有為無為④對，有色無色⑤對，有漏無漏對，色空對，動靜對，清濁對，有相無相對，凡聖對，僧俗對⑥，老少對⑦，大小對⑧❷。自性起用十九對：長短對，邪正對，亂定對，戒非對，直曲對⑨，癡慧對，愚智對，慈毒對，實虛對，險平對，煩惱菩提對，悲苦對，嗔喜對，捨慳對，進退對，生滅對，常無常對⑩，法身色身對，化身報身對⑪。都三十六對⑫❸。

【校訂】

①**外境無情五對**：真福本、大乘本、天寧本皆作「外境無情五對」，興聖本、寬永本皆作「有對法，外境無情五對」，依真福本錄入為宜。

②**天地對，陰陽對，日月對，明暗對，水火對**：真福本、大乘本、天寧本皆作「天地對，陰陽對，日月對，明暗對，水火對」，興聖本、寬永本皆作「天與地對，日與月對，明與暗對，陰與陽對，水與火對，此是五對也」，依真福本錄入為宜。

③**語法**：真福本作「語法」，大乘本、天寧本、興聖本、寬永本皆作「語與法」，依底本真福本作「語法」為宜。

④**有為無為**：真福本、大乘本、天寧本皆作「有為無為」，興聖本、寬永本皆作「有與無」，依底本真福本作「有為無為」為宜。

⑤**有色無色**：真福本、大乘本、天寧本皆作「有色無色」，興聖本、寬永本皆作「有色與無色」，依底本真福本作「有色無色」為宜。

⑥**有漏無漏對，色空對，動靜對，清濁對，有相無相對，凡聖對，僧俗對**：真福本作「有漏無漏對，色空對，動靜對，清濁對，有相無相對，凡聖對，僧俗對」，大乘本、天寧本皆作「有漏無漏對，色與空對，有相無相對，凡聖對，僧俗對，動靜對，清濁對」，興聖本、寬永本皆作「有相與無相對，有漏與無漏對，色與空對，動與靜對，清與濁對，凡與聖對，僧與俗對」，依真福本錄入為宜。

⑦**老少對**：真福本作「老若對」，大乘本、天寧本皆作「老少對」，興聖本、寬永本皆作「老與少對」，依大乘本、天寧本作「老少對」為宜。

⑧**大小對**：真福本、大乘本、天寧本皆作「大小對」，興聖本、寬永本皆作「大與小對」，作「大小對」為宜。另，此句下，興聖本、寬永本皆作「此是十二對也」，真福本、大乘本、天寧本無，依真福本錄入為宜。

⑨**直曲對**：真福本作「直曲對」，大乘本、天寧本皆作「曲直對」，興聖本、寬永本皆作「直與曲對」，依真福本錄入為宜。

⑩**常無常對**：真福本作「常無常對」，大乘本、天寧本、興聖本、寬永本皆作「常與無常對」，依真福本錄入為宜。

⑪長短對，邪正對，亂定對，戒非對，直曲對，癡慧對，愚智對，慈毒對，實虛對，險平對，煩惱菩提對，悲苦對，嗔喜對，捨慳對，進退對，生滅對，常無常對，法身色身對，化身報身對：此「自性起用十九對」，興聖本、寬永本與真福本、大乘本、天寧本之順序有異，興聖本、寬永本同，興聖本作「長與短對，邪與正對，癡與慧對，愚與智對，亂與定對，慈與毒對，戒與非對，直與曲對，實與虛對，險與平對，煩惱與菩提對，常與無常對，悲與害對，喜與嗔對，捨與慳對，進與退對，生與滅對，法身與色身對，化身與報身對，此是十九對也」，「慧」字，寬永本作「惠」，依真福本、大乘本、天寧本之順序錄入為宜。

⑫都三十六對：真福本、大乘本、天寧本皆作「都三十六對」，興聖本、寬永本皆無此五字，依底本作「都三十六對」為宜。

【注釋】

❶**外境無情五對：天地對，陰陽對，日月對，明暗對，水火對**：外在的境界而沒有情識的相對性哲學範疇，共有五對：天與地相對，陰與陽相對，日與月相對，黑暗與光明相對，水與火相對。

❷**法相語言十二對：語法對，有為無為對，有色無色對，有漏無漏對，色空對，動靜對，清濁對，有相無相對，凡聖對，僧俗對，老少對，大小對**：在法相及語言方面的相對哲學範疇，共有十二對：語言文字及其相對應的法相內容的相對，有作為修持與無作為修持的相對，有色之物質與無色之空幻的相對，有漏煩惱與無漏實相智慧的相對，色之物質與空之虛幻的相對，運動狀態與靜止狀態的相對，清淨與混濁的相對，有相與無相的相對，凡夫與聖賢的相對，出家僧人與在家居士的相對，老年與少年的相對，比較大及比較小的相對。

❸**自性起用十九對：長短對，邪正對，亂定對，戒非對，直曲對，癡慧對，愚智對，慈毒對，實虛對，險平對，煩惱菩提對，悲苦對，嗔喜對，捨慳對，進退對，生滅對，常無常對，法身色身對，化身報身對。都三十六對**：在自己的本心覺性中，生起作用的相對哲學範疇，共有十九對：較長與較短的相對，錯誤見解與正確見解的相對，混亂與安定的相對，持戒清淨與無戒混亂的相對，正直與曲折的相對，愚癡與智慧的相對，愚昧與智巧的相對，慈悲愛護與毒害損人的相對，真實與虛假的相對，危險奸邪與平安正直的相對，煩惱與菩提的相對，悲心拔苦與煩惱受苦的相對，嗔怒與歡喜的相對，布施與吝嗇的相對，前進與後退的相對，發生與毀滅的相對，常態安穩與無常變化的相對，不生不滅空幻法身與有生有滅物質色身的相對，有生有滅變化形象之身與有生不滅功德福報之身的相對。總共合成三十六對的相對哲學範疇。惠能所謂的「對」，實際上類同近代哲學中的「哲學範疇」。然而，近代多以「相對概念」來詮釋惠能所謂的「對」，如此詮釋並不合宜，應將「對」詮釋為「哲學範疇」才是。所謂的「範疇」，是從邏輯的角度建立的哲學思維，演變成為分析事物的憑藉與分類的法類，如中國古代「陰陽」、「體用」等相對性的一組範疇，都是幫助吾人了解宇宙萬法的思考分類。換句話說，筆者以為惠能是以相對性的分類範疇，建構一套詮釋及說法的系統，並且透過這套系統「扣其兩端而竭之」的方式，傳授頓悟教法的精華。有關「範疇」與佛教思想之間的關係，請參閱拙作：《禪宗公案體相用思想之研究》中第三章，台灣學生書局二〇〇二年出版。

師言：「此是三十六對法①，若解用即通貫一切經②，出入即離兩邊。自性動用，共人言語，外於相離相，內於空離空。若執全空，唯長無明③，又卻謗經④，言⑤不用文字。」❶師曰⑥：「說法之人，口云不用文字，世人道者，盡不合言。正語之時，即是文字。文字上說空，本性不空，即是文字。文字無邪正，即自大道。不立文字，只這不立兩字，即是文字⑦。見人所說，便即謗他，言著文字❷。汝等須知，自迷猶可，又謗佛經，不要謗經，罪障無數。著相於外，而求真戒⑧，廣立道場⑨，說有無之過患。如是之人，累劫不可見性，不勸依法修行⑩❸。莫百物不思⑪，於道自生質礙⑫。若聽說不修，令人返⑬生邪念。但能依法修行，常行無相法施⑭❹。」

【校訂】

①**三十六對法**：真福本、興聖本、寬永本皆作「三十六對法」，大乘本、天寧本皆作「對法」，依底本作「三十六對法」為宜。

②**經**：真福本、大乘本、天寧本皆作「經」，興聖本、寬永本皆作「經法」，依底本真福本作「經」為宜。

③**若執全空，唯長無明**：真福本、大乘本、天寧本皆作「若執全空，唯長無明」，興聖本、寬永本皆作「若全著相，即長邪見；若全執空，即長無明」，依真福本作「若執全空，唯長無明」為宜。

④**又卻謗經**：真福本、大乘本、天寧本皆作「又卻謗經」，興聖本、寬永本皆作「執空之人有謗經」，依底本真福本作「又卻謗經」為宜。

⑤**言**：真福本、大乘本、天寧本皆作「言」，興聖本、寬永本皆作「直言」，依底本真福本作「言」為宜。

⑥**師曰**：真福本、大乘本、天寧本皆作「師曰」，興聖本、寬永本皆無此二字，依底本真福本作「師曰」為宜。

⑦**說法之人，口云不用文字，世人道者，盡不合言。正語之時，即是文字。文字上說空，本性不空，即是文字。文字無邪正，即自大道。不立文字，只這不立兩字，即是文字**：真福本作「說法之人，口云不用文字，世人道者，盡不合言。正語之時，即是文字。文字上說空，本性不空，即是文字。文字無邪正，即自大道。不立文字，只這不立兩字，即是文字」，大乘本、天寧本皆作「說法之人，口云不用文字，世人道者，盡不合言。正語之時，即是文字。文字上說空，本性不空，即是文字。無邪心，即自大道。不立文字，只這不立兩字，即是文字」，興聖本、寬永本皆作「既云不用文字，人亦不合語言。只此語言，便是文字之相。又云直道不立文字，即此不立兩字，亦是文字」，依真福本錄入為宜。

⑧**而求真戒**：真福本、大乘本、天寧本皆作「而求真戒」，興聖本、寬永本皆作「而作法求真」，依底本真福本作「而求真戒」為宜。

⑨**廣立道場**：真福本、大乘本、天寧本皆作「廣立道場」，興聖本、寬永本皆作「或廣立道場」，依底本真福本作「廣立道場」為宜。

⑩**不勸依法修行**：真福本作「不勸依法行」，大乘本、天寧本皆作「不勸依法修行」，興聖本、寬永本皆作「不勸依法修行，但只聽說修行」，依大乘本、天寧本作「不勸依法修行」為宜。

⑪**莫百物不思**：真福本、大乘本、天寧本皆作「莫百物不思」，興聖本、寬永本皆作「又莫百物不思」，依真福本作「莫百物不思」為宜。

⑫**於道自生質礙**：真福本、大乘本、天寧本皆作「於道自生質礙」，興聖本、寬永本皆作「而於道性窒礙」，依底本真福本作「於道自生質礙」為宜。

⑬**返**：真福本、大乘本、天寧本皆作「返」，興聖本作「反」，寬永本作「及」，依底本真福本作「返」為宜。

⑭**但能依法修行，常行無相法施**：真福本、大乘本、天寧本皆作「但能依法修行，常行無相法施」，興聖本、寬永本皆作「但依法修行，無住相法施」，依底本真福本作「但能依法修行，常行無相法施」為宜。

【注釋】

❶**師言：「此是三十六對法，若解用即通貫一切經，出入即離兩邊。自性動用，共人言語，外於相離相，內於空離空。若執全空，唯長無明，又卻謗經，言不用文字。」**：惠能大師說：「這裡三十六種相對的哲學範疇，若能通解達用，就能夠貫通一切佛經，使用的時候積極推出解釋，或是保守退入界定意義的時候，解說的當下，在相對性的哲學範疇裡反復論證，就超越了二元對立兩邊的分別，意即言語的顯出與隱沒，就要離開是非對立的兩邊。在自己的本心覺性上發起修持的作用，這是從三十六種相對哲學範疇中生出的智慧，再與別人交談，在外相上言語表述出來的作用，就超越相貌的執著，返觀進入自己的內心，在虛空的相貌上又超越對虛空的執著。若是執著全部空幻的相貌，則是只有增長無明的煩惱，回過頭來又誹謗佛經，卻說在說法開示時，不用使用文字的敘述，這是不對的觀念。

❷**說法之人，口云不用文字，世人道者，盡不合言。正語之時，即是文字。文字上說空，本性不空，即是文字。文字無邪正，即自大道。不立文字，只這不立兩字，即是文字。見人所說，便即謗他，言著文字**：（惠能大師說）秉持著真實體悟佛法而說佛法的人，嘴巴上說不使用語言文字說明，又說世間上說法的人，言語不能相合於真實的意思。其實當他在說明不使用文字的時候，就是實際上在使用文字。若是說法的人從文字上去說空幻，但其本心覺性並未開啟，還只是文字而已。實際上語言文字本身並沒有邪惡或正確的分別，因為語言文字自然有其內容含藏的大道理。口頭上說不建立文字，但其實說到「不立」這兩個字，本身就是文字。若是見到別人使用文字說明佛法時，就去誹謗他，說他執著於文字，這也是不對的觀念。

❸**汝等須知，自迷猶可，又謗佛經，不要謗經，罪障無數。著相於外，而求真戒，廣立道場，說有無之過患。如是之人，累劫不可見性，不勸依法修行**：（惠能大師說）你們必須知道，自己迷惑尚且可以理解，但是又去誹謗佛經是不對的事，不要去做誹謗佛經的事情，因為可能獲得的罪惡障礙是

無法估計的。若是修行人執著外在的相貌，而去求取所謂真正的戒律，廣泛去建立寺院道場，但去說別人或有或無的過失與災禍。如此的人，就是經過極長的百劫千生，都不可能悟見自己的本心覺性，別人也無法勸化他去依法修行。

❹**莫百物不思，於道自生質礙。若聽說不修，令人返生邪念。但能依法修行，常行無相法施**：不要任何事物都不去思量如同木石一般，如此會在修持佛法解脫之道上自己生起實質的障礙。若是僅僅聽聞定慧等學法門而不去實際修持，會讓人歸返自心生出錯誤的見解與心念。但若是能夠依據我惠能說明的定慧等學的頓悟法門去修行，經常實踐不執著任何相貌的佛法布施，這就是正確與很好的事情。

師言①：「汝等若②悟，依此說，依此用，依此行，依此作，即不失本宗❶。若有人問汝義，問有將無答，問無將有答③，問凡以聖對，問聖以凡對，問一邊將二邊對④，二法相因，生中道義❷。教汝一問⑤，餘問一依此作，三十六對法⑥，即不失理也❸。吾今教汝一答⑦，人問⑧何名為暗？答云：『明是因，暗即緣。暗有明，明沒即暗。但無明暗⑨，以明顯暗，以暗現明，來去相因，成中道義。』餘問未悉，皆如此⑩❹。」

【校訂】

①**師言**：真福本、大乘本、天寧本皆作「師言」，興聖本、寬永本皆無此二字，依底本真福本作「師言」為宜。

②**若**：大乘本、天寧本、興聖本、寬永本皆作「若」，真福本脫「若」字，當補之。

③**問有將無答，問無將有答**：真福本、大乘本、天寧本皆作「問有將無答，問無將有答」，興聖本、寬永本皆作「問有將無對，問無將有對」，依底本真福本作「問有將無答，問無將有答」為宜。

④**問一邊將二邊對**：真福本作「問一邊將二邊對」，大乘本、天寧本皆作「問一邊將一邊對」，興聖本、寬永本皆無此句，依真福本錄入為宜。

⑤**教汝一問**：真福本、大乘本、天寧本皆作「教汝一問」，興聖本、寬永本皆作「汝一問一對」，依底本真福本作「教汝一問」為宜。

⑥**三十六對法**：真福本、大乘本、天寧本皆作「三十六對法」，興聖本、寬永本皆無此五字，依底本真福本作「三十六對法」為宜。

⑦**吾今教汝一答**：真福本、大乘本、天寧本皆作「吾今教汝一答」，興聖本、寬永本皆無此六字，依底本真福本作「吾今教汝一答」為宜。

⑧**人問**：真福本、大乘本、天寧本皆作「人問」，興聖本、寬永本皆作「設有人問」，依底本真福本作「人問」為宜。

⑨**明是因，暗即緣。暗有明，明沒即暗。但無明暗**：真福本作「明是因，暗即緣。暗有明，明沒即暗。但無明暗」，大乘本作「明是因，暗即緣。有明，明沒即暗。但無明暗」，天寧本作「明明是因，暗即緣。有明，明沒即暗。但無明暗」，興聖本、寬永本皆作「明是因，暗是緣，明沒即暗」，依真福本錄入為宜。

⑩**餘問未悉，皆如此**：真福本作「餘問未悉，皆如此」，大乘本、天寧本、興聖本、寬永本皆作「餘問悉皆如此」，二者皆通，依底本真福本作「餘問未悉，皆如此」為宜。

【注釋】

❶**汝等若悟，依此說，依此用，依此行，依此作，即不失本宗**：（惠能大師說）你們若能因此而證悟，就要依據如此的說法，依據如此的修行工夫及妙用，依據如此的實踐修持，依據如此的原則，就不會失去我惠能南宗的心法及立場。

❷**若有人問汝義，問有將無答，問無將有答，問凡以聖對，問聖以凡對，問一邊將二邊對，二法相因，生中道義**：若是有人向你請教頓悟法門的要旨，如果對方開口問「有」，你們就回答是「無」；詢問是「無」，就回答是「有」；如果對方詢問是「凡夫」，你們就回答是「聖賢」；相對的，如果對方詢問是「聖賢」，你們就回答是「凡夫」；若是詢問「一邊」，就回答是「兩邊」，主要的目的是讓詢問者放棄原來的偏執，我們就用相對立的分別責求對方，憑藉如此方法而生起中道客觀實相的意義。

❸**教汝一問，餘問一依此作，三十六對法，即不失理也**：我惠能在此教授你們一種問答的智慧，其餘的問題全部也依據如此原則回答，這就是三十六種相對哲學範疇的應對方法，就不會失去頓悟法門的基本教理。

❹**吾今教汝一答，人問何名為暗？答云：「明是因，暗即緣。暗有明，明沒即暗。但無明暗，以明顯暗，以暗現明，來去相因，成中道義。」餘問未悉，皆如此**：我惠能在此教授你們如何回答問題的智慧，若是有人問你如何是「暗」的意義？你們要如此回答：光明是「因」的主要條件，黑暗就是「緣」的相對狀況。因為黑暗，所以有光明，若是光明隱沒，就會產生黑暗。其實原來並沒有什麼是光明與黑暗的區別，那是因為產生了光明，所以才顯示出黑暗來，相對也是因為黑暗的緣故，所以展現出了光明。也就是說光明與黑暗是相對性的存在，黑暗並不是自己本身的黑暗，是因為相對於光明而顯示黑暗。以黑暗相對顯現光明，如此論證的方式推來往去，互相憑藉或是互相承襲，以此彰顯與成立頓悟法門是超越二元對立的客觀中道實相教法的意義。其他的疑問，若不能真實了解，都可以用此種方式回答對方。其中的「來去相因」，主要就是指相就、相襲、相承與互相憑藉，互為因果等綜合涵義。惠能在此指出三十六對的相對哲學範疇，可以互相憑藉或是互相承襲的互為因果之推論，以彰顯頓悟的教法。筆者以為，惠能展現出客觀超越善惡等二元對立分別的辯證方法，如同以空破有，以有破空，扣其兩端而竭之，如此反復推證，最後達到客觀中道實相的境界與意義。

師教十僧已，報言①：「於後傳法，遞相教授《壇經》②，即不失宗旨。汝今得了③，遞代流行。後人得遇《壇經》，如親見吾④。」❶教示十僧：「汝等抄取，代代流行⑤。若看⑥《壇經》，必當見性。」❷

大師先天元年⑦，於新州國恩寺造塔。至二年七月八日，喚門人告別⑧❸。師言：「汝等近前，吾至八月，欲離世間。汝等有疑，早須相問，為汝破疑⑨，當令迷盡，使汝安樂⑩。吾若去後，無人教汝。」❹法海⑪等聞，悉皆涕泣。唯有神會，不動神情，亦無涕泣❺。師曰：「神會小師，卻得⑫善不善等，毀譽不動⑬，餘者不得⑭，數年在山，修行何道？汝今悲泣，為憂阿誰？若憂不知去處⑮，吾自知去處⑯。吾若不知去處，終不別汝等⑰。汝等悲泣，為⑱不知吾去處。知吾去處，不合悲泣⑲，法性體⑳無生滅去來❻。汝等盡坐㉑！吾與汝等一偈㉒，名曰〈真假動靜偈〉㉓。汝等誦取此偈，與吾意同。依此修行，不失宗旨。」眾僧作禮，請師說偈。偈曰㉔❼：

一切無有真㉕，不以見於真。若見於真者，是見盡非真。❽
若能自有真，離假即心真㉖。自心不離假，無真何處真。❾
有情即解動，無情即不動。若修不動行，同無情不動。❿
若覓真不動，動上有不動。不動是不動，無情無佛種。⓫
能善分別相，第一義不動。但作如是見㉗，即是真如用㉘。⓬
報諸學道人，努力須用意㉙。莫於大乘門，卻執生死智。⓭
若言下相應，即共論佛義。若實不相應，合掌令歡喜。⓮
此宗本無諍，諍即失道意。執迷諍法門，自性入生死。⓯

【校訂】

①**師教十僧已，報言**：真福本、大乘本、天寧本皆作「師教十僧已，報言」，興聖本、寬永本皆作「師教十僧」，觀上下文義，依真福本作「師教十僧已，報言」為宜。

②**遞相教授《壇經》**：真福本、大乘本、天寧本皆作「遞相教授《壇經》」，興聖本、寬永本皆作「以《壇經》迭相教授」，敦博本作「遞相教授一卷《壇經》」，依底本真福本作「遞相教授《壇經》」為宜。

③**汝今得了**：真福本、大乘本、天寧本皆作「汝今得了」，興聖本、寬永本皆作「汝今已得法了」，依底本真福本作「汝今得了」為宜。

④**如親見吾**：真福本、大乘本、天寧本皆作「如親見吾」，興聖本、寬永本皆作「如親承吾教」，依底本真福本作「如親見吾」為宜。

⑤**教示十僧：汝等抄取，代代流行**：興聖本、寬永本皆無此十二字，依真福本、大乘本、天寧本作「教示十僧：汝等抄取，代代流行」為宜。

⑥**看**：真福本作「有」，大乘本、天寧本、興聖本、寬永本皆作「看」，作「看」為宜。

⑦**先天元年**：真福本、大乘本、天寧本皆作「先天元年」，興聖本、寬永本皆作「以先天元年」，依底本真福本作「先天元年」為宜。

⑧**喚門人告別**：真福本作「喚門人別」，大乘本、天寧本、興聖本、寬永本、敦煌三本皆作「喚門人告別」，作「喚門人告別」為宜。

⑨**為汝破疑**：大乘本、天寧本、興聖本、寬永本皆作「為汝破疑」，真福本脫「汝」字，當補之。

⑩**使汝安樂**：真福本作「便汝樂」，大乘本、天寧本、興聖本、寬永本、敦博本、旅博本皆作「使汝安樂」，作「使汝安樂」為宜。

⑪**法海**：大乘本、天寧本、興聖本、寬永本皆作「法海」，真福本脫「法」字，當補之。

⑫**卻得**：真福本、大乘本、天寧本皆作「卻」，興聖本、寬永本、敦煌三本皆作「卻得」，作「卻得」為宜。

⑬**毀譽不動**：真福本、大乘本、天寧本、興聖本皆作「毀譽不動」，寬永本作「假譽不動」，當作「毀譽不動」。

⑭**空得**：真福本、大乘本、天寧本皆作「空得」，興聖本、寬永本、敦煌三本皆作「不得」，依底本真福本作「空得」為宜。

⑮**若憂不知去處**：真福本、大乘本、天寧本皆作「若憂不知去處」，興聖本、寬永本皆作「若憂吾不知去處」，作「若憂不知去處」為宜。

⑯**吾自知去處**：真福本、大乘本、天寧本皆作「吾自知去」，興聖本、寬永本皆作「吾自知去處」，依興聖本、寬永本作「吾自知去處」為宜。

⑰**汝等**：真福本、大乘本皆作「汝等」，興聖本、寬永本皆作「汝」，天寧本脫，依底本真福本作「汝等」為宜。

⑱**為**：真福本、大乘本、天寧本皆作「為」，興聖本、寬永本皆作「蓋為」，依底本真福本作「為」為宜。

⑲**知吾去處，不合悲泣**：真福本作「知吾去處，不悲泣」，大乘本、天寧本皆作「知吾去處，不合悲泣」，興聖本作「若知吾去處，即不合悲泣」，寬永本作「若知吾居處，即不合悲泣」，底本脫「合」字，依大乘本、天寧本作「知吾去處，不合悲泣」為宜。

⑳**體**：真福本、大乘本、天寧本皆作「體」，興聖本、寬永本皆作「本」，依底本真福本作「體」為宜。

㉑**汝等盡坐**：真福本作「汝等坐」，大乘本、天寧本、興聖本、寬永本皆作「汝等盡坐」，作「汝等盡坐」為宜。

㉒**吾與汝等一偈**：真福本、興聖本、寬永本皆作「吾與汝等一偈」，大乘本、天寧本皆作「吾與汝等說一偈」，依底本作「吾與汝等一偈」為宜。

㉓**真假動靜偈**：真福本、大乘本、天寧本皆作「真假動靜」，興聖本、寬永本皆作「真假動靜偈」，敦煌三本皆作「真假動淨偈」，依興聖本、寬永本作「真假動靜偈」為宜。

㉔**偈曰**：興聖本作「偈曰」，寬永本作「曰」，真福本、大乘本、天寧本皆無，依興聖本作「偈曰」為宜。

㉕**一切無有真**：真福本作「一切無真有」，大乘本、天寧本、興聖本、寬永本、敦煌三本皆作「一切無有真」，當作「一切無有真」。

㉖**離假即心真**：真福本、大乘本、天寧本皆作「離假即非真」，興聖本、寬永本皆作、敦煌三本皆作「離假即心真」，當作「離假即心真」。

㉗**但作如是見**：真福本、大乘本、天寧本皆作「但作如是見」，興聖本、寬永本皆作「但作如此見」，敦煌三本皆作「若悟作此見」，依底本真福本作「但作如是見」為宜。

㉘**即是真如用**：真福本、興聖本、寬永本皆作「即是真如用」，大乘本、天寧本皆作「即是如真用」，敦煌三本皆作「則是真如用」，依底本真福本作「即是真如用」為宜。

㉙**努力須用意**：真福本、大乘本、天寧本皆作「努力自用意」，興聖本、敦煌三本皆作「努力須用意」，寬永本作「奴力須用意」，依興聖本、敦煌三本作「努力須用意」為宜。

【注釋】

❶**師教十僧已，報言：「於後傳法，遞相教授《壇經》，即不失宗旨。汝今得了，遞代流行。後人得遇《壇經》，如親見吾。」**：惠能大師教授十位門人弟子（法海、志誠、法達、神會、智常、智通、志徹、志道、法珍、法如），教授他們定慧等學的頓悟法門，然後告訴他們：「以後傳授定慧等學頓悟法門的禪法，依照次第教授《壇經》，就不會失去本宗的心法與傳承。如今你們都得到了這部《壇經》與定慧等學的頓悟法門，依照傳承的世系去流通推行。後人若是得以遇見《壇經》，就如同得到我惠能親自的傳授。」然而這段話，筆者有些疑慮。其一，惠能謙虛低調，應不至於自稱其語錄為「經」。其二，在此指惠能弟子必須稟受《壇經》，才能真正掌握惠能頓悟禪法的要旨。但是此段話的真實性，筆者或有保留，因為惠能一再強調是要不執著，為何在此會說必須得到《壇經》，才能得到禪悟的心法呢？況且，惠能本身得到五祖弘忍的心法，並非五祖傳授了什麼經典或語錄，或是那時就有五祖說法的實錄傳給惠能。因此，筆者推斷可能是惠能的弟子或再傳弟子，為了取得弘法或是特殊身分的一種憑藉，進而保障其地位，才增加此一說法，就如同六祖惠能得到達摩袈裟一般，算是禪宗傳宗的一種信物罷了。或者，惠能僅是說自己說法紀錄，後人錄名《壇經》。此外，

筆者以為達摩傳授慧可四卷本《楞伽經》是「惟有此經，仁者依行，自得度世」，並非是以《楞伽經》傳宗，而是「仁者依行，自得度世」，做為修持的參考。後來在敦煌三本的「五祖夜至三更，喚惠能堂內，說《金剛經》」與惠昕五本的「遞相教授《壇經》，即不失宗旨」有所不同。

❷**教示十僧：「汝等抄取，代代流行。若看《壇經》，必當見性。」**：惠能大師教授喻示及告訴這十位弟子：「你們都去抄錄這部《壇經》，一代一代地傳承及流通實行。若是能夠仔細研讀與深心行持《壇經》，必然應該會悟見自己的本心覺性。」

❸**大師先天元年，於新州國恩寺造塔。至二年七月八日，喚門人告別**：惠能大師在唐代玄宗先天元年（七一二）的時候，在新州的國恩寺建造僧塔。到了先天二年七月八日的時候，召喚門下的徒眾與他們告別。

❹**師言：「汝等近前，吾至八月，欲離世間。汝等有疑，早須相問，為汝破疑，當令迷盡，使汝安樂。吾若去後，無人教汝。」**：惠能大師說：「你們大家都靠近前來，我到下個月八月份，準備離開世間。你們若是還有疑惑，就趁早發問，我會為你們破除疑惑，應當讓迷惑的人都能覺悟本心覺性，讓你們得到真正的安心與快樂。我若是往生圓寂之後，就沒有人能夠教導你們了。」

❺**法海等聞，悉皆涕泣。唯有神會，不動神情，亦無涕泣**：法海等徒眾出家僧人們，聽聞惠能大師準備離別世間的宣告之後，都流下了眼淚而悲傷哭泣。只有年輕的神會法師，沒有任何情緒與動靜，也沒有悲傷哭泣。

❻**師曰：「神會小師，卻得善不善等，毀譽不動，餘者空得，數年在山，修行何道？汝今悲泣，為憂阿誰？若憂不知去處，吾自知去處。吾若不知去處，終不別汝等。汝等悲泣，為不知吾去處。知吾去處，不合悲泣，法性體無生滅去來。」**：惠能大師說：「神會這位小法師，反而達到好與不好都平等不二的境界，對於別人的毀謗與讚譽，都不會動搖自己的心念，其他的人都沒有達到如此的境界，這幾年在山中修行，又是修持哪一種法門，得到何種境界呢？你們現在悲傷哭泣，又是憂慮誰呢？若是憂慮我不知道往生到哪裡去，我自己本身很清楚知道自己往生的去處。我若是不知道往生到哪裡，終究不會向你們預告離別的日子。你們的悲傷哭泣，就是不知道我往生到哪裡。若是知道我往生到哪裡去，就不會再悲傷哭泣了，眾生的覺性本體是無生無滅的，沒有往去也沒有歸來的。其中的「善不善等」，善，即是好的；不善，即是不好的。等，作「平等」的解釋，換言之，善不善等是指好與不好都能平等對待，也就是超越了善惡與世俗對立的思考角度。惠能大師這句話是在《壇經》中唯一大力稱讚弟子的記載，同時在敦博本中亦看到此行用平抬的書寫模式，可以看出抄寫者視神會為師長的層級，所以《壇經》的成立與流傳，可能與神會一系有密切的關係。至於「數年山中，更修何道」的意思，就是說明惠能大師教誨其徒眾，應該超越世俗生死對立的俗情，才能解脫生滅對立的束縛。

❼**「汝等盡坐！吾與汝等一偈，名曰〈真假動靜偈〉。汝等誦取此偈，與吾意同。依此修行，不失宗旨。」眾僧作禮，請師說偈。偈曰：**（惠能大師說）你們都坐下來吧！我送給你們一首偈頌，名稱為〈真假動靜偈〉。你們都盡量地讀誦修持，聽見與明白這首偈語的含意，就與我惠能的想法是相同的。依照這首偈語修行，就不會失去我惠能定慧等學頓悟法門禪法的宗旨。」出家的僧人大眾向惠能大師頂禮朝拜，恭請惠能大師說出這首偈頌。這首

偈頌說了以下的內容。

❽**一切無有真，不以見於真。若見於真者，是見盡非真**：世間的一切都不是永恆的真實，不要以為眼睛所看到的就是真實的。若是眼睛所看到的就以為是真實的，但是所看見的並不是所有都是真實的。一切無有真，此思想應是《金剛經》的「凡所有相，皆是虛幻」的引述詮釋，也與惠能一再強調的「不執著」相呼應，說明世間萬法無有真實，所以無須執著。所謂「是見盡非真」，惠能大師以為凡是耳目感官之所見，都不是真實的，唯有體證實相才是真實地了解一切法，這與莊子的「無聽之以耳」與「無聽之以心」（人間世）意旨頗為類似。此外，十八世紀德國哲學家康德，也以為凡人是無法認識或真實地看到「物自身」（實相），也值得吾人深入研究與對比討論。

❾**若能自有真，離假即心真。自心不離假，無真何處真**：若是討論什麼事物是真實的，離開了外相的虛假空幻，而在此當下的本心覺性才是真實的。若是自己的本心不曾離開虛假空幻，沒有本心覺性的真實，又哪有世間何處的真實呢？

❿**有情即解動，無情即不動。若修不動行，同無情不動**：擁有情識的作用就能化解及運動，沒有情識的作用就沒有轉動的基礎。若是修持不動心念的法門，就如同無情的草木石頭的不動。

⓫**若覓真不動，動上有不動。不動是不動，無情無佛種**：若是悟見真正的不動心，就能體會心念在運動中，也有不動的心性本體。不動心念就是一切都不會運動，這是沒有情識，也就沒有成佛的佛性種子在其中。所謂「動上有不動」，這是指在身心實相的境界中，心念的發動運行中，有不動的本心覺性。

⓬**能善分別相，第一義不動。但作如是見，即是真如用**：學佛修持的人，應該能夠善加分別一切的相貌，但是在究竟的第一義體悟上是不會動搖的。若是能夠體悟而且修持這樣的見地，就是真如的作用真正的顯發出來了。所謂的「第一義」，即是指「第一義諦」，乃指超越一切世間的究竟真理，也就是所謂的實相。

⓭**報諸學道人，努力須用意。莫於大乘門，卻執生死智**：報告各位學習佛法解脫之道的人，精進努力修持解脫之道，必須使用正確觀察的意念。不要在大乘佛教的法門修持中，反而執著在生死輪迴的世俗智慧。

⓮**若言下相應，即共論佛義。若實不相應，合掌令歡喜**：若是遇到修行解脫之道的人，能夠與我們在言語的當下，就能與我們修持定慧等學頓悟法門下相應，就與他共同討論佛法的意義。若是實在不能相應，就微笑地合掌讓他感受到學習佛法的歡喜心。

⓯**此宗本無諍，諍即失道意。執迷諍法門，自性入生死**：我惠能定慧等學頓悟法門的教義，本來就無須爭論而沒有爭勝好惡之心，若是還要爭論誰勝誰負，就失去了佛法解脫之道的真意。執著迷惑而去爭論法門的勝負優劣，原本清淨的本心覺性，就會轉入生死的輪迴之中。所謂的「無諍」，是指沒有爭訟或爭奪，因為這些都是世俗之心，或是指沒有因觀念不同而引起的無謂爭辯，謂之無諍。

時眾僧聞，知大師意，更不敢諍，各自攝心，依法修行，一時禮拜，即知大師不久住世❶。法海上座問曰：「和尚去後，衣法當付何人？」師言①：「吾於大梵寺說法，直至今日②，抄錄流行，名《法寶壇經》③，汝等守護，度諸群生，但依此說，是真正法。」❷師言：「法海向前，吾滅度後，二十年間，邪法繚亂④，惑我正宗。有一南陽縣人⑤出來，不惜身命，定於佛法，豎立宗旨，即是吾法弘於河洛，此教大行。」❸師曰⑥：「汝今須知⑦，衣不合傳。汝若不信⑧，吾與汝說先聖達磨大師傳衣偈⑨，據此頌意⑩，衣不合傳。」汝聽偈曰⑪❹：

吾本來東土，說法救迷情。
一花開五葉，結果自然成。❺

師曰：吾有一偈，用⑫先聖大師偈意⑬❻：

心地含種性⑭，法雨即花生。
頓悟花情已⑮，菩提果自成。❼

師說偈已，令門人散⑯。眾相謂曰：「大師多不久⑰住世間。」❽

【校訂】

①**師言**：真福本、大乘本、天寧本皆作「師言」，興聖本、寬永本皆作「師曰」，依底本真福本作「師言」為宜。
②**直至今日**：真福本作「真至今日」，大乘本、天寧本、興聖本、寬永本皆作「直至今日」，當作「直至今日」。
③**法寶壇經**：真福本作「法寶記」，大乘本、天寧本、宗寶諸本皆作「法寶壇經」，興聖本、寬永本皆作「法寶壇經記」，作「法寶壇經」為宜。
④**繚亂**：真福本、大乘本、天寧本皆作「繚亂」，興聖本、寬永本皆作「撩亂」，依底本真福本作「繚亂」為宜。

⑤**一南陽縣人**：真福本、大乘本、天寧本皆作「一南陽縣人」，興聖本、寬永本皆作「一人」，依底本真福本作「一南陽縣人」為宜。神會於惠能圓寂（七一三）後至唐玄宗開元八年（七二〇），奉敕配住南陽龍興寺，即大揚禪法，時人稱南陽和尚，故又稱「南陽人」，神會出生地實為襄陽。

⑥**師曰**：真福本、大乘本、天寧本皆作「師曰」，興聖本、寬永本皆無此二字，依真福本作「師曰」為宜。

⑦**汝今須知**：真福本、大乘本、天寧本皆作「汝今須知」，興聖本、寬永本皆作「若非此人」，依底本真福本作「汝今須知」為宜。

⑧**汝若不信**：真福本、大乘本、天寧本皆作「汝若不信」，興聖本、寬永本皆作「汝多不信」，依底本真福本作「汝若不信」為宜。

⑨**先聖達磨大師傳衣偈**：真福本、大乘本、天寧本皆作「先聖達磨大師傳衣偈」，興聖本作「先祖達磨大師傳衣偈頌」，寬永本作「先祖達磨大師傳法偈頌」，依底本真福本作「先聖達磨大師傳衣偈」為宜。

⑩**據此頌意**：真福本作「據此頌意」，大乘本、天寧本皆作「據此偈意」，興聖本、寬永本皆作「據此偈頌之意」，依底本作「據此頌意」為宜。

⑪**汝聽偈曰**：真福本、大乘本、天寧本皆作「汝聽偈曰」，興聖本、寬永本皆作「偈曰」，依底本作「汝聽偈曰」為宜。

⑫**用**：真福本作「用」，大乘本、天寧本皆作「亦用」，興聖本、寬永本皆作「還用」，依底本真福本作「用」為宜。

⑬**偈意**：在「偈意」下，興聖本、寬永本皆作「偈曰」，真福本、大乘本、天寧本皆無，依底本真福本錄入為宜。

⑭**心地含種性**：真福本作「一地含種性」，大乘本、天寧本、興聖本皆作「心地含種性」，寬永本作「心地含諸種」，英博本、旅博本皆作「心地含情種」，依大乘本、天寧本、興聖本作「心地含種性」為宜。

⑮**頓悟花情已**：真福本、興聖本、寬永本皆作「頓悟花情已」，大乘本、天寧本皆作「頓悟花情意」，敦博本、旅博本皆作「自悟花情種」，依底本真福本作「頓悟花情已」為宜。

⑯**令門人散**：真福本、大乘本、天寧本皆作「令門人散」，興聖本、寬永本皆作「令門人且散」，依底本真福本作「令門人散」為宜。

⑰**多不久**：真福本、大乘本、天寧本皆作「多不久」，興聖本、寬永本皆作「多應不久」，依底本真福本作「多不久」為宜。

【注釋】

❶**時眾僧聞，知大師意，更不敢諍，各自攝心，依法修行，一時禮拜，即知大師不久住世**：在場的各位法師已經聽聞大師的〈真假動靜偈〉，深刻地認識了惠能大師的意旨，更不敢表示任何異議或爭論，各自攝持自己的心神，就依照惠能大師傳授的禪法修行。大家後來都向惠能大師頂禮朝拜，也知道惠能大師的色身住在世間的時間已經不久了。所謂的「住世」，指身居現實的人間世界，佛教常以佛性或法身的不生不滅，來對應菩薩化身人間的形軀是有生有滅的，故用以說明佛門高僧法體無生但留形物質人間的示現。

❷**法海上座問曰：「和尚去後，衣法當付何人？」師言：「吾於大梵寺說法，直至今日，抄錄流行，名《法寶壇經》，汝等守護，度諸群生，但依此說，是真正法。」**：上座法海法師向前詢問惠能大師說：「和尚您將來圓寂之後，從達磨傳至和尚您的袈裟祖衣與定慧等學的頓悟法門，應當傳付給誰呢？」惠能大師說：「我在大梵寺講授的頓悟法門，直到今天，你們分別抄錄下來流通發行，名稱就稱為《法寶壇經》，你們都要好好守護這部《法寶壇經》，度化有緣的眾生，只要依據我惠能講述的禪法，這就是真正的佛陀正法。」所謂的「衣法」，指象徵禪宗祖師傳承的達摩袈裟（衣）與釋迦牟尼佛傳至五祖弘忍的頓悟心法（法），在此說明惠能從五祖弘忍處得到了禪宗祖師的正式傳承。

❸**師言：「法海向前，吾滅度後，二十年間，邪法繚亂，惑我正宗。有一南陽縣人出來，不惜身命，定於佛法，豎立宗旨，即是吾法弘於河洛，此教大行。」**：惠能大師說：「法海法師向前來，我告訴你，我將來圓寂之後，大約二十年左右的時間，邪惡錯誤的法門紛雜擾亂，將會使世人迷惑於我所說的頓悟宗旨。有一位南陽縣的人會出來，不惜犧牲身軀性命，論定佛教的大是大非，豎立頓悟心法與南宗的宗旨，這就是我的正法會弘揚在黃河洛水一帶，我惠能的南宗頓教將會大行於世。」此處所指的「南陽縣人」，即是預讖了神會將出面與北宗勢力相抗衡，因為唐玄宗開元八年（七二〇），神會奉敕配住南陽龍興寺，時人稱南陽和尚。

❹**師曰：「汝今須知，衣不合傳。汝若不信，吾與汝說先聖達磨大師傳衣偈，據此頌意，衣不合傳。」汝聽偈曰**：惠能大師說：「你（法海法師）必須知道，象徵傳法的達摩袈裟已經不適合再傳授。你要是不相信，我向你誦讀先聖第一祖達磨祖師傳衣偈，依據這首偈頌的意思，就不適合再傳授象徵傳法的達摩袈裟。」仔細聆聽我為你誦讀偈頌的內容。

❺**吾本來東土，說法救迷情。一花開五葉，結果自然成**：達磨大師說：「我從西方來到東方的國度，傳授教外別傳定慧等學的禪宗頓悟心法，救渡迷惑的有情眾生。傳弘頓悟教法的結果，是一朵心花中開出五片葉子，結成的悟道果實也是自然而然形成的。」所謂的「東土」，指古代的中國，主要是相對於印度或西域諸國的地理位置而言。所謂的「迷情」，主要是指迷戀世俗情感愛戀意念的人。所謂的「一花開五葉」，主要是指達磨傳承佛陀頓悟的心法為心花，開出二祖惠可（慧可）、三祖僧璨、四祖道信、五祖弘忍與六祖惠能等五朵法葉。然而，近代不少人將「一花開五葉」，詮釋成惠能法系中，在晚唐時為仰宗、臨濟宗、曹洞宗三宗並傳，後至五代時雲門宗與法眼宗形成。但是筆者以為，這樣的說法實無根據，因為惠能有十大弟子而不止五宗，其中有荷澤神會被唐代官方楷定為禪宗七祖，其法系亦甚有影響力，因此「一花開五葉」應是指二祖到五祖的傳承才合理。

❻**師曰：吾有一偈，用先聖大師偈意**：惠能大師說：我也有一首偈頌，使用借鑑了先聖達摩大師偈頌的意思。

❼**心地含種性，法雨即花生。頓悟花情已，菩提果自成**：心地含有情識的種子，受到佛法的法雨滋潤，就會讓開悟的心花綻放。如果能夠自己體悟到開悟的心花種子含藏在情識的種子裏，菩提覺悟的成佛佛果自然就能成就了。

❽**師說偈已，令門人散。眾相謂曰：「大師多不久住世間。」**：惠能大師說完偈語後，命令門人弟子解散。眾人互相都說：「大師住世時間不久了。」

師至先天二年八月三日①，食後報言：「汝等各著位坐，今共汝別②。」❶時，法海問言③：「此法從上至今，傳授④幾代？願和尚說。」❷師曰：「初六佛、釋迦第七、迦葉、阿難、末田地⑤、商那和修⑥、優波掬多⑦、提多迦、佛陀難提、佛陀蜜多⑧、脇尊者⑨、富那夜奢⑩、馬鳴⑪、毗羅尊者⑫、龍樹⑬、迦那提多、羅睺羅多、僧迦那提⑭、僧迦耶舍⑮、鳩摩羅馱⑯、闍耶多⑰、婆修槃頭⑱、摩拏羅、鶴勒那、師子比丘、舍那婆斯⑲、優波掘多⑳、婆須蜜多㉑、僧迦羅叉㉒、菩提達磨㉓、北齊惠可、隋僧璨㉔、唐道信、唐弘忍，吾今惠能㉕。」師曰：「吾今付法於汝㉖，汝等於後遞相傳授㉗，須有稟承依約㉘，莫失宗旨。」❸

【校訂】

①**八月三日**：真福本、興聖本、寬永本皆作「八月三日」，大乘本、天寧本皆作「八月二日」，當作「八月三日」。

②**今共汝別**：真福本、大乘本、天寧本皆作「今共汝別」，興聖本、寬永本皆作「共汝相別」，依底本真福本作「今共汝別」為宜。

③**問言**：真福本、興聖本皆作「問言」，大乘本、天寧本皆作「問曰」，寬永本作「問云」，依底本真福本作「問言」為宜。

④**傳授**：真福本作「傳」，大乘本、天寧本皆作「傳受」，興聖本、寬永本皆作「傳授」，依興聖本、寬永本作「傳授」為宜。

⑤**末田地**：真福本、興聖本、寬永本皆作「末田地」，大乘本、天寧本皆脫，當依底本作「末田地」。

⑥**商那和修**：真福本、天寧本皆作「商那和脩」，大乘本、寬永本皆作「商那和修」，興聖本作「商郍和修」，「脩」為「修」之異體字，「郍」為「那」之異體字，依現代書寫體例作「商那和修」為宜。

⑦**優波掬多**：真福本、大乘本、天寧本皆作「優波掬多」，興聖本、寬永本皆作「優波毱多」，依底本真福本作「優波掬多」為宜。

⑧**佛陀蜜多**：真福本、天寧本皆作「伏馱蜜多」，大乘本作「伏馱密多」，興聖本作「佛陁蜜多」，寬永本作「佛陀蜜多」，英博本、旅博本皆作「仏陁蜜多」，「陁」為「陀」之異體字，「仏」為「佛」之異體字，故依寬永本作「佛陀蜜多」為宜。

⑨**脇尊者**：真福本、大乘本、天寧本、宗寶諸本皆作「脇尊者」，興聖本、寬永本、敦煌三本皆作「脇比丘」，依底本作「脇尊者」為宜。

⑩**富那夜奢**：真福本、大乘本、天寧本皆作「富那夜奢」，興聖本、寬永本、敦煌三本皆作「富那奢」，宗寶諸本作「富那夜奢尊者」，依底本作「富那夜奢」為宜。

⑪**馬鳴**：真福本作「馬鳥」，大乘本、天寧本、敦煌三本皆作「馬鳴」，興聖本、寬永本皆作「馬鳴大士」，依大乘本、天寧本作「馬鳴」為宜。

⑫**毗羅尊者**：真福本、天寧本、興聖本、寬永本皆作「毗羅尊者」，大乘本作「迦毗羅尊者」，依底本作「毗羅尊者」為宜。

⑬**龍樹**：真福本、大乘本、天寧本、敦煌三本皆作「龍樹」，興聖本、寬永本皆作「龍樹大士」，依真福本作「龍樹」為宜。

⑭**僧迦那提**：真福本作「僧伽那多」，大乘本、天寧本、興聖本、寬永本皆作「僧伽那提」，敦煌三本皆作「僧迦那提」，依敦煌三本作「僧迦那提」。

⑮**僧迦耶舍**：真福本作「僧迦那舍」，大乘本、天寧本皆作「僧迦耶舍」，興聖本、寬永本皆作「僧伽耶舍」，當依《法寶記》校改作「僧迦耶舍」。

⑯**鳩摩羅馱**：真福本作「九摩羅馱」，大乘本、天寧本、興聖本、寬永本皆作「鳩摩羅馱」，當作「鳩摩羅馱」。

⑰**闍耶多**：真福本作「闍那多」，大乘本、天寧本皆作「奢耶多」，興聖本、寬永本皆作「闍夜多」，敦煌三本皆作「闍耶多」，依敦煌三本作「闍耶多」。

⑱**婆修槃頭**：真福本作「波脩槃頭」，依大乘本、天寧本、興聖本、寬永本作「婆修槃頭」為宜。

⑲**舍那婆斯**：真福本、敦煌三本皆作「舍那婆斯」，天寧本作「奢那婆斯」，大乘本、興聖本、寬永本皆作「婆舍斯多」，依底本作「舍那婆斯」為宜。

⑳**優波掘多**：真福本、天寧本、興聖本皆作「優波掘多」，寬永本作「優婆掘多」，大乘本無，敦煌三本皆作「優婆堀」，依真福本作「優波掘多」。

㉑**婆須蜜多**：真福本、興聖本、寬永本皆作「婆須蜜多」，大乘本作「波須密多」，天寧本作「婆須密多」，敦煌三本皆作「須婆蜜多」，依底本作「婆須蜜多」為宜。

㉒**佛陀難提、佛陀蜜多、脇尊者、富那夜奢、馬鳴、毗羅尊者、龍樹、迦那提多、羅睺羅多、僧迦那提、僧迦耶舍、鳩摩羅馱、闍耶多、婆修槃頭、摩拏羅、鶴勒那、師子比丘、舍那婆斯、優波掘多、婆須蜜多、僧迦羅叉**：此處大乘本作「彌遮迦尊者、波須密多、佛陁難提、伏馱密多、脇尊者、富那夜奢、馬鳴、迦毗羅尊者、龍樹、迦那提多、羅睺羅多、僧迦那提、僧迦耶舍、鳩摩羅馱、奢耶多、婆修槃頭、摩拏羅、鶴勒那、師子比丘、婆舍斯多、不如密多、般若多羅」。其中西天二十七祖，真福本、天寧本、興聖本、寬永本皆作「僧迦羅叉」，大乘本作「般若多羅」，敦煌三本作「須婆蜜多」，為尊重底本真福本，故作「僧迦羅叉」。

㉓**菩提達磨**：惠昕五本皆作「菩提達磨」，興聖本、寬永本皆在「菩提達磨」上作雙行小字「後魏」，依底本錄入為宜。

㉔**隋僧璨**：真福本、大乘本、天寧本皆作「唐僧璨」，興聖本、寬永本皆作「隋朝僧璨」，僧璨為隋朝人，作「隋僧璨」為宜。

㉕**唐道信、唐弘忍，吾今惠能**：真福本作「唐道信、唐弘忍，五今惠能」，大乘本、天寧本皆作「唐道信、唐弘忍，吾今惠能」，興聖本、寬永本皆作「唐朝道信、弘忍、惠能」，作「唐道信、唐弘忍，吾今惠能」為宜。

㉖**吾今付法於汝**：真福本、大乘本、天寧本皆作「吾今付法於汝」，興聖本、寬永本皆作「眾人今當受法」，依底本作「吾今付法於汝」為宜。

㉗**傳授**：真福本、大乘本、天寧本皆作「傳授」，興聖本、寬永本皆作「傳付」，依底本真福本作「傳授」為宜。

㉘依約：真福本、大乘本、天寧本皆作「衣約」，興聖本、寬永本皆作「依約」，當作「依約」。

【注釋】

❶**師至先天二年八月三日，食後報言：「汝等各著位坐，今共汝別。」**：六祖惠能大師在唐玄宗先天二年（七一三）八月三日，中午吃完飯後說：「你們各自找位子坐，我現在與你們道別離。」其中的「食後」，應是指中午用餐以後，古代僧侶多日中一食，而且是過午不食，故應是指早上至中午用餐之後的開示。

❷**時，法海問言：「此法從上至今，傳授幾代？願和尚說。」**：當時，法海法師詢問惠能大師說：「您的這項頓悟法門傳授，從過去以來到今天，總共傳授歷經了幾代？祈願惠能和尚您為我們說明。」

❸**師曰：「初六佛、釋迦第七、迦葉、阿難、末田地、商那和修、優波掬多、提多迦、佛陀難提、佛陀蜜多、脇尊者、富那夜奢、馬鳴、毗羅尊者、龍樹、迦那提多、羅睺羅多、僧迦那提、僧迦耶舍、鳩摩羅馱、闍耶多、婆修槃頭、摩拏羅、鶴勒那、師子比丘、舍那婆斯、優波掘多、婆須蜜多、僧迦羅叉、菩提達磨、北齊惠可、隋僧璨、唐道信、唐弘忍，吾今惠能。」師曰：「吾今付法於汝，汝等於後遞相傳授，須有稟承依約，莫失宗旨。」**：惠能大師說：「最初有六佛，即是賢劫千佛的前面六位佛陀，釋迦牟尼佛是第七位佛陀，然後是第八迦葉（西天初祖）、第九阿難（西天二祖）、第十末田地（西天三祖）、第十一商那和修（西天四祖）、第十二優波掬多（西天五祖）、第十三提多迦（西天六祖）、第十四佛陀難提（西天七祖）、第十五佛陀蜜多（西天八祖）、第十六脇尊者（西天九祖）、第十七富那夜奢（西天十祖）、第十八馬鳴（西天十一祖）、第十九毗羅尊者（西天十二祖）、第二十龍樹（西天十三祖）、第二十一迦那提多（西天十四祖）、第二十二羅睺羅多（西天十五祖）、第二十三僧迦那提（西天十六祖）、第二十四僧迦耶舍（西天十七祖）、第二十五鳩摩羅馱（西天十八祖）、第二十六闍耶多（西天十九祖）、第二十七婆修槃頭（西天二十祖）、第二十八摩拏羅（西天二十一祖）、第二十九鶴勒那（西天二十二祖）、第三十師子比丘（西天二十三祖）、第三十一舍那婆斯（西天二十四祖）、第三十二優波掘多（西天二十五祖）、第三十三婆須蜜多（西天二十六祖）、第三十四僧迦羅叉（西天二十七祖）、第三十五菩提達磨（西天二十八祖•東土中國禪宗初祖）、第三十六北齊惠可（中國禪宗二祖）、第三十七隋僧璨（中國禪宗三祖）、第三十八唐道信（中國禪宗四祖）、第三十九唐弘忍（中國禪宗五祖）、第四十我今惠能（中國禪宗六祖）。」惠能大師說：「我現今傳付賢劫七佛與西土及東土禪宗祖師的心法給你們，你們今後依照順序傳授頓教的傳承與心法，必須要有依憑的規約，不要失去禪宗頓悟佛教心法的根本宗旨。」賢劫七佛之說，佛教指當今地球世界處於「賢劫」這個時代，所謂的「賢劫」，梵語音譯為波陀劫，指三劫中的現在住劫，據《悲華經》卷五、《賢劫千佛名經》記載，賢劫其中有千佛出世，己七位佛陀，分別是㈠毘婆尸佛，㈡尸棄佛，㈢毘舍浮佛，㈣拘留孫佛，㈤拘那含牟尼佛，㈥迦葉佛，㈦釋迦牟尼佛。換句話說，賢劫尚有九百九十三位佛陀尚未出世。

法海白言①：「和尚！留何教法，令後代迷人，得見自性？」❶師言：「汝聽②！後代迷人，若識眾生，即見佛性③；若不識眾生，萬劫覓佛難逢。吾今教汝識自心眾生，見自心佛性。汝志心聽④，吾與汝說。後代之人，欲求見佛，但識眾生。」❷師曰⑤：「只為眾生迷佛，非是佛迷眾生。自性若悟，眾生是佛；自性若迷，佛是眾生。自性平直⑥，眾生是佛；自性邪險⑦，佛是眾生。」❸師言：「法海⑧！汝等心若險曲，即佛在眾生中。一念平直用心⑨，即是⑩眾生成佛。我心自有佛，自若無佛心，何處求真佛？⑪」❹

【校訂】

①**白言**：真福本作「曰言」，大乘本、天寧本、興聖本、寬永本皆作「白言」，當作「白言」。

②**汝聽**：真福本、大乘本、天寧本皆作「汝聽」，興聖本、寬永本皆作「汝等聽之」，依底本作「汝聽」為宜。

③**即見佛性**：真福本作「即見性」，大乘本、天寧本、興聖本、寬永本皆作「即見佛性」，綜觀文義，作「即見佛性」為宜。

④**汝志心聽**：真福本、大乘本、天寧本皆作「汝志心聽」，興聖本、寬永本皆無此四字，依底本作「汝志心聽」為宜。「志心」作「專心」、「誠心」解。

⑤**師曰**：真福本、大乘本、天寧本皆作「師曰」，興聖本、寬永本皆無此二字，依底本作「師曰」為宜。

⑥**平直**：真福本、大乘本、天寧本皆作「平直」，興聖本、寬永本皆作「平等」，依底本真福本作「平直」為宜。

⑦**自性邪險**：真福本作「自性邪險」，大乘本、天寧本皆作「自性邪儉」，興聖本、寬永本皆作「自心邪險」，依底本作「自性邪險」為宜。

⑧**師言法海**：真福本、大乘本、天寧本皆作「師言法海」，興聖本、寬永本皆無此四字，依底本作「師言法海」為宜。

⑨**一念平直用心**：真福本、大乘本、天寧本皆作「一念平直用心」，興聖本、寬永本皆作「一念平直」，依底本作「一念平直用心」為宜。

⑩**即是**：真福本作「是」，大乘本、天寧本、興聖本、寬永本皆作「即是」，作「即是」為宜。

⑪在「何處求真佛」下，興聖本、寬永本、宗寶諸本皆作「汝等自心是佛，更莫狐疑。外無一切物而能建立，皆是本心生萬種法故。經云：『心生，種種法生；心滅，種種法滅。』」（其中宗寶諸本作「外無一物而能建立」，無「切」字）。真福本、大乘本、天寧本皆無，依底本錄入為宜。敦煌三本皆未有「法海！汝等心若險曲，即佛在眾生中。一念平直用心，即是眾生成佛。我心自有佛，自若無佛心，何處求真佛」此段話，相對應的宗寶諸本作：「自性邪險，佛是眾生。汝等心若險曲，即佛在眾生中；一念平直，即是眾生成佛。我心自有佛，自佛是真佛。自若無佛心，何處求真佛？」

【注釋】

❶**法海白言：「和尚！留何教法，令後代迷人，得見自性？」**：法海法師向惠能大師發問：「和尚！如今您即將圓寂往生而去，您將留下與傳付何種法門，能夠讓後代迷惑的人，得以悟見自己的本心覺性？」

❷**師言：「汝聽！後代迷人，若識眾生，即見佛性；若不識眾生，萬劫覓佛難逢。吾今教汝識自心眾生，見自心佛性。汝志心聽，吾與汝說。後代之人，欲求見佛，但識眾生。」**：惠能大師說：「你們仔細聆聽！後代迷惑的人，若是能夠深刻地認識自己身心中的眾生，就能夠悟見本心覺性；若是不能夠深刻地認識自己身心中的眾生，尋覓佛陀就算經過萬劫這麼長的時間都無法得以看見。我現在教導你們認識自己身心中的眾生，以悟見自己的本心與覺性。你們專心誠心仔細地聆聽，我惠能與你們解說。後代世間的人，若是希望明心見性如同證見佛陀，只要能夠深刻地認識自己身心之中的眾生就可以心開見佛。」其中的「若識眾生，即見佛性」，惠能是說吾人如果可以認識自己身心中的眾生，就能夠認識根本的本心覺性，這是從根本的道理而加以詮釋的。因此，修習惠能定慧等學的頓悟法門，必須迴光返照自己的身心，因為觀照自己的身心實相，這是唯一的解脫之道。此外，所謂的「萬劫」的「劫」，本來是古印度婆羅門教量度時間的最大單位，後來佛教延用這項說法，藉以說明世界從生成到毀滅的過程，至於時間的衡量及分類，佛經中有不同的說明，一劫約有人間的四十三億二千萬年，所以萬劫是比喻極長的時間。

❸**師曰：「只為眾生迷佛，非是佛迷眾生。自性若悟，眾生是佛；自性若迷，佛是眾生。自性平直，眾生是佛；自性邪險，佛是眾生。」**：惠能大師說：「我惠能會如此解釋，那是因為只有眾生不明白自己的本心覺性，所以才會在佛法中感到疑惑，這並不是佛法讓眾生迷惑，而是眾生沒有修持佛法的緣故。若是觀照自己的身心而能覺悟自己的本心覺性，那麼我們自己身心中的眾生也就因此而成佛了；若是我們沒有觀照自己的身心而感到迷惑，那麼本來具足萬法的本心覺性就彰顯不出來而成為眾生。若是自己本心覺性在平常心與直心中，不落入二元對立的兩邊，自己身心中的眾生，就彰顯與悟見了本心覺性；若是自己身心中的眾生，充滿錯誤的觀念與難以測度的危險，本來具足覺性的佛性不能彰顯出來，而就成為輪迴六道的眾生。」

❹**師言：「法海！汝等心若險曲，即佛在眾生中。一念平直用心，即是眾生成佛。我心自有佛，自若無佛心，何處求真佛？」**：惠能大師說：「法海法師！你們的心若是充滿崎嶇曲折，那麼自己的本心覺性暗昧，就無法悟見與彰顯佛性，如同佛陀的覺性隱沒在眾生之中。若是一念不落善惡有無的二元對立分別，就是平常心與直心的覺性生起而如此用心，就是具足覺性的眾生悟見本心佛性而成佛。我們眾生自己的身心之中，自然就有如同佛陀一般的本心覺性，若是我們沒有觀照與顯發及悟見自己身心中的佛心覺性，又要到哪裡去求取真正的佛陀呢？」此段強調自性的本心覺性即是佛，若我們悟見自己身心之中的本心覺性時，相應的眾生皆是佛；若不能悟見自己身心之中的本心覺性時，執著人我是非，便有邪心、煩惱、塵勞與虛妄，若能自悟本心覺性，明白萬法皆在自心的覺性時，則是相應於「一念平直用心」的心境。因此，在日常生活中用「心」學禪，在生活中觀照自己身心當下的實相，皆是超越二元對立與分別。以「一念平直用心」開始，歸結於「我心自有佛」。所以，生活中的「一念」非同小可，即是成佛之因。

吾今留一偈，與汝等別，名〈自性真佛偈〉。後代迷人，識此偈意，自見本心①，自成佛道②。偈曰③❶：

真如性淨是真佛，邪見三毒是魔王。邪迷之時魔在舍，正見之時佛在堂。❷
性中邪見三毒生，即是魔王來住舍④。正見自除三毒心，魔⑤變成佛真無假。❸
法身報身及化身，三身本來是一身。若向性中能自見，即是成佛菩提因。❹
本從⑥化身生淨性，淨性⑦常在化身中。性使化身行正道，當來圓滿真無窮⑧。❺
婬性本是淨性因，除婬即無淨性身。性中各自離五欲，見性剎那即是真。❻
今生若悟頓法門，忽見自性現世尊⑨。汝等⑩修行覓作佛，自性自見正中真⑪。❼
若能心中見自真⑫，有真即是成佛因。不見自性外覓佛，起心總是大癡人。❽
頓教法門今已留，救度世人須自修。報汝當來學道者，不作此見大悠悠。❾

【校訂】

①**自見本心**：真福本、大乘本、天寧本皆作「自正本心」，興聖本、寬永本皆作「自見本心」，觀上下文義，依興聖本、寬永本作「自見本心」為宜。

②**自成佛道**：真福本、興聖本、寬永本皆作「自成佛道」，大乘本、天寧本皆作「成佛」，依底本作「自成佛道」為宜。

③**偈曰**：真福本、興聖本、寬永本皆作「偈曰」，大乘本、天寧本皆無此二字，依底本作「偈曰」為宜。

④**即是魔王來住舍**：真福本作「即是魔王表住舍」，天寧本、興聖本、寬永本、敦博本、旅博本皆作「即是魔王來住舍」，當作「即是魔王來住舍」。

⑤**魔**：真福本作「磨」，天寧本、興聖本、寬永本皆作「魔」，當作「魔」。

⑥**本從**：真福本、天寧本皆作「從本」，興聖本、寬永本、敦煌三本皆作「本從」，石井校本改作「本從」，當作「本從」。

⑦**淨性**：真福本作「即性」，天寧本、興聖本、寬永本、敦煌三本皆作「淨性」，當作「淨性」。

⑧**當來圓滿真無窮**：真福本作「當來性智更無窮」，天寧本作「當來性智便無窮」，興聖本、寬永本、敦博本、旅博本皆作「當來圓滿真無窮」，依興聖本、寬永本作「當來圓滿真無窮」為宜。

⑨**忽見自性現世尊**：真福本、天寧本皆作「忽見自性現世尊」，興聖本、寬永本皆作「忽悟自性見世尊」，敦博本、旅博本皆作「悟即眼前見世尊」，依底本作「忽見自性現世尊」為宜。

⑩**汝等**：真福本、天寧本皆作「汝等」，興聖本、寬永本皆作「汝若」，依底本真福本作「汝等」為宜。

⑪**自性自見正中真**：真福本、天寧本皆作「自性自見正中真」，興聖本、寬永本皆作「不知何處擬求真」，敦博本作「不知何處欲覓真」，英博本、旅博本皆作「不知何處欲求真」，依底本真福本作「自性自見正中真」為宜。

⑫**見自真**：真福本作「見自真」，天寧本、興聖本、寬永本皆作「自見真」，敦煌三本皆作「自有真」，依底本真福本作「見自真」為宜。

【注釋】

❶**吾今留一偈，與汝等別，名〈自性真佛偈〉。後代迷人，識此偈意，自見本心，自成佛道。偈曰：**（惠能大師說）我現今留下一首偈頌，與你們大家告別，名稱為〈自性真佛偈〉。後代迷惑的人，聽聞與認識到這首偈頌的涵意，就能悟見自己身心中的本心覺性，自己成就佛法的解脫之道。以下是偈頌的內容。

❷**真如性淨是真佛，邪見三毒是魔王。邪迷之時魔在舍，正見之時佛在堂**：真如本心覺性的佛性是真正的佛，錯誤的觀念見解與貪嗔癡三毒是真正的魔王。充滿錯誤觀念見解的人，就好像魔王與你同住一間房子；充滿正見正確觀念見解的人，就好像佛陀與你同在一個廳堂之中。三毒，主要是指貪欲、嗔恚與愚癡三種造作生死輪迴習性的煩惱。

❸**性中邪見三毒生，即是魔王來住舍。正見自除三毒心，魔變成佛真無假**：如果自性的本心覺性中，生起錯誤觀念見解與貪嗔癡的三毒，就是魔王與你同住一間房子。正確的觀念知見，自己滅除貪嗔癡三毒的心念，本來的魔王就會變成真實無假的佛陀了。

❹**法身報身及化身，三身本來是一身。若向性中能自見，即是成佛菩提因**：清淨不生不滅的法身、有生不滅的功德福報之報身，以及有生有滅變化應用的化身，佛陀的三身原本就是當下這一身。若是能夠向自我身心中的佛性，悟見不生不滅的覺性，這就是覺悟成佛的菩提種子了。

❺**本從化身生淨性，淨性常在化身中。性使化身行正道，當來圓滿真無窮**：本來就從變化應用的化身中，生出清淨的覺性，清淨的覺性也常在變化應用的化身之中。清淨的覺性使變化應用的化身，常行正確的修行道路，將來圓滿成佛，真實而沒有邊際。有關「本從化身生淨性」，此處的化身，即是指吾人現在應化人間的肉身，本來眾生亦具有佛陀的法、報、化三身，但因煩惱執著而不能彰顯，所以在理論上眾生也可以說是具備了三身。淨性則是指清淨的覺性，惠能此處有肯定吾人當下這個物質「身」及現前「心」的意思，意即從生滅的物質身與生滅心中，可以悟見離生滅的法性身，實有「色即是空」的思想意涵。

❻婬性本是淨性因，除婬即無淨性身。性中各自離五欲，見性剎那即是真：淫欲的本性本來與清淨的佛性，具有共同的因地根本，除去淫欲的色身，就沒有清淨佛性的化身。只要在自性本心中，自己能夠超越脫離五欲的執著與煩惱，悟見清淨覺性的剎那，這就是真實的佛法。所謂的「淫性」，指貪愛男女色欲的本性。淫，有過度無節制、放縱、奸邪與渙散浮蕩等多重的涵義。所謂的「五欲」，佛教說明由眼、耳、鼻、舌、身五種感官對應色、聲、香、味、觸五種境界生起的情欲。或是指財欲、色欲、名欲、飲食欲、睡眠欲五種眾生基本的欲望。

❼今生若悟頓法門，忽見自性現世尊。汝等修行覓作佛，自性自見正中真：在這一世的今生，若是能夠修持定慧等學之頓悟教義的法門，忽然悟見自己本心覺性的當下，就能親證悟見佛陀的法身。你們好好修行尋覓開發自己的本心覺性，在自性中的本心覺性裡，自己悟見正確無誤的實相。

❽若能心中見自真，有真即是成佛因。不見自性外覓佛，起心總是大癡人：若是能夠在自己的身心之中，體悟自己本有的真如本心覺性，本有的真如本心覺性，這就是成佛的根本因素。自己不去觀照自己的身心實相，以發覺自己的本心覺性，而向自己身心以外的外緣求覓佛陀，起心動念地去向外追求，總是一個非常愚癡的人。

❾頓教法門今已留，救度世人須自修。報汝當來學道者，不作此見大悠悠：我惠能如今已將定慧等學的頓悟法門留給你們了，然而想要弘揚佛法去救度世間的人，必須自己好好修持。同時，我惠能也想告訴將來學習佛法解脫之道的修行者，若是不依照這個偈頌所開示的見地，好好去修持，就會在悠悠的歲月中，浪費寶貴的生命時光。其中的「悠悠」，指世俗人庸俗、荒謬、游蕩或懶散不盡心的樣子。

師說偈了，報言：「今共汝別，吾滅度後，莫作世情，悲泣雨淚，受人弔問①，身著孝服，非吾弟子，亦非正法。但如吾在日，一時盡坐。❶無動無靜，無生無滅，無去無來，無是無非，無住無往，無②名無字。❷恐汝心迷，不會吾意，吾今再囑③，令汝見性。吾滅度後，依此修行，如吾在日；汝等違法，縱吾在世，終無有益。」❸大師言訖，夜至三更，奄然遷化。大師春秋七十有六④❹。

師遷化日，寺內異香氛氳⑤，經於七日⑥。感得山崩地動，草木變白，日月無光⑦，天地⑧失色，群鹿鳴叫⑨，至夜不絕。❺先天二年八月三日，夜三更時，於新州國恩寺圓寂，餘在〈功德塔記〉具述（及具王維《碑銘》⑩）。❻至十一月，韶、廣二州門人，迎師神座⑪，向曹溪山葬。忽於龕內白光出現，直上衝天，三日始散。韶州奏聞，奉勑立碑供養。⑫❼

洎⑬乎法海上座無常，以此《壇經》付囑志道，志道付彼岸，彼岸付悟真，悟真付圓會，遞代相傳付囑⑭。一切萬法，不離自性中見⑮也。❽

【校訂】

①**受人弔問**：真福本、寬永本皆作「受人弔問」，天寧本作「時受人弔問」，興聖本作「受人吊問」，作「受人弔問」為宜。

②此段「真如性淨是真佛，邪見三毒是魔王。……但如吾在日，一時盡坐，無動無靜，無生無滅，無去無來，無是無非，無住無往，無」，大乘本脫，相對於真福本、興聖本、寬永本脫二九二字，相對於天寧本脫二九三字。

③**吾今再囑**：真福本、大乘本、天寧本皆作「吾今再囑」，興聖本、寬永本皆作「吾今再囑汝」，依底本作「吾今再囑」為宜。

④**七十有六**：真福本、大乘本、興聖本、寬永本皆作「七十有六」，天寧本作「七十六」，依底本作「七十有六」為宜。

⑤**異香氛氳**：真福本、大乘本、興聖本、寬永本皆作「異香氛氳」，天寧本作「異香氣氛氳」，作「異香氛氳」為宜。

⑥**七日**：真福本、大乘本、天寧本、興聖本皆作「七日」，寬永本作「七口」，當作「七日」。

⑦**感得山崩地動，草木變白，日月無光**：真福本作「感得山崩地動，草木變白，日月無光」，大乘本、天寧本皆作「感得山崩地動，林木變白，日月無光」，興聖本、寬永本皆作「感地動，林變白，日無光」，敦博本、旅博本皆作「山崩地動，林木變白，日月無光」，依真福本錄入為宜。

⑧**天地**：真福本、大乘本、天寧本皆作「天地」，興聖本、寬永本、敦煌三本皆作「風雲」，依真福本作「天地」為宜。

⑨**鳴叫**：真福本作「鳴叫」，大乘本、天寧本皆作「鳴悲」，興聖本、寬永本皆作「鳴吅」，「吅」為「叫」之異體字，依真福本作「鳴叫」為宜。

⑩**及具王維碑銘**：在「餘在功德塔記具述」下，興聖本、寬永本皆作夾注雙行小字「及具王維碑銘」六字，真福本、大乘本、天寧本無，補之為宜。

⑪**神座**：真福本作「神坐」，大乘本、天寧本、興聖本、寬永本皆作「神座」，二者皆通，作「神座」為宜。

⑫「奉勅立碑供養」下，興聖本、寬永本皆作「至元和十一年詔追諡曰大鑑禪師事具劉禹錫碑」二十字，真福本、大乘本、天寧本皆無，依底本錄入。

⑬**洎**：真福本、天寧本皆作「泊」，大乘本、興聖本、寬永本皆作「洎」，當作「洎」，作「至」或「到」解。

⑭**相傳付囑**：真福本、大乘本、興聖本、寬永本皆作「相傳付囑」，天寧本作「相囑」，依底本真福本作「相傳付囑」為宜。

⑮**見**：真福本、大乘本、天寧本皆作「見」，興聖本、寬永本皆作「現」，「現」與「見」皆通，依底本真福本作「見」為宜。

【注釋】

❶**師說偈了，報言：今共汝別，吾滅度後，莫作世情，悲泣雨淚，受人弔問，身著孝服，非吾弟子，亦非正法。但如吾在日，一時盡坐**：惠能大師解

說偈頌完畢，於是告訴門下的徒眾說：「我現在與你們道別離，我往生圓寂之後，不要作出像世間親屬往生時的情緒作用，不要因此悲傷哭泣，而接受別人弔喪慰問，不要穿著儒家守喪的孝衣，這些都不是我惠能的弟子，也不是真正的佛法。你們在我往生以後，還要如同我平常生活一樣，在每一天每一時刻修持的時候，學習定慧等學的法門而時常禪坐。滅度，即涅槃，梵語意譯為圓寂、遷化，原義是解脫生滅輪迴，進入不生不滅境界。

❷**無動無靜，無生無滅，無去無來，無是無非，無住無往，無名無字**：心中保持超越運動與安靜的區分，超越生存與滅亡的對立，超越去來與來去的分別，超越是對與非錯的爭論，心中沒有任何的執著，也沒有任何想到哪裡的欲望，越越世俗的姓名與形容。

❸**恐汝心迷，不會吾意，吾今再囑，令汝見性。吾滅度後，依此修行，如吾在日；汝等違法，縱吾在世，終無有益**：我惠能擔心你們心中受到迷惑，不能理解我真實的意思，所以我現今再三的囑咐你們，希望讓你們悟見自己的本心覺性。我惠能圓寂之後，依據我平日教導你們定慧等學的頓悟法門好好修行，如同我仍然在世間生活一般；若是你們違背了我所教授的法門之要領，縱使我惠能仍在世間生活，終究是沒有任何實際的利益。

❹**大師言訖，夜至三更，奄然遷化。大師春秋七十有六**：大師說完這些話語以後，到了三更約晚上十一點到凌晨一點的時間中，忽然之間就圓寂了。惠能大師在世間的壽命是七十六歲。遷化，指僧侶往生示寂，有遷移滅化的意義，或者說高僧遷移到他方世界度化眾生，與圓寂、順世、歸真同義。

❺**師遷化日，寺內異香氛氳，經於七日。感得山崩地動，草木變白，日月無光，天地失色，群鹿鳴叫，至夜不絕**：惠能大師圓寂往生的那一天，佛寺裏充滿了奇異濃郁的香氣，經過七天都沒有消散。惠能大師果證圓滿，因此感動山巒崩搖大地震動，草生植物與山中森林樹木都轉變為白色，太陽月亮都失去了光明，天地之間失去原本的顏色，鹿群感傷般悲鳴嚎叫，白天黑夜都是如此而沒有斷絕。異香氛氳，指香氣異常濃郁。

❻**先天二年八月三日，夜三更時，於新州國恩寺圓寂，餘在〈功德塔記〉具述（及具王維《碑銘》）**：在唐玄宗先天二年農曆八月初三日，半夜三更子時（晚上十一點到凌晨一點），惠能大師在新州國恩寺圓寂，其餘有關事蹟詳細記載於〈功德塔記〉（也詳載於王維的〈六祖能禪師碑銘〉）。古人並非以現今子夜十二點為一天的開始，古人是以每天大約清晨五點雞鳴天亮之後，才算一天真正的開始。因此五更天（清晨三點至五點）以前，仍算是前一天。惠能圓寂於農曆八月初三，精確時間換算陽曆為公元七一三年八月二十八日晚上十一點到八月二十九日一點之間，精準時間不可得知。

❼**至十一月，韶、廣二州門人，迎師神座，向曹溪山葬。忽於龕內白光出現，直上衝天，三日始散。韶州奏聞，奉勅立碑供養**：到了先天二年十一月的時候，韶州及廣州的門人弟子們，迎接惠能大師的法體神座回到曹溪山安葬。忽然在嵌有佛像的神櫝龍龕之中出現了白光，直上雲霄衝上天際，經過三天的時間才散去。韶州刺史韋璩向朝廷上奏聽聞惠能大師圓寂之事，並且尊奉皇帝的命令建立碑銘，接受各界的供養與禮拜。

❽**洎乎法海上座無常，以此《壇經》付囑志道，志道付彼岸，彼岸付悟真，悟真付圓會，遞代相傳付囑。一切萬法，不離自性中見也**：自從上座法海法師圓寂，這部《壇經》就付託給志道法師。志道法師後來付託給彼岸法師，彼岸法師後來付託給悟真法師，悟真法師後來付託給圓會法師。一代接著一代相傳付法囑託這部《壇經》。世間一切的萬法，都是不會離開本心覺性中所悟見的內容，就是這部《壇經》存在世間的真實意義了。

六祖壇經卷下①

〈後敘〉②

余嘗公暇，信覽《曹溪六祖大師壇經》，導化迷愚之人，令識本心，見本性，自悟成佛，莫向外求。言直理玄，法法非法，不可思議。乃勸諸善諦，印經受持，獲大功德、無上菩提者也。

大中祥符五年歲次壬子十月八日

傳教弟子宣德郎守尚書屯田員外郎騎都尉賜緋魚袋周希古敘

都勸緣廣教院主僧　保昌　金花山人嚴方外書　瀧西卓海刊字

【校訂】

①六祖壇經卷下：真福本、興聖本、寬永本皆作「六祖壇經卷下」，大乘寺、天寧本皆作「韶州曹溪山六祖師壇經卷終」，依底本作「六祖壇經卷下」。

②此序為北宋真宗朝時周希古後敘，撰於大中祥符五年（一〇一二），亦為真福本獨有之後序，惠昕系列其他四本皆無。

〈天寧本《壇經》刊緣記〉

僧不遠緣化施財，莫信契孝恩與室中陳九娘捨貳貫文，朱最禮、朱琬、李三娘，各捨壹貫文，鄭諼、蕭宗、陳弢、張六娘，各捨壹貫文者。王勉等十人，各捨伍百文者。結此勝因，普霑善果。

勸緣比丘住保壽庵最樂

都勸緣比丘，住安元報恩禪院，賜紫祖印大師紹資仍捨貳貫文者，將仕郎陳栖捨俸金貳仟，為母親契代六娘，願延景福。仙谿林師益，捨俸金貳仟者，助緣《壇經》之費，願一切含靈得聞此經，不涉二乘，悉證無上菩提。

附錄一：日本真福寺抄本《六祖壇經》影圖

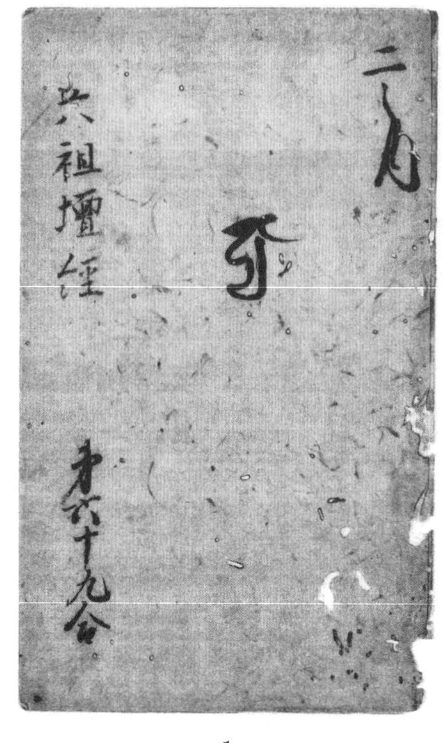

1.

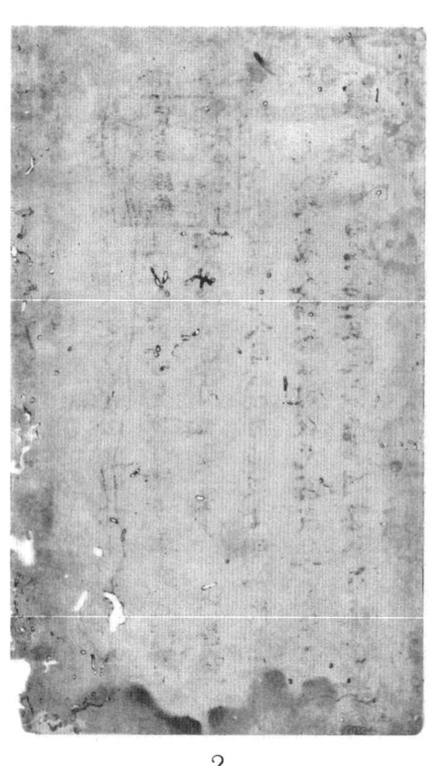

2.

韶州曹溪山六祖壇經序
依真小師邕州羅秀山惠進禪院沙門惠昕述
原夫真如佛性本在人心心正即諸境難侵心邪即
衆塵易染能止心念衆惡自亡衆惡既亡諸善皆
備非假外求悟法之人自心如日遍照世間一切无礙
見性之人雖處人倫其心自在无所惑乱矣故我
六祖大師廣為學徒直說見性法門揔令自悟成

3.

佛目曰壇經流傳後學古本文繁披覧之徒初
忻後猒余以太歲丁卯月在蕤賓二十三日辛亥
於思迎塔院分為兩卷開十一門貴接後來同
見佛性者也
一韶州刺史韋據等衆請說法門
二大師自說悟法傳衣門
三為時衆說定惠門

4.

四教授坐禪門
五説傳香懺悔發願門
六説一體三身佛相門
一衆請説法門
大師初從南海上至曹溪韶州刺史韋據等請
於大梵寺講堂中爲衆開緣受無相戒説摩訶
般若波羅蜜法大師是日説頓教直了見性

5.

无疑普告僧俗令言下各悟本心現成佛道座
下僧尼道俗一千餘人刺史官寮等三十餘人
儒宗學士三十餘人同請大師説是法門刺史韋
據令門人法海執録流行傳示後代若承此宗旨
學道者遞相教授者有所依憑耳
二悟法傳衣門
尒時大師既昇座已而示衆言善知識總淨心

6.

念摩訶般若波羅蜜大師良久不語自淨其心
忽然告言善知識菩提自性本來清淨但用此
心直了成佛大師言善知識且聽某甲行由得
法事意 某甲 嚴父本貫范陽降流于南作新
州百姓與身不幸父少早亡老母孤遺移來南海
艱貧乏於市賣柴時有一客買 某甲 柴便令送
至官店客收柴去 某甲 得錢却出門外見有一

7.

客讀金剛經 某甲 一聞心便開悟遂問客言從何
所來持此經典客云我從蘄州黄梅縣東憑母山
來其山是第五祖弘忍大師在彼主化門人一千
有餘我到彼山礼拜聽受此經大師常勸僧俗
但持金剛經即自見性直了成佛 某甲 聞説宿
業有緣乃蒙一客取銀十兩與某甲令充老母
衣粮教某甲便往黄梅礼拜五祖某甲安置

8.

母畢便即辭親不經三十餘日便至黃梅礼拜五祖
祖問曰汝何方人來到此山礼拜今向吾邊欲六何物
某甲對云弟子是嶺南人新州百姓遠來礼師唯
求作佛不求餘物五祖責曰汝是嶺南人又是獦
獠若為堪作佛 某甲言人雖有南北佛性本无
南北獦獠身與和尚不同佛性有何差別大師更欲
共某甲久語且見徒衆惣在身邊乃令某甲隨衆作

9.

務某甲啓和尚言弟子自心常生智慧不離自性
即是種田未審和尚教作何務五祖言這獦獠根
性大利更勿言且去後院有一行者差某甲破柴踏
碓八箇餘月五祖一日忽見某甲言吾思汝之明
見恐有惡人害汝遂不與言汝知之不 某甲 言
弟子亦知師意不敢行至堂前令衆人不覺五祖
一日喚諸門人惣來吾向汝說世人生死事大汝

10.

等終日供養只求福田不求出離生死苦海汝自性迷
福何可救汝等各去後院自看智慧取自本心般若
之性各作一偈來呈吾看若悟大意付汝衣法為
第六代祖火急不得遲滯思量即不中用見性之
人言下須見若此輪刀上陣亦不得見衆得處分
來至後院遞相謂曰我等衆人不須呈心用意作
偈將呈和尚有何所益神秀上座見為教授師

11.

必是他得我輩謾作偈頌枉用心力諸人聞語各自
息心咸言我等已後依止神秀即得何煩作偈神秀
思惟諸人不呈偈者為我与他為教授師我須作偈
將呈和尚若不呈偈和尚如何知我心中見解深淺
我呈偈意即善求佛覓祖即惡却同凡心奪其
聖位无別若不呈偈終不得法大難大難五祖堂前
有步廊三間擬請供奉盧珍畫楞伽變相及

12.

五祖血脈圖流傳供養神秀作偈成已數度欲呈
行至堂前心中恍惚遍身汗流擬呈不得前後經過
四日一十三度呈偈不得秀乃思惟不如向廊下書
著彼他和尚看見忽若道好即出頂禮云是秀作
若道不堪枉向山中數年受人禮拜更脩何道
言訖夜至三更不使人知自執燈燭於南廊中間
壁上書无相偈呈心所見神秀偈曰

13.

身是菩提樹　心如明鏡臺　時時勤拂拭　莫使染塵埃
秀書偈了便却歸房人總不知神秀思惟五祖
明日見偈歡喜出見和尚即言秀作　若言
不堪自是我迷宿業障重不合得法聖意難
測房中思想坐卧不安直至五更五祖即知神
秀入門未得不見自性喫粥了便即天明五祖方
便喚盧供奉來擬向南廊書五代血脈供養

14.

五祖忽見其偈報言供奉不却畫也輙奉十
千勞供奉遠來金剛經云凡所有相皆是虛妄不
如留此偈令迷人誦依此偈脩免墮三惡依此脩
行人天大有利益五祖喚門人燒香偈前令凡人
見生敬重心汝等盡須誦取悟此偈者即得見
性依此脩行終不墮落門人盡誦皆歎善哉
五祖三更喚秀入堂問是汝作此偈不若是

15.

汝作應得吾法秀言罪過實是秀作亦不
求祖位望和尚慈悲看弟子心中有少智慧不
五祖言汝作此偈未見本性只到門上未離凡
夫愚依此脩行即不墮落如此見解覓无上菩
提即不可得无上菩提須得言下識自本心見自
本性不生不滅於一切時中念〻自見万法无滯
一真一切真万境自如〻〻之心即是真實若如是

16.

見者即是无上菩提之自性也五祖言汝且去一兩
日思惟更作一偈將來呈吾看汝偈若得入門
見自本性付汝衣法吾不惜法汝見自遲秀乃
作礼便出又經數日作偈不成心中恍惚神思不
安由如夢中行坐不樂復經兩日有一童子於碓
坊過唱誦其偈某甲一聞便知此偈未見本性
某甲教授未蒙早識本意遂問童子言誦

17.

者是何偈童子曰尒這獦獠不知大師言世人
生死事大欲得傳付衣法令門人作偈來看
若悟大意即付衣鉢為第六祖神秀上座於
南廊壁上書无相偈五祖令門人盡誦此偈
若得悟者即見自性依此修行即不墮落某
甲言上人我在此踏碓八箇餘月未曾行到堂
望上人引至偈前礼拜亦要誦取結來生緣

18.

閒踐拂地童子便引某甲到南廊礼拜偈頌某甲
為不識字請上人為讀某甲得聞願生佛會
時有江州別駕姓張名日用便高聲讀某甲
一聞即識大意即言某甲亦有一偈望別駕
書安壁上別駕言獦獠汝亦作偈甚事希有
某甲啓別駕言若學无上菩提不得輕於初學
俗諺云下々人有上々智上々人勿意智即有无

19.

量无邊張日用言汝但誦偈吾為汝書安西壁上
汝若得法先須度吾勿忘此言某甲偈曰
菩提本无樹明鏡亦非臺本來无一物何處有塵埃
說此偈已僧俗總驚山中徒眾无不嗟訝各相
謂言奇哉不得以貌取人何得多時使他肉
身菩薩五祖見眾人盡怪恐人損他向後无
人傳法遂便揩破向眾人言此偈亦未見性云

20.

何讚歎衆便息心皆言未了各自歸惣更不
讚歎五祖其夜三更喚某甲至堂内以袈裟
遮圍不令人見爲某甲説金剛經恰至應无所
住而生其心言下便悟一切万法不離自性某甲
啓言和尚何期自性本自清淨何期自性本不生
滅何期自性本自具足何期自性无動无搖能生
万法五祖知悟本性乃報某甲言不識本心學法

21.

无益言下識自本心見自本性即名丈夫天人
師三更受法人盡不知便傳頓教及衣鉢云汝爲
第六代祖善自護念廣度迷人將衣爲信稟代
々相承法即心傳心皆令自悟自解自古佛々唯傳本躰
師々黙付本心令汝自見自悟五祖言自古傳法
命似懸絲若住此間有人害汝々須速去某甲
言某甲是南中人久不知此山路如何出得江

22.

口五祖言汝不須憂吾自送汝某甲領得衣鉢
三更便發歸南五祖相送直至九江驛邊有
一隻船子五祖令某甲上船五祖把艣自搖某甲
言請和尚坐弟子合搖艣五祖言只合吾度汝不
可汝却(于)度吾无有是處某甲言弟子迷時和
尚須度今既已悟過江搖艣合是弟子度々名
雖一用處不同某甲生在邊方語又不正蒙師

23.

教旨付法今已得悟即合自性自度五祖言如是
如是但依此見以後佛法大行矣汝去後一年吾
即前逝五祖言汝今好去努力向南五年佛法
難起他後行化善誘迷人若得心開與吾无別
辭違已了便發向南両月中間至大庾嶺不知
逐後數十人來欲趁某甲奪衣取法來之半路
盡惣却廻唯有一僧姓陳名惠明先是三品將軍

24.

性行麁惡直至大庾嶺頭趂及某甲便還衣法
不肯取言我欲求法不要其衣某甲於嶺頭
便傳正法惠明聞說言下心開某甲却令向北接人
某甲後至曹溪又被惡人尋逐乃於四會縣避難
經五年常在獵中雖在獵中每與獵人說法某
甲東山得法辛苦受盡命似懸絲今日大衆同
會得見乃是過去千生曾供養諸佛方始得聞无

25.

上自性頓教某甲与使君及官寮道俗有累劫之
因教是先代聖傳不是某甲自智願聞先聖教旨
各須淨心聞了各自除疑如先代聖人无別大師言
善知識菩提般若之智世人本自有之只緣心迷
不能自悟須求大善知識示道愚人智人佛性本
无差別只緣迷悟不同所以有愚有智也
三為時衆說定惠門

26.

師言善知識我此法門以定惠為本大衆勿迷
言定惠別定惠一體不是二定是惠體惠是定
用即惠之時定在惠即定時惠在定善知識此義
即是定惠等學諸學道人莫言先定發惠先惠
發定定惠各別作此見者法即有二相口說善心中
不善定惠不等心口俱善內外一種定惠即等自
悟脩行不在於諍若諍先後即同迷人不斷勝負却

27.

增法我不離四相善知識一行三昧者於一切處行住坐
臥常行一直心是也淨名經云直心是道場直心是淨
土莫心行諂曲口但說直口說一行三昧不行直
行直心於一切法无有執著迷人著法相執一行三昧直
言坐不動是早已執迷壞即除妄不起心即是一
行三昧此法若同无情却是障道因緣善知識道
須通流何以却滯心不住法道即通流心若住法

28.

名為自縛若言坐不動是只如舍利弗宴坐林中
合被維摩詰呵善知識又見有人教坐看心看淨
不動不起從此置功迷人不會便執成顛即有數
百人如是相教故知大錯善知識定惠由如何等由
如燈光有燈即光无燈不光燈是光之躰光是
燈之用名雖有二躰本同一此定惠法亦復如是
善知識本來正教无有頓漸人性自有利鈍迷人

29.

漸契悟人頓修自識本心自見本性即无差別所以立
頓漸之假名善知識我此法門從上已來先立无念
為宗无相為躰无住為本何名无相於相而離相
无念者於念而不念无住者人之本性於世間善惡
好醜乃至冤之與親言語觸刺欺爭之時並
將為空不思酬害念念之中不思前境若前念
後念念念相續不斷名為繫縛於諸法上念念不住

30.

即无縛也是以无住為本善知識外離一切相名為无
相能離即法躰清淨是以无相為躰善知識於諸
境上心若離万境常離念上常離諸境不於境上
生心莫百物不生心莫思念盡除却即无別處受
生學道者莫不識法意自錯猶可更勸他人自迷
不見又謗佛經所以立无念為宗善知識云何无
念无念為宗只緣口說不見性迷人於境上有念念上

31.

便起邪見一切塵勞妄想從此而生自性本无一法
可得若有所得妄說禍福即是塵勞邪此法門立
无念為宗善知識无者无何事念者念何物无者
无二相无諸塵勞之心念者念真如本性真如即是
念之躰念是真如之用真如自性起念非眼耳
鼻舌能念真如有性所以起念真如若无眼耳色
聲當時即壞善知識真如自性起念六根雖

32.

見聞覺知不染万境真性而常自在外能分別[illegible]
色相内於第一義而不動善知識此門坐禪亦不
不看心亦不看淨亦不言不動若言看心心元是妄
知如幻故元所看也若言看淨人性本淨由妄念故蓋
覆真如但元妄想性自清淨起心看淨却生淨
妄妄元處所看者是妄淨元形相却立淨相言是
功夫作此見者障自本性却被淨縛善知識若修

33.

不動者但見一切人時不見人之是非善惡過患即
是自性不動善知識迷人身雖不動開口便說他
人是非長短好惡與道違背也若看心看淨者却
障道也
四教授坐禪門
師言善知識何名坐禪此法門中无障无导外
於一切善惡境界心念不起名為坐内見自性不動

34.

不亂為名禪善知識何名禪定外離相為禪内
不亂為定外若着相内心即亂外若離相心即不亂
本性自淨自定只為見境思境即亂若見諸境
心不亂者是真定也善知識外離相即禪内不亂即
定外禪内定是為真定淨名經云豁然還得本心
菩薩經云我本自性清淨善知識於念念中自見
本性清淨自修自行成佛道

35.

五傳香懺悔發願門
師言善知識某甲一會在此皆共有緣今各胡
跪傳自性五分法身香一謂戒香即自心中无非
无惡无嫉无妬无貪嗔无劫害名曰戒香二定香
即觀諸善惡境相自心不亂即是也三慧香者自
心无礙常以智慧觀照自性不造諸惡雖修衆
善心不執著畏上愛下矜恤貧乏此名慧香四

36.

解脫香即自心无所攀緣不思善不思惡自在无
㝵名解脫香五解脫知見香者自心既无攀緣善
惡不可沉空守寂即須廣學多聞識自本
心達諸佛理言滿天下无口過行滿天下无怨惡和
光接物无我无人直至菩提真性不易名解脫
知見香善知識此香各自內薰莫於外覓今與
善知識无相懺悔滅除心中河沙積劫之罪

37.

善知識前念後念及今念〻〻不被愚迷染從前
惡念一時除自性自除真懺悔前念後念及今
念〻〻不被雜妄染除却從前憍慢心永斷名
為自性懺前念後念及今念〻〻不被嫉妬染除
却從前嫉妬心永斷名為自性懺 已上三遍唱 師言今
既懺悔已一時逐某甲道與善知識發四弘誓願
用心正聽自心邪迷眾生誓願度自心煩惱无

38.

邊誓願斷自性法門无盡誓願學无上自性佛道
誓願成 已上三遍唱 師言善知識大家豈不道眾生无邊
誓願度任麼道且不是某甲度善知識心中眾
生所謂邪迷心誑妄心不善心嫉妬心惡毒心如是心
盡是眾生各須自性自度是名真度何名自性
自度即自心中邪見煩惱愚癡眾生將正見度既
有正見使般若智打破愚癡迷忘眾生各〻自度

39.

邪來正度迷來悟度愚來智度惡來善度如是
善度名為真度又煩惱无邊誓願斷自性除却虛
妄思想心是也又法門无邊誓願學須自見性常
行真正法是名真學又佛道无邊誓願成即常須
下心行於普敬離迷離覺常生般若除真除妄即
見佛性即言下佛道成常念修行是願力法師言
善知識今發四弘願了更又與善知識受无相三歸

40.

依善知識皈依學二足之尊皈依正離欲尊皈依淨
衆中尊從今日去稱覺爲師更莫皈餘邪迷外
道以自性三寶常自證明某甲勸吾善知識皈依
自性三寶佛者覺也法者正也僧者淨也自心皈依
覺邪迷不生少欲知足能離財色名二足尊自心
皈依正念念無邪見以無邪見故即無人我貢高貪
愛執著名離欲尊自心皈依淨一切塵勞妄念雖

41.

在自性皆不染著名衆中尊若修此行是自皈依
凡夫不會從日至日受三皈戒若言皈佛佛在何處
若不見佛憑何所皈言却成妄善知識各自觀察
莫錯用心經文明即言自皈依佛不言皈依他佛
自性不皈無所皈處今既自悟各須皈依自心三
寶內調心性外敬他人是自皈也
六說一體三身佛相門

42.

師言善知識各各至心某甲與說一體三身自
性佛令善知識見三身了然自悟自性總隨某
甲道於自色身皈依（歸依清淨法身佛於自色身歸依）千百億化身佛於自色身皈
依圓滿報身佛（已上三遍唱）善知識色身舍宅不可言歸向
者三身在自性中世人總有爲自心迷不見內性外覓
三身如來不見自身中有三世佛善知識聽說令
善知識於自身中見自性有三世佛此三身佛從自

43.

性生不從外得何名清淨法身世人性本清淨萬法
從自性生思量一切惡事即生惡行思量一切善
事即生善行如是諸法在自性中如天常清日
月常明爲浮雲蓋覆上明下暗忽遇風吹衆
雲散盡上下俱明萬象皆現世人性常浮游如
彼雲天亦復如是善知識智如日慧如月智慧
常明於外著境被妄念浮雲蓋覆自性不得

44.

明朗若遇知識聞真正法自除迷妄內外明徹
自性中万法皆現見性之人亦復如此是名清淨
法身佛善知識自心歸依自性是歸依真佛自歸
依者除却自性不善心嫉妬心憍誑心吾我心誑妄
心輕人心慢他心邪見心貢高心及一切中不善行常
自見己過不說他人好惡是自歸依常須下心
行恭普敬即是見性通達更无滯礙是自

45.

歸依何名千百億化身若不思万法性本如空一
念思量名為變化思量惡事化為地獄思量善
事化為天堂毒害化為龍蛇慈悲化為菩薩智慧
化為上界愚癡化為下方自性變化甚多迷人不能
省覺念念起惡常行惡道迴一念善智慧即生此是自
性化身佛何名圓滿報身譬如一燈能除千年
闇一智能滅万年愚莫思向前已過常思於後

46.

念念圓滿明自見本性善惡雖殊本性无二无二之
性名為實性於實性中不染善惡此名為圓滿
報身佛師言自性起一念惡報滅万劫善因自性
起一念善報得河沙惡盡直至无上念念自見不失
本念名為報身善知識從法身思量即是化身佛
念念自性自見即是報身佛自悟自修自性功德
是真自歸依皮肉是色身色身是舍宅不言

47.

歸也但悟自性三身即識自性大意

六祖壇經卷上

48.

六祖壇經卷下

依真小師邕州羅秀山惠進禪院沙門惠昕 述

七說摩訶般若波羅蜜門

八現西方相狀門 武帝問功德附

九諸宗難問門

十南北二宗見門

十一教示僧門 幷辞衆日附

49.

七說摩訶般若波羅蜜門

師言善知識既識三身佛了更為善知識說摩訶般若波羅蜜法各各至心諦聽世人終日口念本躰不識自性由如誦食口但說空万劫不得見性某甲與說善知識摩訶般若波羅蜜是梵語此言大智惠到彼岸此須心行不在口說口念心不行如幻如電口念心行即心口相應本性是佛

50.

離性无別佛何名摩訶摩訶是大心量由如虛空无有邊畔亦无方圓大小非青黃赤白亦无上下長短无嗔无喜无是无非无善无惡无有頭尾諸佛剎土盡同虛空世人妙性本空无一法可得自性真空亦復如是善知識今聞某甲說空便即着空第一莫空着空心淨坐即落无記空終不成佛法善知識世界虛空能含万物色

51.

象日月星宿山河泉源溪澗一切樹木惡人善人惡法善法天堂地獄一切大海須彌諸山總在空中世人性空亦復如是師言善知識自性能含万法是大万法在善知識性中若見一切人惡與善盡皆不捨亦不染着心如虛空名之為大善知識迷人口說智者心行又有迷人空心淨坐百无所思自稱為大此一輩人不可與說為邪見故善知識心量廣大徧

52.

周法界用即了〻分明應用遍知一切〻〻是一〻即一以去
來心體无滯此是善知識一切般若智心皆從自性而
生不從外入莫錯用意名真自用一真一切真
心量大事不行小道口莫終日說空心中不脩
行此行恰似凡人自稱国王終不可得非吾弟子善
知識何名般若〻〻是知惠一切處所一切時中念〻
不愚常行智惠即是般若行一念愚即般若

53.

絶一念智即般若生世人愚迷不見般若口說般若
心中常愚自言我脩般若念〻說空不識真空
般若无形相智惠心即是若作如是解即名般若
智何名波羅蜜此是西國語漢言到彼岸解義離
生滅著境生滅起如水有波浪即是於此岸觀境
无生滅如水常通流即名為彼岸故号波羅蜜
善知識迷人口念當念之時有妄有非念〻若行是名

54.

真性悟此法者是般若法脩行此行者是般若行
不脩即凡一念脩行法身等佛善知識煩惱即是菩
提前念迷即凡後念悟即佛前念著境即煩惱後念
離境即菩提善知識摩訶般若波羅蜜最尊最上
最第一无住无往來三世諸佛皆從中出用大智惠打
破五蘊煩惱塵勞若人脩行定成佛道變三毒
為戒定惠善知識我此法門從一般若生八万四千智

55.

惠何以故為世人有八万四千塵勞若无塵勞智惠
常在不離自性悟此法者即是无念无境无著无
妄莫起誑妄用自真如性以智惠觀照於一切法不
取不捨即是性成佛道善智識者欲入甚深法界入般
若三昧者須脩般若行持誦金剛般若經即得見性
當知此功德无量无邊經中分明讚歎不能具說此
法門是最上乘為大智人說為上根人說小根小

56.

智人聞心生不信何以故譬如大龍下雨於閻浮提
漂流棗葉若雨大海不增不減若大乘人若最
上乘人聞說金剛經心開悟解故知本性自有般
若之智自用智惠常觀照故不假文字譬如雨
水不從天有无是龍王於江海中將身攬上令一切
眾生一切草木有情无情悉皆蒙潤諸水眾流
却入大海合為一體眾生本性般若之智亦復

57.

如是善知識小根之人聞此頓教由如草木根性自
小若被大雨皆悉自倒不能增長小根之人亦復
如是還有般若之智與大智之人更无差別因何
聞法亦有悟不悟緣邪見障重煩惱根深由如
大雲覆蓋於日不得風吹日光不現般若之智亦
无大小為一切眾生自心迷悟不同迷心外見修
覓佛未悟自性即是小根若聞頓教不執外

58.

脩但於自心常起正見邪見煩惱塵勞常不能
染即是見性善知識內外不住去來自由能除執
心通達无礙能修此行與般若經本无差別善知
識一切經書及諸文字大小二乘十二部經皆因人
置因智惠性方能建立若无世人一切万法本自
不有故知万法本因人興一切經書因人說有緣其
人中有愚有智愚為小故智為大人愚者問於智

59.

人智者与愚人說法令其悟解心開愚人若悟心
開即與智人无別善知識不悟即佛是眾生一念
悟時眾生是佛故知万法盡在自心何不從自心
中頓見真如本性菩薩戒經云我本源自性清淨
識心見性皆成佛道即時豁然還得本心善知
識我於忍和尚處一聞言下便悟頓見真如本性
是以將此教法流行令學道者頓悟菩提各々觀

60.

心自見本性若自不悟須覓大善知識解最上乘
法者直示正路是善知識有大因緣所謂化導令
得見性一切善法因善知識能發起故三世諸佛十
二部經在人性中本自具有不能自悟須求善知
識示導方見若自悟者不假外善知識望得解脫
无有是處自心內知識自悟即是自心若起邪迷
妄念顛倒外善知識雖有教授救不可得自心

61.

若正起般若觀照一剎那間妄念俱滅若識自
性一悟即至佛地善知識智惠觀照內外明徹
識自本心若識本心即本解脫即是般若三昧即
是无念何名无念若見一切法心不染著是為无
念用即遍一切處亦不著一切處但淨本心使六
識從六門走出於六塵中无染无雜來去自由通
用无滯即是般若三昧自在解脫名无念行若

62.

物不思當令念絕即是法縛名邊見善知識悟无
念法者萬法盡通悟无念法者見諸佛境界悟
无念法者至佛位地善知識後代得吾法者常
見吾法身不離汝左右善知識將此頓教法門同
見同行發願受持如事佛故終身受持而不退者
欲入聖位然須傳受從上已來默傳分付不得匿
其正法若不同見同行在別法中不得傳付損彼

63.

前人究竟无益恐愚人不解謗此法門百劫千生斷
佛種性善知識吾有一无相頌汝等誦取言下令
汝迷罪消滅頌曰

迷人脩福不脩道　口言脩福便是道
布施供養福无邊　心中三惡元來造
擬將脩福欲滅罪　後世得福罪還在
但向心中除罪緣　名自性中真懺悔

64.

忽悟大乘真懺悔　除邪行正即无罪
學道常於自性觀　即與諸佛同一例
五祖唯傳此頓法　普願見性同一體
若欲當來覓法身　離諸法相心中洗
努力自見莫悠悠　後念忽絶一世休
若悟大乘得見性　虔恭合掌至心求
師言今於大梵寺中說此頓教普願法界衆生

65.

於此言下見性成佛師說法了韋使君與官寮
道俗一時作禮无不悟者歎善哉何期嶺南有佛
出世

八求西方相狀門　武帝問功德附

尒時韋使君再肅容儀禮拜問曰弟子聞和尚
說法實不可思議今有少疑欲問和尚願大慈
悲特爲解說師曰有疑即問何須再三使君

66.

曰和尚所說可不是達磨大師宗旨師言是弟
子聞說達磨初梁朝武帝問朕一生已來造
寺供僧布施設齋有何功德達磨言實无功德
武帝悵怏不稱本情遂令達磨出境弟子未
達此理願和尚爲說達磨意旨如何師曰實无
功德勿疑先聖之言武帝心邪不知正法造寺供
養布施設齋名爲求福不可將福便爲功德在法身

67.

中不在修福師曰見性是功平直是德念念无滯
常見本性真實妙用名爲功德外行禮敬是功
內心謙下是德自性建立萬法是功心體離念是
德不離自性是功應用无染是德若覓功德法
身但依此作是真功德若修功德之人心即不輕
常行普敬乙師曰心常輕人吾我不斷即自无
功自性虛妄不實即自无德无功德之人爲吾我

68.

自大常輕一切故善知識念念无間是功心行平直
是德自脩身是功自脩性是德德即不輕常行
普敬尋使君黙然作禮師言善知識功德須自
性內見不是布施供養之所求也是以福德與功德
別武帝不識理非我祖師有過使君頂礼願為弟
子又問弟子常見僧俗念阿彌陀經願生西方
請和尚說得生彼不願為破疑師言使君善聽

69.

某甲與說世尊在舍衛城中說西方引化經文
分明去此不遠若論相說里數即有十萬八千若說
身中十惡八邪便說遠只為下根說近為其上智
人有兩種法无兩般迷悟有殊見有遲疾迷人念
佛生彼悟人自淨其心所以佛言隨其心淨即佛
土淨師言東方人但淨心无罪西方人心不淨有愆
東方人但淨心无罪西方人心不淨有愆東方人

70.

造罪念佛求生西方西方人造罪造佛求去念生何
國凡愚不了自性不識身中西方願東願西悟人
在處一般所以佛言隨所住處常安樂使君心地
但无不善西方去此不遠若懷不善之心念佛難到
今勸善知識先除十惡即行十萬除八邪乃過八千
念念見性常行平直到如彈指便覩彌陀能淨能寂
即是釋迦心起慈悲即是觀音常行喜捨名為

71.

勢至使君但行十善何須更願往生不斷十惡之
心何佛即來迎請若悟衆生頓法見西方只
在剎那不悟念佛欲往路遙如何達師言某甲与
諸人移西方如剎那間目前便見不願使君頂礼
言若此處見何須更願往生願和尚慈悲便現
西方普願得見師言使衆用心一時若見西方无
疑即散師言大衆世人自色身是城眼耳鼻

72.

舌是城門外有五門內有意識心為 此性是王
居心地上性在王在性去王無性在身心存性無身心
壞佛向性中作莫向外求自性迷即是眾生離
迷覺即是佛慈悲即是觀音喜捨名為勢至
能淨即釋迦平直即彌陀人我是須彌邪心邪[illegible]
是海水煩惱是波浪毒害是惡龍虛妄是鬼神
塵勞是魚鱉貪嗔是地獄愚癡是畜生善知

73.

識常行十善天堂便至除人我須彌倒無邪心
海水竭煩惱無波浪滅毒害除魚鱉絕自心地
上覺性如來放大光明外照六門清淨照破六欲
諸天內照三毒若除地獄一時消散內外明徹不
異西方不作此修如何到彼大眾聞說俱歎善哉
但是迷人了然見性悉皆礼拜唯言善哉普願法
界眾生聞者一時悟解師言善知識若欲修行

74.

在家亦得不由在寺在家能修如東方人心善在
寺不修如西方人心惡但心清淨即是自性西方
韋使君曰在家如何修行願為教授師言與大眾作
無相頌但依此修常與吾同處無別若不依行雖
在吾邊如隔千里頌曰
說通及心通　如日處虛空　唯傳見性法　出世破邪宗
法即無頓漸　迷悟有遲疾　只這見法性　愚人不可悉

75.

說即雖萬般　合理還歸一　煩惱暗宅中　常須生慧日
邪來煩惱至　正來煩惱除　邪正俱不用　清淨至無餘
菩提本自性　起心即是妄　淨性在妄中　但正無三障
世人若修道　一切盡不妨　常自見己過　與道即相當
色類自有道　各自不相妨　離道別覓道　覓道不見道
欲得見真道　行正即是道　自若無道心　闇行不見道
若真修道人　不見世間過　若見他人非　自非卻在左

76.

他非我不非　我非自有過　但自却非心　打除煩惱破
欲擬化他人　自須有方便　勿令彼有疑　則是自性見
法元在世間　於世出世間　一切盡打却　菩提性宛然
師言善知識總須誦取依此偈修言下見性雖
去吾千里如常在吾邊於此言下不悟即對面千
里各各自脩法不待眾人且散吾歸曹溪山眾若
有疑却來相問為眾破疑同見佛性時在會道俗

77.

歎大悟咸讚善哉俱明佛性
九諸宗難問門
大師出世行化四十餘年諸宗難問僧俗約千
餘人皆起惡心欲相難問師言一切盡（陰）无名名於
自性无二之性是名實性於實性上建立一切教
門言下便須自見諸人聞說總皆頂禮請事為
師願為弟子如此之處說不可盡若論宗旨傳受

78.

壇經者即有品承所付須知去處年月時代姓名
遞相付囑若无壇經宗承者即非南宗弟子
緣未得所稟雖說頓法未（契）本心終不免諍但
得法者只勸修行諍是勝負之心與道相違矣
十南北二宗見性門
世人盡言南能北秀未知事由且秀大師在荊
南府當陽縣玉泉寺住能大師在韶州城東西

79.

十五里曹溪山住法本一宗人有南北何名頓漸
法即一種見有遲疾法无頓漸人有利鈍故名頓
漸秀聞師說法任疾直指見性遂命門人志誠曰
汝聰（聰）明多智可與吾到曹溪山禮拜但坐聽法莫
言吾使汝去汝若聽得盡心記取却來與說吾
覓彼所見誰遲誰疾汝火急早來勿令吾怪志誠
唱諾禮拜便行往至一十五日至曹溪山禮師坐聽

80.

不言來處志誠一聞言下便悟即起礼拜自言和尚弟子
在玉泉寺秀和尚處學見道九年不得契悟今聞和
尚一說忽然悟解便契本心和尚慈悲弟子生死事
大又悲輪迴願當教示師曰汝從玉泉來應是細
作對曰不是師曰何得不是對曰未說即是說了
不是師曰煩惱菩提亦復如此師問志誠曰吾聞汝
禪師教示學人唯傳戒定惠未審汝師說戒

81.

定惠行相如何與吾說看志誠曰誠秀和尚說諸
惡不作名為戒諸善奉行名為惠自淨其意名
為定此是戒定惠彼說如此未審和尚所見如
何願為解說師曰秀和尚所見實不可思議吾所
見戒定惠又別志誠啓和尚戒定惠只合一種如
何更別師曰汝師說戒定惠接大乘人吾戒定惠
接最上乘人悟解不同見有遲疾汝聽吾說與

82.

彼同不吾所說法不離自性離體說法自性常迷
須知一切萬法皆從自性起用是真戒定惠等
法常見自性心即是自性等佛師言志誠聽吾
說心地無非自性戒心地無癡自性惠心地無亂自
性定師言汝師戒定惠勸小根人吾戒定惠勸大
根智人若悟自性亦不立菩提涅槃亦不立解脫知
見無一法可得方能建立萬法是真見性若解此

83.

意亦名佛身亦名菩提涅槃亦名解脫知見亦名十
方國土亦名恒河沙數亦名三千大千亦名大小藏十
二部經見性之人立亦得不立亦得去來自由無
滯無礙應用隨作應語隨答普見他身不離自性即
得自在神通遊戲三昧之力此名見性志誠再啓和
尚如何是不立義師曰自性無非無癡無亂念念
般若觀照常離法相自由自在縱橫盡得有何

84.

可立自性自悟頓悟頓修亦无漸次所以不立一切法
佛言寂滅有何次志誠礼拜便住曹溪願為門人不
離左右復有一僧名曰法達常誦法花経七年心迷不
悟正法來詣曹溪礼拜問曰和尚弟子誦法花経心
常有疑不知正法之處和尚恵廣大願為決疑師
曰法達法即甚達汝心不達経上无疑汝心自疑汝心
邪而求正法吾心正則是持経吾不識文字汝取経

85.

來誦之一遍(廿六)吾聞即知(便誦一遍師知佛意乃與説経師言法達経)法達取経无多語七卷盡是
譬喻因緣如來廣說三乘只為世人根鈍経文分明
无有餘乘唯一佛乘汝聽一佛乘莫求二乘迷却汝
性且経中何處是一佛乘吾聞汝誦経云諸佛世尊
唯以一大事因緣故出現於世(正法有十六字)此法如何解如何
修汝用心聽吾為汝說師言法達人心不思本來
寂靜離却邪見即一大事因緣内外不迷(離)兩邊外迷

86.

著空(若内迷者)於相離相於空ゝ離空即是不迷ゝ悟此法一
念心開出現於世心開何事開佛知見佛由覺也分
為四門開覺知見示覺知見悟覺知見入覺知見
此若開示悟入從上上處入即覺知見ゝ自本性即得
出現聽言吾勸一切人於自心地常開佛知見世人
心邪愚迷造罪口善心惡貪瞋嫉妬讒佞侵害自
開衆生知見世人心正常起智恵觀照自心正[illegible]善

87.

自開佛知見汝須念念開佛知見莫開衆生知見開
佛知見即是出世師言法達此是法華経一乘義
向下為迷人故汝但依一佛乘師言法達心行轉
法花不行法花轉心正轉法花心邪法花轉開
佛知見轉法花努力依法修行即是轉経自心若
不念ゝ修行即常被経轉法達一聞言下大悟涕
淚悲泣白大師言實未曾轉法花七年被法花

88.

轉念念願脩行佛師言行佛行是佛其於會者得
見性復有僧名曰智常禮拜問四乘義啓和尚佛
說三乘法又言最上乘弟子不解願為教授師曰
汝向自心見莫著外法相法无四乘人心自有四等
見聞轉讀是小乘悟法解義是中乘依法脩行
是大乘万法盡通万行俱備一切不染離諸法相作
无所得名最上乘行也不在口諍汝須自脩莫問吾

89.

也一切時中自性自知是四乘義又玉泉寺有一童
子年十三歲南陽縣人名曰神會禮師三拜問曰
和尚坐禪還見不見師以拄杖打三下却問吾打
汝還痛不痛對曰亦痛亦不痛師曰吾亦見亦不
見神會問如何是亦見亦不見師曰吾之所見常
見自心過愆不見他人是非好惡所以亦見亦不
見汝言亦痛亦不痛如何汝若不痛同其木石若

90.

痛即同凡夫即起恨師言神會小兒向前見不見
是二邊痛不痛屬生滅汝自性且不見敢來弄人
神會禮拜悔謝更不敢言師曰汝心迷不見問善知
識覓路汝心悟即自見性依法脩行汝不見自心
却來問吾見與不見自知代汝迷不得汝若自見
不代吾迷何不自知見問吾見不見神會禮拜百拜
求謝愆過請事為師不離左右

91.

十、教示十僧傳法門 滅度年月附
命時師喚門人法海志誠法達神會智常智通
志徹志道法珍法如等報言吾滅度後凡為人
師改易者多汝等十人向前等不同餘人吾滅
度後各為一方師吾今教汝諸法不失本宗先
須舉三科法門動用三十六對出沒即離兩邊
說一切法莫離自性忽有人問出語盡雙皆取

92.

對來去相因究竟二法盡除更无去處三科者陰界入
五陰者色受想行識 十二入者外六塵內六門色聲香味觸法六門者眼耳鼻舌身意各有了識
十八界者六門六塵六識為之十八 自性含萬法名含藏識
若起思量即是轉識々々生六識出六門見六塵
三六十八由自性用自性邪起十八邪合自性正起十
八正合惡用即眾生善用即是佛用由何等由
自性對解用即通一切法自身是佛外境无情五

93.

對天地對陰陽對日月對明暗對水火對 法相語言十二
對語法對有為无為對有色无色對有漏无漏對色空對動靜對清濁對有相无相對凡聖對僧俗對老少對大小對
自性起用十九對長短對邪正對亂定對戒非對直曲對癡惠對愚智對慈毒對實虛對險平對煩
惱菩提對悲若對嗔喜對捨慳對進退對生滅對常无常對法身色身對化身報身對都三十六對 師言此是
三十六對法若解用即通貫一切經出入即離
兩邊自性動用共人言語外於相離相內於空離
空著空即執空唯長无明又却謗經言不用文字師

94.

曰說法之人口云不用文字世人道者直不合言語
語之時即是文字文字上說空本性不空即是文
字又字无邪正即自大道不立文字以定不立兩字
即是文字見人所說便即謗他言著文字汝等須知
自迷猶可又謗佛經不要謗經罪障无數著相於
外而求真飛廣立道場說有无之過患如是
之人累劫不可見性不勸依法行莫百物不思於

95.

道自生鄣礙若聽說不修令人返生邪念但能依
法修行常行无相法施師言汝等悟依此說依此
用依此行依此作即不失本宗若有人問汝義問
有將无答問无將有答問凡以聖對問聖以凡對
問一邊將二邊對二法相因生中道義教汝一問
餘問一依此作三十六對法即不失理也吾今教汝
一答人問何名為暗答云明是因暗即緣暗有

96.

明明沒即暗值无明暗以明顯暗以暗現明來去相因
成中道義餘問未盡皆如此師教十僧已報言於後
傳法遞相教授壇經即不失宗旨汝今得了遞代流
行後人得遇壇經如親見吾教示十僧汝等抄取代代
流行若有壇經必當見性大師先天元年於新州
国恩寺造塔至二年七月八日喚門人別師言汝等
近前吾至八月欲離世間汝等有疑早須相問為

97.

破疑當令迷盡使汝樂吾若去後无人教汝 海等
聞悉皆涕泣唯有神會不動神情亦无涕泣 師
曰神會小師却善不善等毀譽不動餘者空得
數年在山脩行何道汝今悲泣雖為憂阿誰 若
憂不知去處吾自知去吾若不知去處終不別汝
不悲泣法性躰无生滅去來汝等盡吾
等等悲泣為不知吾去處知吾去處與汝等一偈
名曰真假動靜汝等誦取此偈與吾意同依此
與

98.

脩行不失宗旨衆僧作禮請師說偈
一切无真有 不以見於真 若見於真者 是見盡非真
若能自有真 離假即非真 自心不離假 无真何處真
有情即解動 无情即不動 若脩不動行 同无情不動
若覓真不動 動上有不動 不動是不動 无情无佛種
能善分別相 第一義不動 但作如是見 即是真如用
報諸學道人 努力自用意 莫於大乘門 却執生死智

99.

若言下相應 即共論佛義 若實不相應 合掌令歡喜
此宗本无諍 諍即失道意 執迷諍法門 自性入生死
時衆僧聞知大師意更不敢諍各自攝心依法脩
行一時禮拜即知大師不久住世法海上座問曰和尚
去後衣法當付何人師言吾於大梵寺說法直至今
日抄錄流行名法寶記汝等守護度諸群生但
依此說是真正法師言法海向前吾滅度二十

100.

年間擾法撩乱惑我正宗有一南陽縣人出来不惜身
命定於佛法竪立宗旨即是吾法弘於河洛此教
大行師曰汝今須知衣不合傳汝若不信吾與汝
誦先聖達磨大師傳衣偈據此須意衣不合傳汝
聽偈曰
吾本來東土　說法救迷情　一花開五葉　結果自然成
師曰吾有一偈用先聖大師偈意

101.

一地含種性　法雨即花生　頓悟花情已　菩提果自成
師說偈已令門人散衆相謂曰大師多不久住世間
師至先天二年八月三日食後報言汝等各著位坐
吾共汝別時法海問言此法從上至今傳幾代願
和尚說師曰初六佛釋迦　第七　迦葉　阿難　末田地
商那和修　優波掬多　提多迦　佛陀難提　伏馱蜜多
脇尊者　富那奢　馬鳴　毗羅尊者　龍樹　迦那提多

102.

羅睺羅多　僧伽那多　僧迦耶舍　九摩羅馱　闍耶多
婆脩槃頭　摩拏羅　鶴勒那　師子比丘　舍那婆斯
優婆掘多　婆須蜜多　僧迦僧羅叉　菩提達磨　北磨
惠可　唐僧璨　唐道信　唐弘忍、五今惠能
師曰吾今付法於汝汝等於後遞相傳授須有稟
承衣約莫失宗旨法海曰言和尚留何教法令後
代迷人得見自性師言汝聽後代迷人若識衆生

103.

即見性若不識衆生萬劫覓佛難逢吾今教汝識自
心衆生見自心佛性汝志心聽吾與汝說後代之人
欲求見佛但識衆生師曰只為衆生迷佛非是佛
迷衆生自性若悟衆生是佛自性若迷佛是衆生
自性平直衆生是佛自性邪險佛是衆生師言
法海汝等心若險曲即佛在衆生中一念平直即
心是衆生成佛我心自有佛自若无佛心何處求真佛

104.

105

真吾今留一偈與汝等別名自性真佛偈後代迷人
識此偈意自見本心自成佛道偈曰
真如性淨是真佛　邪見三毒是魔王
邪迷之時魔在舍　正見之時佛在堂
性中邪見三毒生　即是魔王來住舍
正見自除三毒心　魔變成佛真無假
法身報身及化身　三身本來是一身

106

若向性中能自見　即是成佛菩提因
從本化身生淨性　即性常在化身中
性使化身行正道　當來性智更無窮
婬性本是淨性因　除婬即無淨性身
性中各自離五欲　見性剎那即是真
今生若悟頓法門　忽見自性現世尊
汝等修行覓作佛　自悟自見正中真

107

若能心中見自真　有真即是成佛因
不見自性外覓佛　起心總是大癡人
頓教法門今已留　救度世人須自修
報汝當來學道者　不作此見大悠悠
師說偈了報言今共汝別吾滅度後莫作世情
悲泣雨淚受人弔問身著孝服非吾弟子亦非
正法但如吾在日一時端坐無動無靜無生無滅

108

無去無來無是無非無住無往無名無字恐汝心迷
不會吾意吾今再囑令汝見性吾滅度後依
此修行如吾在日汝等違法縱吾在世終無有
益大師言訖夜至三更奄然遷化大師春秋
七十有六師遷化日寺內異香氛氳經于七日
感得山崩地動草木變白日月無光天地失色
群鹿鳴叫至夜不絕先天二年八月三日夜三更

時於新州国恩寺圓寂餘在功德塔記具述至
十一月韶廣三州门人迎師神坐向曹溪山葬忽
於龕内白光出現直上衝天三日始散韶州奏
聞奉勅立碑供養〻泊乎法海上座无常以此壇經
付囑志道〻志道付彼岸〻彼岸付悟真〻悟真付圓
會遞代相傳付囑一切万法不離自性中見也
六祖壇經巻下

109

後叙
余寄公暇信覽曹溪六祖大師壇經導化迷
愚之人令識本心見本性自悟成佛莫向外
求言直理玄法〻非法不可思議乃〻勸諸善縁
所經受持獲大功德无上菩提者也大中祥
符五年歲次壬子十月八日傳教弟子宣德郎守

110

尚書屯田員外郎騎都尉賜緋魚袋周希古叙
都勸縁廣教院主僧　保昌　金花
山人嚴方外　書　隴西卓　海　刊字

寫點了

111

附錄二：日本大乘寺抄本《六祖壇經》影圖

韶州曹溪山六祖師壇經序

性體虛空本無名相佛祖出興示以正法若
良由衆生妄失其本也故初有六佛而乘迹
紹出雪嶺迹七七年導化復潤後五百歲閒
静坐園遊以正法付迦葉更金襴信衣俾妙
明之種性不滅也衣衣相受法法相承列位
西乾二十有八東土正法自達磨始興二祖
出于北齊三四興于唐代曹溪六祖得衣法
於蘄州梅五祖是時刺史韶牧等請六祖於大
梵戒壇受無相戒說摩訶頓法門人錄其語
要命曰壇經夫吾祖傳衣三更受法令若繫
緣而說是經則吾言僧俗令言下各悟本心
現成佛道者何耶蓋此非吾祖一時之真實
實欲傳乎後開悟之滅也今則門威百種解
會千般竪眼拈眉尋言拳古情絕今傳
無繼誠毀明師給錄弟自豈知有壇經之行
竊鑑者我謹再刊傳廣學者悟其本焉歟

和六年丙申元旦福唐將軍山隆慶庵比丘
存中序并書

韶州曹溪山六祖師壇經卷上

一、韶州刺史韋璩等衆請說法
二、大師自說悟法傳衣
三、為時衆說定慧
四、教授坐禪
五、說傳香懺悔發願
六、說一體三身佛相

一　衆請說法

大師從南海上至曹溪韶州刺史韋璩等請
於大梵寺開法結緣受無相戒說摩訶般若
波羅蜜法大師是日於法座上說摩訶頓法
直下見性了然大悟普告僧俗令言下各悟
本心現成佛道座下僧尼道俗一千餘人刺
史官僚儒宗學士六十餘人同請大師說是
法門刺史韋璩令門人法海抄錄流行傳示
後代若承此宗旨學道者遞相傳受有所

依語耳
三悟法傳衣
爾時大師既昇座已而示衆言善知識摠淨
心念摩訶般若波羅密大師良久不語自淨
其心忽然告言善知識菩提自性本來清淨
但用此心直了成佛大師言善知識且聽某
甲行由得法事意某甲嚴父本貫范陽左降
嶺南新州百姓此身不幸父少早亡老母孤
遺移來南海艱辛貧乏於市賣柴時有一客
買柴使令送至官店客收柴去某甲得錢却
出門外見有一客讀金剛經某甲一聞心便
開悟遂問客言從何所來持此經典客云我
從蘄州黃梅縣東馮茂山禮拜五祖和尚見
在彼山門人一千餘衆我到彼山聽和尚說
法　勸道俗但持金剛經即得見性直了成
佛某甲聞說宿昔有緣乃蒙一客取銀十兩
與某甲將充老母衣糧令某甲便往黃
梅禮拜某甲安置母訖便即辭親不經三
十餘日便到黃梅禮拜五祖問曰汝何方人
來此山中禮拜今向吾邊復求何物某甲對
云弟子是嶺南人新州百姓遠來禮師唯求
作佛不求餘物五祖責曰汝是嶺南人又是
獦獠若為堪作佛某甲言人雖有南北佛性
本無南北獦獠身與和尚不同佛性有何差
別大師更欲共某甲久語且見徒衆總在身邊
乃令某甲隨衆作務某甲啓和尚言弟子
自心常生智慧不離自性即是福田未審
和尚教作何務五祖言這獦獠根性大利汝更
勿言且去後院有一行者差某甲破柴踏碓八
箇餘月五祖一日忽見某甲言吾思汝之明見
恐有惡人害汝遂不與汝言汝知之否某甲言
弟子亦知師意不敢行至堂前令衆人
不覺五祖一日喚諸門人總來吾向汝說世人
生死事大汝等終日只求福田不求

出離生死苦海汝自性迷福何可救汝等各去
後院自看有智惠者取自本心般若之性各作
一偈來呈吾看汝等偈若悟大意付汝衣
法為第六代祖火急急作不得遲滯思量
即不中用見性之人言下須見若輪刀上陣
一般衆得處分來至後院遞相謂言我等衆
人不用呈心用意作偈神秀上座見為教
授之師必是他得我等謾作偈頌枉用心力
諸人聞語各自息心咸言我等自可依止神秀
即得何煩作偈神秀思惟諸人不呈心偈
意者為我現作教授之師我須作偈將呈若
不如然和尚那知我見解深淺我將心偈呈
師即得求佛覓祖却同凡心奪其聖位無
別若不呈偈終不得法大難大難五祖堂前有
三間步廊擬請供奉盧珍畫楞伽變相并五
代血脈之圖流傳供養神秀作偈成已數度
欲呈行至堂前心中恍惚遍體汗流擬呈不

得前後經過二十三度乃自思惟不如向廊
下書著從他和尚見忽若道好即出禮拜云是
我作若道不堪自我枉迷宿業障重不合得
法枉在山中受人禮拜何名修道言訖夜至
三更於南廊下中間壁上秉燭書題所作之
偈人盡不知偈曰　身是菩提樹
心如明鏡臺　時時勤拂拭　莫使染塵埃
秀書偈了便却歸房人總不知思惟聖意難測五
祖平明遂了擬喚盧供奉畫忽見其偈便謂供奉
言某甲不畫也却奉十千勞供奉遠來
金剛經云凡所有相皆是虛妄不如但留此偈
令迷人誦依此修行免墮三惡有大利益
五祖喚門人焚香偈前令凡人見生敬作心
汝等盡須誦取悟此偈者即得見性依此修
行必不墮落門人盡誦皆歎善哉五祖夜至
三更喚秀入堂問是汝作此偈不若是汝作
應得吾法秀言罪過實是秀作亦不敢求祖

五祖和尚甚愛着弟子心有少智惠不盡
汝作此偈未見本性只到門外未離凡愚
依此修行即不墮落如此見解覓無上菩提
即不可得無上菩提須得言下識自本心見
自本性不生不滅於一切時中念念自見萬
法無滯一真一切真萬境自如如如即是真實
見自本性若得如是見者即是無上菩提自
性與體相應乃能度人始得名師五祖言汝
且去一兩日思惟作一偈來呈吾看若得入門見自
本性付汝衣法為人天師吾不惜法汝見自
人
遂神秀作禮便出又經數日作偈不成心中
恍惚神思不安猶如睡夢之中後兩日間有
一童子於碓坊過唱誦其偈某甲一聞便知
此偈未見本性某甲未蒙教授早識大意遂
問童子曰誦者是何偈童子曰尒這獦獠不知
大師言世人生死事大欲傳衣法令門人
作偈來呈若悟大意即付衣法為第六祖神
秀上座於南廊壁上書無相偈五祖令門人人

盡誦此偈若得悟者即見自性成佛依此修
行即不墮落某甲言我在碓坊八箇餘月未
曾行到堂前望上人引至偈前禮拜亦要誦取
結來生緣同生佛地童子便引某甲至偈前禮
拜了白言某甲為不識字請一上人為讀
某甲得聞願生佛地時有江州別駕張日用
便高聲讀某甲一聞即識大意啓曰某甲亦
有一偈望別駕書安壁上別駕言右盡是
汝卿王使努山尊德尚不敢作獦獠尒是何
人而欲作偈甚為希有某甲言若學無上菩
提不得輕於初學俗諺云下下人有上上智
若輕人即有無量無邊罪
上上人有沒意智別駕言汝但誦偈吾為汝書
汝若得法先度於吾勿忘此言偈曰
菩提本無樹　明鏡亦非臺　本來無一物
何處有塵埃
說此偈已僧俗總驚山中徒眾無不嗟訝各相
謂言奇哉不得以貌取人何得多時使他肉

身善薩五祖見衆人盡怪恐人損他向後
無人傳法遂便混破向衆人言此偈亦未見
性云何讃嘆衆便息心皆言未了各自散歸
不復稱讃五祖其夜三更喚某甲至堂內以
袈裟遮圍不令人見為某甲說金剛經恰至
應無所住而生其心言下便悟一切萬法不離自
性某甲啓言和尚何期自性本自清淨何期
自性本不生滅何期自性本自具足何期
自性無動無搖能生萬法五祖知悟本性乃
報某甲言不識本心學法無益若言下識
自本心見自本性即名丈夫天人師佛三
更受法人盡不知便傳頓法及衣鉢汝
為第六代祖善自護念廣度迷人將衣為信
稟代代相承法即心傳心皆令自悟自解自
性佛佛唯傳本體師師密付本心令汝自見
自悟五祖言自古傳法命似懸絲若住此間有
人害汝汝須速去某甲言某甲是南中人

久不知此山路如何出得江口五祖言汝不須
憂吾自送汝某甲領得衣鉢三更便發歸
南五祖相送直至九江驛邊有一隻船子五祖
令某甲上船五祖把櫓自搖某甲言請和尚
坐弟子合搖櫓五祖言只合吾度汝不可汝卻
度吾無有是處某甲言弟子迷時和尚須
度今既已悟過江搖櫓合弟子度度名雖
一用處不同某甲生在邊方語又不正蒙師
教旨付法今已得悟即合自性自度五祖言如
是如是但依此見已後佛法大行矣汝去後
一年吾即前逝五祖言汝今好去努力向南
五年勿說佛法難起已後行化善誘迷人若得
心開與吾無別辭違已了便發向南兩月中
間至大庾嶺不知向後有數百人來欲擬趂某甲
奪衣取法來至半路盡總卻迴唯有一僧姓陳
名惠明先是四品將軍性行麤惡直至嶺
上來趂及某甲便還衣鉢又不肯取言我欲

求法不要其衣某甲即於嶺上便傳正法惠
明聞說言下心開某甲却令向北接人某甲
後至曹溪被惡人尋逐乃於四會縣避難經
逾五年常在獵中雖在獵中常與獵人說法
某甲於此山得法辛苦受盡命似懸絲今日大
眾同會得聞此法乃是過去千生曾供養諸
佛方始得聞無上自性頓教某甲與使君及
官僚等有累劫之因教是先聖所傳不是某
甲自智願聞先聖教者各須淨心聞了願自
除疑如先代聖人無別大師言善知識菩提
般若之智世人本自有之只緣心迷不能自
悟須求善知識示導愚人智人佛性本無差
別只緣迷悟不同所以有愚有智也
善為時眾說定惠
師言善知識我此法門以定惠為本大眾勿迷
言定惠別定惠體不是二定是惠體惠是
定用即惠之時定在惠即定之時惠在定

若識此義即是定慧等學諸學道人莫言先
定發慧先慧發定定慧各別作此見者法即有
二相口說善心中不善定慧不等心口俱善
內外一種定慧即等自悟修行不在於諍
若諍先後即同迷人不斷勝負却增法我
離四相善知識一行三昧常行直心行直
心於一切法無有執著迷人著法相執一行
三昧直言坐不動是早已執迷者除妄不起
心即是一行三昧此法者同無情却是障道
因緣善知識道須通流心若住法名為自縛
若言坐不動是只如舍利弗宴坐林中不合
被維摩詰訶善知識又見人教坐看心看
淨不動不起從此置功迷人不會便執成顛
即有數百人如是相教故知大錯善知識定
慧由如何等由如燈光有燈即光無燈無光
燈是光之體光是燈之用名雖有二體本同
一此定慧法亦復如是善知識本來正教無

有頓漸人性自有利鈍迷人漸勸悟者頓修
自識本心自見本性悟即無差別所以立頓
漸之假名善知識我此法門從上已來先立無
念為宗無相為體無住為本何名無相於相而
離相無念者於念而不念無住者人之本
性於世間善惡好醜乃至冤之與親言語觸刺
欺諍之時並將為空不思酬害念念之中
不思前境若前念今念後念念念相續不
斷名為繫縛於諸法上念念不住即無縛也
是以無住為本善知識外離一切相名為無相
能離於相即法體清淨是以無相為體善知識
於諸境上心不染名為無念於自念上常離諸境
不於境上生心莫百物不思念盡除却即無
別處受生學道者莫不識法意自錯猶可更
勸他人自迷不自見迷又謗佛經所以立無念為
宗善知識云何立無念為宗只緣口說不見
本性迷人於境上有念念上便起邪見一切

塵勞妄想從此而生自性本無一法可得若
有所得妄說禍福即是塵勞邪見故此法門立
無念為宗善知識無者無何事念者念何物
無者無二相無諸塵勞之心念者念真如本性
真如即是念之體念即是真如之用真如自性
起念非眼耳鼻舌能念真如有性所以起念真
如若無眼耳色聲當時即壞善知識真如自
性起念六根雖見聞覺知不染萬境真性
常自在外能分別諸色相內於第一義而不動
善知識此門坐禪元不看心亦不看淨亦
不言不動若言看心心元是妄知心如幻故無
所看也若言看淨人性本淨由妄念故蓋
覆真如但無妄想性自清淨起心看淨却生
淨妄妄無處所看者是妄淨無形相却立
淨相言是功夫作此見者障自本性却被淨
縛善知識若修不動者但見一切人時不見
人之是非善惡過患即是自性不動善知識

迷人身雖不動，開口便說他人是非長短好
惡，與道違背也。若著心著淨，即障道也。

四　教授坐禪

師言：善知識，何名坐禪？此法門中無障無礙，
外於一切善惡境界，心念不起，名為坐；內見
本性不亂，為禪。善知識，何名禪定？外離相為
禪，內不亂為定。外若著相，內心即亂；外若離
相，心即不亂。本性自淨自定，只為見境思境
即亂。若見諸境心不亂者，是真定也。善知識，
外離相即禪，內不亂即定也。外禪內定，是為禪
定。淨名經云：即時豁然，還得本心。菩薩戒經云：我本
元自性清淨。善知識，於念念中，自見本性
清淨，自修自行，自成佛道。

五　傳香懺悔發願

師言：善知識，某甲一會在此，皆共有緣。今各
胡跪，傳自性五分法身香。一戒香，即自心
中無非、無惡、無嫉妬、無貪嗔、無劫害，名戒
香。二定香，即覩諸善惡境相，自心不亂，即是
也。三慧香，自心無礙，常以智慧觀照自性，
不造諸惡，雖修眾善，心不執著，敬上念下，矜
孤恤貧，此名慧香。四解脫香，即自心無所攀緣，
不思善，不思惡，自在無礙，名解脫香。五解脫
知見香，自心既無所攀緣善惡，不可沈空守
寂，即須廣學多聞，識自本心，達諸佛理，言滿
天下無口過，行滿天下無怨惡，和光接物，無我
無人，直至菩提，真性不易，名解脫知見香。
善知識，此香各自內薰，莫於外覓。今與善知
識無相懺悔，滅除心中三世積劫罪。善知識，
前念、後念及今念，念念不被愚迷染。從前惡
一時除，自性自除，真懺悔。前念、後念及今念，
念念不被誑妄染，除卻從前矯慢心，永斷，名
為自性懺。前念、後念及今念，念念不被疽妬
染，除卻從前疽妬心，永斷，名為自性懺。（已上三遍唱）
師言：今既懺悔已，一時逐某甲道，與善知識

發四弘誓願各須用心正聽自心邪迷衆生
誓願度自心煩惱無邊誓願斷自性法門無
盡誓願學無上自性佛道誓願成師言
善知識大家豈不道衆生無邊誓願度恁麼
道且不是惠能度善知識心中衆生所謂邪迷
心誑妄心不善心嫉妬心惡毒心如是心者盡
是衆生各須自性自度是名真度何名自性
自度即自心中邪見煩惱愚癡衆生將正見
度既有正見使般若智打破愚癡迷妄衆
生各各自度邪來正度迷來悟度愚來智度
惡來善度如是度者名爲真度又煩惱無邊
誓願斷自性除卻虛妄思想心是也又法門
無邊誓願學須自見性常行正法是名真
學又無上佛道誓願成既常能下心行於善
離迷離覺常生般若除真除妄即見佛性
即言下佛道成常念修行是願力法善
知識今發四弘願了更與善知識受無相三

皈依善知識皈依覺二足尊皈依正離欲尊
皈依淨衆中尊從今日去稱覺爲師更不
皈餘邪迷外道以自性三寶常自證明勸
善知識皈依自性三寶佛者覺也法者正也
僧者淨也自心皈依覺邪迷不生少欲知足
能離財色名二足尊自心皈依正念念無邪
見以無邪見故即無人我貢高貪愛執著名
離欲尊自心皈依淨一切塵勞妄念雖在自
性皆不染着名衆中尊若修此行是自皈依
凡夫不會從日至夜受三皈戒若言皈佛佛
在何處若不見佛憑何所皈言卻成妄善知
識各自觀察莫錯用心經文分明言自皈
依佛不言皈依他佛自性不皈無所皈處今
既自悟各須皈依自心三寶内調心性外敬
他人是自皈也

六說一體三身佛相

師言善知識各各志心某甲與說一體三身
自性佛令善知識見三身了然自悟自性摠
隨吾道於自色身歸依清淨法身佛於自
色身歸依千百億化身佛於自色身歸依圓
滿報身佛已上三遍唱 善知識色身是舍宅不可言
歸向者三身在自性中世人總有為自心迷不
見內性外覓三身如來不見自身中有三世
佛善知識聽說令善知識於自身中見自性
有三世佛此三身佛從自性生不從外得何名
清淨法身世人性本清淨萬法從自性生思
量一切惡事即生惡行思量一切善事即
生善行如是諸法在自性中如天常清日月
常明為浮雲蓋覆上明下暗忽遇風吹散雲
散盡上下俱明萬象皆現世人性常浮游如
彼雲天亦復如是善知識智如日慧如月智

慧常明於外著境被妄念浮雲蓋覆自性不
得明朗若遇善知識聞真正法自除迷妄內外明
徹於自性中萬法皆現見性之人亦復如是
此名清淨法身佛善知識自心歸依自性是
歸依真佛自歸依者除卻自性中不善心嫉
妬心諂曲心吾我心誑妄心輕人心慢他心
邪見心貢高心及一切時中不善行常自見
己過不說他人好惡是自歸依常須下心行
於普敬即是見性通達更無滯礙是自歸依
何名千百億化身若不思萬法性本如空一
念思量名為變化思量惡事化為地獄思量
善事化為天堂毒害化為龍蛇慈悲化為菩
薩智慧化為上界愚癡化為下方自性變化
甚多迷人不能省覺念念起惡常行惡道迴
一念善智慧即生此是自性化身佛何名圓
滿報身譬如一燈能除千年闇一智能滅

萬年愚莫思向前已過常思於後念念圓
明自見本性善惡雖殊本性無二無二之性名
為實性於實性中不染善惡此名圓滿報身佛
師言自性起一念惡報滅萬劫善因自性起
一念善報得河沙惡盡直至無上念念自見
不失本念名為報身若和識從法身思量即
是化身佛念念自性自見即是報身佛自悟
自修自性功德是真自皈依皮肉是色身色
身是舍宅不言皈也但悟自性三身即識自
性大意
隐主庄無求

韶州曹溪山六祖師壇經卷上　畢

韶州曹溪山六祖師壇經下
七 說摩訶般若波羅蜜
八 現西方相狀 武帝問功德附
九 諸宗難問
十 南北二宗見性
十一 教示十僧 示寂年月附

七 說摩訶般若波羅蜜

師言善知識既識自身佛了更又為善知識說
摩訶般若波羅蜜法令善知識各各心悟總世人終
日口念不體不識自性由如說食口但說空
萬劫不得見性某甲與說善知識摩訶般若
波羅蜜是梵語此言大智慧到彼岸此須心
行不在口說口念心不行如幻如電口念心
行即心口相應本性是佛離性無別佛何名
摩訶摩訶是大心量廣大由如虛空無有邊畔亦
無方圓大小亦非青黃赤白亦無上下長短亦
無瞋無喜無是無非無善無惡無有頭尾諸佛
剎土盡同虛空世人妙性本空無有一法可
得自性真空亦復如是善知識今
聞某甲說空便即著空第一莫著空若空心
靜坐即落無記空後不成佛法善知識世界
虛空能含萬物色像日月星宿山河泉源溪
澗草木惡人善人惡法善法天堂地獄一
切大海須彌諸山總在空中世人性空亦復
如是師言善知識自性能含萬法是名為大
萬法在自性中若見一切惡之與善盡皆不
取不捨亦不染著心如虛空名之為大善知識迷
人口說智者心行又有迷人空心靜坐百無
所思自稱為大此一輩人不可共語為邪見
故善知識心量廣大遍周法界用即了了
分明應用便知一切一切即一一即一切去來
自由心體無滯此是善知識一切般若智皆
從自性而生不從外入莫錯用意名為真自
用一真一切真心量大事不行小道口莫終

口說空心中不修此行恰似凡人自稱國王
終不可得非吾弟子善知識何名般若般若
是智惠一切處所一切時中念念不愚常行
智惠即是般若行一念愚即般若絕一念智
即般若生世人愚迷不見般若口說般若心
中常愚自言我修般若念念說空不識真
空般若無形相智惠心即是若作如是解即名
般若智何名波羅蜜此是西國語唐言到彼
岸解義離生滅著境生滅起如水有波浪
即是於此岸離境無生滅如水常通流即名為
彼岸故號波羅蜜善知識迷人口念當念之
時有妄有非念念若行是名真性悟此法者
是般若法修此行者是般若行不修即凡一
念修行法身等佛善知識煩惱即是菩提
前念迷即凡後念悟即佛前念著境即煩惱後
念離境即菩提善知識摩訶般若波羅蜜最
尊最上最第一無住無往亦無來三世諸佛皆從

中出用大智惠打破五蘊煩惱塵勞若人
修行定成佛道變三毒為戒定惠善知識我此
法門從一般若生八萬四千智惠何以故為世
人有八萬四千塵勞若無塵勞智惠常在
不離自性悟此法者即是無念無憶無著莫
起誑妄用自真如性以智惠觀照於一
切法不取不捨即是見性成佛道善知識若欲
入甚深法界入般若三昧者須修般若行持
誦金剛般若經即得見性當知此功德無量
經中分明讚歎不能具說此法門是最
上乘為大智人說為上根人說小根小智人
聞心生不信何以故譬如大龍下雨於閻浮
提漂流棗葉若雨大海不增不減若大乘人
若最上乘人聞說金剛經心開悟解故知本
性自有般若之智自用智惠常觀照故不假
文字譬如雨水不從天有元是龍王於江海
中將身携上令一切眾生一切草木有情無

情悉皆蒙潤諸水衆流却入大海合為一體
衆生本性般若之智亦復如是善知識小根
之人聞此頓教由如草木根性自小若被大
雨皆悉自倒不能增長小根之人亦有般若
之智與大智之人更無差別因何聞法不自
悟不悟緣邪見障重煩惱根深猶如大雲覆
蓋於日不得風吹日光不現般若之智亦無
大小為一切衆生自心迷悟不同迷心外見
修行覓佛未悟自性即是小根聞其頓法不
執外修但於自心常起正見邪見煩惱塵勞
常不能染即是見性善知識內外不住來去
自由能除執心通達無礙能修此行與般若
經本無差別善知識一切經書及諸文字大小
二乘十二部經皆因人置因智惠性方能
建立若無世人一切萬法本自不有故知萬
法本因人興一切經書因人說有緣其人中
有愚有智愚為小人智為大人愚者問於智

人智者為愚人說法令其悟解心開愚人若
悟心開即與智人無別善知識不悟即佛是
衆生一念悟時衆生是佛故知萬法盡在自
心何不從自心中頓見真如本性菩薩戒經
云我本源自性清淨識心見性皆成佛道即
時豁然還得本心善知識我於忍和尚處一
聞言下便悟頓見真如本性是以將此教法
流行令學道者頓悟菩提各自觀心自見本
性若自不悟須覓大善知識解最上乘法者
直示正路是善知識有大因緣所謂化導令
得見性一切善法因善知識能發起故三世
諸佛十二部經在人性中本自具有不能自
悟須求善知識示導方見若自悟者不假外
善知識望得解脫無有是處自心內知識自悟
即是自若心起邪迷妄念顛倒外善知識
雖有教授不可得自心若正起般若觀照
一剎那間妄念俱滅若識自性一悟即至佛

埵善知識智惠觀照內外明徹識自本心若
識本心即本解脫若得解脫即是般若三昧
即是無念何名無念若見一切法心不染著
是為無念用即遍一切處亦不著一切處但
淨本心使六識從六門走出於六塵中無染
無雜來去自由通用無滯即是般若三昧自
在解脫名無念行莫百物不思當令念絕即
是法縛即名邊見善知識悟無念法者萬法盡
通悟無念法者見諸佛境界悟無念法者至
佛位地善知識後代得吾法者常見吾法
身不離汝左右善知識將此頓教法門同見
同行發願受持如事佛故終身受持而不
退者欲入聖位然須傳受從上已來默傳分付
不得匿其正法若不同見同行在別法中不
得傳付損彼前人究竟無益恐愚人不解謗此
法門百劫千生斷佛種性善知識吾有一無
相頌各須誦取言下令汝迷罪消滅　頌曰

迷人修福不修道　只言修福便是道
布施供養福無邊　心中三惡元來造
擬將修福欲滅罪　後世得福罪還在
但向心中除罪緣　各自性中真懺悔
忽悟大乘真懺悔　除邪行正即無罪
學道常於自性觀　即與諸佛同一例
五祖唯傳此頓法　普願見性同一體
若欲當來覓法身　離諸法相心中洗
努力自見莫悠悠　後念忽絕一世休
若悟大乘得見性　虔恭合掌至心求

師言今於大梵寺中說此頓教普願法界眾
生於言下見性成佛時韋使君與
官僚道俗一時作禮無不悟者皆歎善哉希
有嶺南有佛出世

八　示西方相狀　武帝問功德附

爾時韋使君再肅容儀禮拜問曰弟子聞和
尚說法實不可思議今有少疑欲問和尚願

大慈悲特為解說師曰有疑即問何須再三
使君曰和尚所說可不是達磨大師宗旨師
言是使君曰弟子聞說達磨初化梁武帝帝問
朕一生已來造寺供僧布施設齋有何功德
達磨言實無功德武帝惆悵不稱本情遂令
達磨出境弟子未達此理願和尚為說達磨
旨
意首如何師言實無功德勿疑先聖之言武
帝心邪不知正法造寺供養布施設齋名為
求福不可將福便為功德功德在法身中不
在修福師言見性是功平直是德念念無滯
常見本性真實妙用名為功德外行禮敬是
功內心謙下是德自性建立萬法是功心體
離念是德不離自性是功應用無染是德若
覓功德法身但依此作是真功德若修功德
之人心即不輕常行普敬心常輕人
吾我不斷即自無功自性虛妄不實即自無
德為吾我自大常輕一切故善知
識念念無間是功心行平直是德自修身
是功自修性是德即不輕常行普敬使
君默然作禮師言善知識功德須自性內見
不是布施供養之所求也是以福德與功德別
武帝不識理非我祖師有過使君頂禮統
為弟子又問弟子常見僧俗念阿彌陀佛願
生西方請和尚說得生彼不願為破疑師言
使君善聽惠能與說世尊在舍衛城中說西
方引化經文分明去此不遠若論相說里數即
有十萬八千若說身中十惡八邪便是說
遠只為下根說近為其上智人有兩種法無
兩般迷悟有殊見有遲疾迷人念佛生彼悟
人自淨其心所以佛言隨其心淨即佛土淨
師言東方人但淨心無罪西方人心不淨有
愆東方人造罪念佛求生西方西方人造罪
造愆彼土念生何國凡愚不了自性不識身中
西方東方迷悟人在處一般所以佛言

隨所住處常安樂使君心地但無不善西方
去此不遙若懷不善之心念佛往生難到今
勸善知識先除十惡即行十萬後除八邪乃
過八千念念見性常行平直到如彈指便覩
彌陀能淨能寂即是釋迦心起慈悲即是觀
音常行喜捨名為勢至使君但行十善何須
更願往生不斷十惡之心何佛即來迎請若
悟無生頓法見西方只在剎那不悟人念佛欣
往路遙如何得達師言某甲與諸人移西方
如剎那間目前便見願不願使君頂禮言若
此處見何須更願往生願和尚慈悲便現西
方普願得見師言徒眾用心一時得見西方
無疑即散師言世人自色身是城眼耳鼻舌
是城門外有五門內有意門心為地性是王王
居心地上性在王在性去王無性在身心存
性去身心壞佛向性中作莫向身外求自性迷
即是眾生離迷即覺人覺即是佛慈悲即是
觀音喜捨名為勢至能淨即釋迦平直即彌
陀人我是須彌邪心是海水煩惱是波浪毒害
是惡龍虛妄是鬼神塵勞是魚鼈貪嗔是
地獄愚癡是畜生善知識常行十善天堂
便至除人我須彌倒除邪心海水竭煩惱無波浪
滅毒害除魚鼈絕自心地上覺性如來放大
光明外照六門清淨照破六欲諸天內照三毒
若除地獄一時消滅內外明徹不異西方
不作此修如何到彼大眾聞說俱歎善哉
但是迷人了然見性悉皆禮拜唯言善哉普
願法界眾生聞者一時悟解師言善知識若
欲修行在家亦得不由在寺在家能修如東方
人心善在寺不修如西方人心惡但心清淨
即是自性西方使君又問在家如何修行
願為教授師言吾與大眾作無相頌但依此
修常與吾同處無別若不依此修行雖在吾邊
如隔千里　頌曰

說通及心通　如日處虛空　唯傳見性法
出世破邪宗　法即無頓漸　迷悟有遲疾
只這見性法　愚人不可悉　說即雖萬般
合理還歸一　煩惱闇宅中　常須生慧日
邪來煩惱至　正來煩惱除　邪正俱不用
清淨至無餘　菩提本自性　起心即是妄
淨性在妄中　但正無三障　世人若修道
一切不相妨　常自見己過　與道即相當
色類自有道　各自不相妨　離道別覓道
覓道不見道　到頭還自懊　欲得見真道
行正即是道　自若無道心　闇行不見道
若真修道人　不見世間過　若見他人非
自非卻在左　他非我不非　我非自有過
但自卻非心　打除煩惱破　欲擬化他人
自須有方便　勿令彼有疑　則是自性見
法元在世間　於世出世間　一向盡打卻
菩提性宛然

師言善知識總須誦取依此偈修言下見性雖去吾千里如常在吾邊於此言下不悟即對面千里各各自修法不相待衆人且散吾歸曹溪山衆若有疑卻來相問為衆破疑同見佛性時在會道俗豁然大悟咸讚善哉俱明佛性

九　諸宗難問

大師出世行化四十餘年諸宗難問僧俗約千餘人皆起惡心欲相難問師言一切盡除無名可名名於自性無二之性是名實性於實性上建立一切教門言下便須自見諸人聞說總皆頂禮請事為師願為弟子如此之徒說不可盡若論宗旨傳授壇經者即有稟承所付須知去處年月時代姓名遞相付屬若無壇經稟承者即非南宗弟子縱未得稟承雖說頓法未契本心終不免諍但得法者只勸修行諍是勝負與道相違矣

于南北二宗見性
世人盡言南能北秀未知事由且秀大師在
荊南府當陽縣玉泉寺住持能大師在韶州城
東四十五里曹溪山住法本一宗人有南北
何名頓漸法即一種見有遲疾法無頓漸人
有利鈍故名頓漸秀聞能說法徑疾直指見
性遂命門人志誠曰汝聰明多智可與吾到
曹溪山禮拜但坐聽法莫言吾使汝來汝若
聽得盡心記取却來與說吾看彼所見誰遲
誰疾火急早來勿令吾怪志誠喜諾禮辭便
行經二十五日至曹溪山禮拜坐聽不言來
處志誠一聞言下便悟即起禮拜白言和尚
弟子在玉泉秀和尚處學道九年不得契悟
今聞和尚一說皇然悟解便契本心和尚大慈
悲弟子生死事大又恐輪迴願當教示師
曰汝從玉泉來應是細作志誠曰不是師曰
何得不是志誠曰未說即是說了不是師曰

煩惱菩提亦須如此師問志誠曰吾聞汝師
教示學人唯傳戒定惠未審汝師說戒定
惠行相如何與吾說看志誠曰秀和尚說諸惡
莫作名為戒諸善奉行名為惠自淨其意
名為定此名戒定惠彼說如此未審和尚見
如何頓為解說師曰秀和尚所見實不可思
議吾所見戒定惠又別志誠啟曰戒定惠只合
一種如何更別師曰汝師說戒定惠接大乘
人吾戒定惠接最上乘人悟解不同見有
遲疾汝聽吾說與彼同不吾所說法不離自
性離體說法自性常迷須知一切萬法皆從
自性起用是真戒定惠等法常見自性自心
即是自性等佛師言志誠聽吾說心地無非
自性戒心地無癡自性惠心地無亂自性定師
言汝師戒定惠勸小根人吾戒定惠勸大
根智人若悟自性亦不立菩提涅槃亦不立
解脫知見無一法可得方能建立萬法是真

見性若解此意亦名佛身亦名菩提涅槃亦
名解脫知見亦名十方國土亦名恒河沙數
亦名三千大千亦名大小藏十二部經見性
之人立亦得不立亦得去來自由無滯無礙
應用隨作應語隨答普見化身不離自性即
得自在神通遊戲三昧之力此名見性志誠再啓
和尚如何是立不立義師曰自性無非無
癡無亂念念般若觀照常離法相自由自在
縱橫盡得有何可立自性自悟頓悟頓修亦
無漸次所以不立一切法佛言寂滅有何
漸次志誠禮拜便住曹溪願為門人不離左
右復有一僧名曰法達常誦法華經常有
疑又不知正法之處和尚智惠廣大願為決
疑師曰法達法即甚達汝心不達經上無疑
汝心自疑汝心邪而求正法吾心正即是持
經吾不識文字汝取經來誦之一遍吾聞即
知法達取經便讀一遍師知佛意乃與說經

師云法達經無多語七卷盡是譬喻因緣如
來廣說三乘只為世人根鈍經文分明無有
餘乘唯一佛乘汝聽一佛乘莫求二乘迷却
汝性且經中何處是一佛乘吾聞汝誦經云
諸佛世尊唯以一大事因緣故出現於世正法唯有
一十六字此法如何解如何修汝用心聽吾為汝說
師言法達人心不思本來寂靜離却邪見即
大事因緣內外不迷即離兩邊外迷著相內
迷著空於相離相於空離空即是不迷若悟
此法一念心開出現於世心開何事開佛知見
佛猶覺也分為四門開覺知見示覺知見悟
覺知見入覺知見此名開示悟入從上一處
入即覺知見見自本性即得出現師言吾勸
一切人於自心地常開佛知見世人心邪愚
迷造罪口善心惡貪嗔嫉妒諂佞侵害自
開眾生知見世人心正常起智惠觀照自開
佛之知見汝須念念開佛知見莫開眾生知

見佛知見即出世師言法達此是法華經一乘義
向下為迷人故汝但依一佛乘師言法達心
行轉法華不行法華轉心正轉法華心邪法
華轉開佛知見轉法華開衆生知見被法華轉努力依法修行即是
轉經自心若不念念修行即常被經轉法達
一聞言下大悟涕淚悲泣白大師言實未曾
轉法華七年被法華轉今念念願修佛行師言
行佛行是佛其在會者各得見性復有一
僧名曰智常禮拜啓和尚曰佛說三乘法又言
最上乘弟子不解願為教授師曰汝向自心見
莫著外法相無四乘法人心自有四等見聞
轉讀是小乘悟法解義是中乘依法修行
是大乘萬法盡通萬行俱備一切不染離諸
法相作無所得名最上乘乘是行義不在口
諍汝須自修莫問吾也一切時中自性自知
自悟自行是最上乘又玉泉寺有一童子年
十三歲南陽縣人名曰神會來至曹溪禮師

三拜問曰和尚坐禪還見不見師以柱杖打
三下却問吾打汝還痛不痛答曰亦痛亦不
痛師曰吾亦見亦不見神會問如何是亦見
亦不見師曰吾之所見常見自心過愆不見
他人是非好惡所以亦見亦不見汝言亦痛
亦不痛如何汝若不痛同其木石若痛即同
凡夫即起恚恨師言神會小兒向來見不見
是二邊痛不痛屬生滅汝自性且不見敢來
弄人神會禮拜悔謝更不敢言師曰汝心迷
不見問善知識覓路汝心悟即自見性依法
修行汝迷不見自心却來問吾見與不見吾
見自知代汝迷不得汝若自見不代吾迷何
不自知自見問吾見不見神會禮拜百拜求謝
愆過請事為師不離左右

一十一 教示十僧傳法 滅度年月附

爾時師喚門人法海志達神會智常智
通志徹志道法珍法如等報云吾滅度後凡

為人師故為者多汝等十人向前汝等不同
餘人吾滅度後各為一方師吾今教汝說法
不失本宗先須舉三科法門動用三十六對
出沒即離兩邊說一切法莫離自性忽有人
問出語盡雙皆取對法來去相因究竟二法
盡除更無去處
○三科者陰界入○五陰者色受想行識○十二入者外六塵內六門
六門六塵者色聲香味觸法六門者眼耳鼻舌身意各有一數○十八界
者六門六塵六識為之十八自性含萬法名含藏識若起思量即是
轉識轉識生六識出六門見六塵三六十八由
自性用自性邪起十八邪含自性正起十八
正惡用即眾生善用即是佛用由何等由
自性對解用即通一切法自身安佛外境無
情無對天地對陰陽對日月對明暗對水火
對法相語言十二對語與法對有為無為
對有色無色對有漏無漏對色與空對有相
無相對凡聖對僧俗對動靜對清濁對老少

對大小對 自性起用十九對長短對邪正對
亂定對戒非對曲直對癡慧對愚智對慈毒
對實虛對險平對煩惱菩提對悲害對喜瞋
對捨慳對進退對生滅對常無常對法身
色身對化身報身對都三十六對師言此是
對法若解用即通貫一切經出入即離兩邊
自性動用共人言語外於相離相內於空離
空若執空即長無明又却謗經言不用文
字師曰說法之人口云不用文字世人道著
盡不合言語之時即是文字文字上說空
本性不空即是文字無邪正即自大道不立
文字不立兩字即是文字見人所說便
即謗他言著文字汝等須知自迷猶可又謗
佛經不要謗經罪障無數若著相於外而求真
戒廣立道場說有無之過患如是之人累劫
不可見性不勸依法修行莫百物不思於道
自生障礙若聽說不修令人返生邪念但能

依法修行常行無相法施師言汝等若悟
依此說依此用依此行依此作即不失本宗若
有人問汝義問有將無對問無將有對問凡
以聖對問聖以凡對問一邊將一邊對二法相
因生中道義教汝一問餘問一依此作三
十六對法即不失理也吾今教汝一對人問何名
為暗答云明是因暗即緣有明明沒即暗
但無明暗以明顯暗以暗現明來去相因成
中道義餘問悉皆如此師教十僧已報言
於後傳法遞相教授壇經即不失宗旨汝
今得了遞代流行後人得遇壇經如親見吾
教示十僧汝等抄取代代流行若看壇經必
當見性大師先天元年於新州國恩寺造塔至
二年七月八日喚門人告別師言汝等近前
吾至八月欲離世間汝等有疑早須相問為
汝破疑當令迷盡使汝安樂吾若去後無人
教汝法海等聞悉皆涕泣惟有神會不動神

情亦無涕泣師曰神會小師却善不善等毀
譽不動餘者不得數年在山修行何道汝今
悲泣為憂阿誰若憂不知去處吾自知去處吾
若不知去處終不別汝等汝等悲泣為不知
吾去處知吾去處不合悲泣法性體無生滅
去來汝等盡坐吾與汝等說一偈名曰真假
動靜汝等誦取此偈與吾意同依此修行不
失宗旨眾僧作禮請師說偈
一切無有真　不以見於真　若見於真者
是見盡非真　若能自有真　離假即非真
自心不離假　無真何處真　有情即解動
無情即不動　若修不動行　同無情不動
若覓真不動　動上有不動　不動是不動
無情無佛種　能善分別相　第一義不動
但作如此見　即是如真用　報諸學道人
努力自用意　莫於大乘門　却執生死智
若言下相應　即共論佛義　若實不相應

合掌令歡喜　此宗本無諍　諍即失道意
執迷諍法門　自性入生死
時衆僧聞知大師意更不敢諍各自攝心依
法修行一時禮拜即知大師不久住世法海上
座問曰和尚去後衣法當付何人師言吾
於大梵寺說法直至今日抄錄流行名法寶
壇經汝等守護度諸群生但依此說是真正
法師言法海向吾滅度後二十年間邪法
繚亂惑我正宗有一南陽縣人出來不惜身
命定於佛法豎立宗旨即是吾法弘於河洛
此教大行師曰汝今須知衣不合傳汝若不
信吾與汝說先聖達磨大師傳衣偈據此偈
意衣不合傳汝聽偈曰　吾本來東土
說法救迷情　一花開五葉　結果自然成（傳）
師曰吾有一偈亦用先聖大師偈意
心地含種性　法雨即花生　頓悟花情意
菩提果自成

師說偈已令門人散衆相謂曰大師多不久
住世問師至先天二年八月二日食後報言
汝等各著位坐今共汝別時法海問此法從
上至今傳受幾代願和尚說師曰初
六佛　釋迦第七　迦葉
阿難　商那和修　優波毱多
提多迦　彌遮迦尊者　婆須蜜多
佛陀難提　伏馱蜜多　脇尊者
富那夜奢　馬鳴　迦毗羅尊者
龍樹　迦那提多　羅睺羅多
僧伽那提　僧伽耶舍　鳩摩羅馱
闍耶多　婆修盤頭　摩拏羅
鶴勒那　師子比丘　婆舍斯多
不如蜜多　般若多羅　菩提達磨
北齊惠可　隋僧璨　唐道信
唐弘忍　吾今惠能
師曰吾今付法於汝汝等於後遞相傳授須

有衆求衣鉢莫失宗旨法海白言和尚留何
教法令後代迷人得見自性師言汝聽後代
迷人若識衆生即見佛性若不識衆生萬劫
覓佛難逢吾今教汝識自心衆生見自心佛
性汝欲心聽吾與汝說後代之人欲求見佛但
識衆生佛即只爲衆生迷佛非是佛迷衆
生自性若悟衆生是佛自性若迷佛是衆生
自性平直衆生是佛自性邪險佛是衆生師
言法海汝等心若險曲即佛在衆生中一念
平直即是衆生成佛我心自佛自若
無佛心何處求真佛吾今留一偈與汝等別
若自性真佛偈後代迷人識此偈意自正本
若無定慧汝心迷不會吾意吾今再囑令汝
心成佛
見性吾滅度後依此修行如吾在日汝等違
法縱吾在世終無有益大師言訖夜至三更
奄然遷化大師春秋七十有六師遷化日
寺内異香氛氳經于七日感得山崩地動林
木變白日月無光天地失色群鹿鳴悲至夜
不絶先天二年八月三日夜三更時於新州
國恩寺圓寂餘在功德塔記具述至十一月
韶廣二州門人迎師神座向曹溪山葬忽
於龕内白光出現直上衝天三日始散韶州奏
聞奉勅立碑供養洎乎法海上座無常以
此壇經付囑志道志道付彼岸彼岸付悟真悟真
付圓會遞代相傳付囑一切萬法不離自性
中見也

韶州曹溪山六祖師壇經卷終　　道元書

[illegible]月　八[illegible]折

附錄三：日本天寧寺抄本《六祖壇經》影圖

延享四丁卯七月上旬再修表帙而備焉

閱文 蝕字 金山 天寧常住

現住后英恵玉記焉

此壇經全部二卷出于金山寶藏秘函之中矣今流布于世叢林壇經旧刊新刻不一或多或省分門字數皆失本經之正者間有之末流學者不能無疑於其間也特秘賀北洞宗大乘禪寺寫本壇經耳為正本傳焉今以此二冊考合之不違一字只有闕紙数枚為恨云章得賀北正本寫書而書加而備足之永莫廢失至囑

金山秘藏 韶州曹溪山六祖師壇經 上

韶州曹溪山六祖師壇經上

天寧常住

韶州曹溪山六祖師壇經序

性體虛空本無名相佛祖出興示以心法者良由衆生棄失其本也故初有六佛而釋迦紹出焉釋迦七十年道化復慮後五百歲闘諍堅固遂以心法付迦葉受金襴信衣俾然明之種性不獨也衣之相受法之相承列位西乾二十有八東土心法自達磨始興二祖出于北齊三而興于唐代曹溪六祖得衣法於黃梅五祖是時刺史韶牧等請六祖於大梵戒壇受無相戒說摩訶般若法門人錄其語要命曰壇經夫吾祖傳衣三更受法命若懸絲而說是經則普告僧俗令言下各悟本心現成佛道者何耶蓋此非五祖一時之直指實欲傳于後闘諍之處也今則門風百種解會千般昏眼撩眉尋言擧古意情絶念自縛無繩識明師紛紛而誰知有壇經之可龜鑑者哉遂弁刊傳蔽勤學者悟其大本焉

政和六年丙申元旦福唐將軍山隆慶庵比丘存中序并書

韶州曹溪山六祖師壇經卷上

一韶州刺史韋璩等衆請說法

編按：原圖影之文字段落誤植，現已更正無誤。

（一）

二大師自說悟法傳衣　三為時衆說定慧
四教授坐禪　五說傳香懺悔發願
六說一體三身佛相
一衆請說法
大師從南海上至曹溪韶州刺史韋處卑等請
於大梵寺開法結緣受無相戒說摩訶般若
波羅蜜法大師是日於法座上說摩訶頂法
直下見性心迷大悟普告僧俗令言下各悟
本心現成佛道座下僧尼道俗一千餘人刺
史官僚儒宗學士六十餘人同請大師說是法
韶州刺史韋璩令門人法海抄錄流行傳示
後代若承此宗旨學道之者遞相傳受有
所依憑耳
二悟法傳衣
尒時大師既昇座已而示衆言善知識總淨心
念摩訶般若波羅蜜大師良久不語自淨其心
忽然告言善知識菩提自性本來清淨但用此心
直了成佛大師言善知識且聽某甲行由得法事
意某甲嚴父本貫范陽左降嶺南新州百姓
此身不幸父少早亡老母孤遺移來南海艱辛
貧乏於市賣柴時有一客買柴使令送至官

（二）

店客收柴去某甲得錢却出門外見有一客
讀金剛經某甲一聞心便開悟遂問客言從何
所來持此經典客云我從蘄州黃梅縣東馮茂
山禮拜五祖和尚見在彼山門人一千餘衆我到
彼山聽和尚說法常勸道俗但持金剛經即
得見性直了成佛某甲聞說宿昔有緣乃蒙
一客取銀十兩與某甲令充老母衣糧教某甲

（三）

便往黃梅禮拜某甲安置母訖即辭親不經三十
餘日便到黃梅禮拜五祖問曰汝何方人來此
山中禮拜今向吾邊欲求何物某甲對云弟子是
嶺南人新州百姓遠來禮師惟求作佛不求
餘物五祖責曰汝是嶺南人又是獦獠若為
堪作佛某甲言人雖有南北佛性本無南北
獦獠身與和尚不同佛性有何差別大師更欲

（四）

共某甲久語且見徒衆總在身邊乃令某甲隨
衆作務某甲啟和尚言弟子自心常生智慧不
離自性即是福田未審和尚教作何務五祖言
這獦獠根性大利汝更勿言且去後院有一行者
差某甲破柴踏碓八箇餘月五祖一日忽見某甲
言吾思汝之明見恐有惡人害汝遂不與言知
之不某甲言弟子亦知師意不敢行至堂前令

衆人不覺。五祖一日喚諸門人總來，吾向汝說
世人生死事大，汝等終日供養，只求福田，不求出
離生死苦海，汝自性迷，福何可救。汝等各去
後院，自看有智惠者，取自本心般若之性，各作
一偈來呈吾看。汝等偈若悟大意，付汝衣法，
爲第六代祖。火急便作，不得遲滯，思量即
不中用。見性之人，言下須見，若輪刀上陣，亦
衆得處分，來至後院，遞相謂言：我等衆人
不用呈心用意作偈。神秀上座見爲教授師，
必是他得，我等謾作偈頌，枉用心力。諸人聞語，
各自息心，咸言：我等自可依止秀師，何
煩作偈。神秀思惟：諸人不呈心偈，意者爲我
現作教授之師，我須作偈將呈，若不呈偈，和
尚何知我見解深淺。我將心偈呈師，即得求
佛覓祖，却同凡夫奪其聖位無別。若不呈偈，
終不得法。大難大難。五祖堂前有三間步廊，
擬請供奉盧珍畫楞伽變相并五代血脈之圖，
流轉供養。神秀作偈成已，數度欲呈，行至堂前，
心中恍惚，遍體汗流，擬呈不得，前後經過一十
三度。乃自思惟，不如向廊下書著，從和尚見，
忽若道好，即出禮拜，云是我作；若道不堪，自
我性迷，宿業障重，不合得法，枉在山中受人
禮拜，何名修道。言訖，夜至三更，於南廊下中間
壁上秉燭書題所作之偈，人盡不知。偈曰：

身是菩提樹　心如明鏡臺
時時勤拂拭　莫使染塵埃

秀書偈了，便歸房，一心思惟，聖意難測。五祖
喫粥後，擬喚盧供奉畫，忽見其偈，便謂
供奉言：其中不畫也，却奉十千勞供奉遠來。
金剛經云：凡所有相，皆是虛妄。不如但留此偈，
令迷人誦，依此修行，免墮三惡，有大利益。五祖
喚門人燒香，偈前令凡人見，生敬仰心。汝等盡
須誦取，悟此偈者，即得見性，依此修行，必不墮
落。門人盡誦，歎善哉。五祖夜至三更，喚秀入
堂，問：是汝作此偈不？若是汝作，應得吾法。秀言：
罪過，實是秀作，亦不敢求祖位，望和尚慈悲，看
弟子心有少智惠不。五祖言：汝作此偈，未見本
性，只到門外，未離凡愚。依此修行，即不墮落。如
此見解，覓無上菩提，即不可得。無上菩提，須得
言下識自本心，見自本性，不生不滅，於一切時中
念念自見，萬法無滯，一真一切真，萬境自如如，即是
真實。見自本性，若得如是見者，即是无上菩提。

自性與體相應乃能度人始得名師五祖言汝且
更去思惟作一偈來吾看若得入門見自本性
付汝衣法為人天師吾不惜法汝見自遲神秀
作礼便出又經數日作偈不成心中恍惚神思
不安猶如睡夢之中復兩日間有一童子於碓
坊過唱誦其偈某甲一聞便知此偈未見本
性某甲未蒙教授早識大意遂問童子曰誦
者是何偈童子曰尒這獦獠不知大師言世人
生死事大欲傳衣法令門人作偈來呈若悟
大意即付衣法為第六祖神秀上座於南廊
壁上書無相偈五祖令門人盡誦此偈若得悟
者即見自性依此修行即不墮落某甲
言我在此踏碓八箇餘月未曾行到堂望上人引
至偈前礼拜亦要誦取結來生緣同生佛地
童子便引某甲至偈前礼拜了某甲為
不識字請一上人為讀某甲得聞願生佛地
時有江州別駕張日用便高聲誦某甲一聞即
識大意啓曰某甲亦有一偈望別駕書安壁上
別駕言左右盡是公卿王侯名山導德尚不敢作
獦獠尒是何人而欲作偈甚為希有某甲
言若學無上菩提不得輕於初學俗諺言下下

人有上上智上上人无意智別駕言汝但誦偈吾
為汝書汝若得法先度於吾勿忘此言偈曰

菩提本無樹　明鏡亦非臺
本來無一物　何处有塵埃

說此偈已僧俗揔驚山中徒眾无不嗟訝各
相謂言奇哉不得以貌取人何得多時使他
肉身菩薩五祖見眾人盡怪恐人損他向後
無人傳法遂便湿破向眾人言此偈亦未見性
云何讚歎眾便息心皆言未了各自散歸不
復稱讚五祖其夜三更喚某甲至堂內以袈裟
遮圍不令人見為某甲說金剛經恰至應無所住
而生其心言下便悟一切萬法不離自性某甲啓言
和尚何期自性本自清淨何期自性本不生不滅
何期自性本自具足何期自性無動無搖能生
萬法五祖知悟本性乃報某甲言不識本心學法
無益若言下識自本心見自本性即名丈夫天人師
佛三更受法人盡不知便傳心印頓法及衣鉢
汝為第六代祖善自護念廣度迷人將衣為
信稟代代相承法即心傳心皆令自悟自解自性
佛佛惟傳本體師師默付本心令汝自見自悟
五祖言自古傳法命似懸絲若住此間有人

汝宕汝須速去某甲言某甲是南中人久不知此山路
自如何出得江口五祖言汝不須憂吾送汝某甲
領得衣鉢三更便發歸南五祖相送直至九
江驛邊有一隻船子五祖令某甲上船五祖把櫓
自搖某甲言請和尚坐弟子合搖櫓五祖言只
合吾度汝不可汝却度吾無有是處某甲言
弟子迷時和尚須度今既已悟過江搖櫓合弟
子度名雖一用處不同某甲生在邊方語又不
正蒙師教旨付性今已得悟即合自悟自度五
祖言如是如是但依此見已後佛法大行矣汝去
後一年吾即前逝五祖言汝今好去努力南中
五年佛法難起他後行化善誘迷人若得心開
與吾無別辭違已了便發向南兩月中間至大
庾嶺不知逐後數十人來欲趁某甲奪衣取定
法來至中路餘者却迴唯一僧姓陳名慧明
先是四品將軍性行麁惡直至大庾嶺頭趁
及某甲便還衣鉢又不肯取言我欲求法不要
其衣某甲即於嶺上便傳心法慧明聞說言
下心開某甲却令向北接人某甲後至曹溪被
惡人尋逐乃於四會縣避難經逾五年常在
獵中雖在獵中常與獵人說法某甲東山得法

辛苦受盡命似懸絲今日大衆同會得聞此法
乃是過去千生曾供養諸佛方始得聞無上自性
頓教某甲與使君及官僚等有累劫之因教
是先聖所傳不是某甲自智願聞先聖教者
各須淨心聞了願自除疑如先代聖人無別大
師言善知識菩提般若之智世人本自有之只緣
心迷不能自悟須求善知識示導愚人智人佛性
本無差別只緣迷悟不同所以有愚有智也

三爲時衆說定慧

師言善知識我此法門以定慧爲本大衆勿迷
言定慧別定慧一體不是二定是慧體慧是
定用即慧之時定在慧即定之時慧在定若
識此義即是定慧等學諸學道人莫言先
定發慧先慧發定定慧各別作此見者法即
有二相口說善心中不善定慧不等心口俱
善內外一種定慧即等自悟修行不在於
諍若諍先後即同迷人不斷勝負却增
法我不離四相善知識一行三昧常行直心
但行直心於一切法無有執著迷人著法相
執一行三昧直言坐不動是早已執迷著
除妄不起心即是一行三昧此法若同無情

却是障道因緣。善知識，道須通流，心若住法名為自縛。若言坐不動是，只如舍利弗宴坐林中，不合被維摩詰呵。善知識，又見有人教坐看心看淨，不動不起，從此置功。迷人不會，便執成顛，即有數百人。如是相教，故知大錯。善知識，定惠由如何等？由如燈光。有燈即光，无燈不光。燈是光之體，光是燈之用。名雖有二，體本同一。此是定惠法，亦復如是。善知識，本來正教，无有頓漸。人性自有利鈍。迷人漸契，悟者頓修。自識本心，自見本性，即无差別。所以立頓漸之假名。善知識，我此法門從上已來，先立无念為宗，无相為體，无住為本。何名无相？於相而離相。无念者，於念而不念。无住者，人之本性，於世間善惡好醜，乃至冤之與親，言語觸刺欺諍之時，並將為空，不思酬害。念念之中，不思前境。若前念今念後念，念念相續不斷，名為繫縛。於諸法上，念念不住，即无縛也。是以无住為本。善知識，外離一切相，名為无相。能離於相，即法體清淨。是以无相為體。善知識，於諸境上心不染，名為无念。於自念上常離諸境，不於境上生心。莫百物不思，念盡除卻，

即无別處受生。學道者莫不識法意，自錯猶可，更勸他人。自迷不見，又謗佛經。所以立无念為宗。善知識，云何立无念為宗？只緣說不見本性。迷人於境上有念，念上便起邪見，一切塵勞妄想從此而生。自性本无一法可得，若有所得，妄說禍福，即是塵勞邪見。故此法門立无念為宗。善知識，无者无何事？念者念何物？无者，无二相，无諸塵勞之心。念者，念真如本性。真如即是念之體，念是真如之用。真如自性起念，非眼耳鼻舌能念。真如有性，所以起念。真如若无，眼耳色聲當時即壞。善知識，真如自性起念，六根雖見聞覺知，不染萬境，而真性常自在。外能分別諸色相，內於第一義而不動。善知識，此法門坐禪，元不著心，亦不著淨，亦不言不動。若言看心，心元是妄，知心如幻，故无所看也。若言看淨，人性本淨，由妄念故，蓋覆真如，但无妄想，性自清淨。起心看淨，卻生淨妄。妄无處所，看者是妄。淨无形相，卻立淨相，言是功夫。作此見者，障自本性，卻被淨縛。善知識，若修不動者，但見一切人時，不見人之是非善惡過患，即是自性不動。善知識，迷人

即身雖不動開口便說他人是非長短好惡與道違背也若著心著淨者即障道也

四教授坐禪

師言善知識何名坐禪此法門中无障无㝵外於一切善惡境界心念不起名坐內見本性不亂為禪善知識何名禪定外離相為禪內不亂為定外若著相內心即亂外若離相心即不亂本性自淨自定只為見境思境即亂若見諸境心不亂者是真定也善知識外離相即禪內不亂即定外禪內定是為真定淨名經云即時豁然還得本心菩薩戒經云我本元自性清淨善知識於念念中自見本性清淨自修自行自成佛道

五傳香懺悔發願

師言善知識且甲一會在此皆共有緣今各胡跪傳自性五分法身香一謂戒香即自心中无非無惡無嫉妬无貪嗔无劫害名曰戒香二定香即覩諸善惡境相自心不亂即是也三惠香者自心无㝵常以智惠觀照自性不造諸惡雖修衆善心不執著畏上愛下矜孤恤貧此名惠香四解脫香即自心所攀緣不思善不思惡自在無㝵名解脫香五解脫知見香者自心既無攀緣善惡不可沉空守寂即須廣學多聞識自本心達諸佛理言滿天下无口過行滿天下无怨惡和光接物无我无人直至菩提真性不易名解脫知見香善知識此香各自內薰莫於外覓今與善知識无相懺悔滅除心中河沙積劫罪善知識前念後念及今念念念不被愚迷染從前惡念一時除自性自除真懺悔前念後念及今念念念不被誑妄染除却從前憍慢心永斷名為自性懺悔前念後念及今念念念不被嫉妬染除却從前嫉妬心永斷名為自性懺（已上三遍唱）師言今既懺悔已一時逐且甲道與善知識發四弘誓願各須用心正聽自心邪迷衆生誓願度自心煩惱無邊誓願斷自性法門無盡誓願學无上自性佛道誓願成（已上三遍可唱）師言善知識大家豈不道衆生无邊誓願度任麼道莫道是且甲度善知識心中衆生所謂邪迷心誑妄心不善心嫉妬心惡毒心如是心者盡是衆生各須自性自度是名真度何名自性自度即自心中邪見煩惱愚癡衆生將正見度既有正

見使般若智打破愚癡迷妄衆生各各自度
邪來正度迷來悟度愚來智度惡來善度
如是度者名爲真度又煩惱無邊誓願斷
自性除却虛妄思想心是也又法門無邊誓願
學須自見性常行其善法是名真學又佛
道無上誓願成即常須下心行於普敬離
迷離覺當生般若除真除妄即見佛性即
言下佛道成常念修行是願力法師言善知
識今發四弘願了更與善知識受无相三歸依
戒善知識歸依覺二足尊歸依正離欲尊歸
依淨衆中尊從今日去稱覺爲師更莫歸
依邪迷外道以自性三寶常自證明某甲勸善
知識歸依自性三寶佛者覺也法者正也僧者
淨也自心歸依覺邪迷不生少欲知足能離財
色名二足尊自心歸依正念念無邪見以無邪見故
即无人我貢高貪愛執着名離欲尊自心歸依
淨一切塵勞妄念雖在自性皆不染着名衆
中尊若修此行是自歸依凡夫不會從日至夜
受三歸戒若言歸依佛佛在何處若不見佛
憑何所歸言却成妄善知識各自觀察莫
錯用心經文分明即言自歸依佛不言歸依

他佛自性不歸无所歸處今既自悟各須歸依
自心三寶内調心性外敬他人是自歸依也

六説一體三身佛相

師言善知識各各志心某甲與說一體三身自性
佛令善知識見三身了然自悟自性惣隨某甲
道於自色身歸依清淨法身佛於自色身
歸依千百億化身佛於自色身歸依圓滿
報身佛（已上三遍唱）善知識色身是舍宅不可言
歸向者三身在自性中世人惣有爲自心迷
不見内性外覓三身如來不見自身中有
三世佛善知識聽說令善知識於自身中見
自性有三世佛此三身佛從自性生不從外
得何名清淨法身世人性本清淨萬法從
自性生思量一切惡事即生惡行思量一切
善事即生善行如是諸法在自性中如天
常清日月常明爲浮雲蓋覆上明下暗忽
遇風吹衆雲散盡上下俱明萬象皆現世人
性常浮游如彼雲天亦復如是善知識智如
日惠如月智惠常明於外着境被妄念浮
雲蓋覆自性不得明朗若遇善知識聞真
正法自除妄迷内外明徹於自性中萬法皆

現見性之人亦復如是此名清淨法身佛善
知識自心皈依自性是皈依真佛自皈依者
除却自性不善心嫉妬心諂曲心吾我心誑妄心
輕人心慢他心邪見心貢高心及一切時中不
善行常自見己過不說他人好惡是自皈依
常須下心行於普敬即是見性通達更無
滯礙是自皈依何名千百億化身若不思萬
法性本如空一念思量名為變化思量惡事
化為地獄思量善事化為天堂毒害化為龍
蛇慈悲化為菩薩智慧化為上界愚癡化為
下方自性變化甚多迷人不能省覺念念起
惡常行惡道迴一念善智慧即生此是自性
化身佛何名圓滿報身譬如一燈能除千年
闇一智能滅萬年愚莫思向前已過常思於
後念念圓明自見本性善惡雖殊本性無二
無二之性名為實性於實性中不染善惡
此名圓滿報身佛師言自性起一念惡滅
萬劫善因自性起一念善得恒河沙惡盡
直至無上念念自見不失本念名為報身善
知識從法身思量即是化身佛念念自性
自見即是報身佛自悟修自性功德是真自
皈依皮肉是色身色身是舍宅不言皈也但
悟自性三身即識自性大意

六祖壇經卷上

韶州曹溪山六祖師壇經卷下
七説摩訶般若波羅蜜
八現西方相状 武帝問功德
九諸宗難問
十南北二宗見性
十一教示十僧 示寂年月附
七説摩訶般若波羅蜜
師言善知識既識三身佛了更爲善知識説
摩訶般若波羅蜜法各各志心諦聽世人終日
口念本體不識自性由如誦食口但説空萬
劫不得見性某甲與説善知識摩訶般若
波羅蜜是梵語此言大智恵到彼岸此須心
行不在口説口念心不行如幻如電口念心行即心
口相應本性是佛離性无別佛何名摩訶摩訶
是大心量由如虚空無有邊畔亦無方圓大
小非青黄赤白亦無上下長短亦無瞋無喜
無是無非無善無悪無有頭尾諸佛刹土尽
同虚空世人妙性本空無有一法可得喻
此大空自性真空亦復如是善知識今聞
某甲説空便即著空第一莫著空若空心淨
坐即落無記空終不成佛法善知識世
界虚空能含萬物色象日月星宿山河泉
源溪澗一切樹木悪人善人悪法善法天堂
地獄一切大海須彌諸山總在空中世人性空
亦復如是師言善知識自性能含萬法是名
爲大萬法在自性中若見一切人悪之與善
盡皆不捨亦不染著心如虚空名之爲大
善知識迷人口説智者心行又有迷人空心
淨坐百無所思自稱爲大此一輩人不可與説
爲邪見故善知識心量廣大遍周法界用即了
了分明應用偏知一切一切即一一即一切去
来自由心體無滞此是善知識一切般若智
皆從自性而生不從外入莫錯用意名真
自用一真一切真心量大事不行小道口莫
終日説空心中不修此行恰似凡人自稱國
王終不可得非吾弟子善知識何名般若般若
是智慧一切處所一切時中念念不愚常行
智慧即是般若行一念愚即般若絶一念智
即般若生世人愚迷不見般若口説般若
心中常愚自言我修般若念念説空不識
真空般若無形相智慧心即是若作如是解
即名般若智何名波羅蜜此是西國語漢

言到彼岸解義離生滅著境生滅起如水
有波浪即是於此岸離境無生滅如水常
通流即名為彼岸故號波羅蜜善知識迷
人口念當念之時有妄有非念念若行是名
真性悟此法者是般若法修此行者是般
若行不修即凡一念修行法身等佛善
知識煩惱即菩提前念迷即凡後念悟
即佛前念著境即煩惱後念離境即
菩提善知識摩訶般若波羅蜜最尊最上
最第一無住無往無來三世諸佛皆從中出當用大
智慧打破五蘊煩惱塵勞若人修行定成佛
道變三毒為戒定慧善知識我此法門從一
般若生八萬四千智慧何以故為世人有八萬
四千塵勞若無塵勞智慧常在不離自性悟此
法者即是無念無憶無著無妄莫起誑
妄用自真如性以智慧
觀照於一切法不取不捨即是見性成佛道
善知識若欲入甚深法界入般若三昧者須
修般若行持誦金剛般若經即得見性當
知此功德無量無邊經中分明讚歎不能具說
此法門是最上乘為大智人說為上根人說小

根小智人聞心生不信何以故譬如大龍下雨
於閻浮提漂流棗葉若雨大海不增不減若
大乘人若最上乘人聞說金剛經心開悟解故
知本性自有般若之智自用智慧常觀照
故不假文字譬如雨水不從天有元是龍王於
江海中將身攬上令一切眾生一切草木有
情無情悉皆蒙潤諸水眾流卻入大海合
為一體眾生本性般若之智亦復如是善
知識小根之人聞此頓教由如草木根性自小
者若被大雨皆悉自倒不能增長小根之人亦有
般若之智與大智之人更無差別因何聞法不自
悟不悟緣邪見障重煩惱根深猶如大雲覆蓋
於日不得風吹日光不現般若之智亦無大小
為一切眾生自心迷悟不同迷心外見修行覓
佛未悟自性即是小根聞其頓法不執外修
但於自心常起正見煩惱塵勞常不能
染即是見性善知識內外不住去來自由能
除執心通達無礙能修此行與般若經本無
差別善知識一切經書及諸文字大小二乘
十二部經皆因人置因智慧性方能建立若
無世人一切萬法本自不有故知萬法本因人

與一切經書因人說有緣其人中有愚有智
愚為小故智為大人愚者問於智人智者為
愚人說法令其悟解心開愚人若悟心開
與智人無別善知識不悟即佛是衆生一念悟時衆生是佛
故知萬法盡在自心何不從自心中頓見真如
本性菩薩戒經云我本源自性清淨識心見性自成
佛道即時豁然還得本心善知識我於忍和尚處
一聞言下便悟頓見本性是以將此教法流行
令學道者頓悟菩提各自觀心自見本性
若自不悟須覓大善知識解最上乘法者直
示正路是善知識有大因緣所謂化導令得見
性一切善法因善知識能發起故三世諸佛十二
部經在人性中本自具有不能自悟須求善
知識示導方見若自悟者不假外善知識望
得解脫無有是處自心內知識自悟即是若
自心若起邪迷妄念顛倒外善知識雖
有教授救不可得自心若正起般若觀照
一刹那間妄念俱滅若識自性即至佛地善
知識智慧觀照內外明徹識自本心若識本
心若識本心即本解脫若得解脫即是
般若三昧即是無念何名無念若見一

切法心不染著是為無念用即徧一切處
亦不著一切處但淨本心使六識從六
門走出於六塵中無染無雜來去自由通
用無滯即是般若三昧自在解脫名無念
行莫百物不思當令念絕即是法縛
即名邊見善知識悟無念法者萬法
盡通悟無念法者見諸佛境界悟無
念法者至佛地位善知識後代得吾
法者常見吾法身不離汝左右善知
識將此頓教法門同見同行發願受持
如事佛故終身受持而不退者欲入聖
位然須傳授從上以來默傳分付不得
匿其正法若不同見同行在別法中
不得傳付損彼前人究竟無益恐愚
不解謗此法門百劫千生斷佛種性
善知識吾有一無相頌汝等誦取言
下令汝迷罪消滅頌曰

迷人修福不修道　只言修福便是道
布施供養福無邊　心中三惡元來造
擬將修福欲滅罪　後世得福罪還在
但向心中除罪緣　各自性中真懺悔

悟大乘真懺悔　除邪行正即無罪
學道常於自性觀　即與諸佛同一例
吾祖唯傳此頓法　普願見性同一體
若欲當來覓法身　離諸法相心中洗
努力自見莫悠悠　後念忽絕一世休
若悟大乘得見性　虔恭合掌至心求
師言今於大梵寺中說此頓教普願法界
眾生於此言下見性成佛師說法了韋使
君與官僚道俗一時作禮無不悟者皆歎
善哉何期嶺南有佛出世
八　示西方相狀　武帝問功德附
尒時韋使君再肅容儀禮拜問曰弟子聞
和尚說法實不可思議今有少疑欲問和尚
願大慈悲特為解說師曰有疑即問何須
再三使君曰和尚所說可不是達磨大師宗
旨師言是使君曰弟子聞說達磨初化梁朝
武帝問朕一生已來造寺供僧布施設齋
有何功德達磨言實無功德武帝悵怏不
稱本情遂令達磨出境弟子未達此理
願和尚為說達磨意言如何師言實無功

德勿疑先聖之言武帝心邪不知正法造寺
度僧布施設齋名為求福不可將福便為
功德功德在法身中不在修福師曰見性是功平
直是德念念無滯常見本性真實妙用
名為功德外行禮敬是功內心謙下是德
自性建立萬法是功心體離念是德不離
自性是功應用無染是德若覓功德法身
但依此作是真功德若修功德之人心即不
輕常行普敬也師曰常輕人吾我不斷即
自無功自性虛妄不實即自無德無功德
之人為吾我自大常輕一切故善知識念念
無間是功心行平直是德自修身是功自修
性是德德即不輕常行普敬使君默然
作禮師言善知識功德須自性內見不是
布施供養之所求也是以福德與功德別
武帝不識理非我祖師人在過但復禮
願為弟子又問弟子常見僧俗念阿彌陀
經願生西方請和尚說得生彼不願為破
疑師言使君善聽某甲與說世尊在舍衛
城中說西方引化經文分明去此不遠若論相說
里數有十萬八千若說身中十惡八邪便是說遠

迷為下根説近為上智人有兩種法
無兩般迷悟有殊見有遲疾迷人念佛生彼悟者自
淨其心所以佛言隨其心淨即佛土淨師言
東方人但淨心無罪西方人心不淨有愆東
方人造罪念佛求生西方西方人造罪造愆
彼土念生何国凡愚不了自性不識身中西方
願東願西悟人在處一般所以佛言隨所住
處常安樂使君心地但無不善西方去此不
遠若懷不善之心念佛往生難到今勸善
知識先除十惡即行十萬後除八邪乃過八千
念念見性常行平直到如彈指便覩彌陀
能淨能寂即是釋迦心起慈悲即是觀音
常行喜捨名為勢至使君但行十善何須更
願往生不斷十惡之心何佛即來迎請若悟
無生頓法見西方只在刹那不悟念佛求往
路遙如何得達師言某甲與諸人移西方
如刹那間目前便見願見否使君頂禮言若
此處見何須更願往生願和尚慈悲便現西
方普願得見師言使君用心一時得見西方
無疑即散師言世人自色身是城眼耳鼻舌

是城門外有五門內有意門心是地性是王
王居心地上性在王在性去王無性在身心存
性去身心壞佛向性中作莫向外求自性
迷即是衆生離迷即覺覚即是佛慈悲
即是觀音喜捨名為勢至能淨是釋迦平
直即彌陀人我是須彌邪心是海水煩惱是
波浪毒害是惡龍虛妄是鬼神塵勞是魚
鼈貪瞋是地獄愚癡是畜生善知識常
行十善天堂便至除人我須彌倒無邪心海
水渇煩惱無波浪滅毒害除魚鼈絶自心
地上覺性如來放大光明外照六門清淨照
破六欲諸天內照三毒若除地獄一時消滅
內外明徹不異西方不作此修如何到彼大衆
聞説俱歎善哉但是迷人了然見性悉皆
禮拜俱言善哉普願法界衆生聞者一時
悟解師言善知識若欲修行在家亦得不
由在寺在家能修如東方人心善在寺不修
如西方人心惡但心清淨即是自性西方使君
又問在家如何修行願為教授師言吾與
大衆作無相頌但依此修常與吾同處元
別若不依此行雖在吾邊如隔千里

頌曰

說通及心通　如日處虛空　惟傳見性法　出世破邪宗
法即無頓漸　迷悟有遲疾　只此見性法　愚人不可悉
說即雖萬般　合理還歸一　煩惱暗宅中　常須生慧日
邪來煩惱至　正來煩惱除　邪正俱不用　清淨至無餘
菩提本自性　起心即是妄　淨性在妄中　但正無三障
世人若修道　一切不相妨　常自見已過　與道即相當
色類自有道　各自不相妨　離道別覓道　覓道不見道
到頭還自懊　欲得見真道　行正即是道　自若無道心
闇行不見道　若真修道人　不見世間過　若見他人非
自非却在左　他非我不非　我非自有過　但自却非心
打除煩惱破　欲擬化他人　自須有方便　勿令彼有疑　即是自性見
法元在世間　於世出世間　一切盡打却　菩提性宛然

師言：善知識，總須誦取依此偈修，言下見性，雖去吾千里，如常在吾邊；於此言下不悟，即對面千里，各各自修，法不相待。眾人且散，吾歸曹溪山，眾若有疑，却來相問，為眾破疑，同見佛性。時在會道俗，豁然大悟，咸讚善哉，俱明佛性。

九　諸宗難問

大師出世行化四十餘年，諸宗難問，僧俗約千餘人，皆起惡心，欲相難問。師言一切盡除，無名可名，於自性無二之性，是名實性，於實性上建立一切教門，言下便須自見。諸人聞說，總皆頂禮，請事為師，願為弟子。

如此之徒，說不可盡。若論宗旨，傳授壇經者，即有稟承所付，須知去處、年月、時代、姓名，遞相付囑。若無壇經稟承者，即非南宗弟子。為未得所稟，雖說頓法，未契本心，終不免諍。但得法者，只勸修行，諍是勝負，與道相違矣。

十　南北二宗見性

世人盡言南能北秀，未知事由。且秀大師在荊南府當陽縣玉泉寺住，能大師在韶州城東四十五里曹溪山住，法本一宗，人有南北，何名頓漸？法即一種，見有遲疾，法元頓漸，人有利鈍，故名頓漸。秀聞能說法徑

疾直指見性遂命門人志誠曰汝聰明多智
可與吾到曹溪山禮拜但坐聽法莫言吾
使汝來汝若聽得盡心記取却來與說吾
看彼所見誰遲誰疾不忘早來勿令吾怪志
誠得諾禮拜便行經二十五日至曹溪山禮拜
坐聽不言來處志誠一聞言下便悟即起
禮拜白言和尚弟子在玉泉秀和尚處
學道九年不得契悟今聞和尚一說忽然
悟解便契本心和尚大慈悲弟子生死事大
又恐輪迴願當教示師曰汝從玉泉來應是
細作志誠曰不是師曰何得不是志誠曰未
說即是說了不是師曰煩惱菩提亦復如此
師問志誠曰吾聞汝師教示學人唯傳戒
定惠未審汝師說戒定惠行相如何與吾
說看志誠曰秀和尚說諸惡莫作名為戒諸
善奉行名為惠自淨其意名為定此是戒
定惠彼說如此未審和尚所見如何願為解說
師曰秀和尚見實不可思議吾所見戒定惠
又別志誠啓曰戒定惠只合一種如何更別師
曰汝師說戒定惠接大乘人吾戒定惠接最
上乘人悟解不同見有遲疾汝聽吾說與

彼說同不吾所說法不離自性離體說法
自性常迷須知一切萬法皆從自性起用
是真戒定惠等法常見自性自心即是自性
等佛師曰志誠聽吾說心地無非自性戒心
地無癡自性惠心地無亂自性定師言汝師
戒定惠勸小根人吾戒定惠勸大根智人若
悟自性亦不立菩提涅槃亦不立解脫知見無
一法可得方能建立萬法是真見性若解
此意亦名佛身亦名菩提涅槃亦名解脫知
見亦名十方國土亦名恒河沙數亦名三千
大千亦名三大小藏十二部經見性之人立
亦得不立亦得去來自由無滯無礙應用
隨作應語隨答普見化身不離自性即得
自在神通遊戲三昧之力此名見性志誠再
啓和尚如何是立不立義師曰自性無非無
癡無亂念念般若觀照常離法相自由自在
縱橫盡得有何可立自性自悟頓悟頓修亦
無漸次所以不立一切法佛言寂滅有何漸
次志誠禮拜便住曹溪願為門人不離左右
復有一僧名曰法達常誦法華經心常有
疑又不知正法之處和尚智惠廣大願為

編按：原圖影之文字段落誤植，現已更正無誤。

決疑師曰法達法即甚達汝心不達經上
无疑汝心自疑汝心邪而求正法吾心正則是
持經吾不識文字汝取經來誦之一遍吾
即知法達取經便讀一遍師知佛意乃與
說經師言法達經无多語七卷盡是譬喻
因緣如來廣說三乘只為世人根鈍經文分
明无有餘乘唯一佛乘汝聽一佛乘莫求
二乘迷却汝性且經中何處是一佛乘吾
聞汝誦經云諸佛世尊唯以一大事因緣故
出現於世云法唯有一十六字此法如何解如何修汝用心
聽吾為汝說師言法達心人不思本來寂靜
離却邪見即大事因緣內外不迷即離兩
邊外迷著相內迷著空於相離相於空離
空即是不迷若悟此法一念心開出現於世心
開何事開佛知見佛由覺也分為四門開覺
知見示覺知見悟覺知見入覺知見此名開
示悟入從上一處入即覺知見見自本性即
得出現師言吾勸一切人於自心地常開佛
知見世人心邪愚迷造罪口善心惡貪瞋嫉
妬讒佞侵害自開眾生知見世人心正常起
智惠觀照自開佛之知見汝須念念開佛

知見莫開眾生知見開即出世師言法達此
是法華經一乘義向下為迷人故汝但依一佛
乘師言法達心行轉法華不行法華轉心正
心轉法華心邪法華轉開佛知見轉法華努力
依法修行即是轉經自心若不念念修行即
常被經轉法達一聞言下大悟涕淚自大師言
實未曾轉法華七年被法華轉念念願
修佛行師言行佛行是佛其在會者各得
見性復有一僧名曰智常禮拜啓和尚佛說
三乘法又言最上乘弟子不解願為教授
師曰汝向自心見莫著外法相元无四乘法人心
自有四等見聞轉讀是小乘悟法解義是
中乘依法修行是大乘萬法盡通萬行俱
備一切不染離諸法相作无所得名最上乘乘
是行義不在口諍汝須自修莫問吾也一切時
中自性自知自悟自行是四乘義又玉泉寺
有一童子年十三歲南陽縣人名曰神會
來至曹溪禮師三拜問曰和尚坐禪還見不見
師以拄杖打三下却問吾打汝還痛不痛答
曰亦痛亦不痛師曰吾亦見亦不見神會問
知何是亦見亦不見師曰吾之所見常見自

心過愆不見他人是非好惡所以亦見亦不
見汝言亦痛亦不痛如何汝若不痛同其
木石若痛即同凡夫應生瞋恨師言神會
小兒向前見不見是二邊痛不痛是生滅汝
自性且不見敢來弄人神會禮拜悔謝更
不敢言師曰汝心迷不見問善知識覓路汝
心悟即自見性依法修行汝迷不見自心
却來問吾見與不見吾見自知代汝迷不得
汝若自見不代吾迷何不自知見問吾見不見
神會禮經百拜求謝愆過請事為師不
離左右

十一教示十僧傳法 滅度年月附

尒時師喚門人法海志誠法達神會智常
智通志徹志道法珍法如等 報言吾滅度
後凡為人師改易者多 汝等十人向前汝
等不同餘人吾滅度後各為一方師吾今
教汝諸法不失本宗先須舉三科法門
動用三十六對出沒即離兩邊說一切法莫
離自性忽有人問法語盡雙皆取對法
來去相因究竟二法盡除更無去處三科
者 陰界入 五陰者 色受想行識 十二入者 六外
塵內六門 色聲香味觸法 六門者 眼耳鼻舌身意合有一識 十八界者
六門六塵六識為之十八 自性含萬法名為含藏識 若起思量即
是轉識 轉識生六識出六門見六塵 三六
十八由自性用自性邪起十八邪 含自性正起
十八正惡用即是衆生善用即是佛 用由
何等 由自性對 解用即通一切法自身是
佛 外境无情
五對 天地對 陰陽對 日月對 明暗對 水火
對 法相語言十二對 語與法對 有為无為
對 有色無色對 有漏無漏對 色與空對
有相無相對 凡聖對 僧俗對 動靜對 清濁
對 老少對 大小對 自性起用十九對 長短對
邪正對 乱定對 戒非對 曲直對 癡惠對
愚智對 慈毒對 實虛對 險平對 煩惱
菩提對 悲害對 瞋喜對 捨慳對 進退對
生滅對 常無常對 法身色身對 化身
報身對 都三十六對 師言此是對法若
解用即道貫一切經出入即離兩邊 自性動
用共人言語外於相離相內於空離空 若
執空唯長無明 又却謗經言不用文字
師曰說法之人口云不用文字 世人道者盡

不合言語之時即是文字文字上說空本
性不空即是文字無邪心即自大道不立文字
只這不立兩字即是文字見人所說便即謗
他言著文字汝等須知自迷猶可又謗佛
經不要謗經罪障無數著相於外而求
真我廣立道場說有無之過患如是之人
累劫不可見性不勸依法脩行莫百物不
思於道自生質礙若聽說不脩令人反
生邪念但能依法脩行常行無相法
施師言汝等若悟依此說依此用依此
行依此作即不失本宗若有人問汝義
問有將無答問無將有答問凡以聖對
問聖以凡對問一邊將一邊對二法相因
生中道義教汝一問餘問一依此依三十
六對法即不失理也吾今教汝一答人問何
名為暗答云明是因暗即緣有明明沒
即暗但無明暗以明顯暗以暗現明來去相
因成中道義餘問悉皆如此師教十僧已後
言於後傳法遞相教授壇經即不失宗
旨汝今得了遞代流行後人得遇壇經
如親見吾教示十僧汝等抄取代代流行

若看壇經必當見性大師先天元年於新
州國恩寺造塔至二年七月八日喚門人
告別師言汝等近前吾至八月欲離世間
汝等有疑早須相問為汝破疑當令迷盡
使汝安樂吾若去後無人教汝法海等聞
悉皆涕泣唯有神會不動神情亦無涕
泣師曰神會小師却善不善等毀譽不動
餘者空得數年在山脩行何道汝今悲泣
為憂阿誰若憂不知去處吾自知去吾若
不知去處終不別汝等悲泣為不知吾去處知
吾去處不合悲泣法性體無生滅去來汝等
盡坐吾與汝等說一偈名曰真假動靜汝等
誦取此偈與吾意同依此脩行不失宗旨
眾僧作禮請師說偈

一切無有真　不以見於真　若見於真者
是見盡非真　若能自有真　離假即非真
自心不離假　無真何處真　有情即解動
無情即不動　若脩不動行　同無情不動
若覓真不動　動上有不動　不動是不動
無情無佛種　能善分別相　第一義不動
但作如是見　即是如真用　報諸學道人

努力自用意　莫於大乘門　却執生死智
若言下相應　即共論佛義　若實不相應
合掌令歡喜　此宗本無諍　諍即失道意
執迷諍法門　自性入生死
時眾僧聞知大師意更不敢諍各自攝心
依法循行一時禮拜即知大師不久住世法海
上座問曰和尚去後衣法當付何人師言
吾於大梵寺說法直至今日抄錄流行名
法寶壇經汝等守護度諸群生但依此說
是真正法師言法海向前吾滅度後二十年
間邪法撩亂惑我正宗有一南陽縣人出來
不惜身命定於佛法豎立宗旨即是吾法
弘於河洛此教大行師曰汝今須知衣不合
傳汝若不信吾與汝說先聖達磨大師傳衣
偈據此偈意衣不合傳汝聽偈曰
吾本來東土　說法救迷情
一花開五葉　結果自然成
師曰吾有一偈亦用先聖大師偈意
心地含種性　法雨即花生
頓悟花情意　菩提果自成

師說偈已令門人散眾相謂曰大師多不久
住世間師至先天二年八月三日食後報言
汝等各著位坐今共汝別時法海問曰此
法從上至今傳授幾代願和尚說師曰初
六佛　釋迦第七　迦葉　阿難
商那和修　優婆毱多　提多迦　佛陀難提
伏馱密多　脇尊者　富那夜奢　馬鳴
毗羅尊者　龍樹　迦那提多　羅睺羅多
僧伽那提　僧伽耶舍　鳩摩羅馱　奢耶多
婆修盤頭　摩拏羅　鶴勒那　師子比丘
舍那婆斯　優婆掘多　婆須蜜多　僧迦羅叉
菩提達磨　北齊惠可　唐僧璨　唐道信
唐弘忍　吾今惠能
師曰吾今付法於汝汝等於後遞相傳授須
有稟承依約莫失宗旨法海白言和尚留
何教法令後代迷人得見自性師言汝聽
後代迷人若識眾生即見佛性若不識眾
生萬劫覓佛難逢吾今教汝識自心眾生
見自心佛性汝志心聽吾與汝說後代之人
欲求見佛但識眾生師曰只為眾生迷佛

非是佛迷眾生自性若悟眾生是佛自性
若迷佛是眾生自性平直眾生是佛自性
邪險佛是眾生師言法海汝等心若險
曲即佛在眾生中一念平直即是眾
生成佛我心自有佛自若無佛心何處求真
佛吾今留一偈與汝等別名自性真佛偈
後代迷人識此偈意自正本心成佛

真如性淨是真佛　邪見三毒是魔王
邪迷之時魔在舍　正見之時佛在堂
性中邪見三毒生　即是魔王來住舍
正見自除三毒心　魔變成佛真無假
法身報身及化身　三身本來是一身
若向性中能自見　即是成佛菩提因
從本化身生淨性　淨性常在化身中
性使化身行正道　當來性習便無窮
婬性本是淨性因　除婬即無淨性身
性中各自離五欲　見性剎那即是真
今生若悟頓法門　忽見自性現世尊
汝等修行覓作佛　自性自見正中真
若能心中自見真　有真即是成佛因
不見自性外覓佛　起心總是大癡人

頓教法門今已留　救度世人須自脩
報汝當來學道者　不作此見大悠悠

師說偈了報言今共汝別吾滅度後莫作
世情悲泣雨淚受人弔問身著孝服
非吾弟子亦非正法但如吾在日一時盡
坐無動無靜無生無滅無去無來無是
無非無住無往無名無字恐汝心迷不會
吾意吾今再囑令汝見性吾滅度後依此
修行如吾在日汝等違法縱吾在世終無有
益大師言訖夜至三更奄然遷化大師春秋
七十六歸遷化日寺內異香氛氳經于七
日感得山崩地動林木變白日月無光天地
失色群鹿鳴悲至夜不絕先天二年八月
三日夜三更時於新州國恩寺圓寂於在
功德塔記具述至十一月韶廣二州門人迎
師神座向曹溪山葬忽於龕內白光出現
直上衝天三日始散韶州奏聞奉勅立碑
供養洎乎法海上座無常以此壇經付囑
志道志道付彼岸彼岸付悟真悟真付
圓會遞代相囑一切萬法不離自性中見也

韶州曹溪山六祖師壇經卷終

僧不違緣化施財莫信與孝思興寧中陳九娘

捨貳貫文朱宗禮朱琬李三娘各捨壹貫文

鄭誤蕭宗陳弼張六娘各捨壹貫文省

王勉等十人各捨伍佰文省結此勝因普同沾

善果

勸緣比丘住保壽庵最樂

都勸緣比丘住安元報恩禪院賜紫祖印

大師紹資仍捨貳貫文省　將仕郎陳埛　捨俸全貳阡

為母親契州六娘　郎迎景循　仙谿林師益

捨俸全貳仟省助刊

壇經之貴郎一切含靈見聞此經不涉二乘

慈證無上菩提

金山寶藏秘書於壇經正本賀州大乘寺堂中

有之爾　披閱之跡書也

延享四丁卯七月再修表帙備足蒙學

天寧現住　白英　記

小子

祖鏡謹誌

附錄四：日本興聖寺刻本《六祖壇經》影圖

六祖壇經序

依真小師邕州羅秀山惠進禪院沙門惠昕述

原夫真如佛性，本在人心；心正則諸境難侵，心邪則衆塵易染。能止心念，衆惡自亡；衆惡既亡，諸善皆備。諸善要備，非假外求。悟法之人，自心如日，遍照世間，一切無礙。見性之人，雖處人倫，其心自在，無所惑亂矣。故我六祖大師，廣為學徒，直說見性法門，總令自悟成佛，目曰壇經，流傳後學。古本文繁，披覽之徒，初忻後厭。余以太歲丁卯，月在蕤賓，二十三日辛亥，於思迎塔院，分為兩卷，凡十一門，貴接後來，同見佛性者。

子健被旨入蜀，回至荊南，於族叔公祖位，見七世祖文元公所觀寫本六祖壇經，其後題云：時年八十一，第十六次看過，以至點句標題，手澤具存。公歷事太宗、真宗、仁宗三朝，引年七十，累章求解禁職，以太子少保致仕，享年八十四。道德文章，具載國史。冠歲遇異人劉惟一，訪以生死之道。劉曰：人常不死。公駭之。劉曰：形死，性不死。公始寤其說。自是留意禪觀，老而愈篤。公平生所學，三教俱通，文集外，著昭德編三卷、法藏碎金十卷、道院集十五卷、耄智餘書三卷，皆明理性。晚年尚看壇經，孜孜如此。子健來佐蘄春郡，遇太守高公世叟，篤信好佛，一日語及先文元公所觀壇經，欣然曰：此乃六祖傳衣之地，是經安可闕乎？乃用其句讀，鏤版刊行，以廣其傳。壇經曰：後人得遇壇經，如親承吾教。若看壇經，必當見性。咸願衆生同證此道。紹興二十三年六月二十日，右奉議郎權通判蘄州軍州事晁子健謹記。

興聖寺

六祖壇經卷上
一緣起說法門　　二悟法傳衣門
三爲時衆說定慧門　　四教授坐禪門
五說傳香懺悔發願門　　六說一體三身佛相門
一緣起說法門
大師唐時初從南海上至曹溪韶州刺史韋璩等請於大
梵寺講堂中爲衆開緣授無相戒說摩訶般若波羅蜜法
大師是日說頓教法直了見性無礙普告僧俗令言下各
悟本心現成佛道座下僧尼道俗一千餘人刺史官寮等
三十餘人儒宗學士三十餘人同請大師說是法門刺史
遂令門人法海抄錄流行傳示後代若承此宗旨學道
者遞相教授有所依憑耳
二悟法傳衣門
尒時大師旣升座已而示衆言善知識總淨心念摩訶般
若波羅蜜大師良久不語自淨其心忽然告言善知識菩
提自性本來清淨但用此心直了成佛善知識且聽惠能
行由得法事意惠能嚴父本貫范陽左降流于嶺南作新
州百姓此身不幸父又早亡老母孤遺移來南海艱辛貧
乏於市賣柴時有一客買柴使令送至官店客收去惠能
得錢却出門外見有一客讀金剛經惠能一聞心便開悟
遂問客言從何所來持此經典客云我從蘄州黃梅縣東

馮母山來其山是第五祖弘忍大師在彼主化門人一千
有餘我到彼山禮拜聽授此經大師常勸僧俗但持金剛
經即自見性直了成佛惠能聞說宿業有緣乃蒙一客取
銀十兩與惠能令充老母衣糧教便往黃梅禮拜五祖惠
能安置母畢便即辭親不經三二十日便至黃梅禮拜五
祖師問曰汝何方人來到此山禮拜今向吾邊欲求何物
惠能對云弟子是嶺南新州百姓遠來禮師唯求作佛不
求餘物五祖言汝是嶺南人又是獦獠若爲堪作佛惠能
言人雖有南北佛性本無南北獦獠身與和尚不同佛性
有何差別大師更欲共惠能久語且見徒衆總在身邊乃
令隨衆作務惠能啓和尚言弟子自心常生智慧不離自
性即是福田未審和尚教作何務五祖言這獦獠根性大
利汝更勿言且去後院有一行者差惠能破柴踏碓八箇
餘月五祖一日忽見惠能言吾思汝之見可用恐有惡人
害汝遂不與汝言知之否惠能言弟子亦知師意不敢行
至堂前令人不覺五祖一日喚諸門人總來吾向汝說世
人生死事大汝等終日供養只求福田不求出離生死苦
海自性若迷福何可救汝等各去後院自看智慧取自本
心般若之性各作一偈來呈吾看若悟大意付汝衣法爲
第六代祖火急速去不得遲滯思量即不中用見性之人
言下須見若如此者輪刀上陣亦得見之衆得處分來至

後院遞相謂曰我等衆人不須澄心用意作偈將呈和尚
有何所益神秀上座現爲教授師必是他得我輩謾作偈
頌枉用心力諸人聞語各自息心咸言我等已後依止秀
師何煩作偈神秀思惟諸人不呈偈者爲我與他爲教授
師我須作偈將呈和尚若不呈偈和尚如何知我心中見
解深淺我呈偈意求法即善覓祖即惡却同凡心奪其聖
位無別若不呈偈終不得法大難大難五祖堂前有步廊
三間擬請供奉盧珍畫楞伽經變相及五祖血脉圖流傳
供養神秀作偈成已數度欲呈行至堂前心中恍惚遍身
汗流擬呈不得前後經四日一十三度呈偈不得秀乃思
惟不如向廊下書著從他和尚看見忽若道好即出頂禮
云是秀作若道不堪枉向山中數年受人禮拜更修何道
言訖夜至三更不使人知自執燈燭於南廊中間壁上書
無相偈呈心所見神秀偈曰
身是菩提樹　心如明鏡臺　時時勤拂拭　莫使染塵埃
秀書偈了便却歸房人總不知神秀思惟五祖明日見偈
歡喜出見和尚即言秀作若言不堪自是我迷宿業障重
不合得法聖意難測房中思想坐卧不安直至五更五祖
即知神秀入門未得不見自性喫粥了便即天明五祖方
便喚盧供奉來擬向南廊畫五代血脉供養五祖忽見其
偈報言供奉却不畫也輙奉十千勞供奉遠來金剛經云

凡所有相皆是虛妄不如留此偈令迷人誦依此偈修免
墮三惡道依此修行人大有利益五祖喚門人燒香偈前
令凡人見生敬重心汝等盡須誦此悟此偈者即得見性
依此修行必不墮落門人盡誦皆歎善哉五祖三更喚秀
入堂問是汝作此偈否若是汝作應得悟法秀言罪過實
是秀作亦不求祖位望和尚慈悲看弟子心中有少智慧
否五祖言汝作此偈未見本性只到門上未入門內凡愚
依此修行即不墮落如此見解覓無上菩提即不可得無
上菩提須得言下識自本心見自本性不生不滅於一切
時中念念自見萬法無滯一真一切真萬境自如如如之
心即是真實若如是見者即是無上菩提之自性也五祖
言汝且去一兩日思惟更作一偈將來吾看汝偈若入得
門見自本性付汝衣法吾不惜法汝見自遲神秀作禮便
出又經數日作偈不成心中恍惚神思不安猶如夢中行
坐不樂復經兩日有一童子於碓坊過偈誦其偈惠能一
聞便知此偈未見本性惠能未蒙教授早識大意遂問童
子言誦者是何偈童子言你這獦獠不知大師言世人生
死事大欲得傳付法衣令門人作偈來看若悟大意即付
衣法爲第六祖神秀上座於南廊壁上書無相偈五祖令
門人盡誦此偈若得悟者即見自性成佛依此修行即不
墮落惠能言上人我在此踏碓八箇餘月未曾行到堂前

望上人引至偈前禮拜亦要此結來生緣同生佛地
子便引惠能到南廊禮拜偈頌爲不識字請一上人爲讀
若得聞之願生佛會時有江州別駕姓張名日用便高聲
讀惠能一聞即識大意因自言亦有一偈望別駕書于壁
上別駕言偈獠汝亦作偈其事希有惠能啓別駕言若學
無上菩提不得輕於初學俗諺云下下人有上上智上上
人有沒意智若輕人即有無量無邊罪張日用言汝但誦
偈吾爲汝書于壁上汝若得法先須度吾勿忘此言惠能
偈云
菩提本無樹　明鏡亦非臺　本來無一物　何處有塵埃
說此偈已僧俗總驚山中徒衆無不嗟訝各相謂言奇哉
不得以皃取人何得多時使他肉身菩薩五祖見衆人盡
怪恐人損他向後無人傳法遂便混破向衆人言此偈亦
未見性云何讚歎衆便息心皆言未了各自歸房更不讚
歎五祖夜至三更喚惠能於堂內以袈裟遮圍不令人見
爲惠能說金剛經恰至應無所住而生其心言下便悟一
切萬法不離自性惠能啓言和尚何期自性本自清淨何
期自性本不生滅何期自性本自具足何期自性本無動
搖能生萬法五祖知悟本性乃報惠能言不識本心學法
無益若言下識自本心見自本性即名丈夫天人師佛三
更受法人盡不知便傳頓教及衣鉢云汝爲第六代祖善

自護念廣度迷人衣爲信稟代代相承法即以心傳皆
令自悟自解自古佛佛唯傳本體師師默付本心令汝
見自悟五祖言自古傳法命似懸絲若住此間有人害汝
汝須速去惠能言本是南中人久不知此山路如何出得
江口五祖言汝不須憂吾自送汝其時領得衣鉢三更便
發南歸五祖相送直至九江驛邊有一隻船子五祖令惠
能上船五祖把艣自搖惠能言請和尚坐弟子合搖艣五
祖言只合是吾度汝不可汝却度吾無有是處惠能言弟
子迷時和尚須度今吾悟矣過江搖艣合是弟子度之度
名雖一用處不同惠能生在邊方語又不正蒙師教旨付
法今已得悟即合自性自度五祖言如是如是但依此見
已後佛法大行矣汝去後一年吾即前逝五祖言汝今好
去努力向南五年勿說佛法難起已後行化善誘迷人若
得心開與吾無別辭違已了便發向南兩月中間至大庾
嶺不知逐後數百人來趂欲奪衣取法來至半路盡總却
迴唯一僧俗姓陳名惠明先是四品將軍性行麁惡直至
大庾嶺頭趂及惠能便還衣鉢又不肯取言我欲求法不
要其衣惠能即於嶺頭便傳正法惠明聞法言下心開惠
能却令向北接人惠能後至曹溪又被惡人尋逐乃於四
會縣避難經五年常在獵人中雖在獵中與獵人說法
至高宗朝到廣州法性寺值印宗法師講涅槃經時有風

吹旛動一僧云旛動一僧云風動惠能一言旛動風動人
心自動印宗聞之竦然惠能東山得法辛苦受盡命似懸
絲今日大衆同會得聞乃是過去千生曾供養諸佛方始
得聞無上自性頓教惠能與使君及官僚道俗有累劫之
因教是先代聖傳不是惠能自智願聞先聖教者各令淨
心聞了各自除疑如先代聖人無別善知識菩提般若之
智世人本自有之只緣心迷不能自悟須求大善知識示

六祖上　四

導見性善知識愚人智人佛性本無差別只緣迷悟不同
所以有愚有智　祖謂明曰不思善不思惡正與麼時如何是上座本來面目明大悟

三為時衆說定慧門

師言善知識我此法門以定慧為本大衆勿迷言定慧別
定慧一體不是二定是慧體慧是定用即慧之時定在慧即定
之時慧在定若識此義即是定慧等學諸學道人莫言先
定發慧先慧發定各別作此見者法有二相口說善語心中
不善空有定慧定慧不等若心口俱善內外一種定慧即等
自悟修行不在於諍若諍先後即同迷人不斷勝負却增
法我不離四相善知識一行三昧者於一切處行住坐卧常行一直
心是也如淨名經云直心是道場直心是淨土莫心行諂曲口
但說直口說一行三昧不行直心但行直心於一切法勿有執着
迷人着法相執一行三昧直言坐不動妄不起心即是一行三
昧作此解者即同無情却是障道因緣善知識道須通流

何以却滯心不住法道即通流心若住法名為自縛若言
坐不動是只如舍利弗宴坐林中不合被維摩詰呵善知
識又見有人教坐看心看淨不動不起從此置功迷人不
會便執成顛如此者衆矣如是相教故知大錯善知識定
慧猶如何等猶如燈光有燈即光無燈不光燈是光之體
光是燈之用名雖有二體本同一此定慧法亦復如是善
知識本來正教無有頓漸人性自有利鈍迷人漸契悟人
頓修自識本心自見本性即無差別所以立頓漸之假名
善知識我此法門從上已來先立無念為宗無相為體無
住為本無相者於相而離相無念者於念而不念無住者
人之本性於世間善惡好醜乃至冤之與親言語觸刺欺
爭之時並將為空不思酬害念念之中不思前境若前念
今念後念念念相續不斷名為繫縛於諸法上念念不住
即無縛也此是以無住為本善知識外離一切相名為無
相能離於相即法體清淨此是以無相為體善知識於諸
境上心不染曰無念於自念上常離諸境不於境上生心
若百物不思念盡除却一念絕即死別處受生學道者思
之莫不識法意自錯猶可更勸他人自迷不見又謗佛經
所以立無念為宗善知識云何立無念為宗只緣口說見
性迷人於境上有念念上便起邪見一切塵勞妄相從此
而生自性本無一法可得若有所得妄說禍福即是塵勞

邪見故此法門立無念爲宗善知識無者無何事念者念
何物無者無二相無諸塵勞之心念者念眞如本性眞如
即是念之體念即是眞如之用眞如自性起念非眼耳鼻
舌能念眞如有性所以起念如若無眼耳色聲當時即
壞善知識眞如自性起念六根雖有見聞覺知不染萬境
而眞性常自在外能分別諸色相內於第一義而不動善
知識此門坐禪元不着心亦不着淨亦不是不動若言着

單　六祖上　五

心心元是妄知心如幻故無所着也若言着淨人性本淨
由妄念故盖覆眞如但元無想性自清淨起心着淨却生
淨妄妄無處所着者是妄淨無形相却立淨相言是功夫
作此見者障自本性却被淨縛善知識若修不動者但見
一切人時不見人之是非善惡過患即是自性不動善知
識迷人身雖不動開口便說他人是非長短好惡與道違
背也若着心着淨者却障道也

四教授坐禪門

師言知識何名坐禪此法門中無障無碍外於一切善惡
境界心念不起名爲坐內見自性不動名爲禪善知識何
名禪定外離相爲禪內不亂爲定外若着相內心即亂外
若離相心即不亂本性自淨自定只爲見境思境即亂若
見諸境心不亂者是眞定也善知識外離相即禪內不亂
即定外禪內定是爲禪定淨名經云即時豁然還得本心

菩薩戒經云我本元自清淨善知識於念念中自見本性
清淨自修自行自成佛道

五傳香懺悔發願門

師言善知識一會在此皆共有緣今各胡跪傳自性五分
法身香一戒香即自心中無非無惡無疾妬無貪嗔無劫
害名戒香二定香即覩諸善惡境相自心不亂名定香三
慧香自心無礙常以智慧觀照自性不造諸惡雖修衆善
心不執着敬上愛下矜孤恤貧名慧香四解脫香即自心
無所攀緣不思善不思惡自在無碍名解脫香五解脫知
見香自心既無所攀緣善惡不可沉空守寂即須廣學多
聞識自本心達諸佛理言滿天下無口過行滿天下無怨
惡和光接物無我無人直至菩提眞性不易名解脫知見
香善知識此香各自內薰莫於外覓今與善知識授無相
懺悔滅三世罪令得三業清淨善知識各隨語一時道弟
子等從前念今念及後念念念不被愚迷染從前所有惡
業愚迷等罪悉皆懺悔願一時消滅求不復起弟子等從
前念今念及後念念念不被憍誑染從前所有惡業憍誑
等罪悉皆懺悔願一時消滅求不復起弟子等從前念今
念及後念念念不被疽妬染所有惡業疽妬等罪悉皆懺
悔願一時消滅求不復起善知識已上是爲無相懺悔云
何名懺云何名悔懺者懺其前愆從前所有惡業愚迷憍

誑疽妬等罪悉皆盡懺願不復起是名為懺悔者悔其後
過從今已後所有惡業愚迷憍誑疽妬等罪今已覺悟悉
皆永斷不復更作是名為悔故稱懺悔凡夫愚迷只知懺
其前愆不知悔其後過以不悔故前愆不滅後過又生前
愆既不滅後過復又生何名懺悔善知識既懺悔已與善
知識發四弘誓願各須用心正聽自心邪迷無邊誓願度
自心煩惱無邊誓願斷自性法門無盡誓願學自性無上

佛道誓願成師言善知識大家豈不道衆生無邊誓願度
恁麼道是不是惠能度善知識心中衆生所謂邪迷心誑
妄心不善心疽妬心惡毒心如是等心盡是衆生各須自
性自度是名真度何名自性自度即自心中邪見煩惱愚
癡衆生將正見度既有正見使般若智打破愚癡迷妄衆
生各各自度邪來正度迷來悟度愚來智度惡來善度如
是度者名為真度又煩惱無邊誓願斷將自性般若智除
却虛妄思想心是也又法門無盡誓願學須自見性常行
正法是名真學又無上佛道誓願成既常能下心行於真
正離迷離覺常生般若除真除妄即見佛性即言下佛道
成常念修行是願力法師言善知識今發四弘願了更與
善知識授無相三皈依戒善知識皈依覺二足尊皈依正
離欲尊皈依淨衆中尊從今日去稱覺為師更莫皈依邪
魔外道以自性三寶常自證明勸善知識皈依自性三寶

佛者覺也法者正也僧者淨也自心皈依覺邪迷不生少
欲知足能離財色名二足尊自心皈依正念念無邪見以
無邪見故即無人我貢高貪愛執著名離欲尊自心皈依
淨一切塵勞妄念雖在自性皆不染著名衆中尊若修此
行是自皈依凡夫不會從日至日受三皈戒若言皈依佛
佛在何處若不見佛憑何所皈言却成妄善知識各自觀
察莫錯用心經文分明言自皈依佛不言皈依他佛自性
不皈無所依處今既自悟各須皈依自心三寶內調心性
外敬他人是自皈依也

六說一體三身佛門

師言善知識各各至心惠能與說一體三身自性佛令善
知識見三身了然自悟自性總隨惠能道於自色身皈依
清淨法身佛於自色身皈依千百億化身佛於自色身皈
依圓滿報身佛善知識色身是舍宅不可言歸向者三
身佛在自性中世人總有為自心迷不見內性外覓三身
如來不見自身中有三世佛善知識聽說令善知識於自
身中見自性有三世佛此三身佛從自性生不從外得何
名清淨法身世人性本清淨萬法從自性生思量一切惡
事即生惡行思量一切善事即生善行如是諸法在自性
中如天常清日月常明為浮雲蓋覆上明下暗忽遇風吹
雲散上下俱明萬象皆現世人性常浮游如彼天雲善知

識智如日慧如月智慧常明於外着境被妄念浮雲蓋覆自性不得明朗若遇善知識聞真正法自除迷妄内外明徹於自性中萬法皆現見性之人亦復如是此名清淨法身佛善知識自心皈依自性是皈依真佛自歸依者除却自性中不善心嫉妬心憍慢心吾我心誑妄心輕人心慢他心邪見心貢高心及一切時中不善之行常自見己過不說他人好惡是自皈依常須下心普行恭信即是見性通達更無滯礙是自皈依何名千百億化身若不思萬法性本如空一念思量名爲變化思量惡事化爲地獄思量善事化爲天堂毒害化爲龍蛇慈悲化爲菩薩智慧化爲上界愚癡化爲下方自性變化甚多迷人不能省覺念念起惡常行惡道迴一念善智慧即生此名自性化身佛何名圓滿報身譬如一燈能除千年闇一智能滅萬年愚莫思向前已過不可得常思於後念念圓明自見本性善惡雖殊本性無二無二之性名爲實性於實性中不染善惡此名圓滿報身佛師又言自性起一念惡滅萬劫善因自性起一念善得恒沙惡盡直至無常念念自見不失本念名爲報身善知識從法身思量即是化身佛念念自性自見即是報身佛自悟自修自性功德是真皈依皮肉是色身色身是宅舍不言皈依也但悟自性三身即識自性大意

六祖壇經卷上

六祖壇經卷下

七說摩訶般若波羅蜜門

師言善知識既識三身佛了更爲說摩訶般若波羅蜜法各各至心諦聽世人終日口念不識自性猶如誦食不飽口但說空萬劫不得見性終無有益善知識摩訶般若波羅蜜是梵語此言大智慧到彼岸此須心行不在口念口念心不行如幻如化如露如電口念心行即心口相應本性是佛離性無別佛何名摩訶摩訶是大心量廣大猶如虛空無有邊畔亦無方圓大小亦非青黃赤白亦無上下長短亦無嗔無喜無是無非無善無惡無有頭尾諸佛剎土盡同虛空世人妙性本空無有一法可得自性真空亦復如是善知識今聞惠能說空便即着空第一莫着空若空心靜坐即落無記空終不成佛法善知識世界虛空能含萬物色象日月星宿山河泉源溪澗一切樹木惡人善人惡法善法天堂地獄一切大海須彌諸山總在空中世人性空亦復如是善知識自性能含萬法是大萬法在善

原闕

東

破五蘊煩惱塵勞若此修行定成佛道變三毒爲戒定慧
善知識我此法門從一般若生八萬四千智慧何以故爲
世人有八萬四千塵勞若無塵勞智慧常現不離自性悟
此法者即是無念無憶無著不起誑妄用自眞如性以智
慧觀照於一切法不取不捨即是見性成佛道善知識若
欲入甚深法界及般若三昧者須修般若行持誦金剛般
若經即得見性當知此功德無量無邊經中分明讚歎不
能具說此法門是最上乘爲大智人說爲上根人說小根
小智人聞心生不信何以故譬如大龍下雨於閻浮提城
邑聚落悉皆漂流如漂棗葉若雨大海不增不減若大乘
人若最上乘人聞說金剛經心開悟解故知本性自有般
若之智自用智慧常觀照故不假文字譬如雨水不從天
有元是龍能興致令一切衆生一切草木有情無情悉皆
蒙潤諸水衆流却入大海合爲一體衆生本性般若之智
亦復如是善知識小根之人聞此頓教猶如草木根性自
小若被大雨悉皆自倒不能增長小根之人亦復如是元
有般若之智與大智人更無差別因何聞法不自開悟緣
邪見障重煩惱根深猶如大雲覆蓋於日不得風吹日光不
現般若之智亦無大小爲一切衆生自心迷悟不同迷心
外見修行覓佛未悟自性即是小根若開悟頓教不執外
修但於自心常起正見煩惱塵勞常不能染即是見性善

知識内外不住去來自由能除執心通達無礙能修此行與般若經本無差別善知識一切經書及諸文字大小二乘十二部經皆因人置因智慧性方能建立若無世人一切萬法本自不有故知萬法本因人興一切經書因人說有緣其人中有愚有智愚爲小人智爲大人愚者問於智人智者與愚人說法令其悟解心開愚人忽悟解心開即與智人無別善知識不悟即佛是衆生一念悟時衆生是佛故知萬法盡在自心何不從自心中頓見眞如本性善薩戒經云我本元自性清淨若識自心見性皆成佛道淨名經云即時豁然還得本心善知識我於忍和尚處一聞言下便悟頓見眞如本性是以將此教法流行令學道者頓悟菩提各自觀心自見本性若自不悟須覓大善知識解最上乘法者直示正路是善知識有大因緣所謂化導令得見性一切善法因善知識能發起故三世諸佛十二部經在人性中本自具有不能自悟須求善知識示導方見若自悟者不假外求若須要善知識望得解脫者無有是處何以故自心內有知識自悟若起邪迷妄念顛倒外善知識雖有教授救不可得若起正眞般若觀照一刹那間妄念俱滅若識自性一悟即至佛地善知識智慧觀照內外明徹識自本心若識本心即求解脫若得解脫即是般若三昧即是無念何名無念若見一切法心不染着是

軍　六祖下　九

爲無念用即遍一切處亦不着一切處但淨本心使六識從六門走出於六塵中無染無雜來去自由通同無滯即是般若三昧自在解脫名無念行若百物不思當令念絕即是法縛即名邊見善知識悟無念法者萬法盡通悟無念法者見諸佛境界悟無念法者至佛位地善知識後代得吾法者常見吾法身不離汝左右善知識將此頓教法門於同見同行發願受持如事佛故終身而不退者欲入聖位然須傳受從上以來默傳分付不得匿其正法若不同見同行在別法中不得傳付損彼前人究竟無益恐愚人不解謗此法門百劫千生斷佛種性善知識吾有一無相頌若能誦取言下令汝迷罪消滅頌曰

迷人修福不修道　只言修福便是道　布施供養福無邊
心中三惡元來造　擬將修福欲滅罪　後世得福罪還在
但向心中除罪緣　各自性中眞懺悔　忽悟大乘眞懺悔
除邪行正即無罪　學道常於自性觀　即與諸佛同一類
吾祖惟傳此頓法　普願見性同一體　若欲當來覓法身
離諸法相心中洗　努力自見莫悠悠　後念忽絕一世休
若悟大乘得見性　虔恭合掌至心求

師言今於大梵寺中說此頓教普願法界衆生於此言下見性成佛師說法了韋使君與官員道俗一時作禮無不悟者皆歎善哉何期嶺南有佛出世

八問答功德及西方相狀門

尒時韋使君再肅容儀禮拜問曰弟子聞和尚說法實不可思議今有少疑欲問和尚願大慈悲特爲解說師曰有疑即問何須再三韋公曰和尚所說可不是達磨大師宗旨乎師曰是公曰弟子聞達磨初化梁武帝帝問云朕一生造寺供僧布施設齋有何功德達磨言實無功德武帝悵快不稱本情遂令達磨出境弟子未達此理願和尚爲

說達磨意旨如何師曰實無功德勿疑先聖之言武帝心邪不知正法造寺供養布施設齋名爲求福不可將福便爲功德功德在法身中不在修福師又曰見性是功平等是德念念無滯常見本性眞實妙用名爲功德外行於禮是功內心謙下是德自性建立萬法是功心體離念是德不離自性是功應用無染是德若覓功德法身但依此作是眞功德若修功德之人心即不輕常行普敬也師曰心常輕人吾我不斷即自無功自性虛妄不實即自無德爲吾我自大常輕一切故善知識念念無間是功心行平直是德自修身是功自修性是德善知識功德須自性內見不是布施供養之所求也是以福德與功德別武帝不識眞理非我祖師有過又問弟子常見僧俗念阿彌陀佛願生西方請和尚說得生彼否願爲破疑師言使君善聽惠能與說世尊在舍衛城中說西方引化經文分明去此不遠若論相說理即有十萬八千若說身中十惡八邪便是說遠遠爲其下根說近爲其上智人有兩種法無兩般迷悟有殊見有遲疾迷人念佛求生於彼悟人自淨其心所以佛言隨其心淨即佛土淨使君東方人但心淨即無罪雖西方人心不淨亦有愆東方人造罪念佛求生西方西方人造罪念佛求生何國凡愚不了自性不識身中淨土願東願西悟人在處一般所以佛言隨所住處常安樂使君心地但無不善西方去此不遙若懷不善之心念佛往生難到今勸善知識先除十惡即行十善後除八邪乃過八千念念見性常行平直到如彈指便覩彌陀使君但行十善何須更願往生不斷十惡之心何佛即來迎請若悟無生頓法見西方只在剎那不悟念佛求生路遙如何得達惠能與諸人移西方如剎那間目前便見各願見否皆頂禮言若此處見何須更願往生願和尚慈悲便現西方普願得見師言大衆世人自色身是城眼耳鼻舌是門外有五門內有意門心是地性是王王居心地上性在王在性去王無性在身心存性去身心壞佛向性中作莫向身外求自性迷即是衆生自性覺即是佛慈悲即是觀音喜捨名爲勢至能淨即釋迦平直即彌陀人我即須彌邪心是海水煩惱是波浪毒害是惡龍虛妄是鬼神塵勞是魚鱉貪嗔是地獄愚癡是畜生善知識常行十善天堂便至

除人我須彌倒無邪心海水竭煩惱無波浪滅毒害除魚
龍絶自心地上覺性如來放大光明外照六門清淨能破
六欲諸天自性內照三毒即除地獄等罪一時消散內外
明徹不異西方不作此修如何到彼大衆聞說俱歎善哉
曰但是迷人了然見性悉皆禮拜唯言普願法界衆生聞
者一時悟解師言善知識若欲修行在家亦得不由在寺
在家能行如東方人心善在寺不修如西方人心惡但心

清淨即是自性西方韋公又問在家如何修行願為教授
師言吾與大衆作無相頌但依此修常與吾同處無別若
不依此行雖在吾邊如隔千里頌曰
說通及心通　如日處虛空　唯傳見性法　出世破邪宗
法即無頓漸　迷悟有遲疾　只此見性門　愚人不可悉
說即雖萬般　合理還歸一　煩惱暗宅中　常須生慧日
邪來煩惱至　正來煩惱除　邪正俱不用　清淨至無餘
菩提本自性　起心即是妄　淨心在妄中　但正無三障
世人若修道　一切盡不妨　常自見已過　與道即相當
色類自有道　各不相妨惱　離道別覓道　終身不見道
波波度一生　到頭還自懊　欲得見真道　行正即是道
自若無道心　闇行不見道　若真修道人　不見世間過
若見他人非　自非却是左　他非我不非　我非自有過
但自却非心　打除煩惱破　憎愛不關心　長伸兩脚臥

欲擬化他人　自須有方便　勿令彼有疑　即是自性現
佛法在世間　不離世間覺　離世覓菩提　恰如求兎角
正見名出世　邪見是世間　邪正盡打却　菩提性宛然
此頌是頓教　亦名大法船　迷聞經累劫　悟則剎那間
師言善知識總須誦取依偈修行言下見性雖去吾千里
如常在吾邊於此言下不悟即對面千里各各自修法不
相待衆人且散吾歸曹溪衆若有疑却來相問為衆破疑
各見本心時會僧俗豁然大悟咸讚善哉俱明佛性

九諸宗難問門

大師出世行化四十年諸宗難問僧俗約千餘人皆起惡
心難問師言一切盡除無名可名名於自性無二之性是
名實性於實性上建立一切教門言下便須自見諸人聞
說總皆頂禮請事為師願為弟子如此之徒說不可盡若
論宗旨傳授壇經者即有稟承所付須知去處年月時代
姓名遞相付囑若無壇經稟承者即非南宗弟子緣未得
所稟雖說頓法未契本心終不免諍但得法者只勸修行
諍是勝負之心與道相違矣

十南北二宗見性門

世人盡言南能北秀未知事由且秀大師在荊南當陽縣
玉泉寺住能大師在韶州城東四十五里曹溪山住法本
一宗人有南北何名頓漸法即一種見有遲疾法無頓漸

人有利鈍故名頓漸秀聞能師說法徑疾直指見性遂命門人志誠曰汝聰明多智可與吾到曹溪山禮拜但坐聽法莫言吾使汝來汝若聽得盡心記取却來說吾看彼所見誰遲誰疾火急早來勿令吾怪志誠禮拜便行經五十餘日至曹溪山禮師坐聽不言來處志誠一聞言下便悟即起禮拜自言和尚弟子在玉泉寺秀和尚處學道九年不得契悟今聞和尚一說忽然悟解便契本心和尚大慈

弟子生死事大又恐輪迴願當教示師曰汝從玉泉寺來應是細作對曰不是師曰何得不是對曰未說即是說了不是師曰煩惱菩提亦復如是師問志誠曰吾聞汝禪師教示學人唯傳戒定慧未審汝師說戒定慧行相如何與吾說看志誠曰秀和尚說諸惡不作名爲戒諸善奉行名爲慧自淨其意名爲定此是戒定慧彼說如此未審和尚所見如何願爲解說師曰秀和尚所見實不可思議吾所見戒定慧又別志誠啓和尚戒定慧只合一種如何更別師曰汝師戒定慧接大乘人吾戒定慧接最上乘人悟解不同見有遲疾汝聽吾說與彼同否吾所說法不離自性離體說法名爲相說自性常迷須知一切萬法皆從自性起用是眞戒定慧等法常見自性自心即是自性等佛吾心地無非自性戒心地無癡自性慧心地無亂自性定汝師戒定慧勸小根智人吾戒定慧勸大根智人若悟自性亦

不立菩提涅槃亦不立解脫知見無一法可得方能建立萬法是真見性若解此意亦名佛身亦名菩提涅槃亦名解脫知見亦名十方國土亦名恒沙數亦名三千大千亦名大小藏十二部經見性之人立亦得不立亦得去來自由無滯無礙應用隨作應語隨答普見化身不離自性即得自在神通遊戲三昧之力此名見性志誠再啓和尚如何是不立義師曰自性無非無癡無亂念念般若觀照常離法相自由自在縱橫盡得有何可立自性自悟頓悟頓修亦無漸次所以不立一切法佛言寂滅有何次第志誠禮拜便住曹溪願爲門人不離左右復有一僧名曰法達常誦法華經七年心迷不悟正法來詣曹溪禮拜問曰和尚弟子誦法華經心常有疑又不知正法之處和尚智慧廣大願爲決疑師曰法達法即甚達汝心不達經本無疑汝心自疑汝心自邪則求正法吾心本正則是持經吾不識文字汝取經來誦之一遍吾聞即知法達取經便讀一遍師知佛意乃與說經師言法達經無多語十卷盡是譬喻因緣如來廣說三乘只爲世人根鈍經文分明無有餘乘唯一佛乘汝聽一佛乘莫求二乘迷却汝性且經中何處是一佛乘吾聞汝誦經云諸佛世尊唯以一大事因緣故出現於世（正法有十六字）此法如何解如何修汝用心聽吾爲汝說師言法達人心不思本來寂靜離却邪見即是大

事因緣内外不迷即離兩邊外迷着相内迷着空於相離
相於空離空即是内外不迷若悟此法一念心開出現於
世心開何事開佛知見佛猶覺也分為四門開覺知見示
覺知見悟覺知見入覺知見此名開示悟入從一處入即
覺知見見自本性即得出現師言吾勸一切人於自心地
常開佛知見世人心邪愚迷造罪口善心惡貪嗔嫉妬諂
佞侵害自開衆生知見世人心正常起智慧觀照自心止
惡行善自開佛知見汝須念念開佛知見莫開衆生知見
開佛知見即是出世開衆生知見即是世間師又言法達
此是法華經一乘之義向下分之為三乘者蓋為迷人汝
但依一佛乘修行師又言法達心行即是汝轉法華經不
行即是被法華經轉心正轉法華心邪法華轉開佛知見
轉法華努力依法修行即是轉經自心若不念念修行即
常被經轉法達一聞言下大悟涕淚悲泣白大師言實未
曾轉法華七年被法華轉自今方修佛行師言行佛行是
佛時在會者各得見性復有僧名曰智常禮拜問四乘之
義云啓和尚佛說三乘法又言冣上乘弟子不解願為教
授師曰汝向自心見莫着外法相無四乘法人心自有四
等見聞轉讀是小乘悟法解義是中乘依法修行是大乘
萬法盡通萬行俱備一切不染離諸法相一無所得名冣
上乘乘是行義不在口爭汝須自修莫問吾也一切時中
自性自如是四乘義又入玉泉寺有一童子年十三歲當陽
縣人名曰神會禮師三拜問曰和尚坐禪還見不見師以
柱杖打三下却問吾打汝痛不痛對云亦痛亦不痛師曰
吾亦見亦不見神會問如何是亦見亦不見師言吾之所
見常見自心過愆不見他人是非好惡是以亦見亦不見
汝言亦痛亦不痛如何汝若不痛同其木石若痛即同凡
夫即起於恨師曰神會小兒向前見不見是二邊痛不痛
屬生滅汝自性且不見敢來弄人神會禮拜悔謝更不敢
言師又曰汝若心迷不見問善知識覓路汝若心悟即自
見性依法修行汝自迷不見自心却來問吾見與不見吾
見自知豈代汝迷汝若自見亦不代吾迷何不自知自見
乃問吾見與不見神會禮百餘拜求謝愆過請事為師不
離左右

十一教示十僧傳法門　　滅度年月附

介時師喚門人法海志誠法達神會智常智通志徹志道
法珍法如等言汝等十人向前汝等不同餘人吾滅度後
各為一方師吾今教汝說法不失本宗先須舉三科法門
動用三十六對出没即離兩邊說一切法莫離自性忽有
人問汝法出語盡雙皆取對法來去相因究竟二法盡除
更無去處三科法門者陰界入也陰是五陰色受想行識
是也入是十二入外六塵色聲香味觸法内六門眼耳鼻

舌身意是也界是十八界六塵六門六識是也自性能含
萬法名含藏識若起思量即是轉識生六識出六門見六
塵三六一十八由自性起用自性若邪起十八邪自性若正起
十八正含惡用即衆生用善用即佛用用由何等由自性有
對法外境無情五對天與地對日與月對明與暗對陰與
陽對水與火對此是五對也法相語言十二對語與法對有
與無對有色與無色對有相與無相對有漏與無漏對色
與空對動與靜對清與濁對凡與聖對僧與俗對老與少

對大與小對此是十二對也自性起用十九對長與短對
邪與正對癡與慧對愚與智對亂與定對慈與毒對戒與
非對直與曲對實與虛對險與平對煩惱與菩提對常與
無常對悲與害對喜與嗔對捨與慳對進與退對生與滅
對法身與色身對化身與報身對此是十九對也師言此
是三十六對法若解用即通貫一切經法出入即離兩邊
自性動用共人言語外於相離相內於空離空若全着相
即長邪見若全執空即長無明執空之人有謗經直言不
用文字既云不用文字人亦不合語言只此語言便是文
字之相又云直道不立文字即此不立兩字亦是文字見
人所説便即謗他言着文字汝等須知自迷猶可又謗佛
經不要謗經罪障無數着相於外而作法求真或廣立道
場説有無之過患如是之人累劫不可見性不勸依法修

行但口聽説修行又莫百物不思而於道性窒礙若聽説
不修令人反生邪念但依法修行無住相法施汝等若悟
依此説依此用依此行依此作即不失本宗若有人問汝
義問有將無對問無將有對問凡以聖對問聖以凡對二
法相因生中道義汝一問一對餘問一依此作即不失理
也設有人問何名為暗答云明是因暗是緣明沒即暗以
明顯暗以暗現明來去相因成中道義餘問悉皆如此師
教十僧於後傳法以壇經遞相教授即不失宗旨汝今已
得法了遞代流行後人得遇壇經如親承吾教若看壇經
必當見性大師以先天元年於新州國恩寺造塔至二年
七月八日喚門人告別師言汝等近前吾至八月欲離世
間汝等有疑早須相問為汝破疑當令迷盡使汝安樂吾
若去後無人教汝法海等聞悉皆涕泣唯有神會不動神
情亦無涕泣師曰神會小師却得善不善等毀譽不動餘
者不得數年在山修行何道汝今悲泣為憂阿誰若憂吾
不知去處吾自知去處吾若不知去處終不別汝汝等悲
泣蓋為不知吾去處若知吾去處即不合悲泣法性本無
生滅去來汝等盡坐吾與汝等一偈名曰真假動靜偈汝
等誦取此偈與吾意同依此修行不失宗旨衆僧作禮請
師説偈偈曰
一切無有真　不以見於真　若見於真者　是見盡非真

若能自有真　離假即心真　自心不離假　無真何處真
有情即解動　無情即不動　若修不動行　同無情不動
若見真不動　動上有不動　不動是不動　無情無佛種
能善分別相　第一義不動　但作如此見　即是真如用
報諸學道人　努力須用意　莫於大乘門　却執生死智
若言下相應　即共論佛義　若實不相應　合掌令歡喜
此宗本無諍　諍即失道意　執迷諍法門　自性入生死
六祖　十三
時眾僧聞知大師意更不敢諍各自攝心依法修行一時
禮拜即知大師不久住世法海上座問曰和尚去後衣法
當付何人師曰吾於大梵寺說法直至今日抄錄流行名
法寶壇經記汝等守護度諸羣生但依此說是名正法師
言法海向前吾滅度後二十年間邪法撩亂惑我正宗有
一人出來不惜身命定於佛法豎立宗旨即是吾法弘於
河洛此教大行若非此人衣不合傳汝多不信吾與汝說
先祖達磨大師傳衣偈頌據此偈頌之意衣不合傳偈曰
吾本來東土　說法救迷情　一花開五葉　結果自然成
師曰吾有一偈還用先聖大師偈意偈曰
心地含情性　法雨即花生　頓悟花情已　菩提果自成
師說偈已令門人且散眾相謂曰大師多應不久住世間
師至先天二年八月三日食後報言汝等各著位坐吾今共汝
相別時法海問言此法從上至今傳授幾代願和尚說師

曰初　六佛　釋迦第七　迦葉
阿難　末田地　商那和修　優波毱多
提多迦　佛陁難提　佛陁蜜多　脇比丘
富那奢　馬鳴大士　毗羅尊者　龍樹大士
迦那提多　羅睺羅多　僧伽那提　僧伽耶舍
鳩摩羅䭾　闍夜多　婆修槃頭　摩拏羅
鶴勒那　師子比丘　婆舍斯多　優婆掘多
婆須蜜多　僧迦羅叉　繼菩提達磨　北齊惠可
隋朝僧璨　唐朝道信　弘忍　惠能
師言眾人今當無法汝等於後遞相傳付須有依約
莫失宗旨法海白言和尚留何教法令後代迷人得見自
性師言汝等聽後代迷人若識眾生即見佛性若不識
眾生萬劫見佛難逢吾今教汝識自心眾生見自心佛性
吾與汝說後代之人欲求見佛但識眾生只為眾生迷佛
非是佛迷眾生自性若悟眾生是佛自性若迷佛是眾生
自性平等眾生是佛自心邪險佛是眾生汝等心若險曲
即佛在眾生中一念平直即是眾生成佛我心自有佛自
若無佛心何處求真佛汝等自心是佛更莫狐疑外無一
切物而能建立皆是本心生萬種法故經云心生種種法
生心滅種種法滅吾今留一偈與汝等別名自性真佛偈
後代迷人識此偈意自見本心自成佛道偈曰

真如性淨是真佛　邪見三毒是魔王　邪迷之時魔在舍
正見之時佛在堂　性中邪見三毒生　即是魔王來住舍
正見自除三毒心　魔變成佛真無假　法身報身及化身
三身本來是一身　若向性中能自見　即是成佛菩提因
本從化身生淨性　淨性常在化身中　性使化身行正道
當來圓滿真無窮　婬性本是淨性因　除婬即無淨性身
性中各自離五欲　見性剎那即是真　今生若悟頓法門
忽悟自性見世尊　汝若修行覓作佛　不知何處擬求真
若能心中自見真　有真即是成佛因　不見自性外覓佛
起心總是大癡人　頓教法門今已留　救度世人須自修
報汝當來學道者　不作此見大悠悠
師說偈了報言今共汝別吾滅度後莫作世情悲泣雨淚
受人弔問身着孝服非吾弟子亦非正法但如吾在日一
時盡坐無動無靜無生無滅無去無來無是無非無住無
往無名無字恐汝心迷不會吾意吾今再囑汝令汝見性
吾滅度後依此修行如吾在日汝等違法縱吾在世終無
有益大師言說夜至三更奄然遷化大師春秋七十有六
師遷化日寺內異香氛氳經于七日感地動林變白日無
光風雲失色群鹿鳴叫至夜不絕先天二年八月三日夜
三更時於新州國恩寺圓寂餘在功德塔記具述及具王維碑銘
至十一月韶廣二州門人迎師神座向曹溪山葬忽於龍
內白光出現直上衝天三日始散韶州奏聞奉勑立碑供
養至元和十一年詔追謚曰大鑒禪師事具劉禹錫碑洎
平法海上座無常以此壇經付囑志道志道付彼岸彼岸
付悟真悟真付圓會遞代相傳付囑一切萬法不離自性
中現也

六祖壇經卷下

慶長四年五月上中旬初拜誦此經伺南宗奥義了次為新学加朱點之　了然誌之

慶長八年三月朔日至八日一遍拜讀之次加和點了　記者同前

附錄五：日本寬永刻本《六祖壇經》影圖

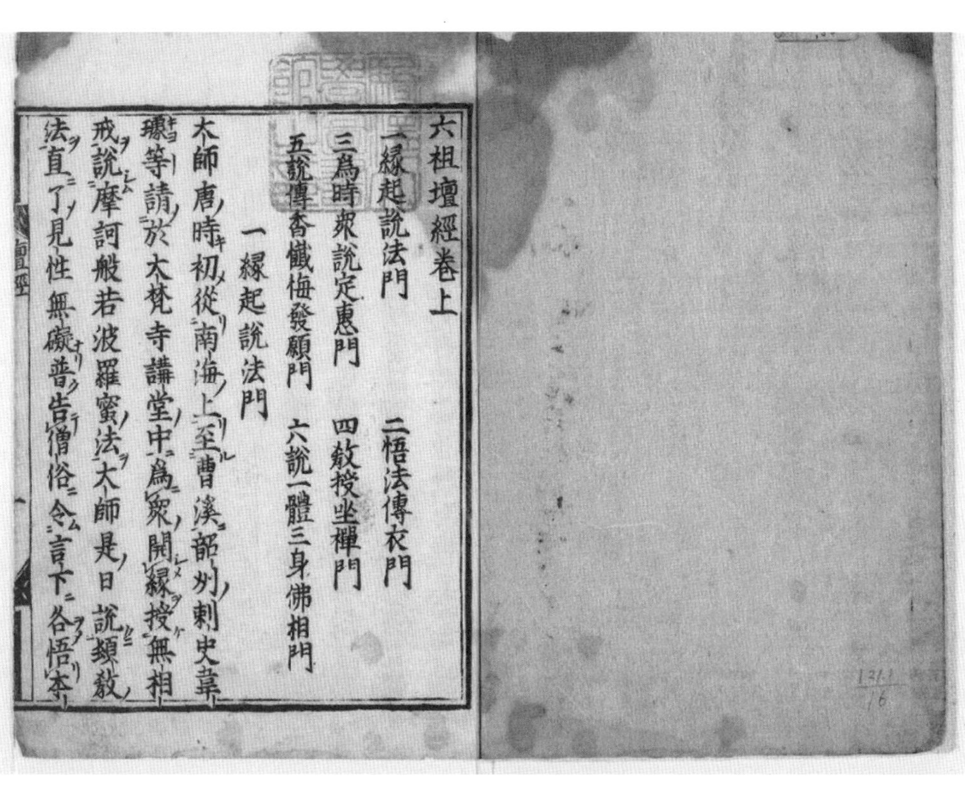

六祖壇經卷上

一緣起說法門　二悟法傳衣門
三爲時衆說定惠門　四教授坐禪門
五說傳香懺悔發願門　六說一體三身佛相門

一緣起說法門

大師唐時初從南海上至曹溪韶州刺史韋璩等請於大梵寺講堂中爲衆開緣授無相戒說摩訶般若波羅蜜法大師是日說頓教法直了見性無礙普告僧俗令言下各悟本

心現成佛道座下僧尼道俗一千餘人刺史官寮等三十餘人儒宗學士三十餘人同請大師說是法門刺史韋璩令門人法海抄錄流行傳示後代若承此宗旨學道者遞相教授有所依憑耳

二悟法傳衣門

爾時大師既升座已而示衆言善知識總淨心念摩訶般若波羅蜜大師良久不語自淨其心忽然告言善知識菩提自性本來清淨但用此心直了成佛善知識且聽惠能行由得法事意惠能嚴父本貫范陽左降流于嶺南作新州百姓此身不幸父又早亡老母孤遺移來南海艱辛貧乏於市賣柴時有一客買柴使令送至官店客收去惠能得錢却出門外見有一客讀金剛經惠能一聞心便開悟遂問客言從何所來持此經典客云我從蘄州黃梅縣東馮母山來其山是第五祖弘忍大師在彼主化門人一千有餘我到彼山

禮拜聽授此經大師常勸僧俗但持金剛經
即自見性直了成佛惠能聞說宿業有緣乃
蒙一客取銀十兩與惠能令充老母衣糧教
便往黃梅禮拜五祖惠能安置母畢便即辭
親不經三二十日便至黃梅禮拜五祖師問
曰汝何方人來到此山禮拜今向吾邊欲求
何物惠能對云弟子是嶺南新州百姓遠來
禮師唯求作佛不求餘物五祖言汝是嶺南
人又是獦獠若為堪作佛惠能言人雖有南

北佛性本無南北獦獠身與和尚不同佛性
有何差別大師更欲共惠能久語且見徒衆
總在身邊乃令隨衆作務惠能啓和尚言弟
子自心常生智惠不離自性即是福田未審
和尚教作何務五祖言這獦獠根性大利汝
更勿言且去後院有一行者差惠能破柴踏
碓八箇餘月五祖一日忽見惠能言吾思汝
之見可用恐有惡人害汝遂不與汝言知之
否惠能言弟子亦知師意不敢行至堂前令

人不覺五祖一日喚諸門人總來吾向汝說
世人生死事大汝等終日供養只求福田不
求出離生死苦海自性若迷福何可救汝等
各去後院自看智惠取自本心般若之性各
作一偈來呈吾看若悟大意付汝衣法為第
六代祖火急速去不得遲滯思量即不中用
見性之人言下須見若如此者輪刀上陣亦
得見之衆得處分來至後院遞相謂曰我等
衆人不須澄心用意作偈將呈和尚有何所

益神秀上座現為教授師必是他得我輩謾
作偈頌枉用心力諸人聞語各自息心咸言
我等已後依止秀師何須作偈神秀思惟諸
人不呈偈者為我與他為教授師我須作偈
將呈和尚若不呈偈和尚如何知我心中見
解深淺我呈偈意求法即善覓祖即惡却同
凡心奪其聖位無別若不呈偈終不得法大
難大難五祖堂前有步廊三間擬請供奉盧
珍畫楞伽經變相及五祖血脉圖流傳供養

神秀作偈成已數度欲呈行至堂前心中恍
惚遍身汗流擬呈不得前後經四日一十三
度呈偈不得秀乃思惟不如向廊下書着從
他和尚看見忽若道好即出頂禮云是秀作
若道不堪枉向山中數年受人禮拜更修何
道言訖夜至三更不使人知自執燈燭於南
廊中間壁上書無相偈呈心所見神秀偈曰

身是菩提樹　心如明鏡臺
時時勤拂拭　莫使染塵埃

秀書偈了便却歸房人總不知神秀思惟五
祖明日見偈歡喜出見和尚即言秀作若言
不堪自是我迷宿業障重不合得法聖意難
測房中思想坐卧不安直至五更五祖即知
神秀入門未得不見自性喫粥了便即天明
五祖方便喚盧供奉來擬向南廊畫五代血
脉供養五祖忽見其偈報言供奉却不畫也
輙奉十千勞供奉遠來金剛經云凡所有相
皆是虛妄不如留此偈令迷人誦依此偈修

免墮三惡道依此修行人大有利益五祖喚
門人燒香偈前令凡人見生敬重心汝等盡
須誦此悟此偈者即得見性依此修行必不
墮落門人盡誦皆歎善哉五祖三更喚秀入
堂問是汝作此偈否若是汝作應得吾法秀
言罪過實是秀作亦不求祖位望和尚慈悲
看弟子心中有少智惠否五祖言汝作此偈
未見本性只到門外未入門內凡愚依此修
行即不墮落如此見解覓無上菩提即不可

得無上菩提須得言下識自本心見自本性
不生不滅於一切時中念念自見萬法無滯
一真一切真萬境自如如如之心即是真實
若如是見者即是無上菩提之自性也五祖
言汝且去一兩日思惟更作一偈將來吾看
汝偈若入得門見自本性付汝衣法吾不惜
法汝見自遲神秀作禮便出又經數日作偈
不成心中恍惚神思不安猶如夢中行坐不
樂復經兩日有一童子於碓坊過唱誦其偈

惠能一聞便知此偈未見本性惠能未蒙教
授早識大意遂問童子言誦者是何偈童子
言尒這獦獠不知大師言世人生死事大欲
得傳付法衣令門人作偈來看若悟大意即
付衣法爲第六祖神秀上座於南廊壁上書
無相偈五祖令門人盡誦此偈若得悟者即
見自性成佛依此修行即不墮落惠能言上
人我在此踏碓八箇餘月未曾行到堂前望
上人引至偈前禮拜亦要誦此結來生緣同

壇經　六

生佛地童子便引惠能到南廊禮拜偈頌爲
不識字請上人爲讀若得聞之願生佛會
時有江州別駕姓張名日用便高聲讀惠能
一聞即識大意因自言亦有一偈望別駕書
于壁上別駕言獦獠汝亦作偈其事希有惠
能啓別駕言若學無上菩提不得輕於初學
俗諺云下下人有上上智上上人有没意智
若輕人即有無量無邊罪張日用言汝但誦
偈吾爲汝書于壁上汝若得法先須度吾勿

忘此言惠能偈云
菩提本無樹　明鏡亦非臺
本來無一物　何處有塵埃
說此偈已僧俗總驚山中徒衆無不嗟訝各
相謂言奇哉不得以皃取人何得多時使他
肉身菩薩五祖見衆人盡怪恐人損他向後
無人傳法遂便混破向衆人言此偈亦未見
性云何讚歎衆便息心皆言未了各自歸房
更不讚歎五祖夜至三更喚惠能於堂內以

壇經　七

袈裟遮圍不令人見爲惠能說金剛經恰至
應無所住而生其心言下便悟一切萬法不
離自性惠能啓言和尚何期自性本自清淨
何期自性本不生滅何期自性本自具足何
期自性本無動搖能生萬法五祖知悟本性
乃報惠能言不識本心學法無益若言下識
自本心見自本性即名丈夫天人師佛三更
受法人盡不知便傳頓教及衣鉢云汝爲第
六代祖善自護念廣度迷人衣爲信稟代代

相承法，即以心傳心，皆令自悟自解。自古佛佛唯傳本體，師師默付本心，令汝自見自悟。五祖言：自古傳法，命似懸絲，若住此間，有人害汝，汝須速去。惠能言：本是南中人，久不知此山路，如何出得江口？五祖言：汝不須憂，吾自送汝。其時領得衣鉢，三更便發南歸。五祖相送，直至九江驛邊，有一隻船子。五祖令惠能上船，五祖把艣自搖。惠能言：請和尚坐，弟子合搖艣。五祖言：只合是吾度汝，不可汝却

度吾，無有是處。惠能言：弟子迷時，和尚須度；今吾悟矣，過江搖艣，合是弟子度之。度名雖一，用處不同。惠能生在邊方，語又不正，蒙師敎旨付法，今已得悟，即合自性自度。五祖言：如是如是。但依此見，已後佛法大行矣。汝去後三年，吾即前逝。五祖言：汝今好去，努力向南。五年勿說佛法，難起。已後行化，善誘迷人，若得心開，與吾無別。辭違已了，便發向南。兩月中間，至大庾嶺，不知逐後數百人來趂，欲

奪衣取法，來至半路，盡總却迴。唯一僧俗姓陳，名惠明，先是四品將軍，性行麁惡，直至大庾嶺頭，趂及惠能，便還衣鉢，又不肯取，言：我欲求法，不要其衣。惠能即於嶺頭便傳正法，惠明聞法，言下心開。惠能却令向北接人。惠能後至曹溪，又被惡人尋逐，乃於四會縣避難，經五年，常在獵人中。雖在獵中，每與獵人說法。至高宗朝，到廣州法性寺，值印宗法師講涅槃經時，有風有旛動，一僧云旛動，一僧

云風動。惠能云：非旛動風動，人心自動。印宗聞之竦然。惠能東山得法，辛苦受盡，命似懸絲。今日大衆同會，得聞乃是過去千生曾供養諸佛，方始得聞無上自性頓敎。惠能與使君及官僚道俗有累劫之因。敎是先代聖傳，不是惠能自智。願聞先聖敎者，各令淨心，聞了各自除疑，如先代聖人無別。善知識，菩提般若之智，世人本自有之，只緣心迷，不能自悟，須求大善知識示導見性。善知識，愚人智

人佛性本無差別只緣迷悟不同所以有愚
有智

唯謂明曰不思善不思惡正與麼時如何是上座本來面目明大悟

三為時衆說定惠門

師言善知識我此法門以定惠為本大衆勿
迷言定惠別定惠一體不是二定是惠體惠
是定用即惠之時定在惠即定之時惠在定
若識此義即是定惠等學諸學道人莫言先
定發惠先惠發定各別作此見者法有二相
口說善語心中不善空有定惠定惠不等若

心口俱善內外一種定惠即等自悟修行不
在於諍若諍先後即同迷人不斷勝負却增
法我不離四相善知識一行三昧者於一切
處行住坐卧常行一直心是也如淨名經云
直心是道場直心是淨土莫心行諂曲口但
說直口說一行三昧不行直心但行直心於
一切法勿有執着迷人着法相執一行三昧
直言坐不動妄不起心即是一行三昧作此
解者即同無情却是障道因緣善知識道須

通流何以却滯心不住法道即通流心若住
法名為自縛若言坐不動是只如舍利弗宴
坐林中不合被維摩詰呵善知識又見有人
敎坐看心看靜不動不起從此置功迷人不
會便執成顛如此者衆矣如是相敎故知大
錯善知識定惠猶如何等猶如燈光有燈即
光無燈不光燈是光之體光是燈之用名雖
有二體本同一此定惠法亦復如是善知識
本來正敎無有頓漸人性自有利鈍迷人漸

契悟人頓修自識本心自見本性即無差別
所以立頓漸之假名善知識我此法門從上
已來先立無念為宗無相為體無住為本無
相者於相而離相無念者於念而不念無住
者人之本性於世間善惡好醜乃至寃之與
親言語觸刺欺爭之時並將為空不思酬害
念念之中不思前境若前念今念後念念念
相續不斷名為繫縛於諸法上念念不住即
無縛也此是以無住為本善知識外離一切

相名爲無相能離於相即法體清淨此是以無相爲體善知識於諸境上心不染曰無念於自念上常離諸境不於境上生心若百物不思念盡除却一念絕即死別處受生學道者思之莫不識法意自錯猶可更勸他人自迷不見又謗佛經所以立無念爲宗善知識云何立無念爲宗只緣口說見性迷人於境上有念念上便起邪見一切塵勞妄想從此而生自性本無一法可得若有所得妄說禍福即是塵勞邪見故此法門立無念爲宗善知識無者無何事念者念何物無者無二相無諸塵勞之心念者念真如本性真如即是念之體念即是真如之用真如自性起念非眼耳鼻舌能念真如有性所以起念真如若無眼耳色聲當時即壞善知識真如自性起念六根雖有見聞覺知不染萬境而真性常自在外能分別諸色相內於第一義而不動善知識此門坐禪元不着心亦不着淨亦不是不動若言着心心元是妄知心如幻故無所着也若言着淨人性本淨由妄念故蓋覆真如但元無想性自清淨起心着淨却生淨妄妄無處所着者是妄淨無形相却立淨相言是功夫作此見者障自本性却被淨縛善知識若修不動者但見一切人時不見人之是非善惡過患即是自性不動善知識迷人身雖不動開口便說他人是非長短好惡與道違背也若着心着淨者却障道也

四　教授坐禪門

師言知識何名坐禪此法門中無障無碍外於一切善惡境界心念不起名爲坐內見自性不動名爲禪善知識何名禪定外離相爲禪內不亂爲定外若着相內心即亂外若離相心即不亂本性自淨自定只爲見境思境即亂若見諸境心不亂者是真定也善知識外離相即禪內不亂即定外禪內定是爲禪定淨名經云即時豁然還得本心菩薩戒經

云我本元自清淨善知識於念念中自見本
性清淨自修自行自成佛道

五傳香懺悔發願門

師言善知識一會在此皆共有緣今各胡跪
傳自性五分法身香一戒香即自心中無非
無惡無疾妬無貪嗔無劫害名戒香二定香
即覩諸善惡境相自心不亂名定香三慧香
自心無礙常以智慧觀照自性不造諸惡雖
修衆善心不執着長上愛下矜恤孤貧名慧

香四解脫香即自心無所攀緣不思善不思
惡自在無礙名解脫香五解脫知見香自心
既無所攀緣善惡不可沉空守寂即須廣學
多聞識自本心達諸佛理言滿天下無口過
行滿天下無怨惡和光接物無我無人直至
菩提真照不易名解脫知見香善知識此香
各自內薰莫於外覓今與善知識授無相懺
悔滅三世罪令得三業清淨善知識各隨語
一時道弟子等從前念今念及後念念念不

被愚迷染從前所有惡業愚迷等罪悉皆懺
悔願一時消滅永不復起弟子等從前念今
念及後念念念不被憍誑染從前所有惡業
憍誑等罪悉皆懺悔願一時消滅永不復起
弟子等從前念今念及後念念念不被疽妬
染所有惡業疽妬等罪悉皆懺悔願一時消
滅永不復起善知識已上是為無相懺悔云
何名懺云何名悔懺者懺其前愆從前所有
惡業愚迷憍誑疽妬等罪悉皆盡懺願不復

起是名為懺悔者悔其後過從今已後所有
惡業愚迷憍誑疽妬等罪今已覺悟悉皆永
斷不復更作是名為悔故稱懺悔凡夫愚迷
只知懺其前愆不知悔其後過以不悔故前
愆不滅後過又生前愆既不滅後過復又生
何名懺悔善知識既懺悔已與善知識發四
弘誓願各次用心正聽自心邪迷無邊誓願
度自心煩惱無邊誓願斷自性法門無盡誓
願學自性無上佛道誓願成師言善知識大

家豈不道衆生無邊誓願度恁麼道是不是惠能度善知識心中衆生所謂邪迷心誑妄心不善心疽妬心悪毒心如是等心盡是衆生各須自性自度是名真度何名自性自度即自心中邪見煩惱愚癡衆生將正見度既有正見使般若智打破愚癡迷妄衆生各各自度邪來正度迷來悟度愚來智度惡來善度如是度者名為真度又煩惱無邊誓願斷將自性般若智除却虚妄思想心是也又法門無盡誓願學須自見性常行正法是名真學又無上佛道誓願成既常能下心行於真正離迷離覺常生般若除真除妄即見佛性即言下佛道成常念修行是願力法師言善知識今發四弘願了更與善知識授無相三歸依戒善知識歸依覺二足尊歸依正離欲尊歸依淨衆中尊從今日去稱覺為師更莫歸依邪魔外道以自性三寶常自證明勸善知識歸依自性三寶佛者覺也法者正也僧者淨也自心歸依覺邪迷不生少欲知足能離財色名二足尊自心歸依正念念無邪見以無邪見故即無人我貢高貪愛執着名離欲尊自心歸依淨一切塵勞妄念雖在自性皆不染着名衆中尊若修此行是自歸依凡夫不會從日至日受三歸戒若言歸依佛佛在何處若不見佛憑何所歸言却成妄善知識各自觀察莫錯用心經文分明言自歸依佛不言歸依他佛自性不歸無所依處今既自悟各須歸依自心三寶内調心性外敬他人是自歸依也

六說一體三身佛門

師言善知識各各至心恵能與說一體三身自性佛令善知識見三身了然自悟自性總隨恵能道於自色身歸依清淨法身佛於自色身歸依千百億化身佛於自色身歸依圓滿報身佛已上善知識色身是舍宅不可言歸向者三身佛在自性中世人總有為自心

迷不見內性外覓三身如来不見自身中有三世佛善知識聽說令善知識於自身中見自性有三世佛此三身佛從自性生不從外得何名清淨法身世人性本清淨萬法從自性生思量一切惡事即生惡行思量一切善事即生善行如是諸法在自性中如天常清日月常明為浮雲蓋覆上明下暗忽遇風吹雲散上下俱明萬象皆現世人性常浮游如彼天雲善知識智如日惠如月智惠常明於

外着境被妄念浮雲蓋覆自性不得明朗若遇善知識聞真正法自除迷妄內外明徹於自性中萬法皆現見性之人亦復如是此名清淨法身佛善知識自心歸依自性是歸依真佛自歸依者除却自性中不善心嫉妬心憍慢心吾我心誑妄心輕人心慢他心邪見心貢高心及一切時中不善之行常自見己過不說他人好惡是自歸依常須下心普行恭信即是見性通達更無滯礙是自歸依何

名千百億化身若不思萬法性本如空一念思量名為變化思量惡事化為地獄思量善事化為天堂毒害化為龍蛇慈悲化為菩薩智惠化為上界愚癡化為下方自性變化甚多迷人不能省覺念念起惡常行惡道廻一念善智惠即生此名自性化身佛何名圓滿報身譬如一燈能除千年闇一智能滅萬年愚莫思向前已過不可得常思於後念念圓明自見本性善惡雖殊本性無二無二之性

名為實性於實性中不染善惡此名圓滿報身佛師又言自性起一念惡滅萬劫善因自性起一念善得恒沙惡盡直至無常念念自見不失本念名為報身善知識從法身思量即是化身佛念念自性自見即是報身佛自悟自修自性功德是真歸依皮肉是色身色身是宅舍不言歸依也但悟自性三身即識自性大意

六祖壇經卷上

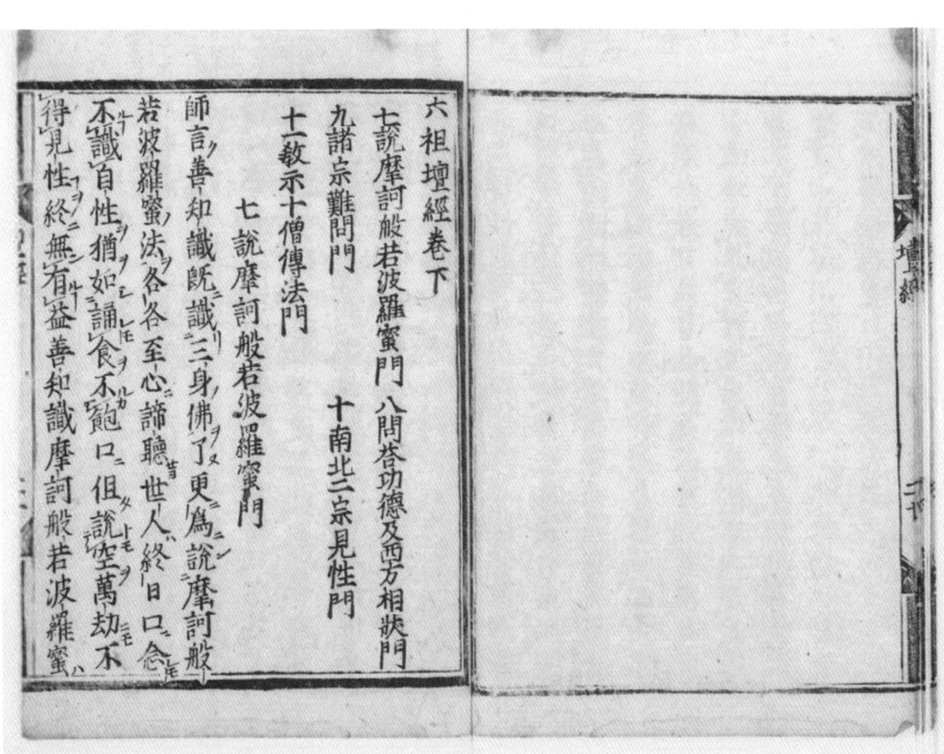
六祖壇經卷下

七說摩訶般若波羅蜜門　八問荅功德及西方相狀門

九諸宗難問門　十南北二宗見性門

十一教示十僧傳法門

七說摩訶般若波羅蜜門

師言善知識既識三身佛了更為說摩訶般若波羅蜜法各各至心諦聽世人終日口念不識自性猶如誦食不飽口但說空萬劫不得見性終無有益善知識摩訶般若波羅蜜

是梵語此言大智惠到彼岸此須心行不在口念口念心不行如幻如化如露如電口念心行即心口相應本性是佛離性無別佛何名摩訶摩訶是大心量廣大猶如虛空無有邊畔亦無方圓大小亦非青黃赤白亦無上下長短亦無嗔無喜無是無非無善無惡無有頭尾諸佛剎土盡同虛空世人妙性本空無有一法可得自性真空亦復如是善知識今聞惠能說空便即着空第一莫着空若

空心靜坐即落無記空終不成佛法善知識世界虛空能含万物色象日月星宿山河泉源溪澗一切樹木惡人善人惡法善法天堂地獄一切大海須彌諸山總在空中世人性空亦復如是善知識自性能含萬法是大萬法在善知識性中若見一切人惡之與善盡皆不取不捨亦不染着心如虛空名之為大故曰摩訶善知識迷人口說智者心行又有迷人空心靜坐百無所思自稱為大此一輩

人不可共說為邪見故善知識心量廣大徧
周法界用即了了分明應用便知一切一切
即一一即一切去來自由心體無滯此即是
善知識一切般若智皆從自性而生不從外
入莫錯用意名為真性自用一真一切真心
量大事不行小道口莫終日說空心中不修
此行恰似凡人自稱國王終不可得非吾弟
子善知識何名般若般若是智惠也一切處
所一切時中念念不愚常行智惠即是般若

行一念愚即般若絕一念智即般若生世人
愚迷不見般若口說般若心中常愚自言我
修般若念念說空不識真空般若無形相智
惠心即是若作如是解即名般若智何名波
羅蜜此是西國語此言到彼岸解義離生滅
着境生滅起如水有波浪即是於此岸離境
無生滅如水常通流即名為彼岸故號波羅
蜜善知識迷人口念當念之時有妄有非念
念若行是名真性悟此法者是般若法修此

行者是般若行不修即凡一念修行法身等
佛善知識凡夫即佛煩惱即菩提前念迷即
凡夫後念悟即佛前念着境即煩惱後念離
境即菩提善知識摩訶般若波羅蜜最尊最
上最第一無住無往無來三世諸佛皆從中
出當用大智惠打破五蘊煩惱塵勞若此修
行定成佛道變三毒為戒定惠善知識我此
法門從一般若生八萬四千智惠何以故為
世人有八萬四千塵勞若無塵勞智惠常現

不離自性悟此法者即是無念無憶無着不
起誑妄用自真如性以智惠觀照於一切法
不取不捨即是見性成佛道善知識若欲入
甚深法界及般若三昧者須修般若行持誦
金剛般若經即得見性當知此功德無量無
邊經中分明讚歎不能具說此法門是最上
乘為大智人說為上根人說小根小智人聞
心生不信何以故譬如大龍下雨於閻浮提
城邑聚落悉皆漂流如漂棗葉若雨大海不

增不減若大乘人若最上乘人聞說金剛經心開悟解故知本性自有般若之智自用智惠常觀照故不假文字譬如雨水不從天有元是龍能興致令一切衆生一切草木有情無情悉皆蒙潤諸水衆流却入大海合爲一體衆生本性般若之智亦復如是善知識小根之人聞此頓教猶如草木根性自小若被大雨悉皆自倒不能增長小根之人亦復如是元有般若之智與大智人更無差別因何聞法不自開悟緣邪見障重煩惱根深猶如大雲覆蓋於日不得風吹日光不現般若之智亦無大小爲一切衆生自心迷悟不同迷心外見修行覓佛未悟自性即是小根若開悟頓教不執外修但於自心常起正見煩惱塵勞常不能染即是見性善知識內外不住去來自由能除執心通達無礙能修此行與般若經本無差別善知識一切經書及諸文字大小二乘十二部經皆因人置因智惠性

方能建立若無世人一切萬法本自不有故知萬法本因人興一切經書因人說有緣其人中有愚有智愚爲小人智爲大人愚者問於智人智者與愚人說法令其悟解心開愚人忽悟解心開即與智人無別善知識不悟即佛是衆生一念悟時衆生是佛故知萬法盡在自心何不從自心中頓見真如本性菩薩戒經云我本元自性清淨若識自心見性皆成佛道淨名經云即時豁然還得本心善知識我於忍和尚處一聞言下便悟頓見真如本性是以將此教法流行令學道者頓悟菩提各自觀心自見本性若自不悟須覓大善知識解最上乘法者直示正路是善知識有大因緣所謂化導令得見性一切善法因善知識能發起故三世諸佛十二部經在人性中本自具有不能自悟須求善知識示導方見若自悟者不假外求若須要善知識望得解脫者無有是處何以故自心內有知識

自悟若起邪迷妄念顛倒外善知識雖有教
授救不可得若起正真般若觀照一刹那間
妄念俱滅若識自性一悟即至佛地善知識
智慧觀照內外明徹識自本心若識本心即
求解脫若得解脫即是般若三昧即是無念
何名無念若見一切法心不染着是為無念
用即遍一切處亦不着一切處但淨本心使
六識從六門走出於六塵中無染無雜來去
自由通用無滯即是般若三昧自在解脫名

無念行若百物不思當令念絕即是法縛即
名邊見善知識悟無念法者萬法盡通悟無
念法者見諸佛境界悟無念法者至佛位地
善知識後代得吾法者常見吾法身不離汝
左右善知識將此頓教法門於同見同行發
願受持如事佛故終身而不退者欲入聖位
然須傳受從上以來默傳分付不得匿其正
法若不同見同行在別法中不得傳付損彼
前人究竟無益恐愚人不解謗此法門百劫

千生斷佛種性善知識吾有一無相頌若能
誦取言下令汝迷罪消滅頌曰

迷人修福不修道　只言修福便是道
布施供養福無邊　心中三惡元來造
擬將修福欲滅罪　後世得福罪還在
但向心中除罪緣　各自性中真懺悔
忽悟大乘真懺悔　除邪行正即無罪
學道常於自性觀　即與諸佛同一類
吾祖惟傳此頓法　普願見性同一體
若欲當來覓法身　離諸法相心中洗
努力自見莫悠悠　後念忽絕一世休
若悟大乘得見性　虔恭合掌至心求

師言令於大梵寺中說此頓教普願法界衆
生於此言下見性成佛師說法了韋使君與
官僚道俗一時作禮無不悟者皆歎善哉何
期嶺南有佛出世

八問答功德及西方相狀門

尒時韋使君再肅容儀禮拜問曰弟子聞和

尚說法實不可思議今有少疑欲問和尚願
大慈悲特為解說師曰有疑即問何須再三
韋公曰和尚所說可不是達磨大師宗旨乎
師曰是公曰弟子聞達磨初化梁武帝帝問
云朕一生造寺供僧布施設齋有何功德達
磨言實無功德武帝悵快不稱本情遂令達
磨出境弟子未達此理願和尚為說達磨意
旨如何師曰實無功德勿疑先聖之言武帝
心邪不知正法造寺供養布施設齋名為求

福不可將福便為功德功德在法身中不在
修福師又曰見性是功平等是德念念無滯
常見本性真實妙用名為功德外行於禮是
功內心謙下是德自性建立萬法是功心體
離念是德不離自性是功應用無染是德若
覓功德法身但依此作是真功德若修功德
之人心即不輕常行普敬也師曰心常輕人
吾我不斷即自無功自性虛妄不實即自無
德為吾我自大常輕一切故善知識念念無

間是功心行平直是德自修身是功自修性
是德善知識功德須自性內見不是布施供
養之所求也是以福德與功德別武帝不識
真理非我祖師有過又問弟子常見僧俗念
阿弥陀佛願生西方請和尚說得生彼否願
為破疑師言使君善聽惠能與說世尊在舍
衛城中說西方引化經文分明去此不遠若
論相說理即有十萬八千若說身中十惡八
邪便是說遠為其下根說近為其上智人有

兩種法無兩般迷悟有殊見有遲疾迷人念
佛求生於彼悟人自淨其心所以佛言隨其
心淨即佛土淨使君東方人但心淨即無罪
雖西方人心不淨亦有愆東方人造罪念佛
求生西方西方人造罪念佛求生何國凡愚
不了自性不識身中淨土願東願西悟人在
處一般所以佛言隨所住處常安常樂使君
心地但無不善西方去此不遙若懷不善之
心念佛往生難到今勸善知識先除十惡即

行十善後除八邪乃過八千念念見性常行
平直到如彈指便覩弥陁使君但行十善何
須更願往生不斷十惡之心何佛即來迎請
若悟無生頓法見西方只在刹那不悟念佛
求生路遙如何得達惠能與諸人移西方如
刹那間目前便見各願見否皆頂禮言若此
處見何須更願往生願和尚慈悲便現西方
普願得見師言大衆世人自色身是城眼耳
鼻舌是門外有五門內有意門心是地性是

王王居心地上性在王在性去王無性在身
心存性去身心壞佛向性中作莫向身外求
自性迷即是衆生自性覺即是佛慈悲即是
觀音喜捨名為勢至能淨即釋迦平直即弥
陁人我即須弥邪心是海水煩惱是波浪毒
害是惡龍虛妄是鬼神塵勞是魚鼈貪嗔是
地獄愚癡是畜生善知識常行十善天堂便
至除人我須弥倒無邪心海水竭煩惱無波
浪滅毒害除魚龍絶自心地上覺性如來放

大光明外照六門清淨能破六欲諸天自性
內照三毒即除地獄等罪一時消散內外明
徹不異西方不作此修如何到彼大衆聞說
俱歎善哉曰但是迷人了然見性悉皆禮拜
唯言普願法界衆生聞者一時悟解師言善
知識若欲修行在家亦得不由在寺在家能
行如東方人心善在寺不修如西方人心惡
但心清淨即是自性西方韋公又問在家如
何修行願為教授師言吾與大衆作無相頌

但依此修常與吾同處無別若不依此行雖
在吾邊如隔千里頌曰

說通及心通　如日處虛空　惟傳見性法
出世破邪宗　法即無頓漸　迷悟有遲疾
只此見性門　愚人不可悉　說即雖萬般
合理還歸一　煩惱暗宅中　常須生惠日
邪來煩惱至　正來煩惱除　邪正俱不用
清淨至無餘　菩提本自性　起心即是妄
淨心在妄中　但正無三障　世人若修道

一切盡不妨　常自見己過　與道即相當
色類自有道　各不相妨惱　離道別覓道
終身不見道　波波度一生　到頭還自懊
欲得見真道　行正即是道　自若無道心
闇行不見道　若真修道人　不見世間過
若見他人非　自非却是左　他非我不非
我非自有過　但自却非心　打除煩惱破
憎愛不關心　長伸兩脚卧　欲擬化他人
自須有方便　勿令彼有疑　即是自性現

佛法在世間　不離世間覺　離世覓菩提
恰如求兔角　正見名出世　邪見是世間
邪正盡打却　菩提性宛然　此頌是頓教
亦名大法船　迷聞經累劫　悟則刹那間

師言善知識總須誦取依偈修行言下見性雖去吾千里如常在吾邊於此言下不悟即對面千里各各自修法不相待衆人且散吾歸曹溪衆若有疑却來相問為衆破疑各見本心時會僧俗豁然大悟咸讚善哉俱明佛性

九諸宗難問門

大師出世行化四十年諸宗難問僧俗約千餘人皆起惡心難問師言一切盡除無名可名名於自性無二之性是名實性於實性上建立一切教門言下便須自見諸人聞說總皆頂禮請事為師願為弟子如此之徒說不可盡若論宗旨傳授壇經者即有稟承所付須知去處年月時代姓名遞相付囑若無壇經稟承者即非南宗弟子緣未得所稟雖說頓法未契本心終不免諍但得法者只勸修行諍是勝負之心與道相違矣

十南北二宗見性門

世人盡言南能北秀未知事由且秀大師在荊南當陽縣玉泉寺住能大師在韶州城東四十五里曹溪山住法本一宗人有南北何名頓漸法即一種見有遲疾法無頓漸人有利鈍故名頓漸秀聞能師說法得疾直指見性遂命門人志誠曰汝聰明多智可與吾到

曹溪山禮拜但坐聽法莫言吾使汝來汝若聽得盡心記取却來說吾看彼所見誰遲誰疾火急早來勿令吾恠志誠禮拜便行經五十餘日至曹溪山禮師坐聽不言來處志誠一聞言下便悟即起禮拜自言和尚弟子在玉泉寺秀和尚處學道九年不得契悟今聞和尚一說忽然悟解便契本心和尚大慈弟子生死事大又恐輪廻願當教示師曰汝從玉泉寺來應是細作對曰不是師曰何得不是對曰未說即是說了不是師曰煩惱菩提亦復如是師問志誠曰吾聞汝禪師教示學人唯傳戒定惠未審汝師說戒定惠行相如何與吾說看志誠曰秀和尚說諸惡不作名爲戒諸善奉行名爲惠自淨其意名爲定此是戒定惠彼說如此未審和尚所見如何願爲解說師曰秀和尚所見實不可思議吾所見戒定惠又別志誠啓和尚戒定惠只合一種如何更別師曰汝師戒定惠接大乘人吾戒

定惠接最上乘人悟解不同見有遲疾汝聽吾說與彼同否吾所說法不離自性離體說法名爲相說自性常迷須知一切萬法皆從自性起用是真戒定惠等法常見自性自心即是自性等佛吾心地無非自性戒心地無癡自性惠心地無亂自性定汝師戒定惠勸小根智人吾戒定惠勸大根智人若悟自性亦不立菩提涅槃亦不立解脫知見無一法可得方能建立萬法是真見性若解此意亦名佛身亦名菩提涅槃亦名解脫知見亦名十方國土亦名恒沙數亦名三千大千亦名大小藏十二部經見性之人立亦得不立亦得去來自由無滯無礙應用隨作應語隨答普見化身不離自性即得自在神通遊戲三昧之力此名見性志誠再啓和尚如何是不立義師曰自性無非無癡無亂念念般若觀照常離法相自由自在縱横盡得有何可立自性自悟頓悟頓修亦無漸次所以不立一

切法佛言寂滅有何次第志誠禮拜便往曹
溪願為門人不離左右復有一僧名曰法達
常誦法華經七年心迷不悟正法來詣曹溪
禮拜問曰和尚弟子誦法華經心常有疑又
不知正法之處和尚智惠廣大願為決疑師
曰法達法即甚達汝心不達經本無疑汝心
自疑汝心自邪則求正法吾心本正則是持
經吾不識文字汝取經來誦之一遍吾聞即
知法達取經便誦一遍師知佛意乃與說經

師言法達經無多語七卷盡是譬喻因緣如
來廣說三乘只為世人根鈍經文分明無有
餘乘唯一佛乘汝聽一佛乘莫求二乘迷却
汝性且經中何處是一佛乘吾聞汝誦經云
諸佛世尊唯以一大事因緣故出現於世正法
有十此法如何解如何修汝用心聽吾為汝
六字說師言法達人心何不思本來寂靜離却邪
見即是大事因緣內外不迷即離兩邊外迷
着相內迷着空於相離相於空離空即是內

外不迷若悟此法一念心開出現於世心開
何事開佛知見佛猶覺也分為四門開覺知
見示覺知見悟覺知見入覺知見此名開示
悟入從一處入即覺知見見自本性即得出
現師言吾勸一切人於自心地常開佛知見
世人心邪愚迷造罪口善心惡貪嗔嫉妬諂
佞侵害自開眾生知見世人心正常起智惠
觀照自心止惡行善自開佛知見汝須念念
開佛知見莫開眾生知見開佛知見即是出

世開眾生知見即是世間師又言法達此是
法華經一乘之義向下分之為三乘者蓋為
迷人汝但依一佛乘修行師又言法達心行
即是汝轉法花經不行即是被法華經轉心
正轉法華心邪法華轉開佛知見轉法華努
力依法修行即是轉經自心若不念念修行
即常被經轉法達一聞言下大悟涕淚悲泣
白大師言實未曾轉法華七年被法華轉自
今方修佛行師言行佛行是佛時在會者各

得見性復有僧名曰智常禮拜問四乘之義
云答和尚佛説三乘法又言最上乘弟子不
解願爲教授師曰汝向自心見莫著外法相
無四乘法人心自有四等見聞轉讀是小乘
悟法解義是中乘依法修行是大乘萬法盡
通萬行俱備一切不染離諸法相一無所得
名最上乘乘是行義不在口爭汝須自修莫
問吾也一切時中自性自如是四乘義又玉
泉寺有一童子年十三歲當陽縣人名曰神

會禮師三拜問曰和尚坐禪還見不見師以
拄杖打三下却問吾打汝痛不痛對云亦痛
亦不痛師曰吾亦見亦不見神會問如何是
亦見亦不見師言吾之所見常見自心過愆
不見他人是非好惡是以亦見亦不見汝言
亦痛亦不痛如何汝若不痛同其木石若痛
即同凡夫即起於恨師曰神會小兒向前見
不見是二邊痛不痛屬生滅汝自性且不見
敢來弄人神會禮拜悔謝更不敢言師又曰

汝若心迷不見問善知識覓路汝若心悟即
自見性依法修行汝自迷不見自心却來問
吾見與不見吾見自知豈代汝迷汝若自見
亦不代吾迷何不自知自見乃問吾見與不
見神會禮百餘拜求謝愆過請事爲師不離
左右

十一 教示十僧傳法門 滅度年月附

尒時師喚門人法海志誠法達神會智常智
通志徹志道法珍法如等言汝等十人向前

汝等不同餘人吾滅度後各爲一方師吾今
教汝説法不失本宗先須舉三科法門動用
三十六對出沒即離兩邊説一切法莫離自
性忽有人問汝法出語盡雙皆取對法來去
相因究竟二法盡除更無去處三科法門者
陰界入也陰是五陰色受想行識是也入是
十二入外六塵色聲香味觸法內六門眼耳
鼻舌身意是也界是十八界六塵六門六識
是也自性能含萬法名含藏識若起思量即

是轉識生六識出六門見六塵三六一十八
由自性起用自性若邪起十八邪自性若正
起十八正含惡用即衆生用善用即佛用用
由何等由自性有對法外境無情五對天與
地對日與月對明與暗對陰與陽對水與火
對此是五對也法相語言十二對語與法對
有與無對有色與無色對有相與無相對有
漏與無漏對色與空對動與靜對清與濁對
凡與聖對僧與俗對老與少對大與小對此

是十二對也自性起用十九對長與短對邪
與正對癡與慧對愚與智對乱與定對慈與
毒對戒與非對直與曲對實與虛對險與平
對煩惱與菩提對常與無常對悲與害對喜
與嗔對捨與慳對進與退對生與滅對法身
與色身對化身與報身對此是十九對也師
言此是三十六對法若解用即通貫一切經
法出入即離兩邊自性動用共人言語外於
相離相內於空離空若全着相即長邪見若

全執空即長無明執空之人有謗經直言不
用文字既云不用文字人亦不合語言只此
語言便是文字之相又云直道不立文字即
此不立兩字亦是文字見人所說便即謗他
言着文字汝等須知自迷猶可又謗佛經不
要謗經罪障無數着相於外而作法求真或
廣立道場說有無之過患如是之人累劫不
可見性不勸依法修行但只聽說修行又莫
百物不思而於道性窒礙若聽說不修令人

及生邪念但依法修行無住相法施汝等若
悟依此說依此用依此行依此作即不失本
宗若有人問汝義問有將無對問無將有對
問凡以聖對問聖以凡對二法相因生中道
義汝一問一對餘問一依此作即不失理也
設有人問何名為暗答云明是因暗是緣明
沒即暗以明顯暗以暗現明來去相因成中
道義餘問悉皆如此師教十僧於後傳法以
壇經迭相教授即不失宗旨汝今已得法了

遞代流行後人得遇壇經如親承吾教若看壇經必當見性大師以先天元年於新州國恩寺造塔至二年七月八日喚門人告別師言汝等近前吾至八月欲離世間汝等有疑早須相問爲汝破疑當令迷盡使汝安樂吾若去後無人教汝法海等聞悉皆涕泣唯有神會不動神情亦無涕泣師曰神會小師却得善不善等毀譽不動餘者不得數年在山修行何道汝今悲泣爲憂阿誰若憂吾不知去處吾自知去處吾若不知去處終不別汝汝等悲泣蓋爲不知吾去處若知吾去處即不合悲泣法性本無生滅去來汝等盡坐吾與汝等一偈名曰眞假動靜偈汝等誦取此偈與吾意同依此修行不失宗旨衆僧作禮請師說偈曰

一切無有眞　不以見於眞　若見於眞者
是見盡非眞　若能自有眞　離假即心眞
自心不離假　無眞何處眞　有情即解動
無情即不動　若修不動行　同無情不動
若見眞不動　動上有不動　不動是不動
無情無佛種　能善分別相　第一義不動
但作如此見　即是眞如用　報諸學道人
努力須用意　莫於大乘門　却執生死智
若言下相應　即共論佛義　若實不相應
合掌令歡喜　此宗本無諍　諍即失道意
執迷諍法門　自性入生死

時衆僧聞知大師意更不敢諍各自攝心依法修行一時禮拜即知大師不久住世法海上座問曰和尚去後衣法當付何人師曰吾於大梵寺說法直至今日抄錄流行名法寶壇經記汝等守護度諸群生但依此說是眞正法師言法海向前吾滅度後二十年間邪法撩亂惑我正宗有一人出來不惜身命定於佛法豎立宗旨即是吾法弘於河洛此教大行若非此人衣不合傳汝多不信吾與汝說先祖達磨大師傳法偈頌據此偈頌之意

衣不合傳偈曰

吾本來東土　說法救迷情　一花開五葉

結果自然成

師曰吾有一偈還用先聖大師偈意偈曰

心地含諸種　法雨即花生　頓悟花情已

菩提果自成

師說偈已令門人且散衆相謂曰大師多應不久住世間師至先天二年八月三日食後報言汝等各着位坐共汝相別時法海問云此法從上至今傳授幾代願和尚說師曰初

六佛　釋迦第七　迦葉

阿難　末田地　商那和修

優波毱多　提多迦　佛陀難提

佛陀蜜多　脇比丘　富那奢

馬鳴大士　毗羅尊者　龍樹大士

迦那提多　羅睺羅多　僧伽那提

僧伽耶舍　鳩摩羅馱　闍夜多

婆修槃頭　摩拏羅　鶴勒那

師子比丘　婆舍斯多　優婆掘多

婆須蜜多　僧迦羅叉　後魏菩提達磨

北齊惠可　隋朝僧粲　唐朝道信

弘忍　惠能

師曰衆人今當受法汝等於後遞相傳付須有稟承依約莫失宗旨法海白言和尚留何敎法令後代迷人得見自性師言汝等聽之後代迷人若識衆生即見佛性若不識衆生萬劫覓佛難逢吾今敎汝識自心衆生見自心佛性吾與汝說後代之人欲求見佛但識衆生只爲衆生迷佛非是佛迷衆生自性若悟衆生是佛自性若迷佛是衆生自性平等衆生是佛自心邪險佛是衆生汝等心若險曲即佛在衆生中一念平直即是衆生成佛我心自有佛自若無佛心何處求眞佛汝等自心是佛更莫狐疑外無一切物而能建立皆是本心生萬種法故經云心生種種法生心滅種種法滅吾今留一偈與汝等別名自

性真佛偈後代迷人識此偈意自見本心自
成佛道偈曰

真如性淨是真佛　邪見三毒是魔王
邪迷之時魔在舍　正見之時佛在堂
性中邪見三毒生　即是魔王來住舍
正見自除三毒心　魔變成佛真無假
法身報身及化身　三身本來是一身
若向性中能自見　即是成佛菩提因
本從化身生淨性　淨性常在化身中
性使化身行正道　當來圓滿真無窮
婬性本是淨性因　除婬即無淨性身
性中各自離五欲　見性刹那即是真
今生若悟頓法門　忽悟自性見世尊
汝若修行覓作佛　不知何處擬求真
若能心中自見真　有真即是成佛因
不見自性外覓佛　起心總是大癡人
頓教法門今已留　救度世人須自修
報汝當來學道者　不作此見大悠悠

師說偈了報言今共汝別吾滅度後莫作世
情悲泣雨淚受人弔問身着孝服非吾弟子
亦非正法但如吾在日一時盡坐無動無靜
無生無滅無去無來無是無非無住無往無
名無字恐汝心迷不會吾意吾今再囑汝令
汝見性吾滅度後依此修行如吾在日汝等
違法縱吾在世終無有益大師言訖夜至三
更奄然遷化大師春秋七十有六師遷化日
寺內異香氛氳經于七日感地動林變白日
無光風雲失色群鹿鳴叫至夜不絕先天二
年八月三日夜三更時於新州國恩寺圓寂
餘在功德塔記具述及具王維碑銘至十一月韶廣
二州門人迎師神座向曹溪山葬忽於龕內
白光出現直上衝天三日始散韶州奏聞奉
勅立碑供養至元和十一年詔追謚曰大鑑
禪師事具劉禹錫碑洎乎法海上座無常以
此壇經付囑志道志道付彼岸彼岸付悟真
悟真付圓會遞代相傳付囑一切萬法不離

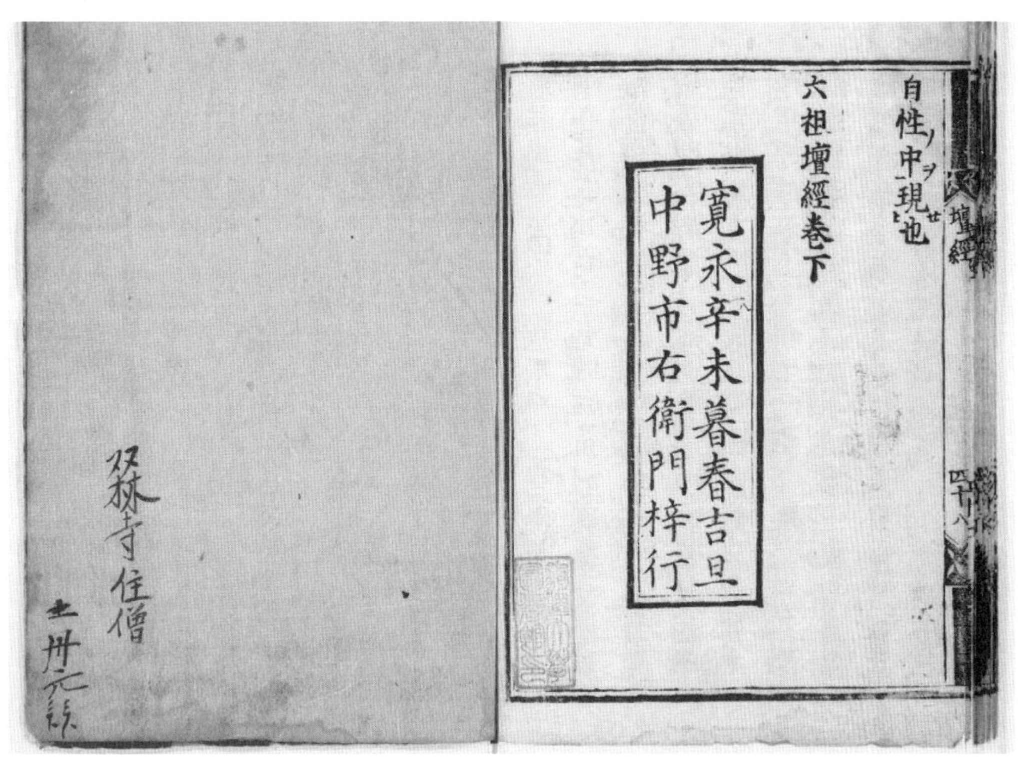
自性ノ中ニ現也

六祖壇經卷下

寛永辛未暮春吉旦
中野市右衛門梓行

附錄六：惠昕五本《六祖壇經》校訂標點本

韶州曹溪山六祖壇經

一、韶州曹溪山六祖壇經序（此篇為真福本與興聖本兩本之原序）

依真小師邕州羅秀山慧進禪院沙門惠昕述

原夫真如佛性，本在人心。心正即諸境難侵，心邪即眾塵易染。能止心念，眾惡自亡。眾惡既亡，諸善皆備。非假外求。悟法之人，自心如日，遍照世間，一切無礙。見性之人，雖處人倫，其心自在，無所惑亂矣。

故我六祖大師廣為學徒，直說見性法門，總令自悟成佛，目曰《壇經》，流傳後學。古本文繁，披覽之徒，初忻後厭。余以太歲丁卯，月在蕤賓，二十三日辛亥，於思迎塔院，分為兩卷，開十一門，貴接後來，同見佛性者也。

二、韶州曹溪山六祖師壇經序（此篇為大乘本與天寧本兩本〈存中再刊序〉原序文）

性體虛空，本無名相，佛祖出興，示以正法者，良由眾生妄失其本也。故初有六佛，而釋迦紹出焉。釋迦七七年導化，復憫後五百歲　諍堅固，遂以正法付迦葉，授金襴信衣，俾妙明之種性不滅也。衣衣相授，法法相承，列位西乾二十有八。東土正法，自達磨始興，二祖出於北齊，三四興於唐代，曹溪六祖得衣法於黃梅五祖。是時，刺史、韶牧等，請六祖於大梵戒壇，授無相戒，說摩訶頓法。門人錄其語要，命曰《壇經》。

夫吾祖傳衣，三更受法，命若懸絲，而說是經，則普告僧俗，令言下各悟本心，現成佛道者，何耶？蓋此非吾祖一時之直指，實欲傳乎後　諍之歲也。今則門風百種，解會千般，努眼撐眉，尋言舉古，忘情絕念，自縛無繩，詆毀明師，紛紜矛盾，豈知有《壇經》之可龜鑑者哉！謹再刊傳，庶幾學者悟其本焉。

（北宋）政和六年丙申元旦，福唐將軍山隆慶庵比丘存中序並書

三、六祖壇經序（此篇為興聖本獨有之序文，即為晁子健之序）

子健被旨入蜀，回至荊南，於族叔公祖位，見七世祖文元公所觀寫本《六祖壇經》。其後題云：「時年八十一，第十六次看過。」以至點句標題，手澤具存。公歷事太宗、真宗、仁宗三朝，引年七十。累章求解禁職，以太子少保致仕，享年八十四。道德文章，具載國史，冠歲過高士劉惟一，訪以生遷之事。劉曰：「人常不死。」公駭之。劉曰：「形死性不遷。」公始寤其說。自是留意禪觀，老而愈篤。公平生所學，三教俱通。文集外，著《昭德編》三卷、《法藏碎金》十卷、《道院集》十五卷、《耄智餘書》三卷，皆明理性。晚年尚看《壇經》，孜孜如此。

子健來佐蘄春郡，遇太守高公世叟，篤信好佛。一日，語及先文元公所觀《壇經》，欣然曰：「此乃六祖傳衣之地，是經安可闕乎？」乃用其句讀，鏤版刊行，以廣其傳。《壇經》曰：「後人得遇《壇經》，如親承吾教；若看《壇經》，必當見性。」咸願眾生同證此此道。

（南宋）紹興二十三年六月二十日右奉議郎權通判蘄州軍州事晁子健謹記

《六祖壇經》卷上

一、眾請說法門
二、悟法傳衣門
三、為時眾說定慧門
四、教授坐禪門
五、傳香懺悔發願門
六、說一體三身佛相門

一、眾請說法門

大師初從南海上至曹溪。韶州刺史韋璩等，請於大梵寺講堂中，為眾開緣，授無相戒，說摩訶般若波羅蜜法。大師是日說頓教，直了見性無疑。普告僧俗，令言下各悟本心，現成佛道。座下僧尼道俗一千餘人，刺史官僚等三十餘人，儒宗學士三十餘人，同請大師說是法門。刺史韋璩，令門人法海抄錄流行，傳示後代，若承彼宗旨，學道者遞相傳授，有所依憑耳。

二、悟法傳衣門

爾時，大師既昇座已，而示眾言：「善知識！總淨心念摩訶般若波羅蜜。」大師良久不語，自淨其心。忽然告言：「善知識！菩提自性，本來清淨，但用此心，直了成佛。」大師言：「善知識，且聽某甲（惠能）行由，得法事意。」某甲嚴父，本貫范陽，左降流于嶺南作新州百姓。此身不幸，父少早亡，老母孤遺，移來南海，艱辛貧乏，於市賣柴。時有一客買某甲柴，便令送至官店，客收柴去，某甲得錢。卻出門外，見有一客讀《金剛經》，某甲一聞，心便開悟。遂問客言：「從何所來，持此經典？」客云：「我從蘄州黃梅縣東馮茂山來，其山是第五祖弘忍大師，在彼主化，門人一千有餘。我到彼山禮拜，聽受此經，大師常勸僧俗，但持《金剛經》，即自見性，直了成佛。」某甲聞說，宿業有緣，乃蒙一客取銀十兩與某甲，令充老母衣糧，教某甲便往黃梅，禮拜五祖。某甲安置母畢，便即辭親，不經三十餘日，便至黃梅，禮拜五祖。

問曰：「汝何方人，來到此山禮拜？今向吾邊，欲求何物？」某甲對云：「弟子是嶺南人，新州百姓，遠來禮師，唯求作佛，不求餘物。」五祖責曰：「汝是嶺南人，又是獦獠，若為堪作佛？」某甲言：「人雖有南北，佛性本無南北，獦獠身與和尚不同，佛性有何差別？」大師更欲共某甲久語，且見徒眾總在身邊，乃令某甲隨眾作務。某甲啟和尚言：「弟子自心，常生智慧，不離自性，即是福田。未審和尚教作何務？」五祖言：「這獦獠根性大利！汝更勿言，且去後院。」有一行者，差某甲破柴踏碓八個餘月。五祖一日忽見某甲言：「吾思汝之明見，恐有惡人害汝，遂不與言，汝知之否？」某甲言：「弟子亦知師意，不敢行至堂前，令眾人不覺。」

五祖一日喚諸門人總來。五祖曰：「吾向汝說，世人生死事大。汝等終日供養，只求福田，不求出離生死苦海。汝自性迷，福何可救？汝等各去後院自看，智慧取自本心般若之性，各作一偈，來呈吾看。若悟大意，付汝衣法，為第六代祖，火急作！不得遲滯，思量即不中用，見性之人，言下須見，若此輪刀上陣，亦不得見。」

眾得處分，來至後院，遞相謂曰：「我等眾人，不須澄心用意作偈，將呈和尚，有何所益？神秀上座現為教授師，必是他得。我輩謾作偈頌，枉用心力。」諸人聞語，各自息心，咸言：「我等以後，依止神秀即得，何煩作偈？」

神秀思惟：「諸人不呈偈者，為我與他為教授師，我須作偈，將呈和尚。若不呈偈，和尚如何知我心中見解深淺？我呈偈意即善，求佛覓祖即惡，卻同凡心奪其聖位無別。若不呈偈，終不得法，大難！大難！」五祖堂前，有步廊三間，擬請供奉盧珍，畫《楞伽變相及五祖血脈圖，流傳供養。神秀作偈成已，數度欲呈，行至堂前，心中恍惚，遍體汗流，擬呈不得，前後經過四日，二十三度，呈偈不得。

秀乃思惟：「不如向廊下書著，彼偈和尚看見，忽若道好，即出頂禮，云是秀作；若道不堪，枉向山中數年，受人禮拜，更修何道？」言訖，夜至三更，不便人知，自執燈燭，於南廊中間壁上，書無相偈，呈心所見。神秀偈曰：

身是菩提樹，心如明鏡臺。

時時勤拂拭，莫使染塵埃。

秀書偈了，便卻歸房，人總不知。神秀思惟：「五祖明日，見偈歡喜，出見和尚，即言秀作；若言不堪，自是我迷，宿業障重，不合得法。聖意難測。」房中思想，坐臥不安，直至五更。五祖即知，神秀入門未得，不見自性。喫粥了，便即天明。五祖方便喚盧供奉來，擬向南廊畫五代血脈供養。五祖忽見其偈，報言供奉：「不畫變相也，輒奉十千，勞供奉遠來。《金剛經》云：『凡所有相，皆是虛妄。』不如留此偈，令迷人誦。依此偈修，免墮三惡。依此修行，人天大有利益。」五祖喚門人，燒香偈前，令凡人見，生敬重心。「汝等盡須誦取。悟此偈者，即得見性。依此修行，必不墮落。」門人盡誦，皆歎善哉。

五祖三更，喚秀入堂，問：「是汝作此偈否？若是汝作，應得吾法。」秀言：「罪過，實是秀作，亦不求祖位，望和尚慈悲，看弟子心中有少智慧否？」五祖言：「汝作此偈，未見本性，只到門上，未離凡夫愚。依此修行，即不墮落。如此見解，覓無上菩提，即不可得。無上菩提，須得言下識自本心，見自本性，不生不滅。於一切時中，念念自見，萬法無滯。一真一切真，萬境自如如。如如之心，即是真實。若如是見者，即是無上菩提之自性也。」五祖言：「汝且去，一兩日思惟，更作一偈，將來呈吾看。汝偈若得入門，見自本性，付汝衣法。吾不惜法，汝見自遲。」秀乃作禮便出，又經數日，作偈不成，心中恍惚，神思不安，猶如夢中，行坐不樂。

復經兩日，有一童子，於碓坊過，唱誦其偈。某甲一聞，便知此偈未見本性。某甲未蒙教授，早識大意。遂問童子言：「誦者是何偈？」童子曰：「爾這獦獠！不知大師言。世人生死事大，欲得傳付衣法，令門人作偈來看。若悟大意，即付衣鉢，為第六祖。神秀上座，於南廊壁上，書無相偈。五祖令門人盡誦此偈，若得悟者，即見自性成佛。依此修行，即不墮落。」某甲言：「上人！我在此踏碓八個餘月，未曾行到堂前。望上人引至偈前禮拜，亦要誦取，結來生緣，同生佛地。」童子便引某甲到南廊禮拜偈頌，某甲為不識字，請一上人為讀。某甲得聞，願生佛會。時有江州別駕，姓張，名日用，便高聲讀。某甲一聞，即識大意。即言：「某甲亦有一偈，望別駕書安壁上。」別駕言：「獦獠！汝亦作偈，其事希有。」某甲啟別駕言：「若學無上菩提，不得輕於初學。俗諺云：『下下人有上上智，上上人有沒意智。』若輕人，即有無量無邊罪。」張日用言：「汝但誦偈，吾為汝書安西壁上。汝若得法，先須度吾，勿忘此言。」某甲偈曰：

菩提本無樹，明鏡亦非臺。

本來無一物，何處有塵埃？

說此偈已，僧俗總驚。山中徒眾，無不嗟訝。各相謂言：「奇哉！不得以貌取人，何得多時，使他肉身菩薩？」五祖見眾人盡怪，恐人損他，向後無人傳法。遂便混破，向眾人言：「此偈亦未見性，云何讚歎？」眾便息心，皆言未了，各自歸房，更不讚歎。

五祖其夜三更，喚某甲至堂內，以袈裟遮圍，不令人見，為某甲說《金剛經》。恰至「應無所住，而生其心」，言下便悟。一切萬法，不離自性。某甲啟言：「和尚！何期自性本自清淨，何期自性本不生滅，何期自性本自具足，何期自性無動無搖，能生萬法。」五祖知悟本性，乃報某甲言：「不識本心，學法無益。言下識自本心，見自本性，即名丈夫、天人師、佛。」三更受法，人盡不知。便傳頓教及衣鉢，云：「汝為第六代祖，善自護念，廣度迷人，將衣為信稟，代代相承；法即以心傳心，皆令自悟自解。自古佛佛唯傳本體，師師默付本心，令汝自見自悟。」五祖言：「自古傳法，命似懸絲。若住此間，有人害汝。汝須速去。」某甲言：「某甲是南中人，久不知此山路，如何出得江口？」五祖言：「汝不須憂，吾自送汝。」

某甲領得衣鉢，三更便發歸南。五祖相送，直至九江驛邊。有一隻船子，五祖令某甲上船，五祖把櫓自搖。某甲言：「請和尚坐，弟子合搖櫓。」五祖言：「只合是吾度汝，不可汝卻度吾，無有是處。」某甲言：「弟子迷時，和尚須度。今既已悟，過江搖櫓，合是弟子度。度名雖一，用處不同。某甲生在邊方，語又不正，蒙師教旨付法，今已得悟，即合自性自度。」五祖言：「如是如是，但依此見，以後佛法大行矣。汝去後一年，吾即前逝。」五祖言：「汝今好去，努力向南，五年佛法難起。以後行化，善誘迷人。若得心開，與吾無別。」辭違已了，便發向南。

兩月中間，至大庾嶺，不知逐後數百人來，欲趁某甲，奪衣取法。來至半路，盡總卻迴。唯一僧，俗姓陳，名惠明，先是四品將軍，性行粗惡，直至大庾嶺頭，趁及某甲。便還衣鉢，又不肯取，言：「我欲求法，不要其衣。」某甲即於嶺頭，便傳正法。惠明聞說，言下心開。某甲卻令向北接人。

某甲後至曹溪，又被惡人尋逐，乃於四會縣避難。經五年，常在獵中。雖在獵中，每與獵人說法。

某甲東山得法，辛苦受盡，命似懸絲。今日大眾同會得聞，乃是過去千生，曾供養諸佛，方始得聞無上自性頓教。某甲與使君及官僚道俗，有累劫之因。教是先代聖傳，不是某甲自智。願聞先聖教旨，各須淨心聞了，各自除疑，如先代聖人無別。大師言：「善知識！菩提般若之智，世人本自有之。只緣心迷，不能自悟。須求大善知識示道。愚人智人，佛性本無差別，只緣迷悟不同，所以有愚有智也。」

三、為時眾說定慧門

師言：「善知識！我此法門，以定慧為本。大眾勿迷，言定慧別。定慧一體，不是二。定是慧體，慧是定用。即慧之時定在慧，即定之時慧在定。若識此義，即是定慧等學。諸學道人，莫言先定發慧，先慧發定，定慧各別。作此見者，法即有二相，口說善，心中不善，定慧不等；心口俱善，內外一種，定慧即等。自悟修行，不在於諍。若諍先後，即同迷人，不斷勝負，卻增法我，不離四相。」

善知識！一行三昧者，於一切處，行住坐臥，常行一直心是也。《維摩詰經》云：「直心是道場，直心是淨土。」莫心行諂曲，口但說直，口說一行三昧，不行直心。但行直心，於一切法，無有執著。迷人著法相，執一行三昧，直言坐不動，早已執迷悟。除妄不起心，即是一行三昧。此法若同無情，卻是障道因緣。

善知識！道須通流，何以卻滯？心不住法，道即通流；心若住法，名為自縛。若言坐不動是，只如舍利弗宴坐林中，不合被維摩詰呵。善知識！又見有人教坐，看心看淨，不動不起，從此置功。迷人不會，便執成顛。即有數百人，如是相教，故知大錯。

善知識！定慧猶如何等？猶如燈光。有燈即光，無燈不光。燈是光之體，光是燈之用。名雖有二，體本同一。此定慧法，亦復如是。

善知識！本來正教無有頓漸，人性自有利鈍。迷人漸契，悟人頓修。自識本心，自見本性，即無差別，所以立頓漸之假名。

善知識！我此法門，從上以來，先立無念為宗，無相為體，無住為本。何名無相？於相而離相；無念者，於念而不念；無住者，人之本性。於世間善惡好醜，乃至冤之與親，言語觸刺欺諍之時，並將為空，不思酬害，念念之中，不思前境。若前念、今念、後念，念念相續不斷，名為繫縛。於諸法上，念念不住，即無縛也。是以無住為本。

善知識！外離一切相，名為無相，能離即法體清淨，是以無相為體。

善知識！於諸境上，心若離萬境常寂，念上常離諸境，不於境上生心。莫百物不思，念盡除卻，一念斷即無，別處受生。學道者，莫不識法意。自錯猶可，更勸他人；自迷不見，又謗佛經。所以立無念為宗。

善知識！云何立無念為宗？只緣口說，不見本性，迷人於境上有念，念上便起邪見，一切塵勞妄想，從此而生。自性本無一法可得，若有所得，妄說禍福，即是塵勞邪見。然此法門，立無念為宗。

善知識！無者無何事？念者念何物？無者，無二相，無諸塵勞之心；念者，念真如本性，真如即是念之體，念是真如之用。真如自性起念，非眼耳鼻舌能念；真如有性，所以起念；真如若無眼耳色聲，當時即壞。善知識！真如自性起念，六根雖見聞覺知，不染萬境，真性而常自在。外能分別諸色相，內於第一義而不動。

善知識！此門坐禪，亦原不看心，亦不看淨，亦不言不動。若言看心，心原是妄，知如幻故，無所看也；若言看淨，人性本淨，由妄念故，蓋覆真如。但無妄想，性自清淨，起心看淨，卻生淨妄。妄無處所，看者是妄；淨無形相，卻立淨相，言是功夫，作此見者，障自本性，卻被淨縛。

善知識！若修不動者，但見一切人時，不見人之是非、善惡、過患，即是自性不動。善知識！迷人身雖不動，開口便說他人是非、長短、好惡，與道違背也。若看心看淨者，卻障道也。

四、教授坐禪門

師言：「善知識！何名坐禪？此法門中，無障無礙，外於一切善惡境界，心念不起，名為坐；內見自性不亂，名為禪。善知識！何名禪定？外離相為禪，內不亂為定。外若著相，內心即亂；外若離相，心即不亂。本性自淨自定，只為見境思境即亂。若見諸境，心不亂者，是真定也。善知識！外離相即禪，內不亂即定。外禪內定，是為真定。《維摩詰經》云：『即時豁然，還得本心。』《梵網菩薩戒經》云：『本源自性清淨。』善知識，於念念中，自見本性清淨，自修自行，自成佛道。

五、傳香懺悔發願門

師言：「善知識！某甲一會在此，皆共有緣。今各胡跪，傳自性五分法身香：一、戒香，即自心中，無非無惡，無嫉無妒，無貪嗔，無刧害，名戒香。二、定香，即觀諸善惡境相，自心不亂，名定香。三、慧香，自心無癡，常以智慧觀照自性，不造諸惡，雖修眾善，心不執著，畏上愛下，矜孤恤貧，名慧香。四、解脫香，即自心無所攀緣，不思善，不思惡，自在無礙，名解脫香。五、解脫知見香，自心既無攀緣善惡，不可沉空守寂，即須廣學多聞，識自本心，達諸佛理，言滿天下無口過，行滿天下無怨惡，和光接物，無我無人，直至菩提，真性不易，名解脫知見香。

善知識！此香各自內薰，莫於外覓。今與善知識授無相懺悔，滅除心中河沙積劫之罪。善知識：

前念後念及今念，念念不被愚迷染。從前惡念一時除，自性自除真懺悔。

前念後念及今念，念念不被雜妄染。除卻從前憍慢心，永斷名為自性懺。

前念後念及今念，念念不被疽妒染。除卻從前疽妒心，永斷名為自性懺。（以上三遍唱）

師言：今既懺悔已，一時遂某甲道，與善知識發四弘誓願，用心正聽：

自心邪迷眾生誓願度，自心煩惱無邊誓願斷，

自性法門無盡誓願學，無上自性佛道誓願成。（以上三遍唱）

師言：「善知識！大家豈不道眾生無邊誓願度，恁麼道？是不是某甲度？善知識！心中眾生，所謂邪迷心、誑妄心、不善心、疽妒心、惡毒心，如是心者，盡是眾生。各須自性自度，是名真度。何名自性自度？即自心中，邪見煩惱，愚癡眾生，將正見度。既有正見，使般若智，打破愚癡迷妄，眾生各各自度。邪來正度，迷來悟度，愚來智度，惡來善度，如是度者，名為真度；又，煩惱無邊誓願斷，自性除卻虛妄思想心是也；又，法門無盡誓願學，須自見性，常行其善法，是名真學；又，無上佛道誓願成，即常須下心，行於普敬，離迷離覺，當生般若，除真除妄，即見佛性，即言下佛道成。常念修行，是願力法。」

師言：「善知識！今發四弘願了，更與善知識授無相三皈依。善知識！皈依覺，二足尊；皈依正，離欲尊；皈依淨，眾中尊。從今日去，稱覺為師，更莫皈依邪迷外道。以自

性三寶，常自證明。某甲勸善知識，皈依自性三寶：佛者，覺也；法者，正也；僧者，淨也。自心皈依覺，邪迷不生，少欲知足，能離財色，名二足尊；自心皈依正，念念無邪見，以無邪見故，即無人我、貢高、貪愛、執著，名離欲尊；自心皈依淨，一切塵勞妄念，雖在自性，皆不染著，名眾中尊。若修此行，是自皈依，凡夫不會，從日至日，受三皈戒。若言皈佛，佛在何處？若不見佛，憑何所皈？言卻成妄。善知識！各自觀察，莫錯用心，經文分明，即言自皈依佛，不言皈依他佛。自性不皈，無所皈處。今既自悟，各須皈依自心三寶，內調心性，外敬他人，是自皈也。」

六、說一體三身佛相門

師言：善知識！各各至心。某甲與說一體三身自性佛，令善知識見三身，了然自悟自性。總隨某甲道：

於自色身，皈依清淨法身佛；

於自色身，皈依千百億化身佛；

於自色身，皈依圓滿報身佛。（以上三遍唱）

善知識！色身是舍宅，不可言皈，向者三身佛在自性中。世人總有為自心迷，不見內性，外覓三身如來，不見自身中有三身佛。善知識！聽說令善知識於自身中，見自性有三身佛。此三身佛，從自性生，不從外得。

何名清淨法身？世人性本清淨，萬法從自性生。思量一切惡事，即生惡行；思量一切善事，即生善行。如是諸法，在自性中，如天常清，日月常明，為浮雲蓋覆，上明下暗。忽遇風吹，眾雲散盡，上下俱明，萬象皆現。世人性常浮游，如彼雲天，亦復如是。善知識！智如日，慧如月，智慧常明。於外著境，被妄念浮雲蓋覆，自性不得明朗。若遇善知識，聞真正法，自除迷妄，內外明徹，於自性中，萬法皆現。見性之人，亦復如是。此名清淨法身佛。

善知識！自心皈依自性，是皈依真佛。自皈依者，除卻自性不善心、疽妒心、憍誑心、吾我心、誑妄心、輕人心、慢他心、邪見心、貢高心，及一切時中不善行，常自見己過，不說他人好惡，是自皈依。常須下心，行於普敬，即是見性通達，更無滯礙，是自皈依。

何名千百億化身？若不思萬法，性本如空。一念思量，名為變化。思量惡事，化為地獄；思量善事，化為天堂。毒害化為龍蛇，慈悲化為菩薩，智慧化為上界，愚癡化為下方。自性變化甚多，迷人不能省覺。念念起惡，常行惡道；迴一念善，智慧即生。此名自性化身佛。

何名圓滿報身？譬如一燈能除千年暗，一智能滅萬年愚。莫思向前，已過不可得；常思於後，念念圓滿明。自見本性，善惡雖殊，本性無二，無二之性，名為實性。於實性中，不染善惡。此名圓滿報身佛。

師言：「自性起一念惡，報滅萬劫善因；自性起一念善，報得河沙惡盡。直至無上菩提，念念自見，不失本念，名為報身。善知識！從法身思量，即是化身佛；念念自性自見，即是報身佛。自悟自修自性功德，是真自皈依。皮肉是色身，色身是舍宅，不言皈也。但悟自性三身，即識自性大意。」

《六祖壇經》卷下

七、說摩訶般若波羅蜜門
八、現西方相狀門（武帝問功德附）
九、諸宗難問門
十、南北二宗見性門
十一、教示十僧傳法門（示寂年月附）

七、說摩訶般若波羅蜜門

師言：「善知識！既識三身佛了，更為善知識說摩訶般若波羅蜜法，各各至心諦聽。世人終日口念，本體不識自性，猶如誦食不飽。口但說空，萬劫不得見性。某甲與說，善知識！摩訶般若波羅蜜是梵語，此言大智慧到彼岸。此須心行，不在口說。口念心不行，如幻如電；口念心行，即心口相應。本性是佛，離性無別佛。何名摩訶？摩訶是大。心量猶如虛空，無有邊畔，亦無方圓大小，亦非青黃赤白，亦無上下長短，無嗔無喜，無是無非，無善無惡，無有頭尾。諸佛剎土，盡同虛空。世人妙性本空，無有一法可得。喻此大空，自性真空，亦復如是。善知識！今聞某甲說空，便即著空。第一莫著空，若空心淨坐，即落無記空，終不成佛法。善知識！世界虛空，能含萬物色象，日月星宿，山河泉源溪澗，一切樹木，惡人善人，惡法善法，天堂地獄，一切大海，須彌諸山，總在空中。世人性空，亦復如是。」

師言：「善知識！自性能含萬法是大，萬法在善知識性中。若見一切人，惡之與善，盡皆不捨，亦不染著，心如虛空，名之為大。善知識！迷人口說，智者心行。又有迷人，空心淨坐，百無所思，自稱為大。此一輩人，不可共說，為邪見故。善知識！心量廣大，廓周法界，用即了了分明，應用遍知一切。一切是一，一即一切，去來自由，心體無滯，此是善知識。一切般若智心，皆從自性而生，不從外入，莫錯用意，名真自用。一真一切真，心量大事，不行小道。口莫終日說空，心中不修此行，恰似凡人自稱國王，終不可得，非吾弟子。」

善知識！何名般若？般若是智慧，一切處所，一切時中，念念不愚，常行智慧，即是般若行。一念愚即般若絕，一念智即般若生。世人愚迷，不見般若，口說般若，心中常愚，自言我修般若，念念說空，不識真空。般若無形相，智慧心即是，若作如是解，即名般若智。

何名波羅蜜？此是西國語，漢言到彼岸。解義離生滅，著境生滅起。如水有波浪，即是於此岸，離境無生滅，如水常通流，即名為彼岸，故號波羅蜜。

善知識！迷人口念，當念之時，有妄有非，念念若行，是名真性。悟此法者，是般若法；修此行者，是般若行。不修即凡，一念修行，法身等佛。

善知識！煩惱即是菩提。前念迷即凡，後念悟即佛。前念著境即煩惱，後念離境即菩提。善知識！摩訶般若波羅蜜，最尊最上最第一，無住無往來，三世諸佛，皆從中出。用大智慧，打破五蘊煩惱塵勞。若人修行，定成佛道，變三毒為戒定慧。

善知識！我此法門，從一般若生八萬四千智慧。何以故？為世人有八萬四千塵勞。若無塵勞，智慧常在，不離自性。悟此法者，即是無念、無憶，無著、無妄，莫起誑妄。用自真如性，以智慧觀照，於一切法，不取不捨，即是見性成佛道。

善知識！若欲入甚深法界，入般若三昧者，須修般若行，持誦《金剛般若經》，即得見性。當知此功德無量無邊，經中分明讚歎，不能具說。此法門是最上乘，為大智人說，為上根人說。小根小智人聞，心生不信。何以故？譬如大龍下雨於閻浮提，城邑部落悉皆漂流，如漂棗葉。若雨大海，不增不減。若大乘人，若最上乘人，聞說《金剛經》，心開悟解。故知本性自有般若之智，自用智慧常觀照，故不假文字。譬如雨水，不從天有，原是龍王於江海中將身攪上，令一切眾生，一切草木，有情無情，悉皆蒙潤。諸水眾流，卻入大海，合為一體。眾生本性般若之智，亦復如是。

善知識！小根之人，聞此頓教，猶如草木根性自小，若被大雨，悉皆自倒，不能增長。小根之人，亦復如是。還有般若之智，與大智之人更無差別。因何聞法，不自開悟？緣邪見障重，煩惱根深。猶如大雲覆蓋於日，不得風吹，日光不現。般若之智，亦無大小，為一切眾生自心迷悟不同，迷心外見，修行覓佛，未悟自性，即是小根。若聞頓教，不執外修，但於自心，常起正見，邪見煩惱塵勞，常不能溢，即是見性。善知識！內外不住，去來自由，能除執心，通達無礙，能修此行，與《般若經》本無差別。

善知識！一切經書及諸文字，大小二乘，十二部經，皆因人置，因智慧性，方能建立。若無世人，一切萬法本自不有，故知萬法本因人興。一切經書，因人說有。緣其人中，有愚有智。愚為小人，智為大人。愚者問於智人，智者與愚人說法，令其悟解心開。愚人若悟心開，即與智人無別。

善知識！不悟即佛是眾生，一念悟時，眾生是佛。故知萬法盡在自心，何不從自心中，頓見真如本性？《梵網菩薩戒經》云：「本源自性清淨。」識心見性，皆成佛道，《維摩詰經》云：「即時豁然，還得本心。」

善知識！我於忍和尚處，一聞言下便悟，頓見真如本性。是以將此教法流行，令學道者頓悟菩提，各自觀心，自見本性。若自不悟，須覓大善知識，解最上乘法者，直示正路。是善知識有大因緣，所謂化導，令得見性，一切善法，因善知識能發起故。

三世諸佛，十二部經，在人性中，本自具有，不能自悟，須求善知識示導方見。若自悟者，不假外求，若須要善知識望得解脫者，無有是處。自心內知識，自悟即是。自心若起邪迷，妄念顛倒，外善知識，雖有教授，救不可得。自心若正，起般若觀照，一剎那間妄念俱滅。若識自性，一悟即至佛地。

善知識！智慧觀照，內外明徹，識自本心。若識本心，即本解脫。若得解脫，即是般若三昧，即是無念。何名無念？若見一切法，心不染著，是為無念。用即遍一切處，亦不著一切處。但淨本心，使六識從六門走出，於六塵中無染無雜，來去自由，通同無滯，即是般若三昧，自在解脫，名無念行。莫百物不思，當令念絕，即是法縛，即名邊見。善知識！悟無念法者，萬法盡通；悟無念法者，見諸佛境界；悟無念法者，至佛位地。

善知識！後代得吾法者，常見吾法身，不離汝左右。善知識！將此頓教法門，同見同行，發願受持，如事佛故。終身受持而不退者，欲入聖位，然須傳授。從上以來，默傳分付，不得匿其正法。若不同見同行，在別法中，不得傳付。損彼前人，究竟無益。恐愚人不解，謗此法門，百劫千生，斷佛種性。

善知識！吾有一〈無相頌〉，汝等誦取，言下令汝迷罪消滅。頌曰：

迷人修福不修道，只言修福便是道。布施供養福無邊，心中三惡原來造。
擬將修福欲滅罪，後世得福罪還在。但向心中除罪緣，各自性中真懺悔。
忽悟大乘真懺悔，除邪行正即無罪。學道常於自性觀，即與諸佛同一例。
五祖唯傳此頓法，普願見性同一體。若欲當來覓法身，離諸法相心中洗。
努力自見莫悠悠，後念忽絕一世休。若悟大乘得見性，虔恭合掌至心求。

師言：「今於大梵寺中，說此頓教，普願法界眾生，於此言下，見性成佛。」師說法了，韋使君與官僚道俗，一時作禮，無不悟者，皆歎：「善哉！何期嶺南有佛出世！」

八、現西方相狀門（武帝問功德附）

爾時，韋使君再肅容儀禮拜，問曰：「弟子聞和尚說法，實不可思議。今有少疑，欲問和尚，願大慈悲，特為解說。」師曰：「有疑即問，何須再三。」使君曰：「和尚所說，可不是達磨大師宗旨？」師言：「是。」使君曰：「弟子聞說，達磨初化梁武帝，帝問云：『朕一生以來，造寺供僧，布施設齋，有何功德？』達磨言：『實無功德。』武帝悵怏，不稱本情，遂令達磨出境。弟子未達此理，願和尚為說，達磨意旨如何？」師曰：「實無功德，勿疑先聖之言。武帝心邪，不知正法，造寺供養，布施設齋，名為求福，不可將福便為功德。功德在法身中，不在修福。」

師曰：「見性是功，平直是德，念念無滯，常見本性，真實妙用，名為功德。外行禮敬是功，內心謙下是德；自性建立萬法是功，心體離念是德；不離自性是功，應用無染是德。若覓功德法身，但依此作，是真功德。若修功德之人，心即不輕，常行普敬也。」

師曰：「心常輕人，吾我不斷，即自無功；自性虛妄不實，即自無德。無功德之人，為吾我自大，常輕一切故。善知識！念念無間是功，心行平直是德；自修身是功，自修性是德。德即不輕，常行普敬。」韋使君默然作觀。師言：「善知識！功德須自性內見，不是布施供養之所求也，是以福德與功德別。武帝不識理，非我祖師有過。」使君頂禮，願為弟子。

又問：「弟子常見僧俗念《阿彌陀經》，願生西方。請和尚說，得生彼否？願為破疑。」師言：「使君善聽，某甲與說。世尊在舍衛城中，說《西方引化》，經文分明，去此不遠。若論相說里數，即有十萬八千。若說身中，十惡八邪便是。說遠只為下根，說近為其上智。人有兩種，法無兩般。迷悟有殊，見有遲疾。迷人念佛生彼，悟人自淨其心。所以佛言：『隨其心淨，即佛土淨。』」

師言：「東方人但淨心無罪，西方人心不淨有愆。東方人造罪，念佛求生西方；西方人造罪造愆，彼土念生何國？凡愚不了自性，不識身中西方，願東願西，悟人在處一般。所以佛言：『隨所住處常安樂。』使君！心地但無不善，西方去此不遙。若懷不善之心，念佛往生難到。今勸善知識，先除十惡，即行十萬；後除八邪，乃過八千。念念見性，常行平直，到如彈指，便睹彌陀。能淨能寂，即是釋迦；心起慈悲，即是觀音；常行喜捨，名為勢至。使君！但行十善，何須更願往生？不斷十惡之心，何佛即來迎請？若悟無生頓法，見西方只在剎那；不悟，念佛欲往，路遙如何得達？」師言：「某甲與諸人移西方如剎那間，目前便見，各願見否？」使君頂禮言：「若此處見，何須更願往生？願和尚慈悲，便現西方，普願得見。」師言：「徒眾用心，一時若見西方，無疑即散。」

師言：「大眾世人！自色身是城，眼耳鼻舌是城門，外有五門，內有意門。心為地，性是王，王居心地上。性在王在，性去王無。性在身心存，性無身心壞。佛向性中作，莫向身外求。自性迷，即是眾生；自性覺，即是佛。慈悲即是觀音，喜捨名為勢至，能淨即釋迦，平直即彌陀。人我是須彌，邪心是海水，煩惱是波浪，毒害是惡龍，虛妄是鬼神，塵勞是魚鱉，貪嗔是地獄，愚癡是畜生。善知識！常行十善，天堂便至。除人我，須彌倒；無邪心，海水竭；煩惱無，波浪滅；毒害除，魚龍絕。自心地上，覺性如來，放大光明，外照六門清淨，照破六欲諸天。內照三毒若除，地獄一時消散。內外明徹，不異西方。不作此修，如何到彼？」大眾聞說，俱歎善哉，但是迷人，了然見性，悉皆禮拜，唯言：「善哉！普願法界眾生，聞者一時悟解。」

師言：「善知識，若欲修行，在家亦得，不由在寺。在家能修，如東方人心善；在寺不修，如西方人心惡。但心清淨，即是自性西方。」使君又問：「在家如何修行？願為教授。」師言：「吾與大眾作〈無相頌〉，但依此修，常與吾同處無別。若不修行，雖在吾邊，如隔千里。」頌曰：

說通及心通，如日處虛空。唯傳見性法，出世破邪宗。

法即無頓漸，迷悟有遲疾。只這見性法，愚人不可悉。
說即雖萬般，合理還歸一。煩惱暗宅中，常須生慧日。
邪來煩惱至，正來煩惱除。邪正俱不用，清淨至無餘。
菩提本自性，起心即是妄。淨性在妄中，但正無三障。
世人若修道，一切盡不妨。常自見己過，與道即相當。
色類自有道，各自不相妨。離道別覓道，覓道不見道。
欲得見真道，行正則是道。自若無道心，暗行不見道。
若真修道人，不見世間過。若見他人非，自非卻在左。
他非我不非，我非自有過。但自卻非心，打除煩惱破。
欲擬化他人，自須有方便。勿令彼有疑，則是自性見。
法原在世間，於世出世間。一切盡打卻，菩提性宛然。

師言：「善知識！總須誦取，依此偈修，言下見性，雖去吾千里，如常在吾邊；於此言下不悟，即對面千里。各各自修，法不相待。眾人且散，吾歸曹溪山，眾若有疑，卻來相問，為眾破疑，同見佛性。」時，在會道俗，豁然大悟，咸讚善哉，俱明佛性。

九、諸宗難問門

世人盡言南能北秀，未知事由，且秀大師在南都荊州江陵府當陽縣玉泉寺住，能大師在韶州城東四十五里曹溪山住。法本一宗，人有南北。何名頓漸？法即一種，見有遲疾，法無頓漸，人有利鈍，故名頓漸。

秀聞師說法，徑疾直指見性。遂命門人志誠曰：「汝聰明多智，可與吾到曹溪山禮拜。但坐聽法，莫言吾使汝去。汝若聽得，盡心記取，卻來與說。吾覓彼所見，誰遲誰疾。火急早來，勿令吾怪。」志誠唱喏，禮拜便行，經二十五日，至曹溪山，禮師坐聽，不言來處。志誠一聞，言下便悟，即起禮拜。白言：「和尚！弟子在玉泉寺秀和尚處，學道九年，不得契悟。今聞和尚一說，忽然悟解，便契本心。和尚慈悲，弟子生死事大，又悲輪迴，願當教示。」師曰：「汝從玉泉來，應是細作？」對曰：「不是。」師曰：「何得不是？」對曰：「未說即是，說了不是。」師曰：「煩惱菩提，亦復如此。」

師問志誠曰：「吾聞汝禪師教示學人，唯傳戒定慧，未審汝師說戒定慧，行相如何？與吾說看。」志誠曰：「秀和尚說：『諸惡不作名為戒，諸善奉行名為慧，自淨其意名為定。此是戒定慧。』彼說如此，未審和尚所見如何？願為解說。」師曰：「秀和尚所見，實不可思議。吾所見戒定慧又別。」志誠啟和尚：「戒定慧只合一種，如何更別？」師曰：「汝師說戒定慧，接大乘人。吾戒定慧，接最上乘人。悟解不同，見有遲疾。汝聽吾說，與彼同否？吾所說法，不離自性，離體說法，自性常迷。須知一切萬法，皆從自性起用，是真戒定慧等法。常見自性自心，即是自性等佛。」

師言：「志誠！聽吾說，心地無非自性戒，心地無癡自性慧，心地無亂自性定。」師言：「汝師戒定慧，勸小根智人；吾戒定慧，勸大根智人。若悟自性，亦不立菩提涅槃，亦不立解脫知見，無一法可得，方能建立萬法，是真見性。若解此意，亦名佛身，亦名菩提涅槃，亦名解脫知見，亦名十方國土，亦名恆河沙數，亦名三千大千，亦名大小藏十二部經。見性之人，立亦得，不立亦得，去來自由，無滯無礙，應用隨作，應語隨答，普見化身，不離自性，即得自在神通遊戲三昧之力，此名見性。」志誠再啟和尚：「如何是立、不立義？」師曰：「自性無非、無癡、無亂，念念般若觀照，常離法相，自由自在，縱橫盡得，有何可立？自性自悟，頓悟頓修，亦無漸次，所以不立一切法。佛言：『寂滅有何次？』」志誠禮拜，便住曹溪，願為門人，不離左右。

復有一僧，名曰法達，常誦《法華經》七年，心迷不悟正法，來詣曹溪。禮拜問曰：「和尚！弟子誦《法華經》，心常有疑，又不知正法之處，和尚智慧廣大，願為決疑。」

師曰：「法達！法即甚達，汝心不達。經上無疑，汝心自疑。汝心邪，而求正法；吾心正，則是持經。吾不識文字，汝取經來誦，誦之一遍，吾聞即知。」法達取經，便誦一遍，師知佛意，乃與說經。

師言：「法達！經無多語，七卷盡是譬喻因緣，如來廣說三乘，只為世人根鈍。經文分明，無有餘乘，唯一佛乘。汝聽一佛乘，莫求二乘，迷卻汝性。且經中何處是一佛乘？吾聞汝誦經云：『諸佛世尊，唯以一大事因緣故，出現於世。（正法有十六字）』，此法如何解？如何修？汝用心聽，吾為汝說。」

師言：「法達！人心不思，本來寂靜，離卻邪見，即大事因緣。內外不迷，即離兩邊。外迷著相，內迷著空。於相離相，於空離空，即是不迷。若悟此法，一念心開，出現於世。心開何事？開佛知見。佛猶覺也，分為四門：開覺知見，示覺知見，悟覺知見，入覺知見，此名開、示、悟、入。從上一處入，即覺知見，見自本性，即得出現。」

師言：「吾勸一切人，於自心地，常開佛知見。世人心邪，愚迷造罪，口善心惡，貪嗔嫉妒，讒佞侵害，自開眾生知見；世人心正，常起智慧觀照，自心正行善，自開佛知見。汝須念念開佛知見，莫開眾生知見。開佛知見，即是出世。」

師言：「法達！此是《法華經》一乘義，向下分三，為迷人故，汝但依一佛乘。」

師言：「法達！心行轉《法華》，不行《法華》轉。心正轉《法華》，心邪《法華》轉。開佛知見轉《法華》，努力依法修行，即是轉經。自心若不念念修行，即常被經轉。」法達一聞，言下大悟，涕淚悲泣。白大師言：「實未曾轉《法華》，七年被《法華》轉，念念願修佛行。」師言：「行佛行，是佛！」其在會者，各得見性。

復有僧，名曰智常，禮拜問四乘義，啟和尚：「佛說三乘法，又言最上乘。弟子不解，願為教授。」師曰：「汝向自心見，莫著外法相，法無四乘，人心自有四等。見聞轉讀是小乘，悟法解義是中乘，依法修行是大乘。萬法盡通，萬行俱備，一切不染，離諸法相，作無所得，名最上乘行也，不在口諍，汝須自修，莫問吾也。一切時中，自性自知，是四乘義。」

又，玉泉寺有一童子，年十三歲，襄陽人，名曰神會，禮師三拜。問曰：「和尚坐禪，還見不見？」師以柱杖打三下，卻問：「吾打汝，還痛不痛？」對云：「亦痛，亦不痛。」師曰：「吾亦見，亦不見。」神會問：「如何是亦見亦不見？」師曰：「吾之所見，常見自心過愆，不見他人是非好惡，所以亦見亦不見。汝言亦痛亦不痛，如何？汝若不痛，同其木石；若痛，即同凡夫，即起於恨。」師言：「神會小兒，向前！見不見是二邊，痛不痛屬生滅。汝自性且不見，敢來弄人！」神會禮拜悔謝，更不敢言。師曰：「汝心迷不見，問善知識覓路；汝心悟，即自見性，依法修行。汝自迷，不見自心，卻來問吾見與不見。吾見自知，代汝迷不得；汝若自見，不代吾迷。何不自知見，問吾見不見？」神會禮百餘拜，求謝愆過，請事為師，不離左右。

十一、教示十僧傳法門（滅度年月附）

爾時，師喚門人法海、志誠、法達、神會、智常、智通、志徹、志道、法珍、法如等，報言：「吾滅度後，凡為人師，改易者多。汝等十人向前，汝等不同餘人。吾滅度後，各為一方師。吾今教汝，說法不失本宗。先須舉三科法門，動用三十六對，出沒即離兩邊，說一切法，莫離自性。忽有人問，出語盡雙，皆取對法，來去相因，究竟二法盡除，更無去處。三科者，陰、界、入；五陰者，色、受、想、行、識；十二入者，外六塵，內六門。六塵者，色、聲、香、味、觸、法；六門者，眼、耳、鼻、舌、身、意；十八界者，六門、六塵、六識為之十八。自性含萬法，名含藏識。若起思量，即是轉識，生六識，出六門，見六塵，三六十八，由自性。用自性邪，起十八邪；合自性正，起十八正。惡用即眾生，善用即是佛。用由何等？由自性對，解用即通一切法，自身是佛。

外境無情五對：天地對，陰陽對，日月對，明暗對，水火對。法相語言十二對：語法對，有為無為對，有色無色對，有漏無漏對，色空對，動靜對，清濁對，有相無相對，凡聖對，僧俗對，老少對，大小對。自性起用十九對：長短對，邪正對，亂定對，戒非對，直曲對，癡慧對，愚智對，慈毒對，實虛對，險平對，煩惱菩提對，悲苦對，嗔喜對，捨慳對，進退對，生滅對，常無常對，法身色身對，化身報身對。都三十六對。

師言：「此是三十六對法，若解用即通貫一切經，出入即離兩邊。自性動用，共人言語，外於相離相，內於空離空。若執全空，唯長無明，又卻謗經，言不用文字。」師曰：「說法之人，口云不用文字，世人道者，盡不合言。正語之時，即是文字。文字上說空，本性不空，即是文字。文字無邪正，即自大道。不立文字，只這不立兩字，即是文字。見人所說，便即謗他，言著文字。汝等須知，自迷猶可，又謗佛經，不要謗經，罪障無數。著相於外，而求真戒，廣立道場，說有無之過患。如是之人，累劫不可見性，不勸依法修行。莫百物不思，於道自生質礙。若聽說不修，令人返生邪念。但能依法修行，常行無相法施。」

師言：「汝等若悟，依此說，依此用，依此行，依此作，即不失本宗。若有人問汝義，問有將無答，問無將有答，問凡以聖對，問聖以凡對，問一邊將二邊對，二法相因，生中道義。教汝一問，餘問一依此作，三十六對法，即不失理也。吾今教汝一答，人問何名為暗？答云：『明是因，暗即緣。暗有明，明沒即暗。但無明暗，以明顯暗，以暗現明，來去相因，成中道義。』餘問未悉，皆如此。」

師教十僧已，報言：「於後傳法，遞相教授《壇經》，即不失宗旨。汝今得了，遞代流行。後人得遇《壇經》，如親見吾。」教示十僧：「汝等抄取，代代流行。若看《壇經》，必當見性。」

大師先天元年，於新州國恩寺造塔。至二年七月八日，喚門人告別。師言：「汝等近前，吾至八月，欲離世間。汝等有疑，早須相問，為汝破疑，當令迷盡，使汝安樂。吾若去後，無人教汝。」法海等聞，悉皆涕泣。唯有神會，不動神情，亦無涕泣。師曰：「神會小師，卻得善不善等，毀譽不動，餘者空得，數年在山，修行何道？汝今悲泣，為憂阿誰？若憂不知去處，吾自知去處。吾若不知去處，終不別汝等。汝等悲泣，為不知吾去處。知吾去處，不合悲泣，法性體無生滅去來。汝等盡坐！吾與汝等一偈，名曰〈真假動靜偈〉。汝等誦取此偈，與吾意同。依此修行，不失宗旨。」眾僧作禮，請師說偈。偈曰：

一切無有真，不以見於真。若見於真者，是見盡非真。
若能自有真，離假即心真。自心不離假，無真何處真。
有情即解動，無情即不動。若修不動行，同無情不動。
若覓真不動，動上有不動。不動是不動，無情無佛種。
能善分別相，第一義不動。但作如是見，即是真如用。

報諸學道人，努力須用意。莫於大乘門，卻執生死智。
若言下相應，即共論佛義。若實不相應，合掌令歡喜。
此宗本無諍，諍即失道意。執迷諍法門，自性入生死。

時眾僧聞，知大師意，更不敢諍，各自攝心，依法修行，一時禮拜，即知大師不久住世。法海上座問曰：「和尚去後，衣法當付何人？」師言：「吾於大梵寺說法，直至今日，抄錄流行，名《法寶壇經》，汝等守護，度諸群生，但依此說，是真正法。」師言：「法海向前，吾滅度後，二十年間，邪法繚亂，惑我正宗。有一南陽縣人出來，不惜身命，定於佛法，豎立宗旨，即是吾法弘於河洛，此教大行。」師曰：「汝今須知，衣不合傳。汝若不信，吾與汝說先聖達磨大師傳衣偈，據此頌意，衣不合傳。」汝聽偈曰：

吾本來東土，說法救迷情。
一花開五葉，結果自然成。

師曰：吾有一偈，用先聖大師偈意：

心地含種性，法雨即花生。

頓悟花情已，菩提果自成。

師說偈已，令門人散。眾相謂曰：「大師多不久住世間。」

師至先天二年八月三日，食後報言：「汝等各著位坐，今共汝別。」時，法海問言：「此法從上至今，傳授幾代？願和尚說。」師曰：「初六佛、釋迦第七、迦葉、阿難、末田地、商那和修、優波掬多、提多迦、佛陀難提、佛陀蜜多、脇尊者、富那夜奢、馬鳴、毗羅尊者、龍樹、迦那提多、羅睺羅多、僧迦那提、僧迦耶舍、鳩摩羅馱、闍耶多、婆修槃頭、摩拏羅、鶴勒那、師子比丘、舍那婆斯、優波掘多、婆須蜜多、僧迦羅叉、菩提達磨、北齊惠可、隋僧璨、唐道信、唐弘忍，吾今惠能。」師曰：「吾今付法於汝，汝等於後遞相傳授，須有稟承依約，莫失宗旨。」

法海白言：「和尚！留何教法，令後代迷人，得見自性？」師言：「汝聽！後代迷人，若識眾生，即見佛性；若不識眾生，萬劫覓佛難逢。吾今教汝識自心眾生，見自心佛性。汝志心聽，吾與汝說。後代之人，欲求見佛，但識眾生。」師曰：「只為眾生迷佛，非是佛迷眾生。自性若悟，眾生是佛；自性若迷，佛是眾生。自性平直，眾生是佛；自性邪險，佛是眾生。」師言：「法海！汝等心若險曲，即佛在眾生中。一念平直用心，即是眾生成佛。我心自有佛，自若無佛心，何處求真佛？」

吾今留一偈，與汝等別，名〈自性真佛偈〉。後代迷人，識此偈意，自見本心，自成佛道。偈曰：

真如性淨是真佛，邪見三毒是魔王。邪迷之時魔在舍，正見之時佛在堂。

性中邪見三毒生，即是魔王來住舍。正見自除三毒心，魔變成佛真無假。

法身報身及化身，三身本來是一身。若向性中能自見，即是成佛菩提因。

本從化身生淨性，淨性常在化身中。性使化身行正道，當來圓滿真無窮。
婬性本是淨性因，除婬即無淨性身。性中各自離五欲，見性剎那即是真。
今生若悟頓法門，忽見自性現世尊。汝等修行覓作佛，自性自見正中真。
若能心中見自真，有真即是成佛因。不見自性外覓佛，起心總是大癡人。
頓教法門今已留，救度世人須自修。報汝當來學道者，不作此見大悠悠。

師說偈了，報言：「今共汝別，吾滅度後，莫作世情，悲泣雨淚，受人弔問，身著孝服，非吾弟子，亦非正法。但如吾在日，一時盡坐。無動無靜，無生無滅，無去無來，無是無非，無住無往，無名無字。恐汝心迷，不會吾意，吾今再囑，令汝見性。吾滅度後，依此修行，如吾在日；汝等違法，縱吾在世，終無有益。」大師言訖，夜至三更，奄然遷化。大師春秋七十有六。

師遷化日，寺內異香氛氳，經於七日。感得山崩地動，草木變白，日月無光，天地失色，群鹿鳴叫，至夜不絶。先天二年八月三日，夜三更時，於新州國恩寺圓寂，餘在〈功德塔記〉具述（及具王維《碑銘》）。至十一月，韶、廣二州門人，迎師神座，向曹溪山葬。忽於龕內白光出現，直上衝天，三日始散。韶州奏聞，奉勅立碑供養。

洎乎法海上座無常，以此《壇經》付囑志道，志道付彼岸，彼岸付悟真，悟真付圓會，遞代相傳付囑。一切萬法，不離自性中見也。

〈後敘〉（此序為北宋真宗朝時周希古後敘，亦為真福本獨有之後序）

余嘗公暇，信覽《曹溪六祖大師壇經》，導化迷愚之人，令識本心，見本性，自悟成佛，莫向外求。言直理玄，法法非法，不可思議。乃勸諸善諦，印經受持，獲大功德、無上菩提者也。

大中祥符五年歲次壬子十月八日

傳教弟子宣德郎守尚書屯田員外郎騎都尉賜緋魚袋周希古敘

都勸緣廣教院主僧　保昌　金花山人嚴方外書　瀧西卓海刊字

附錄七：菩提達摩壁觀禪法考究及至六祖惠能核心禪觀之變遷

黃連忠

本論文原發表於二〇一九年七月河南嵩山少林寺「少林寺與禪宗祖庭」研討會
並正式刊行於釋永信主編：《菩提達摩研究》，北京：宗教文化出版社，二〇二一年十月

一、前言

菩提達摩，梵文名 Bodhidharma，意譯作道法或覺法。佛教史籍上又作菩提達磨、達磨、菩提達磨多羅、達磨多羅、菩提多羅，一般通稱達摩或達磨。❶生卒年不詳（？—約五三五），頗多異說或傳說，禪宗文獻亦有多種不同的記錄。達摩是我們中國禪宗的初祖，西天第二十八代祖師。南天竺香至國（或作波斯國、婆羅門國）國王的第三子，師事西天禪宗二十七祖般若多羅（？—四五七）。❷

達摩在南北朝時，經由海上絲路來華。首站來到廣州，雖然入華時間在各種不同的史籍中有多種的說法，但是達摩是歷史上真實的人物，經由海上航路來到中國，傳法而成為中國禪宗的初祖，卻是明確的事實，同時也具備了佛教史上重大的價值與時代意義。

❶因為不同時代與典籍中，分別錄為「達摩」或「達磨」，此為同音異譯，本文以下簡稱達摩，但若引古籍原文時則尊重原來書寫形式。

❷般若多羅梵名為 **Prajñātāra**。又稱為瓔珞童子，東天竺人，婆羅門種。般若多羅為中國禪宗所立西天二十八祖中之第二十七祖。參見（宋）道原纂：《景德傳燈錄》卷二，《大正藏》第五一冊，頁二一一上。

現存可見最早錄有達摩事跡的文獻是北魏楊衒之（生卒年不詳）《洛陽伽藍記》，最早載錄達摩禪法的是唐道宣法師（五九六—六六七）的《續高僧傳》，兩項皆為達摩來華的參考依據。《續高僧傳》中提到達摩禪法為「壁觀」與「二入四行」，其中「二入四行」有禪學意義上的詮釋，但對於「壁觀」禪法卻是未曾介紹實際操作的內容。從禪宗初祖達摩之後的二祖慧可（四八七—五九三），到六祖惠能（六三八—七一三）之間的五代祖師，目前皆未見有關「壁觀」禪法的傳續與解說之原始文獻。因此，達摩的核心禪法是否為「壁觀」？何謂「壁觀」？從初祖達摩到六祖惠能之間，達摩一脈的初期禪宗傳承之核心禪觀的變遷如何？以上正是本文研究的對象與目標。

二、菩提達摩壁觀禪法考究

現存可見資料中，楊衒之《洛陽伽藍記》裡載有達摩的事跡兩處，分別是卷一與卷二：

明帝與太后（靈太后）共登之，視宮內如掌中，臨京師若家庭，以其目見宮中。禁人不聽升，衒之嘗與河南尹胡孝世共登之。下臨雲雨，信哉不虛。時有西域沙門菩提達摩者，波斯國胡人也。起自荒裔，來遊中土。見金盤炫日，光照雲表，寶鐸含風，響出天外。歌詠讚歎，實是神功。自云：年一百五十歲，歷涉諸國，靡不周遍，而此寺精麗，閻浮所無也。極佛境界，亦未有此！口唱南無，合掌連日。（卷一）修梵寺，在青陽門內御道北。嵩明寺復在修梵寺西。並雕牆峻宇，比屋連甍，亦是名寺也。修梵寺有金剛，鳩鴿不入，鳥雀不棲。菩提達磨云：「得其真相也。」（卷二）❶

❶首段見北魏楊衒之：《洛陽伽藍記》卷一，《大正藏》第五一冊，頁一〇〇〇中。次段見《洛陽伽藍記》卷二，《大正藏》第五一冊，頁一〇〇四上。

楊衒之是與達摩同時代之人，以其文史涵養與學術見識，楊衒之所敘述的歷史事件與內容，當為目前可見史料中最為精確的紀錄。❶然而，楊衒之稱達摩為「西域沙門」與「波斯國胡人」，這一點與道宣《續高僧傳》中載錄的〈齊鄴下南天竺僧菩提達摩傳〉中有所不同：「菩提達摩，南天竺婆羅門種。」然而，古代對於「西域」的概念並不十分精確，❷如楊衒之將「西域」、「波斯國」與「胡人」三個概念含混在一起，尤其是古代的「波斯國」也包含了部份古代印度的概念，尤其「胡人」即有現代所稱「外國人」的意義。❸更重要的是楊衒之清晰地界定了達摩為「西域沙門菩提達摩」中的「沙門」，❹又「口唱南無，合掌連日」地表示讚嘆，表示其為佛教出家法師無疑。除此之外，在成書於北宋真宗景德元年（一〇〇四）的《景德傳燈錄》卷三十中之〈菩提達磨略辨大乘入道四行〉，即有「法師（達摩）者，西域南天竺國」的記載，可見在北宋初年，「西域」的地界是包含了「南天竺」的地理概念。有學者質疑楊衒之《洛陽伽藍記》

❶有關於達摩來華的時間問題，在關口真大《達摩の研究》一書中，曾經羅列了十二種說法，值得參考。見（日本）關口真大：《達摩の研究》，日本東京：岩波書店，一九六七年八月，頁一〇八—一一〇。

❷參見成一農：〈從古地圖看中國古代的「西域」與「西域觀」〉，《首都師範大學學報（社會科學版）》，二〇一八年第二期，頁二五—三二。此外，在玄奘（六〇二—六六四）的《大唐西域記》中，記載的範圍，就包括了現代的新疆至南印度一百四十多個國家的風土與人情，由此亦可見古代「西域」的概念較為寬泛。見（唐）玄奘：《大唐西域記》，《大正藏》第五一冊，頁八六七—九四七。

❸參見陳溯：〈波斯語印度史文獻〉，《亞非研究》，二〇一八年第一輯，頁一六一—一七六。

❹沙門，梵語為 śramaṇa，巴利語為 samaṇa，龜茲語為 samāne，于闐語為 samanā，音譯室羅末拏、㗌摩那拏、沙迦懣囊、舍囉摩拏。意譯為勤勞、勤懇、靜志、功勞、劬勞、淨志、息心、息惡、息止、修道、勤息、乏道、貧道。意為出家修道者，本通用於外道婆羅門與佛教，但從佛教文獻中可以看出「沙門」一語，即是指涉剃除鬚髮而善調身心，止息諸惡而志求解脫的佛教出家僧人。又作沙門那、桑門、娑門、喪門、沙聞那。

與道宣法師《續高僧傳》兩項史料中的菩提達摩並非同一人，❶但在契嵩《傳法正宗記》卷五中載有楊衒之與達摩的對話，此亦為一項佐證的材料：

太守楊衒之者，其人素喜佛事。聞尊者至，乃來禮之。（楊衒之）因問曰：「西土五天竺國，師承為祖，其道如何？」尊者（達摩）曰：「明佛心宗，寸無差誤，行解相應，名之曰祖。」又問曰：「秖（只）此一義，為別有耶？」答曰：「須明他心，知其古今。不厭有無，亦非取故。不賢不愚，無迷無悟。若能是解，亦名為祖。」衒之復曰：「弟子業在世俗，罕遇知識。小智所蔽，不能見道，願師教之。使導何道果，以何心得近佛祖。」……衒之聞偈，再拜而去。居未幾，尊者乃奄然長逝。其時必後魏幼主釗與孝莊帝廢立之際耳，是歲乃當梁大通之二年也，以其年葬於熊耳山。❷

接著在道宣法師（五九六—六六七）的《續高僧傳》中，載錄了達摩的傳法事跡：

❶如楊笑天在〈關於達摩和慧可的生平〉一文中說：「《續高僧傳》的達摩是南天竺人，又傳授流行於南天竺的《楞伽經》，其人其事，正相吻合。而《伽藍記》的達摩則是西域波斯國的胡人，這個波斯國，因《伽藍記》卷五有所述及，大致可知其位置在蔥嶺（帕米爾高原）之北的今新疆南部的地方，所以《伽藍記》的達摩可以說是個名副其實的西域胡人。」見楊笑天：〈關於達摩和慧可的生平〉，《法音》，二〇〇〇年第五期，頁二三。又如楊玉彬在〈宋金「達摩渡海故事鏡」定名質疑——兼議達摩「航海東來」故事的源變〉一文中說：「早期佛教史文獻中有關達摩的身份及其活動事跡記載不多，北魏《洛陽伽藍記》中的達摩只是一個從西域波斯國東游來華的普通僧人，並不曾與『南天竺僧』、『渡海來華說』聯繫起來。」見楊玉彬：〈宋金「達摩渡海故事鏡」定名質疑——兼議達摩「航海東來」故事的源變〉，《文物鑒定與鑒賞》，二〇一三年第一期，頁八九。

❷見（宋）契嵩編：《傳法正宗記》卷五，《大正藏》第五一冊，頁七四三上至中。

菩提達摩，南天竺婆羅門種。神慧疏朗，聞皆曉悟。志存大乘，冥心虛寂，通微徹數，定學高之。悲此邊隅，以法相導。初達宋境南越，末久北度至魏，隨其所止，誨以禪教。于時合國盛弘講授，乍聞定法，多生譏謗。有道育、慧可，此二沙門，年雖在後，而銳志高遠。初逢法將，知道有歸，尋親事之，經四五載，給供諮接，感其精誠，誨以真法。如是安心，謂壁觀也；如是發行，謂四法也；如是順物，教護譏嫌；如是方便，教令不著。❶

道宣法師《續高僧傳》中的達摩傳記，載錄了目前可見最早的達摩禪法，其中的「乍聞定法，多生譏謗」，可見達摩初傳禪法，受到不少阻礙，❷其中的「定法」應是指修學禪法之意。不論是禪定之修學或是禪悟之啟發，皆可視「定法」為基礎。其中又有「壁觀」二字，即為達摩禪法的核心要領，在《續高僧傳》中又說：

然則入道多途，要唯二種：謂理、行也。藉教悟宗，深信含生，同一真性，客塵障故。令捨偽歸真，疑住壁觀。無自無他，凡聖等一。堅住不移，不隨他教。與道冥符，寂然無為，名理入也。行入四行，萬行同攝。初報怨行者，修道苦至，當念往劫。捨本逐末，多起愛憎。今雖無犯，是我宿作。甘心受之，都無怨對。經云：逢苦不憂，識達故也。此心生時，與道無違，體怨進道故也。二隨緣行者，眾生無我，苦樂隨緣。縱得榮譽等事，宿因所構，

❶見（唐）道宣：《續高僧傳》卷一六〈菩提達摩傳〉，《大正藏》第五〇冊，頁五五一中至下。成書於日本大正、昭和年間（一九二四—一九三四）的《大正新修大藏經》中的《續高僧傳》載為「末又北度至魏」，但刊刻於韓國高麗高宗年間（一二三六—一二五一）的《高麗藏》再刻本之《續高僧傳》中卻是「未久北度至魏」，原來在刊刻《大正藏》時，將「未久」看成「末又」，應更正之。

❷有關於達摩入華之後受到的「譏謗」或「排擠」，在現存史料中亦可見相關記載，參見方廣錩：〈一條關於達摩入華的另類資料〉，《敦煌研究》，二〇一七年第五期，頁五七—六三。

今方得之。緣盡還無，何喜之有？得失隨緣，心無增減。違順風靜，冥順於法也。三名無所求行，世人長迷，處處貪著，名之為求。道士悟真，理與俗反。安心無為，形隨運轉。三界皆苦，誰而得安。經曰：有求皆苦，無求乃樂也。四名稱法行，即性淨之理也。（達）摩以此法，開化魏土。識真之士，從奉歸悟。錄其言誥，卷流于世。自言年一百五十餘歲，遊化為務，不測于終。❶

《續高僧傳》的「二入四行」論，一直被視為是達摩的禪學思想，提到「入道多途，要唯二種」，即是「謂理、行也」，所指為「理入」與「行入」。所謂「理入」，並非是指以理論指導修證而進入佛法的實證，而是由「藉教悟宗」而「捨偽歸真，疑住壁觀」的實相禪觀，亦可視為「與道冥符，寂然無為」地當下體證實相的頓悟禪觀。至於「行入」的「四行」，是指報怨行、隨緣行、無所求行與稱法行，此為修行的基礎與綱領。《續高僧傳》中說達摩是「自言年一百五十餘歲，遊化為務」，這也是呼應了楊衒之《洛陽伽藍記》的記載。

然而，道宣法師的《續高僧傳》，成書約於公元六四五至六六五年間，距離達摩來華的活躍時期，約有一三〇年以上的時間，取材載錄的內容是否精確，已有存疑的考慮。在北宋初年成書而於公元一〇〇四年頒行天下的《景德傳燈錄》，其成書在達摩圓寂約四六〇年以後。❷在《景德傳燈錄》卷三〇中有〈菩提達磨略辨大乘入道四行〉一文，署名夾註為「弟子曇琳序」，曇琳亦作曇林，對於達摩的序言記錄為：

❶見（唐）道宣：《續高僧傳》卷一六〈菩提達摩傳〉，《大正藏》第五〇冊，頁五五一下。

❷《景德傳燈錄》凡三〇卷，（宋）道原（生卒年不詳）纂，原名《佛祖同參集》。在北宋真宗景德元年（一〇〇四），道原進呈《禪宗傳燈錄》三〇卷，楊億〈序言〉中提及：「（真宗）乃詔翰林學士左司諫知制誥臣楊億、兵部員外郎知制誥臣李維、太常丞臣王曙等，同加刊削，俾之裁定。」。真宗詔楊億作序編入大藏頒行天下，成為宋代官方初期頒布天下最重要的一部禪宗典籍，對中國禪宗的發展與影響，最為深遠。

法師者，西域南天竺國，是大婆羅門國王第三之子也。神慧疏朗，聞皆曉悟。志存摩訶衍道，故捨素從緇，紹隆聖種。冥心虛寂，通鑒世事，內外俱明，德超世表。悲誨邊隅，正教陵替，遂能遠涉山海，遊化漢魏。忘心之士，莫不歸信；存見之流，乃生譏謗。于時，唯有道育、慧可，此二沙門，年雖後生，俊志高遠，幸逢法師，事之數載，虔恭諮啟，善蒙師意。法師感其精誠，誨以真道，令如是安心，如是發行，如是順物，如是方便，此是大乘安心之法，令無錯謬。如是安心者壁觀，如是發行者四行，如是順物者防護譏嫌，如是方便者遣其不著。此略序所由云爾。❶

在公元一〇〇四年上呈之《景德傳燈錄》卷三〇中之〈菩提達磨略辨大乘入道四行〉，內容大略同於成書於六四五至六六五年間之《續高僧傳》，或有可能是《續高僧傳》的取材資料，但成書遠早於《景德傳燈錄》，兩書前後差距為三四〇年左右。然而，在《續高僧傳》與《景德傳燈錄》相繼流行之後，成書於唐中宗景龍二年（七〇八）頃之《楞伽師資記》，亦記載了二入四行論，提到「〈略辨大乘入道四行〉，弟子曇林序」。❷後在北宋契嵩（一〇〇七—一〇七二）成書於北宋仁宗嘉祐七年（一〇六二）「奏許入藏」的《傳法正宗記》卷五中，已經針對「二入四行」是否為達摩禪法精髓的質疑：

或曰：《續僧傳》（續高僧傳）以壁觀四行，為達磨之道，是乎非耶？曰「壁觀婆羅門」者，蓋出於流俗之語也。四行之說，豈達磨道之極耶？夫達磨之徒，其最親者慧可也，其次道副、道育。古今禪者所傳可輩之言，皆成書繁，然盈天下，而四行之云，亦未始概見，獨曇琳〈序〉（菩提達磨略辨大乘入道四行）之耳。然琳於禪者亦素無

❶見（宋）道原纂：《景德傳燈錄》卷三〇，《大正藏》第五一冊，頁四五八中。

❷見（唐）淨覺集：《楞伽師資記》，《大正藏》第八五冊，頁一二八四下。

> 稱，縱曇琳誠得於達磨，亦恐祖師當時且隨其機而方便云耳。若真其道，則何秖以慧可拜已，歸位而立？云「汝得吾髓」，此驗四行之言，非其道之極者也。夫達磨之道者，乃四禪中諸佛如來之禪者也。經曰：觀如來禪者，謂如實入如來地故。入內身聖智相，三空三種樂行故。成辦眾生所作，不可思議。若壁觀者，豈傳佛心印之謂耶？然達磨之道至乎隋唐已大著矣，為其傳者，自可較其實而筆之。安得輒從流俗而不求聖人之宗，斯豈謂善為傳乎？❶

契嵩的質疑之要點有四：其一，稱達摩為「壁觀婆羅門」，顯然並不適當，亦可看出對達摩的誤解，所以才會以「婆羅門」來稱呼達摩，契嵩以為這是「蓋出於流俗之語也」，實則就是簡化了「壁觀」與「南天竺婆羅門種」這兩項名詞的結合，正是「流俗之語」，並不精確。尤其是「婆羅門種」是古代印度種姓制度社會中僧侶婆羅門的出身，梵語為**brāhmaṇa**，並非指達摩為外道婆羅門。其二，契嵩以為「四行之說，豈達磨道之極耶」，明確指出四行之說不是達摩「道之極」的核心宗旨。契嵩指出四行之說，僅見於「弟子曇琳序」〈菩提達磨略辨大乘入道四行〉，又說曇琳是「亦素無稱」，沒有顯著的傳承與名聲。契嵩以為就算達摩曾經傳給曇琳，也是「隨其機而方便云耳」，這是方便法門，而非究竟法門，這是對達摩四行之說的一種定性之說。其三，契嵩又指出「達磨之道者，乃四禪中諸佛如來之禪者也」，即將達摩的禪法定位成「如來禪」，此中「四禪」非指色界四禪，而是指《楞伽經》卷三佛陀開示：「大慧！有四種禪。何等為四？謂：愚夫所行禪，觀察義禪，攀緣真如禪，諸如來禪。……云何諸如來禪？謂入佛地住自證聖智三種樂，為諸眾生作不思議事，是名諸如來禪。」❷契嵩說「觀如來禪者，謂如實入如來地故」，此即指「達磨之道」是「佛陀心印」之「諸如來禪」。其四，契嵩最後質疑「若壁觀者，豈傳佛心印之謂耶」的「壁觀」禪法，並不是達摩「傳佛心印」的極致禪法。

❶見（宋）契嵩編：《傳法正宗記》卷五，《大正藏》第五一冊，頁七四三下至七四四上。

❷見（唐）實叉難陀奉譯：《大乘入楞伽經》卷三，《大正藏》第一六冊，頁六〇二上。

契嵩的四項質疑有其深義，亦是代表古代法師對達摩祖師禪法的反省。

菩提達摩是中國禪宗的初祖，然而其核心禪法究竟為何？既然契嵩提出了質疑，也代表目前可見文獻流傳中的達摩禪法，更值得吾人深入探究。如楊笑天在〈菩提達摩二入四行大乘壁觀禪法（上）——禪宗源頭「達摩西來意」發微〉一文中指出：

> **菩提達摩所傳禪法，《續高僧傳》記載為「二入四行」，並贊嘆它「大乘壁觀，功業最高」，但後世禪宗傳禪已經不依「二入四行」；《續高僧傳》還記載達摩兼授二祖慧可四卷《楞伽》，令其依行，但後世禪宗也不用《楞伽經》而改用《金剛經》。這種改變，令後世對達摩的禪法產生了疑惑，以至於有人認為「二入四行」不是達摩禪法的精髓。**❶

在《續高僧傳》卷二〇中說：「菩提達摩者，神化居宗，闡導江洛。大乘壁觀，功業最高。」❷然而，《續高僧傳》所謂達摩禪法的「壁觀」卻加上了「大乘」二字而成「大乘壁觀」，這究竟是如何的行持法門呢？顯然二入四行論，是對應到「壁觀」二字，亦說明如何是「大乘」的佛法。因為「壁觀」禪法中的「壁」字，《景德傳燈錄》卷三中，梁武帝與達摩的對話裡，提到達摩是「壁觀婆羅門」：「（達摩）寓止于嵩山少林寺，面壁而坐，終日默然，人莫之測，謂之壁觀婆羅門。」❸其中的「人莫之測」，即說明當時世人並不明白達摩的禪法，只能用外相上去稱呼達摩為「壁觀婆羅

❶見楊笑天：〈菩提達摩二入四行大乘壁觀禪法（上）——禪宗源頭「達摩西來意」發微〉，《法音》，二〇〇四年第五期，頁三。

❷見（唐）道宣：《續高僧傳》卷二〇，《大正藏》第五〇冊，頁五九六下。

❸見（宋）道原纂：《景德傳燈錄》卷三，《大正藏》第五一冊，頁二一九中。

門」。為了解答如此的疑問，圭峰宗密（七八〇—八四一）非常用心地給出了合理的詮釋：

達摩以壁觀教人安心，外止諸緣，內心無喘。心如牆壁，可以入道。豈不正是坐禪之法？……達摩善巧，揀文傳心，標舉其名，默示其體，喻以壁觀，令絕諸緣。問：「諸緣絕時，有斷滅否？」答：「雖絕諸念，亦不斷滅。」問：「以何證驗，云不斷滅？」答：「了了自知，言不可及。」師即印云：「只此是自性清淨心，更勿疑也！」若所答不契，即但遮諸非，更令觀察。畢竟不與他先言知字，直待自悟，方驗實是，親證其體，然後印之，令絕餘疑。故云：「默傳心印。」所言「默」者。唯默「知」字。非總不言，六代相傳，皆如此也。❶

宗密以為達摩「壁觀」禪法是：「教人安心，外止諸緣，內心無喘。心如牆壁，可以入道。」這也是循著「理入」的本體之核心思想以入道，宗密以為這正是「坐禪之法」，所以「標舉其名，默示其體，喻以壁觀，令絕諸緣」，以「壁觀」而「絕諸緣」而「入道」。宗密以為行持「壁觀」之後，「直待自悟，方驗實是」才能真正體證「親證其體，然後印之」。所以才說是「默傳心印」，宗密以為其中的「默」字即是荷澤神會（六八四—七五八）所傳之「知之一字，眾妙之源」的「知」，也就是說明宗密的論述重點為達摩禪法一脈相傳，直至荷澤神會之意。❷

宗密的解釋，也是歷代禪宗祖師的一項說法。時至近代，學界針對達摩的壁觀禪法展開不少的討論。如從敦煌文獻

❶見（唐）宗密：《禪源諸詮集都序》，《大正藏》第四八冊，頁四〇三下至四〇五中。

❷關於此點，宗密說：「荷澤宗者，尤難言述。是釋迦降出，達磨遠來之本意也。……謂諸法如夢，諸聖同說。故妄念本寂，塵境本空。空寂之心，靈知不昧。即此空寂寂知，是前達磨所傳空寂心也。任迷任悟，心本自知。不藉緣生，不因境起。迷時煩惱亦知，知非煩惱；悟時神變亦知，知非神變。然知之一字，眾妙之源。」見（唐）宗密：《中華傳心地禪門師資承襲圖》，《卍續藏》（新文豐版）第一一〇冊，頁八七一下。

中探求更多的材料，李尚全在〈戒行合一：從敦煌禪籍透露出的達摩禪的真實內涵〉一文中，曾整理出「日本佛教學者借助敦煌文獻研究菩提達摩的成果」圖表，詳細說明日本學者對於敦煌禪籍的出版與研究，如矢吹慶輝（一八九七—一九三九）在一九三〇年的日本岩波書店出版的《鳴沙餘韻》，鈴木大拙（一八七〇—一九六六）於一九三五年在日本森江書店出版的《敦煌出土少室遺書》，其他如宇井伯壽（一八八二—一九五三）、關口真大（一九〇七—一九八六）、柳田聖山（一九二二—二〇〇六）與田中良昭（一九三三—二〇一六）等人陸續的研究。❶在近代研究中，有突顯《楞伽經》的重要性，以為是達摩禪法的教典依據，甚至北宗宗徒有以《楞伽經》為達摩一宗傳承的記載，編撰成《楞伽師資記》傳世。❷有關於達摩禪法是否以《楞伽經》為依據，仍是值得深入討論的主題，但近代學者多作此說，如方立天在〈從達摩到慧能：禪法的演變〉一文中指出：

> **達摩、慧可和僧璨三位禪師的事跡的記載都很簡略，有的甚至還很混亂，但有一個共同點，即現有的記載都表明，三代禪師都崇奉四卷本《楞伽經》，並以之作為禪修的指導和印證，所以也都被稱為楞伽師。❸**

此外，閆偉在〈從達摩到僧璨：禪法的變遷〉一文中說：

❶見李尚全：〈戒行合一：從敦煌禪籍透露出的達摩禪的真實內涵〉，《敦煌學輯刊》，二〇〇六年第二期，頁一〇三。李尚全整理的資料來源是參考了楊曾文：《日本學者對中國禪宗文獻的研究和整理》，北京：《世界宗教研究》，一九八七年第一期，頁一一三—一一六。

❷《楞伽師資記》全一卷。唐代淨覺（六八三—七五〇）集於唐中宗景龍二年（七〇八）左右，又稱為《楞伽師資血脈記》。目前收錄於《大正藏》第八五冊。本書以北宗的立場，記述《楞伽經》八代相承傳授秉持的初期禪宗傳承史。由於禪宗初期祖師的傳法特別重視《楞伽經》的印證與師承，故名為《楞伽師資記》。本書內容的次序如下：一、楞伽經之譯者求那跋陀羅，二、菩提達磨，三、慧可，四、僧粲，五、道信，六、弘忍，七、神秀、玄賾、老安，八、普寂、敬賢、義福、惠福等八代傳承，以上皆屬於北宗禪的系統。

❸見方立天：〈從達摩到慧能：禪法的演變〉，《慈光禪學學報》，一九九九年一〇月，頁一七四。

達摩禪法主要是以《楞伽經》為依據，主張教人「壁觀」安心、「四行二入」修持，具有自證悟心、玄妙難測的特點，這在《續高僧傳》、《楞伽師資記》、《景德傳燈錄》以及禪宗其他各種燈錄中都有記載。……在禪宗奠立基礎的過程之中，達摩、慧可、僧璨三位祖師的禪法以《楞伽經》為修行理論，對後來的道信、弘忍乃至慧能禪法具有深刻的先導作用。❶

筆者對於奉持《楞伽經》為達摩禪法的依據此一說法，表示保留的態度，因為禪宗以「教外別傳」立宗，若是禪宗仍然依據某部佛教經典而傳法，那就等同於教門各派的立場，禪宗亦將失去最重要的特色。筆者以為，《楞伽經》的義理思想與達摩的「壁觀」與「二入四行」思想之間，並未有明顯的關聯，亦無明顯證據說「達摩、慧可、僧璨三位祖師的禪法以《楞伽經》為修行理論」。此外，劉玨燕在〈從四行觀看達摩禪法中的如來藏思想〉一文中說：「達摩禪法四行觀，無不以如來藏為核心發出。」❷然而，達摩禪法的二入四行論，有其獨特之性質，筆者以為不宜以「如來藏」之名稱與概念，判定達摩其思想之界義或分類。

另有學者指出，從初祖達摩到四祖道信之間，有一個「傳燈」的系統，如趙世金、馬振穎在〈菩提達摩付授四卷本《楞伽經》考〉一文中說：「達摩付授四卷本《楞伽經》於慧可，慧可傳之於僧粲，僧粲又傳之於道信，祖祖相傳，形成一個傳燈系統。」❸從達摩以後，禪宗有「傳燈」之說的《景德傳燈錄》，所謂的「傳燈」是指心燈法脈相傳之意，這是禪宗「以心傳心」以「心燈」為喻，並非以佛教有形的經典相傳，這是對禪宗極大的誤解。

---

❶見閆偉：〈從達摩到僧璨：禪法的變遷〉，《宜春學院學報》，二〇一七年五月，頁七至一〇。

❷見劉玨燕：〈從四行觀看達摩禪法中的如來藏思想〉，《世界宗教文化》，二〇一三年第二期，頁一〇七。

❸見趙世金、馬振穎：〈菩提達摩付授四卷本《楞伽經》考〉，《唐都學刊》，二〇一八年一一月，頁六二至六三。

問題回到達摩的「壁觀」禪法究竟為何？「壁觀」禪法能否代表達摩禪法的核心呢？關於此點，呂澂在〈談談有關初期禪宗思想的幾個問題〉一文中說：

慧可的思想是結合著達磨所傳的禪法而傳布的；達磨禪法究竟如何，這也是未得解決的一個問題。據道宣的《續高僧傳》所保存的原始資料看，達磨是教人以壁觀安心，又教人凝住壁觀（見傳文卷十六），道宣還稱讚達磨禪是「大乘壁觀功業最高」（見傳文卷二十）。因此，用「壁觀」兩字就可以顯示達磨禪法的特點，這毫無疑問。但對壁觀，從來就未見有很好的解釋。一般當它是譬喻的用語，以為在修禪時「外息（原文作「止」）諸緣，內心無喘，心如墻（原文作「牆」）壁，可以入道」（見宗密《禪源諸詮集都序》卷上之二）。這樣的解釋並不很正確。平常的禪觀都以所觀的事實立名，壁觀就應該是以壁為所觀。現在從有關的資料看，如說達磨定學為南天竺禪者所推重，又說跟他學禪的從慧可以下常行頭陀行（一類比較嚴格的戒行）。這些事很容易使人想到當時印度佛家的禪法實有南北之分，而南方禪法正是以頭陀行為準備，又是以修習地遍處定（這是隨處都會生起「地」的感覺的一種禪觀）為其第一課而來教人的（見《解脫道論》卷四）。修習地遍處就常常在墻壁上用中庸的土色塗成圓形的圖樣，以為觀想的對象。那麼，達磨的壁觀很可能和這樣的方法有關。❶

呂澂以為「用壁觀兩字就可以顯示達磨禪法的特點」，但呂澂卻說「但對壁觀，從來就未見有很好的解釋」，並且以為「一般當它是譬喻的用語」，而且以為宗密的解釋並不正確，同時認為「壁觀就應該是以壁為所觀」。呂澂進而認

❶見呂澂：〈談談有關初期禪宗思想的幾個問題〉，原載自一九六一年七月三日《光明日報》，筆者所引乃收錄在黃夏年主編：《呂澂集》，北京：中國社會科學出版社，一九九五年一二月，頁一二〇。

為「南方禪法正是以頭陀行為準備，又是以修習地遍處定為其第一課而來教人的」，並且以為「達磨的壁觀很可能和這樣的方法有關」。筆者綜考史籍，達摩確實是以「頭陀行」為修持風格，頭陀的梵語為 dhūta，巴利語亦同。頭陀行被視為原始佛教傳承至上座部佛教的出家僧人苦行的一種，亦稱十二頭陀行。達摩為南天竺人，靠近斯里蘭卡南傳佛教的核心，若以頭陀行而言，確實接近於南傳上座部的傳統禪觀修行系統。呂澂以為達摩的「壁觀」應是指修習「地遍處定」。「地遍處定」是南傳佛教修習「十遍處」中的一種，這是修習禪定的一種禪觀法門，所謂的「十遍處」，亦作「十遍入」與「十遍處定」，或是「十一切入」與「十一切處」，其中十法為地、水、火、風、青、黃、赤、白、空、識十種。修習這項禪觀，即觀一切法為統一之一相，如「地遍處定」為觀一切法為「堅固相」，如地如壁，在這一點上，應可以解釋達摩教授的是以南傳禪定學的入門方法。在梁扶南三藏僧伽婆羅譯之《解脫道論》卷四中說：

> 問云：何「地一切入」？何修何相？何味何處？何功德？「一切入」者何義？幾種地？何地取相？云何作曼陀羅法？何修地法？答：是心依地相生，此謂「地一切入」。❶

其中的「地一切入」禪法，即是呂澂所謂的「地遍處定」修習方法。然而，筆者以為這只是禪定的修習，並不能代表達摩殊勝禪觀的核心禪法，達摩的「壁觀」法門，是否可能存在更為卓越的修持法門呢？同時，若達摩的「壁觀」法門確實為達摩禪法的最高心法，必然也是由初祖達摩傳承給二祖慧可、三祖僧璨、四祖道信、五祖弘忍，乃至六祖惠能的核心禪觀法門，如此才能說是一脈相承的禪宗心法，亦才能說明達摩實際正是中國禪宗的初祖。

❶見阿羅漢優波底沙造，梁扶南三藏僧伽婆羅譯：《解脫道論》卷四，《大正藏》第三二冊，頁四一二中。

筆者對於這項問題的探索，另有一項大膽的推證。禪宗的法脈傳承，不論是西天二十八祖還是中國禪宗六祖的建立，都是源自於釋迦牟尼佛的三昧禪觀，亦可以說是佛陀心印或是佛陀的核心禪觀。這是以佛陀真實的證悟實相為基礎所發展並傳播的法門，不同於經論與教理的文字傳播路線，完全是以佛陀真實的體證為中心，以實際的證悟為佛心印的傳承。因此，佛陀的證悟乃是在佛陀證悟以前，即有的以印度原始宗教禪定學為基礎，在佛陀於菩提樹下透過某種禪觀法門，而得以大徹大悟為佛陀特有的禪觀或禪悟法門。所以，從南傳佛教修習禪定與禪觀的修持系統而言，有止定的奢摩他（梵語 Śamatha）與觀慧的毘婆舍那（梵語 vipaśyanā）之兩大要項為核心要領，其中又以修習安止的奢摩他為初入門的根本路徑。簡單的說，就是從攝心一境開始修學，古來有二大甘露門（數息觀與不淨觀）之說，南傳佛教有「業處」（梵語 karma-sthāna）之說。所謂「業處」，即為修習禪定的對象與行處，亦是安止諸業的處所，此為修習禪定的基礎。修持禪定時，應該選擇適合自己禪觀的觀想對象、因緣與方法，其中的對象即是「業處」。在《清淨道論》中有四十業處的說明，❶至於如何選擇自己修習禪定的業處，除了自己不斷嘗試練習之外，最主要是依止教授禪法的老師給予啟發與指點。

觀慧的毘婆舍那是佛陀特有的禪觀法門，此點不同於外道修習禪定的法門，更是佛陀得以證悟的重要憑藉，可以視為佛陀在原始佛教禪觀法門的代表。其中，梵語 vipaśyanā 譯為毘婆舍那，清代學者錢大昕（一七二八—一八〇四）所撰的《十

---

❶黃夏年在〈覺音的《清淨道論》及其禪法〉一文中說：「《清淨道論》的禪法理論是上座部佛教修持理論的精華，在整個南傳佛教中處於重要的地位。」黃夏年：〈覺音的《清淨道論》及其禪法〉，《南亞研究》，一九八九年第一期，頁三六。此外，李統亞在〈淺析《清靜道論》在南傳佛教中的地位〉一文中亦指出：「更進一步來說，透過《清淨道論》我們可以看到有很多實修的方法、詳細的禪修指示，這都很完整地保留在目前以巴利語為載體的三藏義注裡面。」見李統亞：〈淺析《清靜道論》在南傳佛教中的地位〉，《黑龍江史志》，二〇一四年一三期，頁二〇七至二一〇。

駕齋養新錄》卷五中提出了「古無輕脣音」之說，得到近代大部分聲韻學研究者的肯定。❶其中的「vi」字節，音譯為「毘」，現代普通話為「pi」，古代當讀為「bi」字音，更有可能類於古代讀為仄聲。「pa」字節音譯為「婆」，然而現代普通話「婆」字音「pa」，在古代讀為「ba」字音。因此，達摩「壁觀」的「壁」字，是否為「梵語 vipaśyanā」（毘婆舍那）的「毘」字，音近通轉而被轉用？至於「觀」字，正好是 vipaśyanā 毘婆舍那的禪觀之「觀」。因此，筆者大膽推論以為所謂的「壁觀」，實則為「毘（婆舍那）（禪）觀」之簡省稱呼，亦即「壁觀」是為佛陀親傳的 vipaśyanā 毘婆舍那的禪觀。

在修習禪定的止（Śamatha 奢摩他）觀（vipaśyanā 毘婆舍那），亦即是「定」與「慧」的關係與範疇。筆者以為，修行者若有禪定的能量與心力，以及穩定清淨的「增上心」，即是安止於定，即應同時發起毘婆舍那的觀照，開發心靈解脫的智慧，觀照身心的實相。在觀照的當下，就會將五蘊身心各法分離，南傳佛教稱為「名（精神）色（物質）分離」，看見諸法的獨特性與差異性，進而證得「名色識別智」即達到「見清淨」的境界。這種感受，就類似看見自己的身體在業識的瀑流之中，看清楚了每一個小水滴的真實相貌，看清楚了水的特性，看清楚了流動與萬法之間牽引與執著的根源，並且完全地析解出來，照見名（精神）色（物質）皆是空幻，亦是五蘊（色受想行識）皆空之意。由奢摩他的禪定安止力與毘婆舍那的觀慧力，長久精勤修習，即能析解出身心五蘊的實相，悟見五蘊皆空與究竟無我的諸法實相，如此便得初步的解脫乃至究竟的解脫。因此，筆者推論達摩的「壁觀」禪法，仍是以奢摩他與毘婆舍那的禪法為主，並且以毘婆舍那的觀慧修持為核心要領。因此，筆者以為達摩秉承了佛陀親傳的止觀等持並進的觀慧法門，由於傳授給二祖慧可，乃至下傳至六祖，亦可說明六祖惠能在《壇經》特別提到「定慧等」的觀念，因此這正是達摩襲自佛陀親授的禪宗心法。

❶見喬全生：〈古無輕脣音述論〉，《古漢語研究》，二〇一三年第三期，頁一六至二五。

三、菩提達摩至六祖惠能核心禪觀之變遷

在歷史上，達摩的事跡與傳說甚多，相對的爭議或含混的情況，也跟著愈來愈複雜，如方瑾在〈論菩提達摩「二入四行」思想的歷史貢獻〉一文中說：

> 道宣之後，對達摩事跡資料的記載就逐漸增多，有爭議的成分也越來越多。像《達摩少室六門》所含《心經頌》《破相論》《二種入》《安心法門》《悟性論》《血脈論》，敦煌文獻《達摩和尚絕觀論》《釋菩提達摩無心論》《南天竺菩提達摩禪師觀門》等，被懷疑後人託名偽作的可能。還有《達摩易筋經》《達摩一掌金》《達摩洗髓經》等武術類文獻，乃至道教方面的《達摩大師住世留形內心妙用訣》之類的仙術作品，附會的成分就很明顯了。❶

託名偽作的現象，在中國古代時常見到，尤其假託歷史上傳說的名人而偽稱撰述的情況，使得後人難以適從。除此之外，透過早期較為可靠的資料，借以鑑別古今，實有必要。然而，中國禪宗初祖達摩在目前可見的文獻資料之中，究竟是以何種核心禪觀傳授給二祖慧可，乃至六祖惠能？又為何二祖傳至三祖之間，目前未見詳確的禪觀法門？三祖至四祖亦是如此，四祖創雙峰法門，五祖創東山法門，六祖又創曹溪法門，何以中國禪宗初祖至六祖之間，傳授的法門代有不同，而缺乏一致性？如鄭佳佳在〈論契嵩禪宗譜系說對菩提達摩的考證〉一文中指出：

> 由於菩提達摩所傳的「壁觀（二入）四行」禪法太過有名，但與東土後五祖的禪法並不相一致，禪宗可能就會面臨宗門內外的質疑——既然東土禪宗是菩提達摩入華傳來的佛陀禪法，照理應該是歷代祖師皆修同一禪法，為何

❶見方瑾：〈論菩提達摩「二入四行」思想的歷史貢獻〉，《學術論壇》，二〇〇六年第一二期，頁一三。

祖師之間禪法不同呢？……契嵩在這裡以「如來禪」代替「佛心印」，是為了突出達磨道不是壁觀與二入四行禪法，而是最高級的可內證如來境界的最上乘禪，期以此如來禪與後來的五祖形成一種修證上的連續性。❶

鄭佳佳提出的質疑甚為合理，達摩秉承的佛陀親傳的禪法，那佛陀禪法中是否有「壁觀」法門一項呢？目前考諸南北傳經論中，唯見達摩有此一說。若達摩獨創「壁觀」禪法而跳脫於佛陀禪法之外，那就不能說達摩是西天第二十八祖了。因此，達摩禪法必是傳承於佛陀禪法，所以從達摩到惠能之間禪法修持之核心要領必然是一致的，不是用理論上的「如來禪」或「最上乘禪」即可「依理得證」，而是必須經過一番修持的過程，也就是前代祖師指導弟子修持的核心禪觀要領才能體證。這也是禪宗祖師以師父傳授弟子的心法傳承，佛教謂之「宗風」。何項修持核心要領為禪宗遍於五家七宗的宗風呢？方瑾在〈論菩提達摩「二入四行」思想的歷史貢獻〉一文中點出：

> 達摩禪以二入為綱，將禪理和禪行、般若空性和具體行持統一到令一切眾生都得解脫的大乘菩薩行中來，也是後世禪學的重要內容——定慧等學的前奏。這是禪宗修學的基本路徑，也是大乘佛道通途。達摩西來所傳大乘之法既繼承了釋迦本懷，又能適應中國的時地而展開，為中國佛教的發展翻開新的一頁，也為後世中國佛教的繁榮奠定了堅實的基礎。隋唐以後的中國佛教基本上走的就是解行並重、自度度人、不重神異的大乘道路。這就是菩提達摩「大乘壁觀，功業最高」的原因。❷

方瑾的論述中，以為「達摩禪以二入為綱，將禪理和禪行、般若空性和具體行持統一」的論述，十分合理，再引申

❶見鄭佳佳：〈論契嵩禪宗譜系說對菩提達摩的考證〉，《科學・經濟・社會》，二〇一七年第二期，頁一〇四至一〇五。

❷見方瑾：〈論菩提達摩「二入四行」思想的歷史貢獻〉，《學術論壇》，二〇〇六年第一二期，頁二六。

至「令一切眾生都得解脫的大乘菩薩行」，這就是成就了禪宗為大乘佛教的一環，具有大乘佛教菩薩行的性質與定位。然而，方瑾以為「是後世禪學的重要內容——定慧等學的前奏」，關於此點，筆者以為「定慧等學」本來就是達摩禪法的核心要領，從達摩到惠能一脈相承，即在修習奢摩他禪定的當下，同時修習毘婆舍那的觀慧，即是在敦博本《六祖壇經》中說的：「我此法門，以定慧為本。第一勿迷，言慧定別，定慧體一不二。即定是慧體，即慧是定用。即慧之時定在慧，即定之時慧在定。善知識！此義即是定慧等。」❶筆者以為，修習禪定法門（奢摩他）的當下，亦同時發起禪觀法門（毘婆舍那）的觀照，這項修習要領，實則為達摩禪法的核心要領，亦是從初祖達摩到六祖惠能之間，一脈相承的禪宗心法。方瑾以為「（定慧等學）這是禪宗修學的基本路徑，也是大乘佛道通途」，也就是說，真正的達摩禪法，或者說是禪宗的修持核心要領，必然是要回歸到「定慧等學」（定慧等）的基礎來，這也是佛陀禪法的核心要領。換句話說，從釋迦牟尼佛到禪宗西天二十八祖的達摩，再從東土禪宗初祖達摩到六祖惠能之間的禪法核心要領，血脈相傳，無二無別，從來都沒有改變過，即是以定慧的止觀修習為主，進而證入諸法實相而開悟。若以南傳佛教的角度觀察，歷代禪宗祖師所謂的「開悟」，必是真實的證入初果乃至四果（須陀洹果、斯陀含果、阿那含果、阿羅漢果），對應大乘佛教的初地乃至十地菩薩境界。

筆者以為惠能傳授的「定慧等學」禪法，實則為達摩禪法的核心要領與教學主軸。若以此角度，回溯觀察從四祖道信到六祖惠能之間的禪法，如淨慧長老在〈四祖禪：見地、功夫與方法〉一文中說：「（道信禪師）開啟了以《文殊說般若經》中所講的『一行三昧』為修持法門的新緒，直接影響了五祖弘忍『東山法門』的肇啟和六祖慧能『曹溪頓

❶見敦博本《壇經》第一三折。見黃連忠：《敦博本六祖壇經校釋》，台北：萬卷樓圖書有限公司，二〇〇六年五月初版，頁四二至四三。

教』的崛興。」❶筆者以為四祖道信以「一行三昧」禪法做為修持實踐的核心及指導原則，正是禪宗靈活運用了定慧等持的禪法修持要領。一行三昧的梵語為 ekavyūha-samādhi，原義為一相三昧或真如三昧，原指行住坐臥等一切處所，皆能在生活修持中實踐純一直心的境界。一行三昧原是指念佛法門的三昧境界與行持方法，但是四祖道信成功的轉化其為禪宗的修行法門，即由念佛法門轉變而為禪宗修持心法，這個意義的轉變，筆者以為這也是將文殊法門具體落實在禪法的生活實踐之中，也成就了日後禪宗重視生活禪修的特質。然而，四祖道信引用《文殊說般若經》中的一行三昧成為禪宗修持的心法，筆者以為這是以一行三昧的禪觀，做為說明達摩禪法的具體補充。如何修持達到一行三昧的境界，仍是須要從達摩「定慧等」禪法的核心要領中，依據善知識師父傳授指導給弟子的實證經驗為入門之憑藉，並非以理論的個人體會或心得即可契入。

因此，筆者以為達摩的「壁觀」禪法，表面上是以「壁觀」為名，實則是實證佛陀或阿羅漢境界的達摩祖師，親自指導弟子禪修，弟子修習的主要內容即是禪定與觀慧。一方面弟子透過精勤的修持，另一方面具備解脫證量的善知識之師父予以適切的指導，這正是禪宗傳承真正的精神與意義。

近代以來，如何回歸佛陀的禪觀，如何回歸達摩的禪法？這些論題被提出來討論，如定明在〈當代南傳禪法對漢傳禪法發展的借鑒意義〉一文中指出：

> 唐宋之際出現許多宗教具通的大禪師，所以禪宗遍行天下，自宋元明清隨著社會歷史的變遷，禪宗也深受影響，禪宗五宗只剩下臨濟、曹洞二宗，形成臨濟天下，曹洞一角之格局，至晚清民國之際禪宗幾乎是到了名存實亡的境地。

❶見淨慧長老：《禪宗入門．四祖禪：見地、功夫與方法》，上海：華東師範大學出版社，二〇一三年五月，頁二九。

而天台止觀、華嚴禪觀、唯識止觀等禪法期間雖有階段性復興與弘揚，但鮮有真正意義上的傳承實踐。❶中國佛教的復興，特別是禪宗的弘傳，必然是要回歸到禪宗定慧等持實踐修學的本懷，回歸到佛陀與達摩的禪法核心修習要領之中。然而，從達摩到慧可的傳法文獻中，目前可見早期文獻之一的《續高僧傳》的「齊鄴中釋僧可傳」載有：

> 釋僧可，一名慧可。……年登四十，遇天竺沙門菩提達摩遊化嵩洛，（慧）可懷寶知道一見悅之，奉以為師，畢命承旨。從學六載，精究一乘，理事兼融，苦樂無滯而解非方便，慧出神心。……初達摩禪師以四卷《楞伽》授可曰：「我觀漢地，惟有此經，仁者依行，自得度世。」……此經（楞伽經）四世之後變成名相，一何可悲。❷

達摩傳授給慧可的禪法，慧可「從學六載，精究一乘」，其中的「一乘」，可視為大乘解脫道的禪法。然而，達摩傳授慧可四卷本《楞伽經》是「惟有此經，仁者依行，自得度世」，這並非是「以《楞伽經》傳宗」，而是「仁者依行，自得度世」，亦即可以做為修持的參考。因此，後世以為「楞伽傳宗」或「楞伽印心」，顯然是與《續高僧傳》中的原義有所出入。

前文述及，達摩被稱為「壁觀婆羅門」，在《大乘入楞伽經》卷一中亦有「沙門婆羅門」之說：

> 復有沙門婆羅門，觀一切法皆無自性，如空中雲、如旋火輪、如乾闥婆城、如幻、如焰、如水中月、如夢所見，

❶見定明：〈當代南傳禪法對漢傳禪法發展的借鑒意義〉，《佛學研究》，二〇一五年總第二四期，頁三三八。

❷見（唐）道宣：《續高僧傳》卷一六，《大正藏》第五〇冊，頁五五一下至五五二下。

不離自心。❶

可見沙門與婆羅門在佛經中亦是相對稱的同一性質，值得注意的是「觀一切法皆無自性」的「觀」字，這是通融於南北傳的禪觀，亦是從「一切法皆無自性」的禪觀中證得解脫。在《楞伽經》卷四中亦說：「云何出世間上上智？謂諸佛菩薩觀一切法皆無有相，不生不滅，非有非無，證法無我入如來地。」❷其中的「不生不滅，非有非無」亦是通融於南北傳的禪觀。此外，在《楞伽經》卷六中亦說：「智者如實觀，不生亦不滅。……行者以慧觀，諸法無自性。」❸其中的「慧觀」亦是通融於毘婆舍那的觀慧。

然而，從達摩到惠能的核心禪觀，筆者以為具有以下六項特質：

其一，達摩是以其實修實證的證量，做為禪法教授的核心禪觀思想。如此的現量境界與無人無我的體悟，實非文字語言所能表達，因此未能留下具體的文獻紀錄。

其二，達摩本身行持頭陀行，又出身於南印度，對於佛陀親傳的南傳上座部禪定修持的奢摩他與禪觀的毘婆舍那禪法十分熟悉，並且能夠從止觀修持中證入實相涅槃。

其三，達摩來到具備「大乘氣象」的古代中國，❹即將其佛陀禪觀思想與中國大乘佛教思想相融和，也由此轉化為大乘的禪觀，並以四卷本《楞伽經》付予二祖慧可為依行之參考。

---

❶見（唐）實叉難陀奉譯：《大乘入楞伽經》卷一，《大正藏》第一六冊，頁五九四上。

❷見（唐）實叉難陀奉譯：《大乘入楞伽經》卷四，《大正藏》第一六冊，頁六一〇中。

❸見（唐）實叉難陀奉譯：《大乘入楞伽經》卷六，《大正藏》第一六冊，頁六二五下至六二六中。

❹《景德傳燈錄》卷三載有：「緣吾（達摩）本離南印來此東土，見赤縣神州有大乘氣象。」見（宋）道原纂：《景德傳燈錄》卷三，《大正藏》第五一冊，頁二一九下。

其四，達摩付予二祖慧可的壁觀禪法，實際的內容可能是融通於南北傳的禪法，並且以佛陀親傳的「定慧等學」（或稱「定慧等持」）止觀法門並持、並學、並進為主，但也開放給弟子們創造性的詮釋，以致於有三祖僧璨《信心銘》、四祖道信的《入道安心要方便法門》、五祖弘忍的《最上乘論》與六祖惠能的《六祖壇經》相繼形成。因此，敦博本《壇經》中「定慧等」或是惠昕本《壇經》中「定慧等學」的禪觀，筆者以為即是達摩禪法的核心禪觀，從初祖達摩到六祖惠能之間心法一脈相承，如此便能充分說明菩提達摩為中國禪宗的初祖，即無可疑了。

其五，達摩的定慧禪觀與南北傳佛教的定慧禪法，或是與天台宗止觀法門，究竟是否有本質上的不同？筆者以為佛陀傳授的禪法必然是一致的，因此南北傳或天台宗乃至其他佛教經論的解脫禪法並無二致，只是傳授者本身的真實體驗是否合於究竟的解脫道，這才是根本的重點。因此，在敦博本《六祖壇經》中說：「善知識！菩提般若之智，世人本自有之，即緣心迷，不能自悟，須求大善知識示道見性。……善知識！我此法門，以定慧為本。第一勿迷，言慧定別，定慧體一不二。即定是慧體，即慧是定用。即慧之時定在慧，即定之時慧在定。善知識！此義即是定慧等。」❶禪宗初祖達摩祖師便是真實悟道之大善知識，因此達摩禪觀法門是其真實體驗的親自傳授，這是著重於「教學方法」的特質，而非文字義理的禪學思想，因為眾生各有根機因緣，不是灌輸一套佛法理論給眾生，眾生依此即能成佛。反之，禪宗特重教學方法，透過定慧止觀的實修，善知識親自指導，才能悟道成佛。如此便能理解達摩的核心禪觀並非是一套僵化的佛學理論，而是以心傳心的禪法教授。

其六，從初祖達摩到五祖弘忍之間，解釋禪學思想的著作有《信心銘》、《入道安心要方便法門》與《最上乘論》，這些都是達摩禪法的一種創造性的延續。然而，筆者以為惠能開示的《六祖壇經》，卻是更為完整地承襲自達摩禪觀的

❶見敦博本《壇經》第一二至一三折。見黃連忠：《敦博本六祖壇經校釋》，台北：萬卷樓圖書公司，二〇〇六年五月初版，頁四〇至四三。

教授，以定慧止觀的實修與指導，將佛陀親傳的定慧法門，特別是毘婆舍那的禪觀，成功地轉換成大乘佛教的禪觀體系，這也是佛教中國化的進程中，佛教歷史上成功的典範。

四、結論

從楊衒之《洛陽伽藍記》記載達摩事跡開始，達摩從廣州登岸來華，北渡長江而至嵩洛一帶弘法，進而在少林寺等地留下了史蹟，成為佛教史上中國禪宗的初祖，時代意義特別重大。道宣法師的《續高僧傳》中載有達摩傳記，也是目前最早見到達摩禪法之文獻，其中提及的「壁觀」禪法與「二入四行」論，一直被視為達摩核心的禪學思想。

中晚唐的宗密以為達摩「壁觀」禪法是「外止諸緣，內心無喘」，這也是循著「理入」的本體之核心思想以契入妙道，宗密以為「喻以壁觀，令絕諸緣」，以「壁觀」而「絕諸緣」而能證入實相。宗密的解釋，也是歷代禪宗祖師一項重要的詮釋。

時至北宋，契嵩在《傳法正宗記》中，對「二入四行」提出了是否為達摩禪法精髓的四項質疑，也以《楞伽經》中「諸如來禪」取代「壁觀」禪法的地位，以為達摩的禪法是「佛陀心印」之「諸如來禪」。

至於「楞伽傳宗」或「楞伽印心」的說法，筆者以為顯然是與《續高僧傳》中原義有所出入。筆者以為，《楞伽經》的義理思想與達摩的「壁觀」與「二入四行」思想之間，並未有明顯的關聯，亦無明顯證據說從達摩到惠能之間六代祖師的禪法，是以《楞伽經》為修行理論。若達摩本身是靠《楞伽經》而修行悟道，這就不是「教外別傳」的禪宗了。再者，達摩傳授慧可四卷本的《楞伽經》，主要目的是「惟有此經，仁者依行，自得度世」的修持佐參，此非「以《楞伽經》傳宗」，而是可以用《楞伽經》做為行持的參考或印證。然而，在《楞伽經》中有「觀一切法皆無自性」與「行者以慧觀，諸法無自性」的觀法，這是融通於南北傳的禪觀，亦是從「一切法皆無自性」的禪觀中進而證得解脫。換句話說，《楞伽經》是重要的修行參考，可以相互印證於達摩實證的境界。

近代學者頗多質疑達摩「壁觀」禪法，何以未能傳續到後世？筆者以為從達摩到惠能核心禪觀從未有任何的變遷，主要的推論，即是懷疑達摩當世時，一方面周邊的僧眾因為不理解而排擠達摩的禪法，另一方面又誤解或曲解了達摩對禪法的教授，以為達摩禪法主要是「面壁參禪」，故望景生義而眾人以為是「壁觀」，於是以訛傳訛。然而，實則是達摩「壁觀」的「壁」字，可能在古代與毘婆舍那禪觀的「毘」字同音，「壁觀」實則為「毘婆舍那禪觀」的簡省稱呼，亦即「壁觀」是為佛陀親傳的毘婆舍那之禪觀。

此外，研究達摩的禪觀思想，筆者以為可以從六能惠能開示的《六祖壇經》中找到線索，禪宗初祖達摩祖師是真參實悟的大善知識，因此達摩禪觀法門也是其真實體驗的親自傳授，並且重視師徒之間的教學要領與方法。達摩禪觀法門透過定慧止觀的實修，善知識親自指導，才能保障禪法的純粹性與完整性。從初祖達摩到六祖惠能的禪法，在核心禪觀上並無本質上的變遷，但為了適應眾生的根機與因緣，六代祖師成功地將佛陀親傳的禪觀法門，轉換成大乘佛教的禪觀體系，這也是佛教中國化的進程中，在整部佛教歷史上最為成功的典範。

附錄八：惠昕五本《六祖壇經》版本校訂及其定慧等學禪法探討

黃連忠

本論文原發表於二〇二三年十一月廣東韶關南華禪寺「第二屆曹溪禪」研討會

一、前言

二十世紀至今約百年以來，相關於《六祖壇經》的版本研究，成果甚豐，《壇經》版本約略可以分為敦煌古本與中原古本兩大體系，但自惠昕五本《壇經》的陸續發現，經由現存四十個存世版本以上的數據分析與統計，概略可以分為敦煌系列本、惠昕系列本與從契嵩至宗寶系列本等三大版本系統。

隨著時代推移與相關《壇經》版本研究的推進，惠昕為中唐出家和尚而非五代北宋初年時人的考證已然成立，引發了敦煌本與惠昕本究竟哪一個系統版本為最早的《壇經》版本之學術問題，同時因為學界過去將精力專注於斯坦因本（英博本）、敦博本與二〇〇九年十二月重新被發現的旅博本《壇經》之研究，反而忽略於現存中唐至宋代惠昕五本《壇經》的版本校訂研究，甚為可惜，故本文以惠昕五本《壇經》版本校訂為主要探討目標，期能透過文本及品目的比對，舉例分析三大系統《壇經》版本之間的差異，以及抉擇分系前後諸多問題之釐定。

除此之外，筆者近年研究發現，「定慧等學」禪法在不同《壇經》版本中，略有文字之出入，但在達摩禪法傳至六祖惠能，乃至於對惠能以後禪法的演變，卻具有獨特的意義及其核心要領的發展。因此，筆者透過相關禪法的後續探討，重新思考六祖惠能「定慧等學」禪法的真實意義與生活實踐之可能性。

二、惠昕五本《六祖壇經》校訂與其他版本系統之間的差異與意義

目前學界對於《壇經》存世版本系統的探討，❶逐漸將過去的分系定名問題，轉變成系統大類的勘定，如李嘉言於一九三五年四月《清華學報》卷一〇論文〈六祖壇經德異刊本之發現〉的提出，即有了「德異本」之名，李嘉言首先引德異（一二三一—？）的〈六祖大師法寶壇經序〉，提出他的看法：「以此知《序》作於元世祖至元二十七年，《跋》作於二十八年；《序》言刊於吳中，《跋》言刊於南海。在時間上空間上都可證明這是兩個刊本。」❷不僅如此，在內容結構及文字上，德異刊本的系列版本分品之品題，不同於宗寶本而為：「悟法傳衣第一、釋功德淨土第二、定慧一體第三、教授坐禪第四、傳香懺悔第五、參請機緣第六、南頓北漸第七、唐朝徵詔第八、法門對示第九、付囑流通第十。」現在德異本存世版本主要有六本，分別是：元大德四年朝鮮本（一三〇〇）、元延祐三年本（一三一六）、明英宗正統四年刊本（一四三九）、明隆慶三年朝鮮本（一五六九）、朝鮮海印寺刊本（刊於清光緒九年，一八八三）與清光緒十五年本（一八八九）。德異本《壇經》的首段皆為：「時，大師至寶林，韶州韋刺史（名璩）與官僚入山，請師於大梵寺講堂，為眾開緣說摩訶般若波羅蜜法。」

在「德異本」之外，另在胡適（一八九一—一九六二）的考證中，則是出現「敦煌本」的名稱，後來諸多學者又另外界定了斯坦因本、英博本、《壇經》祖本、敦煌原本、敦煌新本、敦博本、旅博本、惠昕本、契嵩本、德異本、宗寶本與曹溪原本等諸多版本名稱。然而，在諸多版本中，透過近數十年相關《壇經》版本研究成果中發現，《壇經》譜系版本在綜合比較中可以歸納為三大系統，如白光在其《〈壇經〉版本譜系及其思想流變研究》一書中，將《壇經》版本譜系定向為三大類。關於此點，筆者經過比對及探討也是同意的，白光在此書的導言中說：「在延續《壇經》研究中注重版本對勘

❶《六祖壇經》在不同版本系統中，經題亦有所不同，本文為方便敘述，下文一律簡稱《壇經》。

❷見李嘉言：〈六祖壇經德異刊本之發現〉，《清華學報》卷一〇第二期，一九三五年四月，頁四八四。

的基礎上，吸收近年來學者們對敦煌學方法、宗教學方法以及統計學方法的研究經驗，首先根據經文字數將搜集到的二十二部《壇經》分為三類：一卷本法海集記系列，二卷本惠昕所述系列，三卷本契嵩校勘系列。」❶筆者以為這三大系的譜系，正好說明《壇經》版本的分類系統，亦可以由此確定出《壇經》譜系之大方向結構。

在近百年來相關《壇經》版本研究中，學界一直假定有《壇經》的「祖本」或「古本」，也就是假設存在法海抄記本的可能性。由於現存敦煌三個全本（英博本、敦博本、旅博本）內容大體一致，加上北京中國國家圖書館存藏的兩個殘本：**BD.04548** 號及 **BD.08958** 號，另有西夏文的殘本，筆者統稱為敦煌系列本。此外，北宋仁宗至和三年（一〇五六）契嵩改編的契嵩本，原本雖已不存，但影響了德異本系列、曹溪原本系列與宗寶系列本的成立，經過比對及研究，發現這三項分枝的版本系列，筆者以為可以統屬為「從契嵩至宗寶系列本」。然而，由《壇經》品目及內容對勘比較中發現，惠昕本系列是截然與敦煌本及從契嵩至宗寶系列本兩大系列有所不同的版本系統。為了查清惠昕本與其他兩大系統在品目及文字上的出入與不同，本文提出三項重點的考察，分別是編者惠昕本人的時代、惠昕五本成立的時間、惠昕本與敦煌及宗寶本的品目次第與文字差異，以及惠昕本存在的特質與意義之探討。

首先看惠昕本人時代之訂正問題，惠昕本《壇經》的發現，始自於一九三三年於日本京都興聖寺，在此之前，胡適在一九三〇年一月寫成〈壇經考之一——跋《曹溪大師別傳》〉一文，❷此文也是引發中國近代討論《壇經》文獻版本考據的濫觴。胡適又於一九三五年十二月初版之《胡適論學近著》第一集卷二中，收錄其〈壇經考之二（記北宋本的《六

❶見白光：《〈壇經〉版本譜系及其思想流變研究》，北京：宗教文化出版社，二〇一三年一〇月，導言頁一三。

❷此文原刊於《胡適文存》卷二，後收入於柳田聖山主編《胡適禪學案》與《現代佛教學術叢刊》第一冊。見胡適：〈壇經考之一——跋《曹溪大師別傳》〉，載《國立武漢大學文哲季刊》，第一卷第一期，一九三〇年四月，頁三三—四四。

祖壇經》〉一文中，❶提到日本鈴木大拙寄贈給他「京都堀川興聖寺藏的《六祖壇經》的影印本一部」，此影本亦為日本昭和八年（一九三三）印行之影本，因此胡適正式將一九三三年發現的惠昕本定名為「北宋本」。❷

胡適在〈壇經考之二（記北宋本的《六祖壇經》）〉此文中，依興聖寺本《壇經》短序，署題「依真小師邕劦（州）羅秀山惠進禪院沙門惠昕述」的內容：「古本文繁，披覽之徒，初忻後厭。余以太歲丁卯，月在蕤賓，二十三日辛亥，於思迎塔院，分為兩卷，凡十一門，貴接後來，同見佛性云。」❸胡適依據其研究而計算為一六一二字的惠昕〈序〉與二八二字的晁子健〈後記〉，並針對「太歲丁卯，月在蕤賓，二十三日辛亥」的紀錄加以說明，但對於「太歲丁卯」年代之斷定問題，胡適說：「鈴木（鈴木大拙）先生推想此『丁卯』應是宋太祖乾德五年（西曆九六七），但他不能證實此說。按蕤賓為五月；二十三日辛亥，則此月朔為己丑。我檢查陳垣的《廿史朔閏表》，只有宋太祖乾德五年丁卯有五月己丑朔，故可斷定惠昕改定二卷十一門是乾德丁卯的事（九六七）。」❹因此，從鈴木大拙到胡適，即將惠昕本斷定為北宋太祖乾德五年而成為「北宋本」，是年為公元九六七年。在此之後，近九十年來學界多也因此認定惠昕本《壇經》的編定者，是由五代至北宋初年的惠昕和尚，編定而成立於北宋初年，惠昕被誤判為北宋初年的禪僧。然而近年依據吳孝斌的考證，惠昕應為中唐時代的僧人。

---

❶胡適〈壇經考之二（記北宋本的《六祖壇經》）〉一文，全文標題原為〈跋日本京都堀川興聖寺藏北宋惠昕本《壇經》影印〉，後收錄於《胡適禪學案》，見柳田聖山主編：《胡適禪學案》，台北：正中書局，一九七五年六月初版，頁七六至九二。

❷關於此點，學界一般都襲用了胡適對惠昕本成立年代的看法，如印順法師亦提到：「（惠昕本）編定的時間，考定為宋太祖乾德五年（九六七年）五月。」見印順法師：《中國禪宗史——從印度禪到中華禪》，台北：正聞出版社，一九八八年六月五版，頁二七三。

❸見胡適：〈壇經考之二（記北宋本的《六祖壇經》）〉，收錄於柳田聖山主編：《胡適禪學案》，台北：正中書局，一九七五年六月初版，頁七七。

❹見胡適：〈壇經考之二（記北宋本的《六祖壇經》）〉，同前書，頁七八。

在現存真福寺本與興聖寺本惠昕兩本之原序中，真福寺本作「韶州曹溪山六祖壇經序」，興聖寺本作「六祖壇經序」，載明此序文為「依真小師邕州羅秀山慧進禪院沙門惠昕述」，❶其中的「邕州羅秀山慧進禪院」，據吳孝斌在其〈惠昕本《六祖壇經》略考〉一文中指出：「唐代於今廣西南寧設邕州，屬嶺南道轄地。羅秀山在今南寧市西鄉塘區轄境內，因昔晉羅秀隱修于此『升仙』而名，古屬邕州宣化縣境，其『羅峰晚霞』為古邕州八景之一。」❷因此，「邕州羅秀山」，應屬現今廣西省南寧市西鄉塘區所轄境內。至於「慧進禪院」，真福寺本作「慧進禪院」，興聖寺本作「惠進禪院」，在南宋中期王象之（一一六三—一二三〇）編纂的《輿地紀勝‧邕州‧仙釋》，其中有「正恩大師」條，內容為：「羅秀山在宣化縣北，天寶三載正恩大師惠昕於此開山。」❸天寶三載為唐玄宗天寶三年，公元七四四年，惠昕已在唐代邕州羅秀山開山建寺。惠昕的生卒年不詳，但在兩宋之間由趙明誠、李清照夫妻撰寫之《金石錄》卷九載有：「第一千六百五十五，唐惠昕大師碑。」❹然而在夾注「齊推撰。正書，姓名殘缺。貞元十七年」外，另據海鹽張氏涉園藏呂無黨手鈔本《金石錄》中

❶此處的「邕州」，真福寺本作「邕州」，興聖寺本作「邕劶」，當作「邕州」。其中的「依真小師」，尚無法斷定所指何人，印順法師在其《中國禪宗史》中，亦提及此事：「興聖寺本序下一行題：『依真小師邕州羅秀山惠進禪院沙門惠昕述』。『依真小師』的意義不明，『小師』或是『門師』的寫訛。」見印順法師：《中國禪宗史——從印度禪到中華禪》，台北：正聞出版社，一九八八年六月五版，頁二七三。但依筆者推論，可能為惠昕出家時的內號，也就是其法名「依真」，在其寺院系統內的稱號。

❷見吳孝斌：〈惠昕本《六祖壇經》略考〉，此文收錄於林有能、黃錚主編之《六祖慧能文化研究》，北京：社會科學文獻出版社，二〇一九年九月，頁八四。吳孝斌另發表一篇相關論文〈《六祖壇經》與南寧羅秀山〉，內容大致與其〈惠昕本《六祖壇經》略考〉相同，可供參閱，見吳孝斌：〈《六祖壇經》與南寧羅秀山〉，《文史春秋》，二〇一九年第四期，頁五八至六〇。

❸筆者所見版本為（宋）王象之：《輿地紀勝》卷一〇六，北京：中華書局，一九九二年一〇月，頁三二五四。

❹筆者所見版本為（宋）趙明誠撰、金文明校證：《金石錄校證》，桂林：廣西師範大學出版社，二〇〇五年一〇月，頁一六〇。另，吳孝斌〈惠昕本《六祖壇經》略考〉一文中，誤載為「《金石錄》卷六」，應為卷九，見其文，頁八五。

載為「齊惟撰」，❶貞元十七年是年為公元八〇一年，從唐玄宗天寶三年於羅秀山慧進禪院開山，至五十七年後，由齊推撰立「唐惠昕大師碑」。另據南宋晁公武（一一〇一—一一八〇）編撰之《郡齋讀書志》亦載：「《六祖壇經》，右唐僧惠昕撰。」❷以上三項證據，由此可以推定惠昕為中唐時佛教僧人，活躍時代約為唐玄宗天寶三年至唐德宗貞元年間。

因此，在惠昕之真福寺本《壇經》序言中，提及的「太歲丁卯，月在蕤賓」，時間應是在唐德宗貞元三年農曆五月二十三日，即公元七八七年，距離六祖惠能圓寂之七一三年，時隔七十四年，由此可以推定惠昕為中唐禪僧，惠昕編定惠昕本稿本《壇經》為唐本，而非晚唐五代北宋初年本，故胡適稱惠昕本為北宋本是不正確的。

現存惠昕本系列版本共有五本，若依版本刊刻記或寫本著錄抄寫年代，分別是真福寺本（一〇一二年，寫本，一九七八年正式發表於日本名古屋真福寺所藏，二〇一六年向外界公布圖影）、❸大乘寺本（一一一六年，寫本，一一三五年發現於日本石川縣）、天寧寺本（一一一六年，寫本，發現於日本金山）、興聖寺本（一〇三一年晁迥題字。❹

---

❶此係在金文明校證之《金石錄校證》，錄為「齊推撰」，但在海鹽張氏涉園藏呂無黨手鈔本《金石錄》中，載為「齊惟」，經筆者查考北京中華書局依據《古逸叢書三編》影印而出版的《宋本金石錄》，確定應為「齊推」，見趙明誠撰：《宋本金石錄》（全二冊），北京：中華書局，一九九一年一月，頁二二七。

❷南宋晁公武編撰之《郡齋讀書志》原載：「《六祖壇經》三卷，右唐僧惠昕撰，記僧盧慧能學佛本末。慧能號六祖，凡十六門，周希復有序。」但今人孫猛校證，三卷當為二卷之誤，按今興聖寺本，應為十一門。周希復有序，當為跋文之周希古後敘。周希古之後敘，撰於大中祥符五年（一〇一二），時代與晁公武生卒年相近。見（宋）晁公武著、孫猛校證：《郡齋讀書志校證》，上海：上海古籍出版社，一九九〇年一〇月，頁九六五至九六六。

❸日本真福寺本《壇經》書影已於二〇一六年四月正式刊出，見（日本）中世禪籍叢刊編集委員會編：《中世禪籍叢刊》第九卷《中國禪籍集二》，日本京都：臨川書店，二〇一六年四月刊，頁七至一二二。

❹晁迥（九五一—一〇三四），北宋文學家與藏書家，字明遠，澶州清豐人。

一一五三年晁子健刊刻，刻本，一九三三年發現於日本京都）與寬永本（一六三一年日本重刊，刻本）。原始之惠昕祖本亦已在中國本土佚失，但如同早期藏經流傳到日本一樣的現象，反倒是在日本被保存下來了。筆者研究發現，日本真福寺本很可能就是依據惠昕原本而抄錄之版本，其兩卷為上下兩卷，共析為十一門。

依現存惠昕五本系列之《壇經》版本，可以分成兩個系統，一個是手寫本系統，並有周希古後序（序於北宋真宗大中祥符五年，一〇一二年），如真福寺本、存中序（一一一六年）之大乘寺本與天寧寺本等三本；另一個則是刻本系統，即為興聖寺本與日本寬永八年重刊之寬永本。其中的寬永本，應為「慶元本」《壇經》（一一九五—一二〇〇）的傳本，「慶元本」現已不存，可見於日本寬永八年（一六三一）與貞享五年（一六八八）再刊的紀錄，但其內容與興聖寺本大抵相同，因此在版本譜系上，一般亦可以歸類於興聖寺本而不單獨列出，但本文依現存版本系統，故羅列為惠昕本系列之第五份版本。

在二〇二二年三月三日，筆者已經完成惠昕五本《壇經》的文字校訂工作，校訂全文連同校記文字約七萬四千字，茲將其版本校訂的重點敘述如下：

其一，有關於校訂底本與參校本部分。

在現存惠昕系列五項版本之中，筆者以為真福寺本《壇經》是較為適合做為惠昕本系列版本校訂的底本，主要是此版本經過考證之後發現，也是現存惠昕本系列中最早的手抄本，意義重大。故筆者校訂以日本名古屋真福寺本為底本，以現存惠昕本系列《壇經》之其他四本：大乘寺本、天寧寺本、興聖寺本與寬永本為對校本，另參校石井修道撰〈伊藤隆壽氏發見の真福寺文庫所藏の『六祖壇經』の紹介——惠昕本『六祖壇經』の祖本との關連〉一文，❶以及參校敦博

❶見（日本）石井修道：〈伊藤隆壽氏發見の真福寺文庫所藏の『六祖壇經』の紹介——惠昕本『六祖壇經』の祖本との關連〉，《駒澤大學佛教學部論集第十號》，一九七九年十一月，頁七四至一一一。

本、英博本、旅博本、大正本、宗寶諸本與郭朋校著之《壇經校釋》為參校本。

其二，有關於經題、序文與品目名稱。

經題部分，真福寺本、興聖寺本皆作「六祖壇經」，大乘寺本、天寧寺本皆作「韶州曹溪山六祖師壇經」，寬永本作「六祖法寶壇經」。

筆者校訂惠昕五本的序文部分，則是收錄有三篇，分別是：其一，真福寺本與興聖寺本兩本之原序。真福寺本作「韶州曹溪山六祖壇經序」，興聖寺本作「六祖壇經序」，依底本真福寺本作「韶州曹溪山六祖壇經序」；其二，大乘寺本與天寧寺本兩本之〈存中再刊序〉之原序文；其三，興聖寺本獨有之序，即為晁子健之序。另有一篇跋文，為真福寺本獨有之後敘，即周希古後敘。

筆者校訂惠昕五本的品目部分，發現五本《壇經》，雖然都分為上下二卷十一門，但十一門的品目名稱，仍有一些不同，整理如下：（筆者依真福寺本為底本，若名稱不一致時則校訂之，以下校改後品目名稱若與真福寺本相同不出校）

第一門：真福寺本作「韶州刺史韋據等眾請說法門」，大乘寺本、天寧寺本皆作「韶州刺史韋璩等眾請說法」，興聖寺本、寬永本皆作「緣起說法門」。筆者依上述品目名稱之不同，統一校訂為「眾請說法門」。

第二門：真福寺本作「大師自說悟法傳衣門」，大乘寺本、天寧寺本皆作「大師自說悟法傳衣」，興聖寺本、寬永本皆作「悟法傳衣門」。筆者依上述品目名稱之不同，統一校訂為「悟法傳衣門」。

第三門：真福寺本、寬永本皆作「為時眾說定惠門」，大乘寺本作「為時眾說定慧」，天寧寺本作「為時眾說定惠」，興聖寺本作「為時眾說定慧門」。筆者依上述品目名稱之不同，統一校訂為「為時眾說定慧門」。

第四門：真福寺本、興聖寺本、寬永本皆作「教授坐禪門」，大乘寺本、天寧寺本皆作「教授坐禪」。

第五門：真福寺本、興聖寺本、寬永本皆作「說傳香懺悔發願門」，大乘寺本、天寧寺本皆作「說傳香懺悔發願」。

筆者依上述品目名稱之不同，統一校訂為「傳香懺悔發願門」。

第六門：真福寺本、興聖寺本、寬永本皆作「說一體三身佛相門」，大乘寺本、天寧寺本皆作「說一體三身佛相」。

第七門：真福寺本、興聖寺本、寬永本皆作「說摩訶般若波羅蜜門」，大乘寺本作「說摩訶般若波羅密」，天寧寺本作「說摩訶般若波羅蜜」。

第八門：真福寺本作「現西方相狀門（武帝問功德附）」，大乘寺本作「現西方相狀（武帝功德附）」，天寧寺本作「現西方相狀（武帝問功德）」，興聖寺本、寬永本皆作「問答功德及西方相狀門」。

第九門：真福寺本、興聖寺本、寬永本皆作「諸宗難問門」，大乘寺本、天寧寺本皆作「諸宗難問」。

第十門：大乘寺本、天寧寺本皆作「南北二宗見性」，興聖寺本、寬永本皆作「南北二宗見性門」，真福寺本脫「性」字作「南北二宗見門」。筆者依上述品目名稱之不同，統一校訂為「南北二宗見性門」。

第十一門：真福寺本作「教示僧門」，大乘寺本、天寧寺本皆作「教示十僧」，興聖寺本、寬永本皆作「教示十僧傳法門」，石井校本作「教示十僧門」，當作「教示十僧門」。在「教示十僧門」後，真福寺本、大乘寺本與天寧寺本皆作夾注「示寂年月附」，興聖寺本與寬永本皆無。筆者依上述品目名稱之不同，統一校訂為「教示十僧傳法門（示寂年月附）」。

因此，若從十一門的品目名稱來看，大乘寺本、天寧寺本在十一門中的八門名稱是完全一致的，因此可以推定同刊於一一一六年的兩本，有著先後參刻的情況。至於真福寺本、興聖寺本、寬永本在十一門中的五門名稱是完全一致的，另外興聖寺本與寬永本亦單獨有五門名稱是相同的，可以看出真福寺本可能影響了興聖寺本與寬永本的刊刻，以及興聖寺本與寬永本這兩個版本之間的連屬關係。

其三，有關於文字內容與敦煌系列及從契嵩至宗寶本系列的差異。

關於惠昕系列本與敦煌系列本及從契嵩至宗寶系列本的全文字數之間，有何差別？筆者曾於二〇二一年九月，出版拙著《敦煌三本六祖壇經校釋》一書，❶依敦煌三本《壇經》圖影，親自點算三本的字數，分別是斯坦因本（英博本）《壇經》的全文共一一五四〇字，敦博本《壇經》的全文共一一六七三字，旅博本《壇經》的全文共一一七二四字，以旅博本《壇經》的字數最多，內容也相較完整。❷

至於惠昕本的全文字數，由於惠昕五本皆有出入，筆者經統一校訂後，包含兩篇序文及跋文的後序，共得校訂版本為一四六〇一字。因此，諸多學者轉引稱惠昕本字數約為一萬二千字，並不十分精準，大約有一萬四千字，較為接近。❸此外，筆者精算從契嵩至宗寶系列本全文校訂後的字數，不含前後之序文及跋文，亦不含附錄之文章，共得二〇〇二二字。

❶見拙著黃連忠：《敦煌三本六祖壇經校釋》，台北：萬卷樓圖書公司，二〇二一年九月。

❷筆者所見旅博本《壇經》的圖影，係由郭富純、王振芬整理之《旅順博物館藏敦煌本六祖壇經》一書，正式在上海古籍出版社出版。見郭富純、王振芬整理：《旅順博物館藏敦煌本六祖壇經》，上海：上海古籍出版社，二〇一一年四月第一版。經過筆者親自點算並標誌旅博本《壇經》的行數、頁數與字數，結論是該經的經題三行，正文內容為五九〇行，並加末記四行，總共為五九七行，此為《旅順博物館藏敦煌本六祖壇經》一書所未記錄的重要整理。

❸據鄭阿財在〈二十世紀敦煌學的回顧與展望——臺灣篇〉一文中，指出潘師重規綜合了許多《壇經》的研究材料，提出重要的學術觀點與主要論點：「潘重規〈敦煌六祖壇經讀後管見〉（一九九二），旨在說明敦煌本《壇經》，是接近於六祖原本的抄本。並詳舉力證駁斥胡適之主張《壇經》為神會偽造的謬說。……又《壇經新書》（一九九四），敦煌寫本《壇經》只有一萬二千字，惠昕本則有一萬四千字，而明藏本竟增至二萬一千字，足見後世壇經版本，不乏後人增補。」見鄭阿財，〈二十世紀敦煌學的回顧與展望——臺灣篇〉，《漢學研究通訊》總七七期，二〇〇一年二月，頁四九。

因此，惠昕本較敦煌本多約三千字的內容，較宗寶本少約五千四百字的內容。雖然如此，但因三個系列本在內容敘述的結構部分，並不一致，文字亦有較多的出入，限於本文篇幅，筆者依神秀偈頌與惠能偈頌舉例說明如下：

有關於偈頌的區別，在惠昕本的「二、悟法傳衣門」中，載有〈神秀偈〉，惠昕五本皆一致：「身是菩提樹，心如明鏡臺。時時勤拂拭，莫使染塵埃。」另在敦煌三本《壇經》則是皆作：「身是菩提樹，心如明鏡臺，時時勤拂拭，莫使有塵埃。」惠昕五本與敦煌三本《壇經》對於此偈，兩系版本，僅有「染」與「有」一字之差。除此之外，筆者比較了日本大正藏宗寶本、曹溪原本系列本之明代憨山勘校本（即明泰倉刻本）、明崇禎六年刊本，以及德異本系列本之明隆慶三年朝鮮本，另加宗寶本系列本之明永樂南藏本、明嘉興藏本與日本卍正藏本等共七本，這是三個系統的曹溪原本系列、德異本系列與宗寶本系列本的綜合比對，發現這七本皆作：「身是菩提樹，心如明鏡臺。時時勤拂拭，勿使惹塵埃。」因此，從契嵩至宗寶系列本，這七本與惠昕五本及敦煌三本的「莫使有塵埃」是不同的，一致成為「勿使惹塵埃」。

前面是神秀的偈頌，差別並不大，但到惠能偈頌就有很大的不同，筆者製表如下：

項目名稱	惠昕五本	敦煌三本	從契嵩至宗寶七本
神秀偈頌	身是菩提樹，心如明鏡臺。 時時勤拂拭，莫使染塵埃。	身是菩提樹，心如明鏡臺。 時時勤拂拭，莫使有塵埃。	身是菩提樹，心如明鏡臺。 時時勤拂拭，勿使惹塵埃。
惠能偈頌	菩提本無樹，明鏡亦非臺。 本來無一物，何處有塵埃？	菩提本無樹，明鏡亦無臺。 佛性常清淨，何處有塵埃？ 惠能偈曰： 身是菩提樹，心為明鏡臺。 明鏡本清淨，何處染塵埃？	菩提本無樹，明鏡亦非臺。 本來無一物，何處惹塵埃？

由上表可知，惠昕五本皆作：「菩提本無樹，明鏡亦非臺。本來無一物，何處有塵埃？」敦煌三本原圖影，卻作：「菩提本無樹，明鏡亦非臺。佛性常清淨，何處有塵埃？」到了從契嵩至宗寶七本，則又改作：「菩提本無樹，明鏡亦非臺。本來無一物，何處惹塵埃？」可見惠昕五本與從契嵩至宗寶七本，兩大系統版本，在文字上僅為「有」及「惹」的一字之差。然而，不同的是敦煌三本，在此之後，惠能又多了一組「又偈曰」之偈頌，敦煌三本原圖影中作：「心是菩提樹，身為明鏡臺。明鏡本清淨，何處染塵埃？」❶筆者參考其他校本及上下文對應關係，故校改為：「身是菩提樹，心為明鏡臺，明鏡本清淨，何處染塵埃？」由此可見，惠昕本系列與從契嵩至宗寶七本系列，較為一致，敦煌本系列是另一項《壇經》版本的發展。

三、惠昕五本《六祖壇經》中「定慧等學」禪法的探討

在惠昕五本中的上下二卷十一門中，第三門為「為時眾說定慧門」，首段即對應了「定慧等學」的禪法開示。另外，在敦煌三本的一卷本體系中，雖然沒有析分品目，但在鈴木大拙將英博本析為五十七折中，單獨將此段文字析為第十三折。但到了從契嵩至宗寶七本系列，《壇經》版本的品目，益形複雜，則是可以分成四個系統，筆者整理如下：

明永樂年間刊本（約一四二〇前後）、明正統四年刊本（一四三九）、明成化七年刊本（一四七一）、明隆慶三年朝鮮本（一五六九）、朝鮮海印寺刊本（一八八三）、清光緒十五年本（一八八九），以上諸本品目皆為：「悟法傳衣第一、釋功德淨土第二、定慧一體第三、教授坐禪第四、傳香懺悔第五、參請機緣第六、南頓北漸第七、唐朝徵詔第八、法

❶該圖影及說明，參見拙著黃連忠：《敦煌三本六祖壇經校釋》，台北：萬卷樓圖書公司，二〇二一年九月，頁三二一—三二三。

門對示第九、付囑流通第十。」其次，明崇禎六年刊本（一六三三）品目為：「悟法傳衣第一、般若第二、疑問第三、定慧第四、坐禪第五、懺悔第六、機緣第七、頓漸第八、宣詔第九、付囑第十。」明代憨山勘校本（一五三五）、清代真樸再梓本（一六七六）、清康熙海幢寺本（一六九五）、金陵刻經處本（一九二九），以上諸本品目皆為：「自序品第一、般若品第二、決疑品第三、定慧品第四、妙行品第五、懺悔品第六、機緣品第七、頓漸品第八、護法品第九、付囑品第十。」此外，明萬曆元年刊本（一五七三）、明嘉興藏本（一六〇九）、日本卍正藏本（一九〇五）、日本大正藏宗寶本（一九二八），以上諸本品目皆為：「行由第一、般若第二、疑問第三、定慧第四、坐禪第五、懺悔第六、機緣第七、頓漸第八、宣詔第九、付囑第十。」以上四項《壇經》版本系統的品目，以「明崇禎六年刊本」最為特殊，此本署名「風旛報恩光孝禪寺住持嗣祖比丘宗寶重編」，雖然如此，但品目第一品作「悟法傳衣第一」，並且刊有署名「光孝禪寺住持曇謏」之〈正宗六祖大鑒禪師法寶壇經序〉，此序為所有《壇經》版本未見之孤序，在卷終記有「大明崇禎聖君六年癸酉歲」，是年為公元一六三三年，故筆者斷為明崇禎六年刊本，此本目前收藏於台北圖書館善本書室。

因此，若以惠昕五本的第三門「為時眾說定慧門」的內容，對比上述四個系統，分別是明永樂年間刊本等之「定慧一體第三」、明崇禎六年刊本及宗寶本系列之「定慧第四」，以及明代憨山勘校本之「定慧品第四」，惠昕五本提及「定慧法門」的內容為：

> 善知識！我此法門，以定慧為本。大眾勿迷，言定慧別。定慧一體，不是二。定是慧體，慧是定用。即慧之時定在慧，即定之時慧在定。若識此義，即是定慧等學。諸學道人，莫言先定發慧，先慧發定，定慧各別。作此見者，法即有二相，口說善，心中不善，定慧不等；心口俱善，內外一種，定慧即等。自悟修行，不在於諍。若諍先後，即同迷人，不斷勝負，卻增法我，不離四相。

在以上惠昕五本、敦煌三本、從契嵩至宗寶系列三大系版本中，惠能明言「我此法門，以定慧為本」，可見惠能是以「定慧等學」為其禪法的核心，其他如一行三昧、頓悟自性與三無思想，皆可視為「定慧等學」思想的延伸。其中比較值得注意的是，敦煌三本的「定慧等學」皆作「惠等」，真福寺本、天寧寺本與寬永本皆作「定惠等學」，大乘寺本與興聖寺本皆作「定慧等學」，故依惠昕五本當作「定慧等學」為宜。❶

若《壇經》三大系版本皆言惠能禪法是「我此法門，以定慧為本」，其中又以「定慧等學」做為主要的核心，在行持此法門時，主要的核心要領為何？這是筆者針對惠昕五本校訂之後的思考進路。

筆者首先思考一個重點，「定慧等學」的「定慧法門」是否為惠能所獨創？還是承襲禪宗初祖達摩以來的修持傳統？關於此點，筆者在二〇一九年曾於河南登封少林寺的研討會上，發表拙作〈菩提達摩壁觀禪法考究及至六祖惠能核心禪觀之變遷〉一文，❷在此文中，筆者提出一個新穎的觀點，就是：「真正的達摩禪法，或者說是禪宗的修持核心要領，必然是要回歸到『定慧等學』（定慧等）的基礎來，這也是佛陀禪法的核心要領。換句話說，從釋迦牟尼佛到禪宗西天二十八祖的達摩，再從東土禪宗初祖達摩到六祖惠能之間的禪法核心要領，血脈相傳，無二無別，從來都沒有改變過，即是以定慧的止觀修習為主，進而證入諸法實相而開悟。若以南傳佛教的角度觀察，歷代禪宗祖師所謂的『開悟』，必是真實的證入初果乃至四果（須陀洹果、斯陀含果、阿那含果、阿羅漢果），對應大乘佛教的初地乃至十地菩薩境界。」❸然而，這原是筆者先前的推論，尤其惠能所謂的「定慧法門」的「定慧」所指為何？筆者以為：「佛陀的證悟乃是在

❶參見拙著黃連忠：《敦煌三本六祖壇經校釋》，台北：萬卷樓圖書公司，二〇二一年九月，頁四二至四三。

❷後來此文正式刊行於二〇二一年一〇月，見拙著黃連忠：〈菩提達摩壁觀禪法考究及至六祖惠能核心禪觀之變遷〉，收錄於釋永信主編：《菩提達摩研究》，北京：宗教文化出版社，頁三〇五至三二七。

❸見拙著黃連忠：〈菩提達摩壁觀禪法考究及至六祖惠能核心禪觀之變遷〉，頁三二一。

佛陀證悟以前，即有的以印度原始宗教禪定學為基礎，在佛陀於菩提樹下透過某種禪觀法門，而得以大徹大悟為佛陀特有的禪觀或禪悟法門。所以，從南傳佛教修習禪定與禪觀的修持系統而言，有止定的奢摩他（梵語 Śamatha）與觀慧的毘婆舍那（梵語 vipaśyanā）之兩大要項為核心要領，其中又以修習安止的奢摩他為初入門的根本路徑。」❶因此，筆者推論惠能所謂的「定」，仍是以奢摩他法門的「止」為「定」的實質內容；至於惠能所謂的「慧」，則是指毘婆舍那的「觀」為「慧」的實質內容。所以，惠能所謂的「定慧等學」，則必須符合上述「定是慧體，慧是定用」及「即慧之時定在慧，即定之時慧在定」的兩項根本原則。「定是慧體，慧是定用」這是強調「體」與「用」的「體用一如」之範疇，但筆者以為惠能不是哲學思想家，必不是以哲學詮釋為主要之目的，而是惠能在說明如何發揮在禪法的實踐之上的修行，同時他又強調「即慧之時定在慧」，毘婆舍那的觀慧之所以能夠實踐？那是必須具備禪定力量的支持，也就是在奢摩他止定的條件前提下完成。因此，「定在慧」是將止定的禪定力展現在智慧觀照的作用中，相對的，「即定之時慧在定」則是強調在禪定的當下，智慧觀照之般若實相智慧充極表現出禪定的本體，由此提升生命的維度，開啟自性的禪悟。

筆者以為惠能的「定慧等學」禪法，則是強調修行者若具備有奢摩他禪定的能量與心力，以及穩定清淨的「增上心」，即能安止於定，即更應該同時發起毘婆舍那的觀照，開發出心靈解脫的智慧，觀照身心的實相。相對的，若沉溺於深刻的禪定而形若木石，或者因為缺乏禪定力的支持而無法升起觀慧的禪觀，則易流於胡思妄想的層次，這並不符合「定」與「慧」平等而相互發明而增上的原則。因此，筆者以為「定」與「慧」之均等並「增上」的開展，實為惠能「定慧等學」禪法的核心要領。

❶見拙著黃連忠：〈菩提達摩壁觀禪法考究及至六祖惠能核心禪觀之變遷〉，頁三一七。

六祖惠能的「一宿覺」弟子永嘉玄覺（六六五—七一三）曾著有《禪宗永嘉集》一書，在「大章分為十門」中，明白著錄了奢摩他頌第四、毘婆舍那頌第五、優畢叉頌第六，這三章正好對應了「定」、「慧」與「定慧等持（定慧等學）」三項，筆者以為永嘉玄覺繼承了惠能「定慧等學」的思想，並且明明白白地回歸到釋迦牟尼佛的禪法要領，或是對應了天台思想的詮釋，即是強調及詮釋了惠能所謂的「定」是對應了「奢摩他」，「慧」是對應了「毘婆舍那」，「定慧等學」是對應了「優畢叉」。優畢叉的梵語為 **upekṣā**，又作優畢捨，意譯為「平等」與「捨去分別與偏執」的雙重涵義，正是符合「定慧等學」之「等學」意涵。

在《禪宗永嘉集》中，「優畢叉頌第六」條目解說提到：「偏修於定，定久則沈；偏學於慧，慧多心動。故次第六，明優畢叉頌，等於定慧，令不沈動，使定慧均等，捨於二邊。」❶此中的「定慧均等，捨於二邊」，即是符合於惠能「定慧等學」的禪法思想。因此，筆者以為永嘉玄覺的《禪宗永嘉集》，即是為惠能《壇經》的「定慧法門」實質的補充與進一步的詮釋，這在中國禪宗史上具有重大的意義。

不僅如此，在《禪宗永嘉集》「優畢叉頌第六」該章中，又提到：「以奢摩他故，雖寂而常照；以毘婆舍那故，雖照而常寂。」❷這是永嘉玄覺回應並進一步詮釋了惠能在《壇經》所述之「即慧之時定在慧，即定之時慧在定」的禪法，亦是說明在實踐行持中，在修持奢摩他禪法的「止」之「定」時，亦同步並同時發起毘婆舍那的「觀」與「慧」，兩者互為體用，相互發明，從「定慧均等」、「定慧等持」、「定慧雙融」到「定慧等學」，進而形成惠能禪法的實踐法門之核心要領。

❶見（唐）永嘉玄覺：《禪宗永嘉集》，《大正藏》第四八冊，頁三八八上。

❷見（唐）永嘉玄覺：《禪宗永嘉集》，《大正藏》第四八冊，頁三九一中。

從敦煌本到惠昕本再到從契嵩至宗寶系列本，可以看出惠昕五本從中唐至兩宋時期，成為主要《壇經》版本引領的前期文本，其中一脈相承的「定慧等學」的「定慧法門」，並無二致。在永嘉玄覺《禪宗永嘉集》之後，明代憨山德清（一五四六—一六二三）的《憨山大師夢遊全集》卷十二中說：「奢摩他，止也；毘婆舍那，觀也；優畢叉，止觀雙運、定慧等持也。」❶可見憨山德清是認同奢摩他的「止」是等同於「定」，毘婆舍那的「觀」是等同於「慧」，這也說明惠能禪法的「定慧等學」法門，從永嘉玄覺到憨山德清的看法是一致的。不僅如此，憨山德清更是肯定永嘉玄覺《禪宗永嘉集》是注解《壇經》最好的詮釋，其在《憨山大師夢遊全集》卷十五中〈與徐明宇侍御〉的書問中說：「《六祖壇經》最為心地法門之指南，但中下根人，不能湊泊，以無工夫故耳。《永嘉集》一書，實是《壇經》註（注）脚，若見解依六祖，用工夫如永嘉，何患不一超直入？」❷可見憨山德清認同了《永嘉集》是《壇經》的最好注釋，也說明了「見解依六祖，用工夫如永嘉」的思想理路，即能「一超直入」惠能《壇經》的心地法門。

四、結論

對於《壇經》版本的研究，筆者曾經有初步的歸納及整理，發現學界集中在敦煌系列本的探討較多，同時又對於元代以後的版本系統宗寶本引述較多，並且引以為研究惠能及《壇經》思想的文本與素材。關於惠昕五本的版本研究，一直缺乏有系統的校訂與內容深入的分析。因此，本文經過初淺的探討，得到以下四項具體的結論。

其一，惠昕為中唐禪僧，惠昕本不應被定位為「北宋本」，惠昕本應該回歸為中原古本系統的早期版本，或可視為

❶見（明）憨山德清：《憨山大師夢遊全集》卷一二，收錄於《卍續藏》第一二七冊，台北：新文豐版，一九九四年一〇月，頁三六七上。

❷見（明）憨山德清：《憨山大師夢遊全集》卷一五，收錄於《卍續藏》第一二七冊，台北：新文豐版，一九九四年一〇月，頁四二五上。

中唐至北宋初年的抄本及後續刻本的系列本。同時，惠昕本與敦煌本分屬於不同系統或地區所發展的版本，至於形成或抄寫年代的先後，已不可考，筆者以為在未有充分證據前，實無法斷定哪一項版本較早形成，此點就留待日後深入的探究。

其二，惠昕本做為中原古本系統的早期版本，不僅可以對照敦煌系列本，亦可對比研究元代以後出現的諸本《壇經》版本。因此，惠昕五本的深入研究，可以更清晰地理解《壇經》版本的演變與後續的發展。不僅如此，惠昕五本的經題、序文與品目名稱，具有其獨特性，這對於後世版本品目的影響及其分門分品的價值，都值得進一步探索。

其三，有關於惠昕五本《壇經》中「定慧等學」禪法的探究，筆者以為可以放開近百年以來以哲學詮釋的角度，試著以實際上修持實踐的見地及方法來研究，畢竟禪法的實踐才是惠能《壇經》思想的本懷。《壇經》中的定慧法門，為何會成為惠能所述之「我此法門，以定慧為本」的核心思想？所謂的「為本」能否視為惠能禪法思想的根本要領與核心？還有具體如何修持與實踐「定慧等學」的法門？筆者以為本文以回歸定慧法門的原始素質，這應該是可以得到肯定的結論。

其四，永嘉玄覺的《永嘉集》一書，詮釋了奢摩他、毘婆舍那與優畢叉的思想，這一項重要的詮釋，並不同於惠能後來五家七宗禪法論述的理路，是否在唐代的惠能思想中，他是認同於定慧法門的「定」、「慧」與「等學」的實質內涵，即等於了奢摩他、毘婆舍那與優畢叉？這項推論，目前難以證明，但《永嘉集》提供了一種不同的思路，這可以讓南北傳的禪法，得到會通互證的可能性，筆者以為這在禪宗史是具備重大意義的探討。不僅如此，憨山德清認可了《永嘉集》是《壇經》的最好注釋書，更認同了奢摩他、毘婆舍那與優畢叉是足以代表惠能定慧法門真實的意涵，這是否代表禪宗在棒喝交馳的禪宗公案與教學方法之外，禪師在修持禪法的法門思想裡，另有一項隱沒或隱藏於寺院中的禪法系統？那就更待後續的深入研究與探討了。

附錄九：《六祖壇經》譜系源流與存世版本圖表

黃連忠

六祖壇經祖本（法海集記本）（惠能圓寂於713年）

- **契嵩原本** 1056（今不存）
  - **宗寶本**（系列） 元至元28年 1291
    - 日本流布本 1584（行由第一）（宮內省圖書寮本） → 日本大正藏本 1928
    - 日本縮刷藏經本 1880（行由第一） → 日本卍正藏本 1905 → 頻伽藏經本 1912 → 日本各種單刻本
    - 明萬曆年刊本 1607（行由第一） → 明嘉興藏本 1609 → 明清民間單刻本
    - 明永樂南藏本 1417（無分品，至「靡不開悟，歡喜奉行」即止） → 明永樂北藏本 1440 → 明版房山石經本 1620 → 清乾隆大藏經本 1738 → 中華大藏經本 1994
  - **德異本**（系列） 元至元27年 1290 休休庵本
    - 元延祐三年本 1316（悟法傳衣第一） → 明正統四年刊本 1439 → 清光緒十五年本 1889
    - 元大德四年朝鮮本 1300（悟法傳衣第一） → 明隆慶三年朝鮮本 1569 → 朝鮮海印寺刊本 1883（刊於清光緒九年）（朝鮮本系列）
  - **曹溪原本**（系列）
    - 明代憨山德清本 1535（自序品第一） → 清代真樸再梓本 1676 → 清康熙海幢寺本 1695 → 清如皋刻經處本 1872 → 民國金陵刻經處本 1929
    - 明永樂年間刊本 1420（悟法傳衣第一） → 明成化七年刊本 1471 → 明萬曆元年刊本 1573 → 明崇禎六年刊本 1633
    - 明洪武六年刊本 1373（悟法傳衣第一） → 清閻山雙泉寺本 清末 → 清光緒凝道堂本 1898 → 清光緒漱潤齋本 1905 → 民初涵月山房本 1914
- **惠昕原本** 787（今不存）（唐德宗貞元三年）
  - 惠昕為中唐禪僧 邕州羅秀山惠進禪院為現今 廣西南寧市西鄉塘區轄境內
  - （晁迥抄本）一〇三一年（晁子建刊本） 1153
    - 日本寬永本 1631 刻本
    - 日本興聖寺本 1153 刻本
  - （存中再敘本） 1116
    - 日本天寧寺本 1116 寫本
    - 日本大乘寺本 1116 寫本
  - （周希古後敘本） 1012
    - 日本真福寺本 1012 寫本
- **敦煌祖本**（今不存）
  - 英博本 S.5475（疑抄自旅博本）（斯坦因本）（藏於英國國家圖書館）（全本）
  - 旅博本 館藏959（約成立於公元九五九年）（藏於旅順博物館）（全本）
  - 敦博本 DB.077（約成立於八至九世紀）（藏於敦煌博物館）（全本）
  - 西夏文殘頁（約成立於一〇七一）（存十四紙）（疑非敦煌系列）
  - 殘本二 BD89588（藏於中國國家圖書館）
  - 殘本一 BD04548（藏於中國國家圖書館）
  - 楊曾文校訂本《敦煌新本六祖壇經》《新版敦煌新本六祖壇經》 1993-2001 → 黃連忠校訂本《敦博本六祖壇經校釋》《敦煌三本六祖壇經校釋》 2006-2021
  - 向達手抄任子宜本 1944 → 潘重規手寫校本 1995
  - 矢吹慶輝大正藏本 1928 → 鈴木大拙校訂本 1934

作者黃連忠校訂增修編定
於2024年2月2日
（凡所引用敬請注明作者及出處）

惠昕五本六祖壇經校釋

編　　撰　黃連忠

發 行 人　林慶彰
總 經 理　梁錦興
總 編 輯　張晏瑞
編 輯 所　萬卷樓圖書股份有限公司
　　　　　地址　臺北市羅斯福路二段 41 號 6 樓之 3
　　　　　電話　(02)23216565
　　　　　傳真　(02)23218698

發　　行　萬卷樓圖書股份有限公司
　　　　　地址　臺北市羅斯福路二段 41 號 6 樓之 3
　　　　　電話　(02)23216565
　　　　　傳真　(02)23218698
　　　　　電郵　SERVICE@WANJUAN.COM.TW
香港經銷　香港聯合書刊物流有限公司
　　　　　電話　(852)21502100
　　　　　傳真　(852)23560735

ISBN 978-626-386-128-2

2024 年 7 月初版

定價：新臺幣 900 元

如何購買本書：

1. 劃撥購書，請透過以下郵政劃撥帳號：
   帳號：15624015
   戶名：萬卷樓圖書股份有限公司
2. 轉帳購書，請透過以下帳戶
   合作金庫銀行　古亭分行
   戶名：萬卷樓圖書股份有限公司
   帳號：0877717092596
3. 網路購書，請透過萬卷樓網站
   網址　WWW.WANJUAN.COM.TW

大量購書，請直接聯繫我們，將有專人為您服務。客服：(02)23216565　分機 610

國家圖書館出版品預行編目資料

惠昕五本六祖壇經校釋/黃連忠編撰. -- 初版.
-- 臺北市 : 萬卷樓圖書股份有限公司,
2024.07
　面；　公分

ISBN 978-626-386-128-2(精裝)

1.CST: 六祖壇經　2.CST: 注釋

226.62　　　113008838